Comment lire les Signes
Psychologie initiatique

Kaya
Christiane Muller

UCM
ORGANISME SANS BUT LUCRATIF

UCM
Centre d'Enseignement & de Recherche
Organisme sans but lucratif
36, rue Principale est, C.P. 161, BP Bureau-Chef
Sainte-Agathe-des-Monts, QC
Canada J8C 3A3

Courriel : info@ucm.center
Sites : www.ucm.center
❶ UCMFR – Kaya (official) – Kaya & Christiane Muller (official)

Pour organiser une conférence ou un atelier, ainsi que pour des renseignements sur la Formation IRSS sur l'Interprétation des rêves, signes et symboles : info@ucm.center

Transcription : Jacqueline Agneray
Révision : Andrée Hamelin, Rita Haidu et Line Bonneau
Coordination : Andrée Hamelin, Marianne Thiel et Rita Haidu
Éditique et graphisme : Michel Malouin, Ozalid Graphik, Christophe Guilloteau, María Victoria Costas
Reproduction page couverture : Gabriell, peintre visionnaire

7ᵉ édition : 1ᵉʳ trimestre 2021
Les 2 premières éditions parues sous le titre : *Les Ailes de la Vie / Psychologie initiatique*

Dépôt légal : 1ᵉʳ trimestre 2004
Bibliothèque nationale du Québec
Bibliothèque nationale du Canada

ISBN 978-2-923097-04-6

© Centre d'Enseignement & de Recherche UCM, organisme sans but lucratif.
Tous droits de traduction, d'adaptation ou de reproduction par quelque procédé que ce soit, réservés pour tous les pays.

Le lecteur comprendra mieux le langage
utilisé dans ce livre s'il garde à l'esprit
qu'il s'agit, mis à part les chapitres d'introduction,
d'un enseignement oral.

Kaya

Ce livre a été réalisé à partir d'extraits de cours
que mon époux et moi-même avons préparés
et que j'ai donnés en public en Amérique.
L'amour qui nous unit est
le souffle même de mes paroles.

En toute simplicité, je vous invite
à découvrir notre vie de tous les jours
ainsi que celle des personnes qui pratiquent
cette ancienne voie de la Connaissance.

Christiane Muller

PRÉFACE

Sainte-Agathe-des-Monts, Québec, Canada

Cher ami,

Chère amie,

Je vous écris ces quelques mots pour témoigner que la médtation active et la lecture des signes, telles que proposées dans ce livre, me permettent de mieux comprendre ma vie.

L'Angéologie Traditionnelle m'incite à observer ce qui se passe à l'intérieur de moi. Et les rêves qui en découlent m'apportent des informations providentielles sur ce qui se passera au cours de la journée suivante. Je suis donc amené à écouter en profondeur tout ce qui se passe autour de moi, ce qui me permet d'établir des liens avec mes rêves. Je me rends compte alors que les petits événements qui se produisent, la plupart du temps d'apparence bien banale, sont chargés de signification.

En tant qu'avocat, je suis amené quotidiennement à donner mon opinion sur diverses questions d'ordre commercial, marital, civil ou criminel. Un jour, au moment précis où l'un de mes clients me proposait d'écrire un certain document légal, le piston de ma chaise a perdu son air et mon siège a descendu de plusieurs centimètres. Alors, j'ai su que je devais redoubler de vigilance. Un peu plus tard, ce client m'a avoué que son intention était différente de celle qu'il m'avait exprimée. J'ai poursuivi ma réflexion sur moi-même, sur ma responsabilité, et j'ai alors pu mettre à jour, chez moi, une certaine tendance à rechercher le résultat plutôt que la justesse ou la rectitude du service. Ceci n'est qu'un exemple parmi bien d'autres qui m'ont permis de m'améliorer.

Que ce soit dans ma vie personnelle ou professionnelle, l'analyse symbolique des événements m'ouvre constamment la voie à un univers à la fois spirituel et matériel. Je suis guidé au moyen d'un langage fait de symboles. Lorsque je reste attentif à ce qui se passe dans ma vie, je sais très rapidement ce que j'ai à faire, quel est le geste juste à poser. L'Angéologie m'éclaire dans mes choix et la peur m'abandonne. Je constate alors que la Vie s'ouvre vers un paradis de connaissances et d'états de conscience.

Face à tous ceux et celles à qui vous parlerez de cette philosophie de Vie, je vous invite à mentionner les paroles du Prince Siddhârta, mieux connu sous le nom du Bouddha : « N'acceptez mes paroles qu'après les avoir mises en pratique pendant un certain temps. Vous jugerez ensuite de la qualité de l'enseignement selon ce qui vous convient. »

J'ai la joie et le privilège de collaborer avec tous les gens qui aident à rendre accessible ce merveilleux enseignement. Je les remercie pour leurs belles et bonnes actions.

Au plaisir de vous voir à UCM accompagné de vos amis, frères, sœurs, conjoint ou conjointe, voisins, voisines, patron, compagnons et compagnes de travail, enfants, cousins, cousines…

Jean Morissette, avocat et médiateur

AVANT-PROPOS

L'être humain, comme l'Univers, est en perpétuelle expansion. L'évolution très rapide qu'a connu la technologie au cours des deux derniers siècles a conduit l'humanité à une fin de cycle, dans le but de la préparer à l'étape ultime qui l'attend au troisième millénaire : la redécouverte de la Conscience.

Il aura fallu des millions d'années aux êtres humains pour qu'ils soient prêts à accéder à toutes les capacités que l'Intelligence Cosmique a prévues pour eux dans ses ateliers, car avant de recevoir la Connaissance, ils devaient passer à travers plusieurs transitions et mutations importantes.

Rien n'est laissé au hasard dans l'Univers : tout est classé, classifié et parfaitement ordonné. Dieu est un *Ordinateur Vivant*.

L'enseignement de la Kabbale nous fait connaître de façon très précise la structure de la pensée humaine, de même que le langage symbolique qui nous permet de recevoir et de comprendre le Livre de la Nature.

Nous sommes maintenant arrivés à une époque où les êtres humains doivent retrouver leur nature Divine et les grandes valeurs morales qui sont nécessaires au maintien des divers équilibres essentiels à la continuité de leur développement.

Nous ne pouvons plus nier les besoins de peuples entiers, les parquer dans un coin et les oublier : quoi que nous fassions, nous sommes tous interreliés.

Les nouveaux outils de communication, leur puissance et leur rapidité nous amènent à une phase de notre évolution où l'instantanéité de la matière se rapproche de plus en plus de celle de la pensée. Les politiques sociales et économiques qui manquent de vision à long terme doivent être remises en question.

Ce travail nous paraît être au-delà de notre portée et de nos capacités, mais si nous entrons dans une conscience Angélique, si nous *survolons* notre position, nous nous rendons bien compte qu'il ne s'agit que d'une étape positive et constructive qui fait partie de notre évolution.

L'Univers est constitué d'éléments qui, mis en rapport les uns avec les autres, en font un tout équilibré. La tradition kabbaliste nous enseigne que le bien et le mal sont deux forces complémentaires que l'on doit comprendre et maîtriser. Elle enseigne que l'on doit tenter de saisir toute la dimension éducationnelle de cette complémentarité, et tenter de percer les secrets qui en découlent.

Chaque être humain doit étudier, travailler très fort pour réactiver tout le support extrasensoriel qu'il détient en lui-même. On peut dire que la conscience est trois cent cinquante millions de fois plus puissante que l'ordinateur terrestre le plus puissant à ce jour, et que nous sommes encore bien loin d'en connaître toutes les fonctions.

Afin d'accéder à son plein potentiel, l'être humain doit rééduquer sa propre pensée, ce qu'il ne parvient à faire que par la méditation et par une introspection intense et continue. Par son cheminement intérieur et les nombreuses découvertes qui en découlent, l'être finit par comprendre que ses pensées créent la réalité. Il en vient à saisir la nature de l'interaction entre le monde des causes et celui des conséquences. Je pense, je sens, et un jour cela se matérialisera. Il est vrai que les délais peuvent parfois sembler longs, mais la matérialisation n'est que la suite logique et la résultante des événements passés. L'être se rend compte – et c'est cela qui amorce vraiment sa démarche – qu'il est responsable de sa propre conscience. C'est en outre la base de l'enseignement kabbaliste.

Pour bien saisir la puissance du travail que nous vous proposons dans ce livre, il faut savoir que *tout dans l'Univers est basé sur des archétypes, des nombres et des symboles qui sont polyvalents.*

C'est pour cette raison que nos scientifiques modernes ont de la difficulté à comprendre la science initiatique. En effet, ils se contentent d'observer le *déjà réalisé*, alors que la science initiatique – qui étudie l'Esprit – se penche sur l'intention présente chez l'individu avant tout début de matérialisation.

La Kabbale est une science initiatique et une philosophie qui a pour objet la Connaissance absolue de l'être en tant qu'être, car elle permet de retrouver l'origine des premiers principes et les causes premières de la Création de l'Univers. C'est une science métaphysique et initiatique qui amène l'être à sentir et à comprendre la nature des choses au-delà de la forme. Son seul objectif consiste à amener l'individu à développer des qualités et des vertus *via* l'expérimentation de leurs effets sur la matière.

L'apprentissage que nous vous proposons ici est une longue épopée qui vous amènera à faire face à vos peurs et à plonger dans vos profondeurs intérieures dans le but d'y injecter la lumière de la compréhension.

Dans ce travail de développement de la conscience humaine – que cet enseignement réactualise –, les soixante-douze Anges de la Kabbale sont une convention millénaire établie et respectée par l'Intelligence Cosmique pour décrire des États de Conscience à l'état pur. C'est aussi une carte Céleste très précise qui – à la manière d'une carte géographique – nous permet de nous diriger. Elle représente l'être humain qui ouvre sa propre conscience et découvre en lui-même la Sagesse cachée, dont le sens des rêves et des voyages à travers le temps et l'espace. Cette carte l'amène à voir et à comprendre le passé, le présent et le futur, lui permettant ainsi d'évoluer rapidement et sûrement tant dans le monde matériel que non matériel, pour graduellement accéder à l'objectif ultime qu'est l'Illumination, soit *le mariage parfait de l'Esprit et de la matière*.

Sachez bien que si vous entrez dans cet enseignement avec votre cœur, vous deviendrez des Anges et vous développerez une relation personnelle avec Dieu, la Conscience Universelle.

Le troisième millénaire est celui de l'ouverture de la conscience humaine. C'est sa seule voie possible et c'est celle qui est prévue pour les générations futures.

Oui, les ordinateurs sont formidables. Oui, la science a sa place, mais elle doit être guidée par la Conscience. Ces outils et ces techniques doivent être utilisés avec respect pour – et en harmonie avec – les Lois du grand Architecte qu'est notre Créateur. Pour Le découvrir, il faut retrouver les grandes valeurs: la simplicité, l'amour inconditionnel et la pureté.

Que sera l'humanité en l'an 3000 ?

Nous aurons probablement encore des pieds, des jambes, des bras et une tête comme nous en avons depuis des milliers d'années, mais une chose est sûre, c'est que dans ces temps futurs, nous ne nous appellerons plus des humains …

…nous serons des Anges.

Kaya

INTRODUCTION PAR KAYA

Un beau matin, je me suis réveillé avec, à ma conscience, un rêve qui allait bouleverser ma vie :

Je me trouvais devant un autel dans un temple à l'époque de Jérusalem, où on s'apprêtait à célébrer un mariage. Deux femmes étaient présentes, l'une juive, l'autre égyptienne; elles étaient habillées de blanc et ornées de bijoux étincelants. Je ne voyais pas d'hommes mais je sentais leur présence.

À côté d'elles se tenait le Roi Salomon, richement vêtu. Tout était si réel!

Soudainement, une voix venue du Ciel m'interpelle, remplie d'amour et d'autorité: «Tu dois résoudre l'énigme de l'Étoile de David.»

Quelques instants plus tard, j'ai ouvert les yeux, tout ébloui par un sentiment indescriptible.

Environ deux ans avant d'avoir ce rêve, et à la suite d'événements qui devaient m'amener à restructurer ma vie, j'avais commencé un cheminement spirituel. Tout cela avait débuté par des moments de grande fatigue, de questionnements et de réflexion profonde.

Graduellement, les rêves s'étaient faits de plus en plus fréquents. J'avais tant à réfléchir sur leur contenu et sur ce qui se passait à l'intérieur de moi qu'à l'époque, je ne lisais que très peu de livres sur le sujet. C'était en moi-même que je cherchais.

Aujourd'hui, je me rends compte que ce passage était en fait une grâce, car, par ce processus – et de façon tout à fait naturelle –, je découvrais la Kabbale, la Sagesse cachée.

Je vous laisse imaginer mes sensations face à ce rêve, à cette énigme que l'On me demandait de résoudre. Je me souviendrai toute ma vie de ce matin-là. Sans le savoir – et mon rêve le signalait – j'étais placé sur le chemin qui allait me conduire à la femme qui, deux ans plus tard, devenait mon épouse.

À cette époque, si je l'avais su, je me serais enfui, car je n'étais pas prêt à recevoir et à vivre autant d'amour; elle non plus d'ailleurs. Le destin était en train de se jouer: les acteurs se préparaient à vivre leur rôle.

C'est cela, la Sagesse cachée. En Haut, Ils savent ce qu'Ils font: ce sont de grands pédagogues. Ce jour-là, si j'avais eu un chapeau à grand bord, je l'aurais mis car je me sentais comme *Indiana Jones* partant pour une nouvelle aventure.

Je me suis rendu à l'église la plus proche afin d'en savoir davantage sur le Roi Salomon et sur l'Étoile de David. J'en avais entendu parler ou bien j'avais lu un passage là-dessus, mais je n'en savais pas grand-chose.

Lorsque je suis arrivé à ma première destination, l'église était fermée. Moi qui pensais résoudre l'énigme en vingt minutes! J'avais déjà beaucoup travaillé sur moi-même, mais ce matin-là, je m'apprêtais à franchir une étape qui allait m'obliger à refaire toutes mes classes.

Toujours le même matin, et de fil en aiguille, je me suis retrouvé dans une librairie où j'ai entendu *pour la première fois* prononcer le mot Kabbale et où j'ai également vu *pour la première fois* les deux triangles formant la fameuse Étoile. Le sens de cette figure n'est pas connu de bien des gens, mais elle signifie simplement le mariage parfait de l'Esprit et de la matière.

L'un des propriétaires de la librairie m'a parlé d'une dame qui connaissait la Kabbale et l'interprétation de la symbolique. Je lui ai donc laissé mon numéro de téléphone en lui demandant de le lui communiquer. À la fin de la journée, je me sentais épuisé. Mais je n'en étais pas à ma première aventure dans ce domaine.

Depuis un certain temps déjà, j'évoluais en circuit fermé avec moi-même. J'avais bien essayé de parler à quelques personnes de ce que je vivais, mais je ne me sentais pas vraiment compris.

Quelques jours plus tard, j'ai parlé avec cette dame au téléphone. Je me sentais très à l'aise. Nous avons échangé et je lui ai expliqué ce qui se passait à l'intérieur de moi ; pour la première fois, je me suis senti compris. À ce moment-là, nous avons convenu de nous rencontrer, et elle m'a expliqué que mon rêve signifiait que l'On me préparait à une grande mission.

Dès le premier regard, une amitié profonde s'est éveillée entre elle et moi. Nous avons échangé ensemble pendant de longues heures.

C'était la première fois que j'entendais parler de façon consistante des Anges et de l'enseignement de la Kabbale qui s'y rattache. J'avais soif, je buvais ses paroles. J'avais l'impression de réactiver une mémoire, des souvenirs enfouis en moi-même ; et ça n'allait jamais assez vite.

J'ai alors compris que je venais de trouver ce que je cherchais.

Trois semaines plus tard, je connaissais déjà presque par cœur le nom des Anges. J'étais également devenu végétarien car cette femme m'avait appris que cela favorisait les états méditatifs. Je ne me posais pas trop de questions car je sentais et je savais que j'étais à la bonne place.

Suite à cette rencontre, j'ai été plongé dans une introspection incontournable, et pendant près d'un an et demi, je me suis immergé corps et âme dans l'étude des Anges. J'avais pris un congé sabbatique et je méditais jour et nuit, baigné dans de puissants états de conscience.

Cette femme et moi avons continué de nous rencontrer régulièrement. Peu à peu, tous mes sens s'affinaient. Mes rêves prenaient une qualité de réalité, ils devenaient plus intenses et se produisaient à une fréquence qui dépassait la compréhension de mon amie. Car il faut bien comprendre qu'il n'existait aucun livre sur les effets, chez l'homme et chez la femme, du Travail avec les Anges ; c'est cela, le caractère caché de la Kabbale.

Christiane avait vécu ces effets en tant que femme, mais c'était la première fois qu'elle les voyait manifestés chez un homme.

Elle, elle se sentait quelque peu désemparée devant ce qui m'arrivait. Son écoute était précieuse dans ces moments importants pour moi, et elle m'encourageait avec tant d'amour ! Je me redécouvrais et je découvrais l'Univers et ses nombreux secrets.

Puis, après une retraite de plusieurs mois qui m'amena à séjourner aux États-Unis, nous nous sommes revus, et quelques semaines plus tard, je la demandais en mariage. Cet important événement m'avait été annoncé dans une série de rêves qui, en un premier temps, m'avaient étonné et laissé perplexe ; car elle était mon amie la plus chère, ma sœur spirituelle.

Graduellement, mes rêves sont devenus réalité et nos sentiments se sont transformés : le voile de l'amitié s'est levé pour faire place à celui de l'amour.

Voilà notre histoire, celle qui nous a amenés à partager avec vous les enseignements contenus dans ce livre.

L'étude de la Kabbale ne peut se faire d'une manière uniquement intellectuelle. Les nombreux livres qui traitent de l'Arbre de Vie et qui expliquent la Bible ont leur raison d'être, mais l'étude de la Kabbale est d'abord et avant tout une démarche intérieure. D'où l'adage qui inspire cet enseignement : *Connais-toi toi-même et tu connaîtras l'Univers.*

Depuis la nuit des temps, les Anges ont habité les légendes, les mythes et les textes sacrés de la majorité des grandes religions. La tradition judéo-chrétienne les nomme Chérubins, Séraphins et Archanges. Mais qui sont-Ils ? D'où viennent-Ils ?

Ils proviennent de la Kabbale, cette grande philosophie mystique dont la synthèse est représentée par l'Arbre de Vie, dans lequel habitent les soixante-douze Anges. Chacune de ces soixante-douze clés Célestes nous ouvre les portes de la Paix, du Bonheur et de la véritable Connaissance – *Connaître* signifie en outre naître avec.

Qu'est-ce qu'un Ange ?

Un Ange est un État de Conscience supérieur qui représente des qualités et des vertus de Dieu dans leur essence et dans leur conception originelle. La mission de l'être humain est de Les retrouver, de Les reprogrammer dans ses pensées, ses sentiments et ses actions. La science initiatique a depuis toujours utilisé la métaphore d'êtres ailés pour exprimer ce qui se passe à l'intérieur d'un être lorsque ces Énergies puissantes sont réactivées. La Connaissance, la Paix, la Liberté et l'Amour retrouvés donnent alors des ailes.

L'Angéologie Traditionnelle

L'Angéologie Traditionnelle fait partie de la Kabbale : elle en constitue l'aspect psychologique.

Elle nous présente les soixante-douze États de Conscience sous forme d'Énergies Angéliques. Lorsqu'un être humain travaille à intégrer et à *devenir* ces Énergies, la porte de la véritable Connaissance s'ouvre et le conduit à :

1. La conscientisation de son être par la transformation intérieure ;

2. L'accès au subconscient et à l'inconscient ;

3. L'augmentation graduelle des rêves et de leur compréhension ;

4. Une connaissance accrue des mondes invisibles et des nombreux mystères de l'Univers.

Chaque Ange porte un nom mystique hébreu, lequel provoque un écho vibratoire qui agit directement sur la mémoire cellulaire. À chaque Ange est également attribué un nombre – de 1 à 72 – qui le situe dans la Hiérarchie Céleste.

Qu'est-ce que la Kabbale ?

La Kabbale, qui signifie entre autres *ce qui est transmis de bouche à oreille*, est un enseignement universel très vaste. Il permet à chaque personne d'atteindre les plus hauts niveaux spirituels par l'étude approfondie de sa propre conscience.

Considéré dans son essence, cet enseignement – ou cette philosophie – nous apporte la connaissance de l'expérimentation matérielle et immatérielle. Lorsqu'ils sont étudiés, ses principes de base plongent l'être humain dans une intense introspection qui atteint son apogée au moment où il découvre la nature profonde de l'Homme, de la Femme, de l'Ange, de l'Œuvre Divine et de son Créateur par le mariage parfait de l'Esprit et de la matière.

L'objectif ultime de cette Tradition ancestrale est de nous guider dans les nombreuses initiations qui nous permettent de redécouvrir notre Origine Céleste, et de ce fait même, nos pleins pouvoirs et nos pleines capacités.

La Kabbale réunit un ensemble de méthodologies qui servent à connaître la signification véritable de la Création de l'Univers.

Elles se répartissent en trois volets :

- Aspect philosophique :
  Étude des grands Principes de l'Univers

- Aspect psychologique :
  Méditation et étude des Anges

- Aspect physique :
  Compréhension et étude de la symbolique du quotidien

*I*l est difficile de retrouver avec exactitude l'origine de la Kabbale car elle remonte à la plus haute antiquité. Selon les données dont nous disposons, elle proviendrait des civilisations égyptienne, phénicienne et babylonienne, et aurait été rassemblée par les scribes israélites durant leur captivité à Babylone aux environs de l'an 450 avant notre ère.

La Kabbale a été et demeure encore le grand mystère caché – ésotérique – de l'enseignement du judaïsme et, par le fait même, du christianisme.

Le *Zohar* ou *Livre de la Splendeur*, qui est un commentaire illuminé des livres écrits par Moïse, inspiré par les Puissances Divines, nous dit: «*Lorsqu'Adam était au Jardin d'Éden, le Saint lui fit descendre un livre par l'intermédiaire de l'Archange Raziel, préposé aux mystères de la Sagesse Suprême, Hochmah. Ce livre contenait les saints secrets d'ordre sublime; la sainte Sagesse des soixante-douze espèces de Savoir, de Vertu et de Puissance.*» (Zohar, 155B)

Parmi les enseignements de la Kabbale, ce sont ceux qui en constituent l'aspect psychologique – l'Angéologie – qui ont été gardés secrets le plus longtemps. Les états de conscience auxquels mène l'étude des Énergies Angéliques confère tellement de force et de puissance aux individus qu'on a eu tendance à les occulter, ce, même dans les milieux dits initiés.

La Tradition nous rapporte que plusieurs grands Êtres, dont Abraham, Moïse, Joseph et Jésus ont reçu cet enseignement du Haut Savoir qui n'était transmis qu'oralement et qu'à des personnes prédestinées par l'Intelligence Cosmique.

La Kabbale pratique

Il est important de comprendre que dans l'Univers, tout est calculé et structuré de manière parfaite. Même ce qui peut nous sembler être une imperfection ou une injustice est voulu et mis en place dans le but de faire progresser la dimension dans laquelle l'être – ou l'essence énergétique – évolue.

LES PRINCIPALES LOIS DIVINES

⊙ Dieu est un Ordinateur Vivant
  ⊙ La Justice Divine est absolue
    ⊙ La Loi de la multidimensionnalité
      ⊙ La Loi de la réincarnation
        ⊙ La Loi de la synchronicité
        ⊙ La Loi de la résonance
        ⊙ La Loi du karma
        ⊙ Le mal est éducationnel
        ⊙ Le mal n'est pas dramatique
        ⊙ La matière est temporelle et éducationnelle
        ⊙ L'illusion est éducationnelle
        ⊙ Le rêve est une réalité
        ⊙ Tout est état de conscience
        ⊙ Tout est symbole
        ⊙ L'Esprit est éternel
        ⊙ La Loi de l'expérimentation

*P*lusieurs livres seraient nécessaires pour élaborer la philosophie de la Kabbale, c'est-à-dire l'étude intellectuelle des grands Principes de l'Univers. Quoiqu'elle ne puisse jamais remplacer le travail de fond que chaque être doit faire pour découvrir son Origine et pour acquérir la Connaissance, clé de la Paix et du Bonheur, l'étude de la Kabbale par les livres – son aspect philosophique – peut tout de même être utile. Mais il ne faut pas perdre de vue que cette étude n'est qu'une première étape, car l'aspect le plus important de la démarche consiste à découvrir ces secrets directement, à l'intérieur de soi-même, par le biais de l'étude approfondie des États de Conscience Angéliques. C'est ce qu'on appelle en langage commun la Kabbale pratique.

La première école de Kabbale pratique, le Kahal, vit le jour en l'an 1160 de notre ère à Gérone (région catalane, partie nord-est de l'Espagne), à l'instigation d'Isaac el cec (en français : Isaac l'Aveugle). Les étudiants de cette école élaborèrent par écrit l'application de la Connaissance dans la vie de tous les jours. Le Kahal s'épanouit de 1200 à 1475, période pendant laquelle l'Arbre de Vie avec les noms et les qualités des Anges et des Archanges, de même que les noms et significations des Séphiroth, furent consignés.

En 1492, dans le cadre de l'Inquisition, les Juifs furent forcés de se convertir au catholicisme et furent expropriés sans pouvoir emporter autre chose que leurs effets personnels. Le Kahal fut alors fermé par les Inquisiteurs, et tout l'ancien quartier juif de Gérone fut emmuré. Mais les descendants des Juifs de cette ville qui se convertirent au catholicisme perpétuèrent dans le secret leur tradition orale et continuèrent à vivre autour de leur quartier ancestral.

C'est ainsi que près de 500 ans après l'expropriation – en 1975 – certains d'entre eux rouvrirent le quartier emmuré et redécouvrirent les textes d'Angéologie qui avaient été cachés et scellés dans un bâtiment aujourd'hui devenu un site historique que l'on peut visiter.

Comment travailler avec les Anges

Ce travail consiste à briser le mental afin de lui redonner sa fonction d'origine qui est d'abord et avant tout d'être réceptif, pour ensuite devenir émissif et accomplir son rôle ultime: fusionner avec l'Intelligence Cosmique, c'est-à-dire remettre l'être en totale harmonie avec les Lois Divines sur la Terre. Avant d'atteindre cet objectif – qui est à la portée de tout être humain –, il faut, bien sûr, s'entraîner par la méditation durant de longues années. Normalement, ce processus de travail intérieur a déjà été amorcé lors de précédentes incarnations.

En activant sa propre volonté sur la pureté par l'invocation des États de Conscience Angéliques, l'être apprend à se centrer et à devenir très intense. Les kabbalistes appellent cette importante étape *kawana*, qui signifie l'intensité de l'intention. Elle se produit chez celui ou celle qui découvre que la spiritualité n'est pas un hobby, mais bien un intense processus de transformation qui l'amène à traverser de multiples initiations sur le chemin de la désintoxication de la conscience.

Au cours de son apprentissage sur Terre – par ses différentes incarnations –, l'être humain enregistre toutes ses expériences dans son âme, exactement comme le fait un ordinateur, et toutes les peurs, les souffrances, les limitations ainsi que, bien sûr, toutes les vertus, les potentiels et les qualités, sont enregistrés dans le subconscient et les différentes couches de l'inconscient. La figure 1 (voir page 15) représente la constitution de notre conscience et montre les différentes strates qui la composent. Un voile, appelé le voile de l'inconscient, sépare la partie de notre être dont nous sommes conscients de la partie de notre être que nous ignorons et qui contient des mémoires accumulées dans notre subconscient ainsi que dans l'inconscient personnel, familial, éthnique, collectif et biologique.

En invoquant, en répétant la formule sacrée qu'est le nom de l'Ange, on crée un passage entre le conscient, le subconscient et les différentes couches de l'inconscient, ce qui reprogramme en nous les États de Conscience Angéliques et nous permet de retrouver notre Origine Céleste. L'objectif de ce travail consiste à rendre notre âme pure et totalement consciente afin que nous puissions retrouver la Connaissance qui y est inscrite.

Figure 1 : Illustration de la constitution de la conscience

La Pratique Récitatoire avec les Noms des Anges a pour effet de faire progressivement disparaître le voile qui sépare le conscient du subconscient et des différentes couches de l'inconscient.

Les Orientaux appellent la répétition de formules sacrées des mantras; dans la Kabbale, nous l'appelons le *Schem Hamephorash*, la pratique récitatoire.

À sa naissance, l'être humain reçoit trois Anges Gardiens:

1. Le premier Ange correspond au plan physique. Il guide le monde de nos actions. On le trouve dans le Calendrier Angélique n° 1 au moyen de la date de naissance.

2. Le deuxième Ange correspond aux émotions et aux sentiments. Il nous montre le potentiel et les vertus à travailler sur le plan affectif. On le trouve dans le Calendrier Angélique n° 2 à partir du jour de la naissance.

3. Le troisième Ange correspond à l'intellect et touche le monde des pensées. On le trouve dans le Calendrier Angélique n° 3 au moyen de l'heure de naissance.

Il faut bien comprendre que les données de naissance nous servent – tout comme en astrologie – de simple repère et de point de départ.

Les Anges nous amènent bien au-delà du temps et de l'espace: ils nous font voyager à travers les différentes dimensions de l'Univers. L'objectif du travail avec les États de Conscience consiste à devenir non pas nos trois Anges Gardiens, mais la Connaissance totale que représentent les soixante-douze Anges de cette tradition, et qui sont des qualités et des vertus, des pouvoirs et des capacités à l'état pur.

Comment invoquer un Ange?

C'est très simple d'invoquer un Ange: il suffit de répéter son nom en prenant chaque fois une grande – ou une simple – inspiration. Vous pouvez le faire en marchant, en faisant du sport, en conduisant votre voiture, en méditant, en vous relaxant, avant de vous endormir, etc., ce, à votre propre rythme, tant dans les moments difficiles que durant les périodes de joie.

Vous pouvez choisir une Énergie Angélique qui est en rapport avec les qualités que vous voulez développer, ou bien vous pouvez suivre le Calendrier Angélique qui alloue une période de cinq jours à chaque Ange.

Exercices suggérés

La méditation est une discipline qui aide à développer une grande concentration. La respiration y joue un rôle de premier plan. Nous vous suggérons ici quelques exercices simples.

1. En position debout, assis ou couché, inspirez le nom d'un Ange avec une grande inspiration par le nez, et retenez votre souffle pendant quelques instants. Ensuite, expirez lentement et progressivement par le nez. Répétez l'exercice autant de fois que vous le souhaitez afin d'établir le calme en vous. Lorsque cela est fait, respirez librement en continuant d'invoquer l'Ange et en gardant les yeux fermés.

2. Le deuxième exercice s'appelle la respiration circulante et se pratique en position debout, assis, couché ou même en marchant. Inspirez le nom de l'Ange avec une grande inspiration par le nez, et expirez lentement et très graduellement en imaginant que l'énergie descend le long du corps, passe entre les deux jambes près de la zone sacrée et remonte le long de la colonne vertébrale jusqu'au cerveau. Répétez l'exercice autant de fois que vous le souhaitez. Lorsqu'elle est utilisée régulièrement, cette pratique méditative déclenche des sensations de chaleur qui vont du bas du dos jusque dans la tête. Elle est très puissante et constitue une bonne préparation aux sorties hors corps.

Note : Il est conseillé de n'utiliser qu'une seule Énergie Angélique à la fois pendant une période d'au moins cinq jours, afin d'en arriver plus facilement à une compréhension en profondeur. Pour le choix de l'Ange à invoquer, nous vous suggérons de suivre le Calendrier Angélique n° 1 ; mais vous pouvez aussi choisir une Énergie qui correspond à vos besoins du moment, toujours pendant une période d'au moins cinq jours. L'Énergie activée durant cette période se manifestera *via* vos intuitions, vos rêves et les signes et coïncidences que vous rencontrerez tous les jours.

AVERTISSEMENT

Si, par exemple, vous respirez intensément l'Ange **ACHAIAH** (n° 7), dont la principale qualité est la patience, il est possible que vous deveniez momentanément encore plus impatient que vous ne l'étiez au départ. L'Ange n'est pas une baguette magique: il ouvrira la porte de votre conscience pour libérer la puissante impatience qui vous affecte présentement. Cela peut prendre quelques minutes, quelques heures ou même quelques jours – n'ayez aucune attente – et soudain POUF! comme par magie, vous retrouverez un bien-être encore plus intense car une petite partie de votre conscience en lien avec la situation que vous vivez s'ajustera. Vous pourrez même rencontrer des gens impatients ou vivre des situations d'angoisse profonde qui vous relieront précisément à l'Ange que vous êtes en train d'invoquer. Recherchez la cause de cette impatience afin que la compréhension s'installe en vous.

C'est exactement comme si vous vous sentiez parfaitement bien dans votre maison, qu'elle était propre, et que vous vous aperceviez tout à coup qu'il y a une autre pièce que vous n'avez jamais visitée. En ouvrant cette porte, vous vous apercevez que la pièce est remplie de poussière, de rats, etc. Et voilà maintenant que c'est un ménage à la grandeur de la maison qui s'impose, parce que le seul fait d'ouvrir la porte a déplacé de la poussière jusque dans les autres pièces. La fatigue s'installe, vous éternuez, vous êtes incommodé. Alors vous choisissez de ne pas refermer la porte; vous décidez d'agrandir votre maison et vous nettoyez; vous nettoyez jusqu'à ce que toute la maison s'unifie dans la propreté. Vous découvrez aussi dans cette pièce des trésors et des livres – qui représentent des connaissances – et vous décidez de les apporter dans votre bibliothèque.

C'est exactement cela qui se produit lorsqu'on a un rêve ou un cauchemar, ou lorsqu'un événement déclenche une ouverture de conscience. Cela perturbe tout notre être; alors là, on invoque l'Énergie Angélique, on réfléchit profondément au message du rêve, de l'énigme symbolique: on l'analyse dans les moindres détails.

Au début, cela n'est pas évident, mais il faut réfléchir et chercher intensément, comme si on faisait un casse-tête et qu'on désirait assembler une partie du ciel avec un morceau de paysage. Avec le temps, les signes deviennent de plus en plus faciles à décoder. Et quand on aime vraiment ce Travail, on devient graduellement un Ange.

Les conséquences du Travail avec les Anges

Lorsqu'il est effectué sur une base quotidienne, le Travail Angélique crée dans l'être une ouverture graduelle du subconscient et de l'inconscient qui se manifeste ainsi:

1. En un premier temps, nos états d'âme passent d'un extrême à l'autre, par exemple d'un grand bien-être à de profondes angoisses;

2. L'acuité de nos cinq sens (vue, ouïe, odorat, toucher et goût) augmente de façon considérable, et cela nous permet de développer la clairvoyance, la clairaudience et la clairsentience;

3. Il se produit un déclenchement de rêves et une augmentation graduelle de la fréquence et de l'intensité de ces derniers;

4. L'interprétation des rêves et la lecture des signes engendrent une expérience mystique profonde;

5. Les rêves deviennent la base de notre autonomie spirituelle car, en étudiant les symboles qu'ils comportent, nous sommes instruits de messages-clés pour le développement de notre conscience;

6. L'âme sort du corps et visite, à travers le temps et l'espace, les différentes dimensions, découvrant ainsi les secrets de l'Univers.

Vous découvrirez dans les simples histoires qui suivent l'Angéologie Traditionnelle appliquée à la vie de tous les jours. Ces exemples de situations de notre vie et de notre dialogue intérieur vous ouvriront de nouveaux horizons. Mais sachez que le plus grand enseignement est celui que vous recevez à l'intérieur de vous-mêmes par le biais de votre propre vécu.

ARBRE DE VIE OU ORDINATEUR COSMIQUE

L'Arbre de Vie est un schéma de la structure de l'Univers d'un point de vue macrocosmique et de l'être humain d'un point de vue microcosmique.

La Hiérarchie Angélique se présente par groupes de huit Anges. Les huit Anges de chaque groupe sont représentés par un Archange. Il y a neuf groupes de huit Anges, ce qui fait 72 Anges. La dixième Séphira, appelée Malkouth, représente la Terre.

1. Les Anges 1 à 8 habitent Kéther ;
   Archange MÉTATRON

2. Les Anges 9 à 16 habitent Hochmah ;
   Archange RAZIEL
   Daath, la grande Bibliothèque Universelle

3. Les Anges 17 à 24 habitent Binah ;
   Archange TSAPHKIEL

4. Les Anges 25 à 32 habitent Hésed ;
   Archange TSADKIEL

5. Les Anges 33 à 40 habitent Guébourah ;
   Archange KAMAËL

6. Les Anges 41 à 48 habitent Tiphereth ;
   Archange MIKAËL

7. Les Anges 49 à 56 habitent Netzach ;
   Archange HANIEL

8. Les Anges 57 à 64 habitent Hod ;
   Archange RAPHAËL

9. Les Anges 65 à 72 habitent Yésod ;
   Archange GABRIEL

10. Malkouth ; Archange SANDALFON

AÏN SOPH AOUR

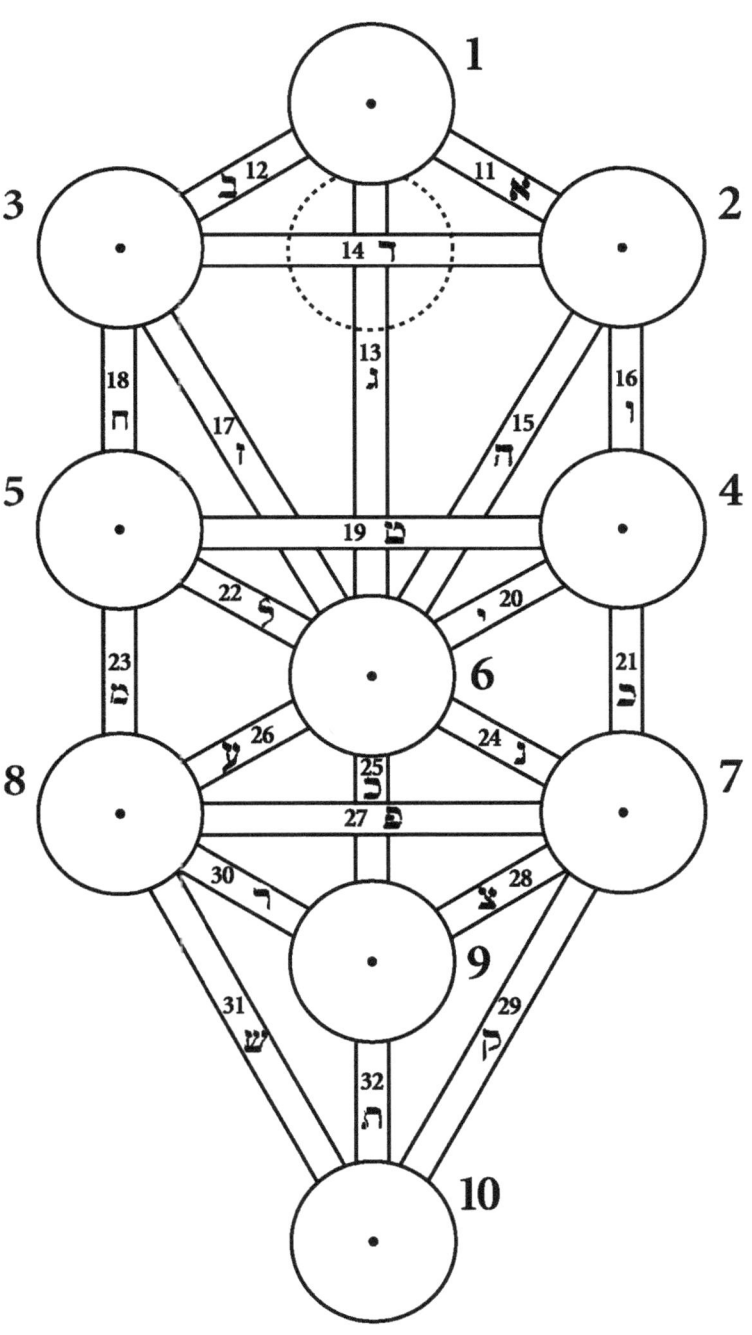

LES CALENDRIERS ANGÉLIQUES

Les pages qui suivent comprennent les trois Calendriers Angéliques qui permettent à toute personne d'identifier facilement ses Anges Gardiens. Le premier calendrier concerne le plan physique, le deuxième le plan émotionnel, et le troisième le plan intellectuel.

Le Calendrier Angélique n° 1 est particulièrement utile au Travail avec l'Angéologie Traditionnelle. En effet, il fournit un itinéraire de travail en allouant à chaque période de cinq jours dans l'année un Ange particulier.

Pendant des siècles, cet itinéraire a servi à structurer le mouvement naturel de transformation et de mutation de la conscience, mouvement qui guide l'être humain de la conscience ordinaire à la Conscience Angélique.

CALENDRIER ANGÉLIQUE n° 1
Plan physique

21 mars	au	25 mars	1	Vehuiah
26 mars	au	30 mars	2	Jeliel
31 mars	au	04 avril	3	Sitael
05 avril	au	09 avril	4	Elemiah
10 avril	au	14 avril	5	Mahasiah
15 avril	au	20 avril	6	Lelahel
21 avril	au	25 avril	7	Achaiah
26 avril	au	30 avril	8	Cahetel
01 mai	au	05 mai	9	Haziel
06 mai	au	10 mai	10	Aladiah
11 mai	au	15 mai	11	Lauviah
16 mai	au	20 mai	12	Hahaiah
21 mai	au	25 mai	13	Iezalel
26 mai	au	31 mai	14	Mebahel
01 juin	au	05 juin	15	Hariel
06 juin	au	10 juin	16	Hekamiah
11 juin	au	15 juin	17	Lauviah
16 juin	au	21 juin	18	Caliel
22 juin	au	26 juin	19	Leuviah
27 juin	au	01 juillet	20	Pahaliah
02 juillet	au	06 juillet	21	Nelkhael
07 juillet	au	11 juillet	22	Yeiayel
12 juillet	au	16 juillet	23	Melahel
17 juillet	au	22 juillet	24	Haheuiah
23 juillet	au	27 juillet	25	Nith-Haiah
28 juillet	au	01 août	26	Haaiah
02 août	au	06 août	27	Yerathel
07 août	au	12 août	28	Seheiah
13 août	au	17 août	29	Reiyel
18 août	au	22 août	30	Omael
23 août	au	28 août	31	Lecabel
29 août	au	02 septembre	32	Vasariah
03 septembre	au	07 septembre	33	Yehuiah
08 septembre	au	12 septembre	34	Lehahiah
13 septembre	au	17 septembre	35	Chavakhiah
18 septembre	au	23 septembre	36	Menadel

CALENDRIER ANGÉLIQUE n° 1 (suite)
Plan physique

24 septembre	au	28 septembre	37	ANIEL
29 septembre	au	03 octobre	38	HAAMIAH
04 octobre	au	08 octobre	39	REHAEL
09 octobre	au	13 octobre	40	IEIAZEL
14 octobre	au	18 octobre	41	HAHAHEL
19 octobre	au	23 octobre	42	MIKAEL
24 octobre	au	28 octobre	43	VEULIAH
29 octobre	au	02 novembre	44	YELAHIAH
03 novembre	au	07 novembre	45	SEALIAH
08 novembre	au	12 novembre	46	ARIEL
13 novembre	au	17 novembre	47	ASALIAH
18 novembre	au	22 novembre	48	MIHAEL
23 novembre	au	27 novembre	49	VEHUEL
28 novembre	au	02 décembre	50	DANIEL
03 décembre	au	07 décembre	51	HAHASIAH
08 décembre	au	12 décembre	52	IMAMIAH
13 décembre	au	16 décembre	53	NANAEL
17 décembre	au	21 décembre	54	NITHAEL
22 décembre	au	26 décembre	55	MEBAHIAH
27 décembre	au	31 décembre	56	POYEL
01 janvier	au	05 janvier	57	NEMAMIAH
06 janvier	au	10 janvier	58	YEIALEL
11 janvier	au	15 janvier	59	HARAHEL
16 janvier	au	20 janvier	60	MITZRAEL
21 janvier	au	25 janvier	61	UMABEL
26 janvier	au	30 janvier	62	IAHHEL
31 janvier	au	04 février	63	ANAUEL
05 février	au	09 février	64	MEHIEL
10 février	au	14 février	65	DAMABIAH
15 février	au	19 février	66	MANAKEL
20 février	au	24 février	67	EYAEL
25 février	au	29 février	68	HABUHIAH
01 mars	au	05 mars	69	ROCHEL
06 mars	au	10 mars	70	JABAMIAH
11 mars	au	15 mars	71	HAIAIEL
16 mars	au	20 mars	72	MUMIAH

CALENDRIER ANGÉLIQUE n° 2
Plan émotionnel

JANVIER	FÉVRIER	MARS
1: 65 Damabiah	1: 25 Nith-Haiah	1: 53 Nanael
2: 66 Manakel	2: 26 Haaiah	2: 54 Nithael
3: 67 Eyael	3: 27 Yerathel	3: 55 Mebahiah
4: 68 Habuhiah	4: 28 Seheiah	4: 56 Poyel
5: 69 Rochel	5: 29 Reiyel	5: 57 Nemamiah
6: 70 Jabamiah	6: 30 Omael	6: 58 Yeialel
7: 71 Haiaiel	7: 31 Lecabel	7: 59 Harahel
8: 72 Mumiah	8: 32 Vasariah	8: 60 Mitzrael
9: 1 Vehuiah	9: 33 Yehuiah	9: 61 Umabel
10: 2 Jeliel	10: 34 Lehahiah	10: 62 Iahhel
11: 3 Sitael	11: 35 Chavakhiah	11: 63 Anauel
12: 4 Elemiah	12: 36 Menadel	12: 64 Mehiel
13: 5 Mahasiah	13: 37 Aniel	13: 65 Damabiah
14: 6 Lelahel	14: 38 Haamiah	14: 66 Manakel
15: 7 Achaiah	15: 39 Rehael	15: 67 Eyael
16: 8 Cahetel	16: 40 Ieiazel	16: 68 Habuhiah
17: 9 Haziel	17: 41 Hahahel	17: 69 Rochel
18: 10 Aladiah	18: 42 Mikael	18: 70 Jabamiah
19: 11 Lauviah	19: 43 Veuliah	19: 71 Haiaiel
20: 12 Hahaiah	20: 44 Yelahiah	20: 72 Mumiah
21: 13 Iezalel	21: 45 Sealiah	21: 1 Vehuiah
22: 14 Mebahel	22: 46 Ariel	22: 2 Jeliel
23: 15 Hariel	23: 47 Asaliah	23: 3 Sitael
24: 16 Hekamiah	24: 48 Mihael	24: 4 Elemiah
17 Lauviah	25: 49 Vehuel	25: 5 Mahasiah
25: 18 Caliel	26: 50 Daniel	26: 6 Lelahel
26: 19 Leuviah	27: 51 Hahasiah	27: 7 Achaiah
27: 20 Pahaliah	28: 52 Imamiah	28: 8 Cahetel
28: 21 Nelkhael	29: 52 Imamiah	29: 9 Haziel
29: 22 Yeiayel		30: 10 Aladiah
30: 23 Melahel		31: 11 Lauviah
31: 24 Haheuiah		

Comment trouver son Ange Gardien du plan émotionnel :
Dans le Calendrier Angélique n° 2, les chiffres de la première colonne indiquent les jours du mois, et ceux de la deuxième colonne les nombres associés aux Anges. Par conséquent, votre Ange Gardien du plan émotionnel est celui qui est situé à droite de votre jour de naissance. Par exemple, si vous êtes né le 5 mai, votre Ange du plan émotionnel est le 45 Sealiah. **Particularités :**
1) L'astérisque (*) qui apparaît à la droite de sept dates de ce Calendrier indique que de minuit

CALENDRIER ANGÉLIQUE n° 2 (suite)
Plan émotionnel

AVRIL	MAI	JUIN
1: 12 Hahaiah	1: 41 Hahahel	1: 71 Haiaiel
2: 13 Iezalel	2: 42 Mikael	2: 72 Mumiah
3: 14 Mebahel	3: 43 Veuliah	3: 1 Vehuiah
4: 15 Hariel	4: 44 Yelahiah	4: 2 Jeliel
5: 16 Hekamiah	5: 45 Sealiah	5: 3 Sitael
6: 17 Lauviah	6: 46 Ariel	6: 4 Elemiah
7: 18 Caliel	7: 47 Asaliah	7: 5 Mahasiah
8: 19 Leuviah	8: 48 Mihael	8: 6 Lelahel
9: 20 Pahaliah	9: 49 Vehuel	9: 7 Achaiah
10: 21 Nelkhael	10: 50 Daniel	10: 8 Cahetel
11: 22 Yeiayel	11: 51 Hahasiah	11: 9 Haziel
12: 23 Melahel	12: 52 Imamiah	12: 10 Aladiah
13: 24 Haheuiah	13: 53 Nanael	13: *
14: 25 Nith-Haiah	14: 54 Nithael	14: 11 Lauviah
15: 26 Haaiah	15: 55 Mebahiah	15: 12 Hahaiah
16: 27 Yerathel	16: 56 Poyel	16: 13 Iezalel
17: *	17: 57 Nemamiah	17: 14 Mebahel
18: 28 Seheiah	18: 58 Yeialel	18: 15 Hariel
19: 29 Reiyel	19: 59 Harahel	19: 16 Hekamiah
20: 30 Omael	20: *	20: 17 Lauviah
21: 31 Lecabel	21: 60 Mitzrael	21: 18 Caliel
22: 32 Vasariah	22: 61 Umabel	22: 19 Leuviah
23: 33 Yehuiah	23: 62 Iahhel	23: 20 Pahaliah
24: 34 Lehahiah	24: 63 Anauel	24: 21 Nelkhael
25: 35 Chavaehiah	25: 64 Mehiel	25: 22 Yeiayel
26: 36 Menadel	26: 65 Damabiah	26: 23 Melahel
27: 37 Aniel	27: 66 Manakel	27: 24 Haheuiah
28: 38 Haamiah	28: 67 Eyael	28: 25 Nith-Haiah
29: 39 Rehael	29: 68 Habuhiah	29: 26 Haaiah
30: 40 Ieiazel	30: 69 Rochel	30: 27 Yerathel
	31: 70 Jabamiah	

à midi ces journées-là, c'est l'Ange de la journée précédente qui gouverne, et que de midi à minuit, c'est l'Ange de la journée suivante qui gouverne. Par exemple, l'Ange 27 Yerathel gouverne le 16 avril et le 17 avril jusqu'à midi, et l'Ange 28 Seheiah le 17 avril de midi à minuit ainsi que le 18 avril. 2) Dans les cas où la date réfère à deux Anges – soit le 24 janvier et le 27 décembre – le premier Ange gouverne de minuit à 18 h 00 et le deuxième de 18 h 00 à minuit.

27

CALENDRIER ANGÉLIQUE n° 2 (suite)
Plan émotionnel

JUILLET	AOÛT	SEPTEMBRE
1: 28 SEHEIAH	1: 57 NEMAMIAH	1: 15 HARIEL
2: 29 REIYEL	2: 58 YEIALEL	2: 16 HEKAMIAH
3: 30 OMAEL	3: 59 HARAHEL	3: 17 LAUVIAH
4: 31 LECABEL	4: 60 MITZRAEL	4: 18 CALIEL
5: *	5: 61 UMABEL	5: 19 LEUVIAH
6: 32 VASARIAH	6: 62 IAHHEL	6: 20 PAHALIAH
7: 33 YEHUIAH	7: 63 ANAUEL	7: 21 NELKHAEL
8: 34 LEHAHIAH	8: 64 MEHIEL	8: 22 YEIAYEL
9: 35 CHAVAKHIAH	9: 65 DAMABIAH	9: 23 MELAHEL
10: 36 MENADEL	10: 66 MANAKEL	10: 24 HAHEUIAH
11: 37 ANIEL	11: 67 EYAEL	11: 25 NITH-HAIAH
12: 38 HAAMIAH	12: 68 HABUHIAH	12: 26 HAAIAH
13: 39 REHAEL	13: 69 ROCHEL	13: 27 YERATHEL
14: 40 IEIAZEL	14: 70 JABAMIAH	14: 28 SEHEIAH
15: 41 HAHAHEL	15: 71 HAIAIEL	15: 29 REIYEL
16: 42 MIKAEL	16: 72 MUMIAH	16: 30 OMAEL
17: 43 VEULIAH	17: 1 VEHUIAH	17: 31 LECABEL
18: 44 YELAHIAH	18: 2 JELIEL	18: 32 VASARIAH
19: 45 SEALIAH	19: *	19: 33 YEHUIAH
20: 46 ARIEL	20: 3 SITAEL	20: 34 LEHAHIAH
21: 47 ASALIAH	21: 4 ELEMIAH	21: *
22: 48 MIHAEL	22: 5 MAHASIAH	22: 35 CHAVAKHIAH
23: 49 VEHUEL	23: 6 LELAHEL	23: 36 MENADEL
24: 50 DANIEL	24: 7 ACHAIAH	24: 37 ANIEL
25: 51 HAHASIAH	25: 8 CAHETEL	25: 38 HAAMIAH
26: *	26: 9 HAZIEL	26: 39 REHAEL
27: 52 IMAMIAH	27: 10 ALADIAH	27: 40 IEIAZEL
28: 53 NANAEL	28: 11 LAUVIAH	28: 41 HAHAHEL
29: 54 NITHAEL	29: 12 HAHAIAH	29: 42 MIKAEL
30: 55 MEBAHIAH	30: 13 IEZALEL	30: 43 VEULIAH
31: 56 POYEL	31: 14 MEBAHEL	

Comment trouver son Ange Gardien du plan émotionnel :
Dans le Calendrier Angélique n° 2, les chiffres de la première colonne indiquent les jours du mois, et ceux de la deuxième colonne les nombres associés aux Anges. Par conséquent, votre Ange Gardien du plan émotionnel est celui qui est situé à droite de votre jour de naissance. Par exemple, si vous êtes né le 5 mai, votre Ange du plan émotionnel est le 45 SEALIAH. **Particularités:**
1) L'astérisque (*) qui apparaît à la droite de sept dates de ce Calendrier indique que de minuit

CALENDRIER ANGÉLIQUE n° 2 (suite)
Plan émotionnel

OCTOBRE	NOVEMBRE	DÉCEMBRE
1 : 44 Yelahiah	1 : 3 Sitael	1 : 33 Yehuiah
2 : 45 Sealiah	2 : 4 Elemiah	2 : 34 Lehahiah
3 : 46 Ariel	3 : 5 Mahasiah	3 : 35 Chavakhiah
4 : 47 Asaliah	4 : 6 Lelahel	4 : 36 Menadel
5 : 48 Mihael	5 : 7 Achaiah	5 : 37 Aniel
6 : 49 Vehuel	6 : 8 Cahetel	6 : 38 Haamiah
7 : 50 Daniel	7 : 9 Haziel	7 : 39 Rehael
8 : 51 Hahasiah	8 : 10 Aladiah	8 : 40 Ieiazel
9 : 52 Imamiah	9 : 11 Lauviah	9 : 41 Hahahel
10 : 53 Nanael	10 : 12 Hahaiah	10 : 42 Mikael
11 : 54 Nithael	11 : 13 Iezalel	11 : 43 Veuliah
12 : 55 Mebahiah	12 : 14 Mebahel	12 : 44 Yelahiah
13 : 56 Poyel	13 : 15 Hariel	13 : 45 Sealiah
14 : 57 Nemamiah	14 : 16 Hekamiah	14 : 46 Ariel
15 : 58 Yeialel	15 : 17 Lauviah	15 : 47 Asaliah
16 : 59 Harahel	16 : 18 Caliel	16 : 48 Mihael
17 : 60 Mitzrael	17 : 19 Leuviah	17 : 49 Vehuel
18 : 61 Umabel	18 : 20 Pahaliah	18 : 50 Daniel
19 : 62 Iahhel	19 : 21 Nelkhael	19 : 51 Hahasiah
20 : 63 Anauel	20 : 22 Yeiayel	20 : 52 Imamiah
21 : 64 Mehiel	21 : 23 Melahel	21 : 53 Nanael
22 : 65 Damabiah	22 : 24 Haheuiah	22 : 54 Nithael
23 : 66 Manakel	23 : 25 Nith-Haiah	23 : 55 Mebahiah
24 : 67 Eyael	24 : 26 Haaiah	24 : 56 Poyel
25 : 68 Habuhiah	25 : 27 Yerathel	25 : 57 Nemamiah
26 : 69 Rochel	26 : 28 Seheiah	26 : 58 Yeialel
27 : 70 Jabamiah	27 : 29 Reiyel	27 : 59 Harahel
28 : 71 Haiaiel	28 : 30 Omael	60 Mitzrael
29 : 72 Mumiah	29 : 31 Lecabel	28 : 61 Umabel
30 : 1 Vehuiah	30 : 32 Vasariah	29 : 62 Iahhel
31 : 2 Jeliel		30 : 63 Anauel
		31 : 64 Mehiel

à midi ces journées-là, c'est l'Ange de la journée précédente qui gouverne, et que de midi à minuit, c'est l'Ange de la journée suivante qui gouverne. Par exemple, l'Ange 27 Yerathel gouverne le 16 avril et le 17 avril jusqu'à midi, et l'Ange 28 Seheiah le 17 avril de midi à minuit ainsi que le 18 avril. 2) Dans les cas où la date réfère à deux Anges – soit le 24 janvier et le 27 décembre – le premier Ange gouverne de minuit à 18 h 00 et le deuxième de 18 h 00 à minuit.

CALENDRIER ANGÉLIQUE n° 3
Plan intellectuel

0 h 00	à	0 h 19	1	Vehuiah
0 h 20	à	0 h 39	2	Jeliel
0 h 40	à	0 h 59	3	Sitael
1 h 00	à	1 h 19	4	Elemiah
1 h 20	à	1 h 39	5	Mahasiah
1 h 40	à	1 h 59	6	Lelahel
2 h 00	à	2 h 19	7	Achaiah
2 h 20	à	2 h 39	8	Cahetel
2 h 40	à	2 h 59	9	Haziel
3 h 00	à	3 h 19	10	Aladiah
3 h 20	à	3 h 39	11	Lauviah
3 h 40	à	3 h 59	12	Hahaiah
4 h 00	à	4 h 19	13	Iezalel
4 h 20	à	4 h 39	14	Mebahel
4 h 40	à	4 h 59	15	Hariel
5 h 00	à	5 h 19	16	Hekamiah
5 h 20	à	5 h 39	17	Lauviah
5 h 40	à	5 h 59	18	Caliel
6 h 00	à	6 h 19	19	Leuviah
6 h 20	à	6 h 39	20	Pahaliah
6 h 40	à	6 h 59	21	Nelkhael
7 h 00	à	7 h 19	22	Yeiayel
7 h 20	à	7 h 39	23	Melahel
7 h 40	à	7 h 59	24	Haheuiah
8 h 00	à	8 h 19	25	Nith-Haiah
8 h 20	à	8 h 39	26	Haaiah
8 h 40	à	8 h 59	27	Yerathel
9 h 00	à	9 h 19	28	Seheiah
9 h 20	à	9 h 39	29	Reiyel
9 h 40	à	9 h 59	30	Omael
10 h 00	à	10 h 19	31	Lecabel
10 h 20	à	10 h 39	32	Vasariah
10 h 40	à	10 h 59	33	Yehuiah
11 h 00	à	11 h 19	34	Lehahiah
11 h 20	à	11 h 39	35	Chavakhiah
11 h 40	à	11 h 59	36	Menadel

CALENDRIER ANGÉLIQUE n° 3 (suite)
Plan intellectuel

12 h 00	à	12 h 19	37	Aniel
12 h 20	à	12 h 39	38	Haamiah
12 h 40	à	12 h 59	39	Rehael
13 h 00	à	13 h 19	40	Ieiazel
13 h 20	à	13 h 39	41	Hahahel
13 h 40	à	13 h 59	42	Mikael
14 h 00	à	14 h 19	43	Veuliah
14 h 20	à	14 h 39	44	Yelahiah
14 h 40	à	14 h 59	45	Sealiah
15 h 00	à	15 h 19	46	Ariel
15 h 20	à	15 h 39	47	Asaliah
15 h 40	à	15 h 59	48	Mihael
16 h 00	à	16 h 19	49	Vehuel
16 h 20	à	16 h 39	50	Daniel
16 h 40	à	16 h 59	51	Hahasiah
17 h 00	à	17 h 19	52	Imamiah
17 h 20	à	17 h 39	53	Nanael
17 h 40	à	17 h 59	54	Nithael
18 h 00	à	18 h 19	55	Mebahiah
18 h 20	à	18 h 39	56	Poyel
18 h 40	à	18 h 59	57	Nemamiah
19 h 00	à	19 h 19	58	Yeialel
19 h 20	à	19 h 39	59	Harahel
19 h 40	à	19 h 59	60	Mitzrael
20 h 00	à	20 h 19	61	Umabel
20 h 20	à	20 h 39	62	Iahhel
20 h 40	à	20 h 59	63	Anauel
21 h 00	à	21 h 19	64	Mehiel
21 h 20	à	21 h 39	65	Damabiah
21 h 40	à	21 h 59	66	Manakel
22 h 00	à	22 h 19	67	Eyael
22 h 20	à	22 h 39	68	Habuhiah
22 h 40	à	22 h 59	69	Rochel
23 h 00	à	23 h 19	70	Jabamiah
23 h 20	à	23 h 39	71	Haiaiel
23 h 40	à	23 h 59	72	Mumiah

LES 72 ANGES
ANGÉOLOGIE TRADITIONNELLE

Quand on voyage en pays inconnu, les cartes géographiques nous sont bien utiles, voire indispensables. Il en va de même lorsqu'on explore la Conscience. Celle-ci est tellement vaste que lorsqu'on veut y travailler, on a besoin de repères pour éviter de s'y perdre. Chaque rayon de la Conscience est particulier, et l'Angéologie Traditionnelle nous fournit la liste des Qualités de chaque Ange ainsi que celle des distorsions pour nous permettre de les différencier les uns des autres. C'est ce que nous retrouvons dans ce chapitre. La consultation régulière de ces listes comme aide-mémoire nous permet de nous familiariser avec chacun des 72 Anges et de structurer notre Travail.

Très anciennes, ces listes sont le produit de siècles de recherche rigoureuse et de travail sur la conscience. Telles que présentées ici, elles ont été adaptées à l'ère contemporaine et en vue d'un usage universel.

Comment utiliser ces listes? Si on invoque un Ange pendant au moins cinq jours, on focalise sur le rayon ou la facette spécifique de notre conscience qu'Il représente. On a alors la possibilité d'observer la manifestation de l'Ange invoqué. Tout dépendant du contenu des mémoires situées sur le rayon touché, l'Ange se manifeste d'une façon pure ou bien fait ressortir nos distorsions. Mais Il se manifeste, c'est absolu. Ainsi on rencontrera dans nos rêves et dans les situations du quotidien exactement les caractéristiques de l'Ange invoqué. En portant attention à nos rêves et aux situations que l'on vit, on peut en reconnaître le contenu dans les listes présentées. Cela nous permet de participer consciemment au Travail que l'Ange effectue.

Note: Il est important d'interpréter les Qualités et les distorsions d'abord et avant tout en termes de conscience, autrement dit de ne pas les prendre au pied de la lettre.

1 VEHUIAH

Qualités

- Volonté Divine
- Apporte le Feu Créateur Primordial
- Capacité d'entreprendre, de commencer
- Succès pour toute nouvelle création
- Guide vers un travail inédit et dans un domaine d'avant-garde
- Donne l'exemple, sert de modèle, est un leader
- Aide à sortir de la confusion et de l'impasse
- Regain d'énergie qui permet de guérir la maladie, le mal-être et la dépression
- Abondance d'énergie, courage, audace, bravoure
- Aime comme si c'était la première fois
- Compréhension de sa propre valeur et de la valeur de l'autre, ainsi que de l'importance de l'individualité et de l'intimité
- Faculté de concentration, de focalisation sur un objectif
- Aide à comprendre le succès et le leadership véritables

Distorsions

- *Impose sa volonté, tendance à forcer, contrecarrer ou défier le Destin*
- *Têtu, acharné, autoritaire, imposant*
- *Déclenche la colère, la turbulence*
- *Intervient dans des affaires qui finiront mal*
- *Fonce sans réfléchir, passion dangereuse*
- *Réactions excessives, impétuosité, situations violentes, destruction de l'entourage*
- *Manque de dynamisme et de volonté*
- *Incapacité à déterminer son orientation ou la direction à prendre*

Physique : 21 mars au 25 mars
Émotionnel : 9 janvier, 21 mars, 3 juin, 17 août, 30 octobre
Intellectuel : 0 h 00 à 0 h 19
Domicile : Kéther / **Spécificité** : Hochmah

2 JELIEL

Qualités
- Amour, Sagesse
- Touche la vie de couple et la relation à l'autre
- Capacité de concrétiser et de consolider n'importe quelle réalité
- Association providentielle
- Accorde solidité, tranquillité et fécondité
- Accorde la fidélité du conjoint
- Règle tout litige et tout conflit
- Altruiste, cherche à manifester l'amour partout
- Médiateur, conciliateur
- Unifie les principes masculin et féminin
- Convivialité, vie harmonieuse
- Verbe puissant qui inspire le calme
- Aide à calmer les révolutions intérieures
- Capacité de persuasion, lucidité dans l'analyse théorique

Distorsions
- *Manque d'amour, absence de sagesse*
- *Difficultés dans la vie de couple et dans la relation avec les autres*
- *Mœurs et comportements pervers, corruption*
- *Mauvaises associations*
- *Conflit perpétuel, querelle, oppression, tyrannie*
- *Désaccord, séparation, divorce*
- *Problèmes avec la sexualité et la relation intime*
- *Célibat égoïste, rejette les enfants par égoïsme*
- *Difficulté à rencontrer un conjoint*

Physique : 26 mars au 30 mars
Émotionnel : 10 janvier, 22 mars, 4 juin, 18 août, 19 août de minuit à midi, 31 octobre
Intellectuel : 0 h 20 à 0 h 39
Domicile : Kéther / **Spécificité** : Binah

3 SITAEL

Qualités
- Construction
- Maître bâtisseur tant à l'intérieur qu'à l'extérieur
- Haute Science
- Confère le pouvoir d'expansion, la capacité de tout faire fructifier
- Planificateur, grand stratège, doué d'un sens pratique
- Administrateur honnête et intègre
- Soutien qui permet de vaincre toute difficulté, toute adversité
- Capacité de concevoir un enfant, un projet
- Aide à prendre conscience de nos erreurs et à transformer nos karmas
- Noblesse, magnanimité, générosité, clémence
- Fidèle à la parole donnée, pacificateur
- Emploi avec d'importantes responsabilités
- Architecte et ingénieur au service du Divin
- Don pour négocier, enthousiasme
- Notoriété sociale et politique

Distorsions
- *Destruction, écroulement des structures, période défavorable, ruine*
- *Avidité, excès, stratégie démoniaque*
- *Erreur de préparation, de planification et d'appréciation*
- *Difficulté à concevoir un enfant, un projet*
- *Agressivité, ingratitude, vantardise*
- *Hypocrisie, emphase mise sur la façade, manque d'authenticité*
- *Personne qui ne tient pas ses promesses ou qui n'est pas fidèle à sa parole*

Physique : 31 mars au 4 avril
Émotionnel : 11 janvier, 23 mars, 5 juin, 19 août de midi à minuit, 20 août, 1er novembre
Intellectuel : 0 h 40 à 0 h 59
Domicile : Kéther / **Spécificité** : Hésed

4 ELEMIAH

Qualités
- Pouvoir Divin
- Haute Science
- Autorité juste, équitable, impartiale
- Redressement, découverte d'un nouveau chemin
- Force qui aide à passer à l'action, capacité de décision
- Participation à la création du Destin
- Étude et révélation du plan de vie
- Découverte de l'orientation professionnelle
- Initiative, entreprise, engagement
- Optimisme, fin d'une période difficile
- Disparition de l'agitation et des tourments
- Permet d'identifier ceux qui nous ont trahis pour faire la paix avec eux

Distorsions
- *Pouvoir diabolique orienté vers la satisfaction des besoins personnels*
- *Inertie, tendances destructrices*
- *Échec professionnel, faillite, revers, période de destruction*
- *Pessimisme, tourments, découvertes dangereuses*
- *Trahison, existence de traîtres intérieurs*
- *Avidité et abus de pouvoir*
- *Domination par les autres*
- *Épuisement, à bout de ressources*
- *Complexes de supériorité et d'infériorité*

Physique : 5 avril au 9 avril
Émotionnel : 12 janvier, 24 mars, 6 juin, 21 août, 2 novembre
Intellectuel : 1 h 00 à 1 h 19
Domicile : Kéther / **Spécificité** : Guébourah

5 MAHASIAH

Qualités
- Rectification des erreurs
- Réforme, rétablit l'Ordre Divin
- Redresse ce qui pousse de travers avant la matérialisation
- Facilite l'apprentissage
- Capacité de vivre en paix et de jouir des choses simples et naturelles
- Réussite des examens
- Entrée dans une école initiatique
- Analyse des rêves, étude du langage symbolique
- Décodage des signes reçus dans la vie quotidienne
- Aptitudes pour la Science Initiatique
- Amélioration du caractère, existence belle et heureuse
- Facilité dans l'apprentissage des langues

Distorsions
- *Difficulté à rectifier, réparer, reconnaître et regretter ses erreurs ou à pardonner les erreurs commises par autrui*
- *Tendance à vouloir se venger, rancune, préjugés, arrogance*
- *Malfaisant, pernicieux*
- *Ignorance*
- *Libertinage, abus sexuels*
- *Dénégation de ses propres erreurs, mauvais caractère, difficile à vivre*
- *Difficulté à apprendre, mauvais choix, autoritarisme*
- *Adhésion à un mouvement spirituel pour fuir la réalité*
- *Santé précaire*

Physique : 10 avril au 14 avril
Émotionnel : 13 janvier, 25 mars, 7 juin, 22 août, 3 novembre
Intellectuel : 1 h 20 à 1 h 39
Domicile : Kéther / **Spécificité** : Tiphereth

6 LELAHEL

Qualités
- Lumière Divine qui guérit tout (Lumière d'Amour)
- Lucidité, clarté de compréhension
- Renommée, bonheur, fortune
- Embellissement, beauté naturelle
- Miroir de l'âme
- Art de bien s'exprimer dans la société
- Célébrité par le talent et les réalisations
- Artiste

Distorsions
- *Manque d'amour empêchant la guérison et la compréhension*
- *Ambition*
- *Porte des masques, personnalités multiples*
- *Beauté extérieure seulement*
- *Se pense indispensable*
- *Complexes de supériorité et d'infériorité*
- *Dépenses inutiles, gaspillage*
- *Tendance à tout prendre pour acquis*
- *Fortune acquise illicitement (argent sale)*
- *Arrivisme, orgueil*
- *Axé uniquement sur l'aspect matériel des choses et des êtres*
- *Utilise son charme à des fins personnelles et égoïstes*
- *Vit au-dessus de ses moyens*
- *Situation instable*

Physique : 15 avril au 20 avril
Émotionnel : 14 janvier, 26 mars, 8 juin, 23 août, 4 novembre
Intellectuel : 1 h 40 à 1 h 59
Domicile : Kéther / **Spécificité** : Netzach

7 ACHAIAH

Qualités

- Patience
- Découverte du rôle de la patience dans le processus de Création de l'Univers
- Exploration des dimensions intérieures, aide à découvrir la Vérité
- Bonne utilisation des périodes d'attente
- Facilité dans l'exécution de travaux difficiles
- Force bénéfique à l'utilisation des ordinateurs et à la programmation
- Faculté d'introspection et discernement permettant de découvrir les aspects cachés, occultés
- Propagateur de la Lumière (de la Connaissance)
- Facilite la diffusion médiatique par les ordinateurs, la télévision, la radio, la presse et l'édition
- Soutien pour réussir les examens et résoudre les problèmes difficiles, donne le goût de s'instruire
- Aide à découvrir les secrets cachés, à trouver des solutions inédites

Distorsions

- *Impatience, révolte, résignation*
- *Paresse, négligence, insouciance, ignorance*
- *N'a aucune envie d'apprendre, n'étudie pas*
- *Échec aux examens, désarroi face aux situations nouvelles*
- *Paralysie face à l'adversité*
- *Problèmes avec les ordinateurs et la programmation*
- *Écarté des postes de commande*
- *Manipulation médiatique, recherche de gloire personnelle*
- *Incompréhension*
- *Ne tient pas ses promesses*

Physique : 21 avril au 25 avril
Émotionnel : 15 janvier, 27 mars, 9 juin, 24 août, 5 novembre
Intellectuel : 2 h 00 à 2 h 19
Domicile : Kéther / **Spécificité** : Hod

8 CAHETEL

Qualités
- Bénédiction Divine
- Gratitude
- Matérialise la Volonté Divine
- Enfantement, accouchement
- Réussite facile, progrès, aide à changer de mode de vie
- Grande capacité de travail, vie active
- Richesse matérielle
- Terres fertiles, récoltes abondantes, nourriture pour l'âme
- Harmonie avec les Lois Cosmiques
- Patron des quatre éléments : feu, air, eau, terre
- Libère des mauvais esprits

Distorsions
- *Manque de gratitude*
- *Personne excessivement centrée sur elle-même, qui ne suit que ses propres intérêts, comportement prédateur*
- *Échec matériel, ruine*
- *Agit contre le Destin, se rebelle contre son plan de vie et contre le Programme Cosmique, Divin*
- *Activités inutiles et stériles*
- *Volontarisme excessif, rigidité*
- *Despotisme, orgueil, mauvais caractère, blasphème*
- *Fortune utilisée uniquement à des fins matérielles*
- *Pluies torrentielles, inondations, eaux polluées*
- *Climat catastrophique, incendies*
- *Sentiments troubles, agression, transgression*
- *Agit à l'encontre des lois, corruption, écrase les autres*

Physique : 26 avril au 30 avril
Émotionnel : 16 janvier, 28 mars, 10 juin, 25 août, 6 novembre
Intellectuel : 2 h 20 à 2 h 39
Domicile : Kéther / **Spécificité** : Yésod

9 HAZIEL

Qualités
- Amour Universel
- Miséricorde Divine
- Don du pardon, réconciliation
- Bonne foi
- Confiance, sincérité
- Bonté qui absout tout mal
- Énergie puissante qui transforme tout négativisme
- Appui, soutien, amitié, grâce, faveur des puissants
- Promesse, engagement
- Altruisme, désintéressement
- Pureté de l'enfance

Distorsions
- *Difficulté à aimer et à être aimé et/ou absence d'amour*
- *Possessivité, jalousie, passion, peur d'aimer et d'être aimé*
- *Haine, guerre, non-réconciliation*
- *Hypocrite, trompe les autres*
- *Manipule pour obtenir la faveur des puissants*
- *Rancœur, malveillance, hostilité*

Physique : 1er mai au 5 mai
Émotionnel : 17 janvier, 29 mars, 11 juin, 26 août, 7 novembre
Intellectuel : 2 h 40 à 2 h 59
Domicile : Hochmah / **Spécificité** : Hochmah

10 ALADIAH

Qualités
- Grâce Divine qui absout et pardonne toute faute
- Dissout tout karma
- Abondance spirituelle et matérielle
- Innocence
- Réinsertion dans la société
- Grand pouvoir de guérison
- Régénération, santé florissante
- Aide les défavorisés
- Nouveau départ, seconde chance

Distorsions
- *Attitudes et comportements générant des problèmes et des difficultés karmiques*
- *Répétition des erreurs et des actes manqués*
- *Spiritualité dangereuse, faux gourou*
- *Gaspillage*
- *Promesses non tenues*
- *Crimes cachés*
- *Déchéance morale*
- *Négligence*
- *Nonchalance, indifférence, mollesse*
- *Mauvaise santé, karma difficile*
- *Boulimie, excès sexuels, luxure*
- *Malfaiteur, personne qui enfreint la loi, prisonnier*

Physique : 6 mai au 10 mai
Émotionnel : 18 janvier, 30 mars, 12 juin, 13 juin de minuit à midi, 27 août, 8 novembre
Intellectuel : 3 h 00 à 3 h 19
Domicile : Hochmah / **Spécificité** : Binah

11 LAUVIAH

Qualités
- Victoire
- Renommée, célébrité, réussite
- Expertise
- Vie de dévouement
- Altruisme, bonté, gentillesse
- Reçoit la Lumière de Dieu
- Confiance, enthousiasme, joie
- Réussite des initiations
- Amour exalté pour l'Œuvre Divine
- Entreprises utiles et profitables pour l'humanité
- Peut tout obtenir des grands de ce monde
- Organisation Cosmique

Distorsions
- *Difficulté à réussir, à avoir du succès, échec*
- *Joue des rôles pour plaire, manque d'authenticité, hyper positivisme*
- *Focalisation excessive sur la renommée, la célébrité, la notoriété, ou tendance à les rejeter et à se contenter d'une vie médiocre*
- *Vise trop haut ou trop bas*
- *Envie, jalousie, orgueil, calomnie, utilise la ruse pour réussir*
- *Extravagance, ambition, avidité de pouvoir*
- *Matérialisme excessif, veut jouir uniquement des ressources physiques*
- *Débordements émotionnels, dépendance affective*
- *Manque de confiance et/ou difficulté à avoir confiance en autrui*
- *Œuvres perverses*
- *Foudre, réprimande de l'Intelligence Cosmique*

Physique : 11 mai au 15 mai
Émotionnel : 19 janvier, 31 mars, 13 juin de midi à minuit, 14 juin, 28 août, 9 novembre
Intellectuel : 3 h 20 à 3 h 39
Domicile : Hochmah / **Spécificité** : Hésed

12 HAHAIAH

Qualités

- Refuge, période de calme, de repos
- Méditation, intériorisation, amour de la solitude
- Favorise le sommeil, aide à se ressourcer, à renouveler son énergie et à rétablir l'équilibre entre la vie intime et la vie sociale
- Inspire à prendre soin autant de notre monde intérieur que de notre maison, notre foyer
- Appréciation de la propreté et de l'ordre
- Harmonisation intérieure par la remise en question de soi
- Transforme les attitudes destructrices
- Isole les tendances négatives dans un cercle énergétique
- Examen de la vie personnelle
- Dissolution de l'agressivité
- Facilite l'interprétation des rêves, donne accès aux mystères occultes
- Accorde la paix, protège
- Accroît la médiumnité
- Attitude positive, discrétion

Distorsions

- *Tendance à se retirer, à s'isoler, à s'évader, à fuir ou à refuser de faire face à ses responsabilités ; ou comportement hyperactif par lequel l'être cherche à camoufler ses problèmes, ses soucis et insécurités, ses blessures ou difficultés émotionnelles*
- *Indépendance excessive, attitude d'ermite*
- *Période de stress et d'agitation, manque de temps pour soi, difficulté à s'intérioriser et à méditer*
- *Excès ou manque de vie sociale*
- *Comportement asocial*
- *Tendance à entretenir, nourrir, ruminer des problèmes émotionnels ou à refuser de leur faire face, ou à bouder, à faire la tête*
- *Impulsivité, agressivité*
- *Dépendances*
- *Négativisme, indiscrétion*
- *Mensonge, abus de confiance, trahison, amertume, ressentiment, résignation, rancune*
- *Hallucinations*
- *Supercherie et élucubrations de médiums déséquilibrés*
- *Confusion entre les rêves et la réalité*
- *Phobies : agoraphobie, claustrophobie, etc.*

Physique : 16 mai au 20 mai
Émotionnel : 20 janvier, 1er avril, 15 juin, 29 août, 10 novembre
Intellectuel : 3 h 40 à 3 h 59
Domicile : Hochmah / **Spécificité :** Guébourah

13 IEZALEL

Qualités
- Fidélité
- Réconciliation, affinité
- Facilité d'apprentissage
- Mémoires heureuses
- Amitié, rassemblements
- Fidèle serviteur
- Préparation des rencontres
- Fidèle aux Principes Divins
- Donne forme à l'unité, à l'union
- Complémentarité et équilibre entre le masculin et le féminin
- Ordre, harmonie

Distorsions
- *Infidélité*
- *Enchaînement, passion*
- *Focalisation excessive sur les besoins personnels et la vie sociale*
- *Veut plaire à tout le monde*
- *Blesse les enfants, détruit le mariage et la famille, séparation, divorce*
- *Engendre des karmas lourds de conséquences*
- *Ignorance, erreur*
- *Esprit limité*
- *Tendance à ne pas tirer de leçons des expériences vécues*
- *Éloignement des êtres aimés*
- *Mensonge, tricherie*
- *Ne souhaite pas apprendre*
- *Influence négative sur les autres et sur les situations*

Physique : 21 mai au 25 mai
Émotionnel : 21 janvier, 2 avril, 16 juin, 30 août, 11 novembre
Intellectuel : 4 h 00 à 4 h 19
Domicile : Hochmah / **Spécificité** : Tiphereth

14 MEBAHEL

Qualités
- Engagement
- Aide humanitaire, altruisme
- Devise : Vérité, Liberté, Justice
- Amour inconditionnel
- Inspiration en provenance des Mondes Supérieurs
- Libère les opprimés et les prisonniers
- Aide ceux qui ont perdu l'espoir
- Équité, aime la justesse, l'exactitude, la précision et les choix justes, rétablit l'ordre naturel
- Respect de l'environnement
- Exorcisme
- Médiation, arbitrage
- Abondance, richesse, élévation des sens

Distorsions
- *Difficulté à s'engager ou désengagement*
- *Ne tient pas ses promesses, manque à sa parole*
- *Aide les autres de manière excessive ou insuffisante*
- *Sentiment d'être mal aimé ou rejeté*
- *Problèmes avec la vérité et la justice, mensonge, calomnie, faux témoignage*
- *Procès, accusation, captivité, emprisonnement*
- *Malfaiteur, criminel*
- *Usurpation, lutte intérieure, adversité, oppression*
- *Forces démoniaques*
- *Dynamique tyran/victime*
- *S'identifie à la loi et aux conventions sociales*
- *Marche à contre-courant*

Physique : 26 mai au 31 mai
Émotionnel : 22 janvier, 3 avril, 17 juin, 31 août, 12 novembre
Intellectuel : 4 h 20 à 4 h 39
Domicile : Hochmah / **Spécificité** : Netzach

15 HARIEL

Qualités
- Purification
- Pureté des mœurs, innocence
- Sentiments spirituels
- Découverte de nouvelles méthodes, inventions utiles
- Inspiration pour les scientifiques et les artistes
- Blanchit la conscience en lui infusant simultanément la Loi et la Connaissance
- Procure une grande lucidité, éveille le discernement
- Rétablit la communication entre l'individualité et la personnalité
- Libère de la paralysie, de ce qui empêche d'agir
- Libère de toutes les formes de dépendance

Distorsions
- *Puritanisme*
- *Perfectionnisme excessif, trop focalisé sur les détails, manque de vision globale*
- *Caractère compliqué*
- *Se rend complice des forces de l'abîme*
- *Prêt à mourir pour imposer ou défendre une vérité non naturelle*
- *Terrorisme, extrémisme*
- *Esprit sectaire*
- *Échec, effondrement*
- *Lutte contre l'ordre naturel*
- *Mentalité desséchante, esprit excessivement analytique, tendance à disséquer exagérément*
- *Discernement faussé, jugement erroné, principes inversés*
- *Séparatisme*

Physique : 1er juin au 5 juin
Émotionnel : 23 janvier, 4 avril, 18 juin, 1er septembre, 13 novembre
Intellectuel : 4 h 40 à 4 h 59
Domicile : Hochmah / **Spécificité** : Hod

16 HEKAMIAH

Qualités
- Loyauté aux Principes Divins
- Attitude royale
- Respect des engagements
- Coordonnateur, pacificateur
- Franchise, noblesse
- Obtient des responsabilités
- Libérateur
- Amour Universel
- Devient un leader, un chef, un président
- Organisation politique et sociale

Distorsions
- *Traîtrise, trahison, guerre, révolte*
- *Mode de vie marqué par l'arrogance, le snobisme*
- *Complexes de supériorité et d'infériorité*
- *Envie, jalousie*
- *Matérialisme excessif*
- *Écartèlement, déchirement*
- *Fait obstacle aux réalisations de notre nature supérieure*
- *Égoïsme, amour trop personnel, passion*
- *Complot, manigance*
- *Provoque la dissidence dans le groupe, discorde, désaccord*
- *Sentiment d'être diminué, servilité*
- *Irresponsable*
- *Idolâtre, égocentrique, mégalomane*

Physique : 6 juin au 10 juin
Émotionnel : 24 janvier de minuit à 18 h, 5 avril, 19 juin, 2 septembre, 14 novembre
Intellectuel : 5 h 00 à 5 h 19
Domicile : Hochmah / **Spécificité** : Yésod

17 LAUVIAH

Qualités
- Révélations
- Faculté de compréhension intuitive, sans analyse et sans étude, télépathie, connaissance des mécanismes de la psyché
- Agit contre les tourments et la tristesse
- État permanent de joie, ascension spirituelle
- Don pour la musique, la poésie, la littérature et la philosophie transcendantes, transcendantales
- Hautes Sciences
- Fait percevoir les grands mystères de l'Univers et les Lois Cosmiques pendant la nuit, révélations reçues en rêve, en songe et en méditation
- Pénètre l'inconscient

Distorsions
- *Vit dans l'illusion, n'est pas assez ancré dans la réalité concrète*
- *Ignorance, fausses perceptions, comportement erroné, athéisme, ne tient pas ses promesses*
- *Tourments, dépression, tristesse*
- *Insomnie, hyperactivité*
- *Angoisse existentielle, anxiété, décrochage, marginalité choisie ou imposée*
- *Prophète de malheur, esprit malsain et trompeur*
- *Attitude hautaine, arrogante*
- *Entêtement, mauvaise perception, problèmes matériels*
- *Manque de foi, d'enthousiasme et de confiance en soi et envers les autres*
- *Décalage entre le corps et l'esprit, se perd dans l'abstrait*
- *Science sans conscience*
- *Difficulté à exprimer le Savoir*

Physique : 11 juin au 15 juin
Émotionnel : 24 janvier de 18 h à minuit, 6 avril, 20 juin, 3 septembre, 15 novembre
Intellectuel : 5 h 20 à 5 h 39
Domicile : Binah / **Spécificité** : Hochmah

18 CALIEL

Qualités
- Vérité absolue
- Élimine tout doute, innocente
- Justice Divine, vision karmique
- Tribunal de conscience
- Discerne ce qui est juste
- Compréhension de l'interaction entre le bien et le mal
- Respect des Lois Divines
- Jugement parfait, honnêteté
- Juge, magistrat, avocat, notaire
- Intégrité, amour de la justice
- Aide à découvrir la Vérité, à retrouver la source d'élévation
- Compréhension que seul le fait d'être juste peut amener la paix, la quiétude, le bien-être intérieur
- Capacité à deviner les intentions

Distorsions
- *Problèmes avec la vérité et la justice*
- *Condamnation*
- *Utilise la justice uniquement pour s'enrichir matériellement*
- *Cherche à gagner, rivalise*
- *Faux témoin, fausse preuve, flatterie*
- *Procès injuste, adversité*
- *Scandale, bassesse, corruption, malhonnêteté, fausseté*
- *Situation confuse et embrouillée*
- *S'éloigne de la Vérité, période ténébreuse*

Physique : 16 juin au 21 juin
Émotionnel : 25 janvier, 7 avril, 21 juin, 4 septembre, 16 novembre
Intellectuel : 5 h 40 à 5 h 59
Domicile : Binah / **Spécificité** : Binah

19 LEUVIAH

Qualités
- Intelligence expansive
- Mémoire des vies antérieures, Mémoire Cosmique
- Capacité de mémorisation prodigieuse
- Porte de la Mémoire, Gardien des Archives de Daath (Bibliothèque Universelle)
- Maîtrise des sentiments par la raison, grande patience
- État d'âme communicatif, modestie, mentalité généreuse
- Rend capable de supporter l'adversité avec patience et acceptation
- Disponibilité à aider ceux qui en ont besoin

Distorsions
- *Problèmes d'intelligence, perte des facultés intellectuelles*
- *Perfectionniste à outrance, n'est intéressé que par le gain matériel*
- *Souvenirs inutiles, amnésie, trous de mémoire*
- *Atrocités commises dans des vies passées*
- *Chagrin, mortification, stérilité, esprit borné, méfiance*
- *Tristesse, morosité, désespoir, attitude plaintive*
- *Fait subir des pertes, induit l'amertume, personne compliquée*
- *Accuse et culpabilise les autres*
- *Manipule en utilisant les désirs, tente d'impressionner*
- *Absence de chaleur humaine, incapacité à exprimer des sentiments*
- *Met l'intelligence au service des forces obscures*

Physique : 22 juin au 26 juin
Émotionnel : 26 janvier, 8 avril, 22 juin, 5 septembre, 17 novembre
Intellectuel : 6 h 00 à 6 h 19
Domicile : Binah / **Spécificité :** Hésed

20 PAHALIAH

Qualités
- Délivrance
- Transcendance de la sexualité, pureté de l'intimité, fusion sexuelle divine dans le couple, fidélité
- Éveil de la kundalini, de l'énergie vitale
- Sujets concernant la spiritualité et la morale
- Connaissance du bien et du mal
- Pureté, consent à des sacrifices pour évoluer
- Rectification des erreurs commises par des désirs exaltés
- Établit des règles dans le comportement instinctuel, rigueur
- Aide à traverser les épreuves avec courage et dynamisme
- Comportement moral irréprochable, grand initié
- Rédemption, rencontre avec le Moi Supérieur
- Vie spirituelle harmonieuse

Distorsions
- *Abus de pouvoir, fanatisme, violence extrême*
- *Lutte acharnée, destin difficile, rigidité*
- *Problèmes avec la sexualité et/ou rejet de la vie sexuelle*
- *Infidélité, libertinage, liaisons passagères, débauche*
- *Abus et gaspillage sexuels, prostitution*
- *Abattement, découragement, craintes, maladie*
- *Ne croit pas en une Puissance Supérieure, transgresse les Lois Divines*
- *Recherche de possessions matérielles*
- *Religieux à la lettre, cherche à convertir*

Physique : 27 juin au 1er juillet
Émotionnel : 27 janvier, 9 avril, 23 juin, 6 septembre, 18 novembre
Intellectuel : 6 h 20 à 6 h 39
Domicile : Binah / **Spécificité** : Guébourah

21 NELKHAEL

Qualités
- Facilite l'apprentissage
- Amour des études, réussite des examens
- Omniscience
- Faculté d'aller du concret à l'abstrait, de la réalité à l'idée
- Don pour les sciences, la technologie et la poésie
- Compréhension de la géométrie, de l'astronomie, de l'astrologie et des mathématiques
- Inspire les savants et les philosophes
- Conscience de l'Organisation Cosmique
- Bonne concentration, faculté de comprendre les bienfaits de la récitation de mantras pour accéder à la Connaissance, recevoir des réponses et entrer en contact avec les mondes parallèles
- Anticipation
- Protège contre les calomnies, les pièges et les sortilèges
- Exorcisme par la Connaissance
- Enseignant, pédagogue par excellence

Distorsions
- *Difficultés d'apprentissage*
- *Problèmes avec les examens, tendance à stresser*
- *Veut plaire aux autres*
- *Recherche le succès à tout prix, études motivées par l'ambition*
- *Attitude hautaine*
- *Complexes de supériorité et d'infériorité*
- *Ignorance, apprend sans comprendre*
- *Recherche et utilise la Connaissance à des fins personnelles*
- *Rejette l'apprentissage, mentalité faible, se perd dans l'abstrait*
- *Préjugés, comportement vindicatif*
- *Constructions mentales erronées*
- *Incapable d'appliquer la Connaissance*
- *Envoûtement par manque de Connaissance*

Physique : 2 juillet au 6 juillet
Émotionnel : 28 janvier, 10 avril, 24 juin, 7 septembre, 19 novembre
Intellectuel : 6 h 40 à 6 h 59
Domicile : Binah / **Spécificité** : Tiphereth

22 YEIAYEL

Qualités
- Renommée, célébrité
- Mécénat, philanthropie
- Activités politiques, artistiques et scientifiques
- Grande générosité
- Encourage la bonté
- Commandement, leadership, diplomatie
- Fortune, prospérité, affaires, commerce, altruisme
- Permet de faire des découvertes surprenantes
- Voyages

Distorsions
- *Mégalomanie, tyrannie, esclavage*
- *Orgueil, répression*
- *Manipulation, acharnement, compétition, comportement profiteur*
- *Se sent non reconnu, désire être riche et célèbre*
- *Difficulté à se reconnaître soi-même*
- *Avidité, insatiabilité*
- *Perte de reconnaissance*
- *Sentiments contradictoires*
- *Vie déséquilibrée, immobilisme, résistance à changer, à s'améliorer, à progresser*
- *Difficultés dans le domaine des affaires, des entreprises, du commerce*

Physique : 7 juillet au 11 juillet
Émotionnel : 29 janvier, 11 avril, 25 juin, 8 septembre, 20 novembre
Intellectuel : 7 h 00 à 7 h 19
Domicile : Binah / **Spécificité** : Netzach

23 MELAHEL

Qualités
- Capacité de guérir
- Médecin, guérisseur, pharmacologue, scientifique
- Naturopathie, herboristerie, sciences naturelles
- Connaît les propriétés des plantes médicinales
- Faculté d'agir soi-même comme une plante médicinale
- Nourriture et culture saines
- Aptitude à comprendre que les aliments sains et bien combinés sont de véritables remèdes
- Connaissance de tous les cycles et étapes de la chaîne alimentaire
- Appréciation et gratitude pour l'Abondance Divine, que l'on ne prend pas pour acquise
- Pacifisme, apaisement
- Maîtrise des émotions, faculté de s'adapter à toute situation
- Foi qui anticipe la Connaissance
- Protection de l'environnement, respect de la nature
- Initié aux secrets des forces de la nature
- Capacité de comprendre les bienfaits multidimensionnels d'une nutrition végétarienne ou végétalienne saine et bien équilibrée

Distorsions
- *Maladie, malaise, mal-être*
- *Médecine sans conscience*
- *Utilise la médecine uniquement pour s'enrichir matériellement*
- *Pollution nuisible à la végétation et à l'environnement*
- *Sentiments et entreprises corrompus*
- *Difficulté à exprimer ce que l'on ressent et à improviser*
- *Agriculture et nourriture artificielles*
- *Esprit polluant et destructeur, pensées malsaines*

Physique : 12 juillet au 16 juillet
Émotionnel : 30 janvier, 12 avril, 26 juin, 9 septembre, 21 novembre
Intellectuel : 7 h 20 à 7 h 39
Domicile : Binah / **Spécificité** : Hod

24 HAHEUIAH

Qualités
- Protection
- Police, armée, avocat, juge
- Avertissement en cas de danger
- Honnêteté, incorruptibilité
- Bloque le mal, rend justice
- Protège les exilés et les immigrés
- Protège contre les voleurs et les assassins
- Protège contre les forces démoniaques
- Protège contre les animaux nuisibles
- Protège contre les sortilèges et les maléfices
- Aide à retourner au Pays d'Origine
- Sincérité, aime la Vérité
- Fin d'une période difficile
- Bonne intuition, capacité d'anticiper, de savoir à l'avance ce qui se passera
- Aide à accepter un jugement et à comprendre qu'il est en accord avec la Justice Divine
- Active le souhait de réparer les karmas qu'on a générés

Distorsions
- *Problèmes relatifs à la protection*
- *Abus de pouvoir, police, armée et/ou système juridique affectés par la corruption*
- *Difficulté à obtenir justice ou à l'appliquer*
- *Incompréhension du sens de l'épreuve*
- *Instabilité, incohérence, égarement*
- *Sentiment de vengeance, persécution, punition*
- *Fuite devant les responsabilités*
- *Indifférence, froideur émotionnelle*
- *Forces démoniaques*
- *Vit de moyens illicites, pose des gestes illégaux*
- *Délinquant, criminel, récolte les fruits de la violence*
- *Fraude, vol, emprisonnement*
- *Victime de la rigidité judiciaire*

Physique : 17 juillet au 22 juillet
Émotionnel : 31 janvier, 13 avril, 27 juin, 10 septembre, 22 novembre
Intellectuel : 7 h 40 à 7 h 59
Domicile : Binah / **Spécificité** : Yésod

25 NITH-HAIAH

Qualités
- Porteur de la Sagesse et de l'Amour Suprêmes
- Maîtrise des forces spirituelles
- Étude de la métaphysique et de la Kabbale
- Compréhension de la notion du temps
- Entend la musique des Hautes Sphères
- Semblable aux Anges
- Peut tout obtenir
- Découverte des mystères cachés de la Création
- Révélations reçues en songe et en rêve, facilite les visions
- Aide à trouver un lieu pour méditer
- Aime la paix, la solitude et le silence, personne calme
- Magie blanche, souhait du bien-être d'autrui
- Charisme spirituel

Distorsions
- *Amour et sagesse illusoires*
- *Magie noire, pacte satanique*
- *Prêt à tout pour atteindre son but*
- *Faux pouvoirs spirituels*
- *Manipulateur spirituel qui agit avec un complexe de supériorité*
- *Incapacité à percevoir la magie de la vie et à accéder à ses multiples dimensions*
- *Renonce à Dieu, au concept d'un Créateur Universel, athéisme*
- *Possession, ensorcellement*
- *Malheur, désespoir*
- *Intérêt matériel, égocentrisme*
- *Agité, incohérent, impatient*
- *Va à l'encontre du Destin et des Lois Divines*

Physique : 23 juillet au 27 juillet
Émotionnel : 1er février, 14 avril, 28 juin, 11 septembre, 23 novembre
Intellectuel : 8 h 00 à 8 h 19
Domicile : Hésed / **Spécificité** : Hochmah

26 HAAIAH

Qualités
- Discrétion
- Capacité de bien structurer le pouvoir et l'abondance
- Conseiller guidé par la Sagesse
- Faculté de garder et gérer les secrets d'État, les dossiers confidentiels des gouvernements, l'accès aux informations et connaissances qui doivent rester occultées
- Sens de l'organisation et de la famille
- Contemplation des Structures Divines
- Sciences politiques, harmonise la vie sociale
- Cohabitation pacifique
- Respect de l'Ordre Divin
- Capacité de s'adapter à toute situation
- Attitudes scientifiques et politiques en accord avec la Science Divine
- Leader politique et social, catalyseur, administrateur, décideur, diplomate, ambassadeur, justicier
- Permet de savoir comment se comporter lors de situations ambiguës
- Cherche la Vérité par le biais de la raison
- Créateur d'ambiances positives, constructives, moteur de l'esprit d'équipe

Distorsions

- *Indiscrétion, égocentrisme, problèmes familiaux et/ou sociaux*
- *Difficultés en lien avec la politique, la prise de décision, l'administration, l'organisation*
- *Motivé par l'ambition et la convoitise, jalousie, orgueil, vanité, passion*
- *Fuit ses responsabilités, son plan de vie*
- *Désir de pouvoir et de gloire terrestres, abus d'autorité et de pouvoir, esprit de compétition, loi de la jungle*
- *Désordre social, anarchie, conspiration, traîtrise*
- *Impose son point de vue, n'écoute pas les autres*
- *Complexes d'infériorité et de supériorité*
- *Conséquences négatives d'actions désordonnées*

Physique : 28 juillet au 1er août
Émotionnel : 2 février, 15 avril, 29 juin, 12 septembre, 24 novembre
Intellectuel : 8 h 20 à 8 h 39
Domicile : Hésed / **Spécificité** : Binah

27 YERATHEL

Qualités
- Confiance
- Source d'Énergie inépuisable
- Propagation de la Lumière
- Créateur d'ambiance, optimisme
- Enseignement par la parole et l'écriture, diffusion sociale
- Civilise, sociabilise
- Libère des calomniateurs et des intentions malveillantes
- Libère en cas de possession
- Aime la justice, les sciences, la littérature et les arts en général
- Libère de ceux qui s'opposent à notre développement
- Disperse la confusion, conduit à la réussite

Distorsions
– *Manque de confiance en soi et/ou d'estime de soi ; ou surconfiance et problèmes d'égo*
– *Activités superficielles*
– *Hyperactivité, manque de concentration, de focalisation et de sagesse*
– *Veut plaire à tout le monde*
– *Est prêt à tout pour avoir du succès, être reconnu et apprécié*
– *Dispersion, surexcitation*
– *Possession, esclavage*
– *Gaspillage*
– *Dépendances, habitudes perverses, fanatisme*
– *Désir compulsif de plaire, provocation*
– *Joueur compulsif*
– *Égoïsme, flatterie, emphase mise sur le paraître*
– *Loi de la jungle, méchanceté, ignorance, intolérance, calomnie*
– *Sciences et arts destructifs*

Physique : 2 août au 6 août
Émotionnel : 3 février, 16 avril, 17 avril de minuit à midi, 30 juin, 13 septembre, 25 novembre
Intellectuel : 8 h 40 a 8 h 59
Domicile : Hésed / **Spécificité** : Hésed

28 SEHEIAH

Qualités

- Prévoyance
- Longévité heureuse
- Protection contre la foudre, les chutes, les accidents, les incendies et les maladies
- Guérison miraculeuse, réhabilitation, santé
- Protection Providentielle, Assurance Céleste
- Accorde la Sagesse *via* l'examen des expériences vécues
- Pressentiment, inspiration protectrice
- Prudence, capacité de prévoir les événements
- Grand calme

Distorsions

- *Imprévoyance, imprudence, inquiétude profonde*
- *Problèmes de longévité, peur du changement et de la mort*
- *Anxiété, peur du futur*
- *Activités superficielles qui servent de compensation*
- *Est toujours inquiet et préoccupé pour les autres, manque de confiance dans le Destin et les plans de vie prévus par l'Intelligence Cosmique pour tout un chacun*
- *Incohérence*
- *Chute, accident, maladie*
- *Ruine, tumulte, turbulence*
- *Déclenche des catastrophes*
- *Action irréfléchie, écervelée, étourderie*
- *Énergie tourbillonnante*
- *Volonté excessive, caractère colérique*
- *Paralysie intérieure et extérieure*

Physique : 7 août au 12 août
Émotionnel : 4 février, 17 avril de midi à minuit, 18 avril, 1ᵉʳ juillet, 14 septembre, 26 novembre
Intellectuel : 9 h 00 à 9 h 19
Domicile : Hésed / **Spécificité** : Guébourah

29 REIYEL

Qualités
- Libération
- Aime les grands espaces, les hautes montagnes et la nature en général
- Conduit vers les Hauts Sommets
- Libère du mal, des sortilèges et des ensorcellements
- Non attaché au credo (n'appartient à aucun groupe religieux ni à aucune secte)
- Amélioration de la vie par la méditation et l'étude de soi
- Confiance, diffusion de la Vérité
- Citoyen libre de l'Univers, vision globale
- Science du comportement
- Recherche de la Vérité, détachement matériel
- Conception, réalisation, production
- Découvre les mystères de l'Œuvre Divine par la méditation
- Travail inspiré par le Divin et réalisé avec une conscience supérieure
- Établit un lien avec les guides spirituels

Distorsions
- *Situation limitative, impasse, manque de liberté à différents niveaux*
- *Veut à tout prix être le premier et/ou le meilleur*
- *Ambition, cupidité, manipulation*
- *Est trop aérien ou trop terre-à-terre*
- *Méfiance, fanatisme, hypocrisie*
- *Propagation d'idées fausses et dangereuses*
- *Ensorcellement, mauvaises fréquentations*
- *Sectarisme, bigoterie, lutte religieuse*
- *Endoctrinement, nationalisme*
- *Prisonnier*
- *Opposition aux réalisations altruistes*
- *Philosophie matérialiste, plaisirs mondains*

Physique : 13 août au 17 août
Émotionnel : 5 février, 19 avril, 2 juillet, 15 septembre, 27 novembre
Intellectuel : 9 h 20 à 9 h 39
Domicile : Hésed / **Spécificité** : Tiphereth

30 OMAEL

Qualités
- Multiplication
- Matérialisation, développement, expansion
- Production, réalisation, application, planification
- Patience, sens des responsabilités
- Rétablit la santé, amène la guérison, touche le corps médical
- Fécondité, naissance, touche les femmes enceintes
- Épanouissement, joie, antidépresseur vivant
- Reconstituant et tonifiant
- Patron des règnes végétal et animal
- Favorise la plantation et les récoltes
- Redécouverte de l'enfant intérieur

Distorsions
- *Succès superficiel, philosophie matérialiste*
- *Ambition, avidité, cupidité, est prêt à tout pour gagner, attitude mondaine*
- *Stérilité, insuccès, échec répétitif, pauvreté*
- *Matérialisation corrompue, manque de planification et d'organisation*
- *Impatience*
- *Vivisection (dissection sur le vivant)*
- *Euthanasie, suicide, porteur de mort*
- *Génocide, extermination, expériences monstrueuses, fureur dévastatrice*
- *Tristesse, dépression, désespoir*
- *Mauvaises récoltes*

Physique : 18 août au 22 août
Émotionnel : 6 février, 20 avril, 3 juillet, 16 septembre, 28 novembre
Intellectuel : 9 h 40 à 9 h 59
Domicile : Hésed / **Spécificité** : Netzach

31 LECABEL

Qualités
- Talent pour résoudre les énigmes de la Vie
- Amour de l'exactitude et de la précision
- Excellence, recherche de l'ordre à tous les niveaux
- Lucidité, intellect puissant, trouve des solutions pratiques
- Maîtrise des émotions par la raison
- Stratège, gestionnaire, ingénieur, architecte, agronome
- Décideur, créateur, concepteur, planificateur de l'avenir, directeur d'entreprise
- Étude des sciences exactes
- Idées lumineuses et génératrices d'abondance
- Révélation des Processus Cosmiques par l'observation de l'infiniment petit
- Respect des étapes et des cycles, planification à long terme

Distorsions
- *Manque de talent, d'inspiration, d'idées, et/ou frustration résultant du fait qu'on n'arrive pas à utiliser, à déployer pleinement ses propres talents*
- *Manipule et exploite les autres*
- *Insécurités qui poussent la personne à être obsédée par le succès*
- *Moyens illicites, affaires louches, trafic de drogue*
- *Opportuniste, malhonnête, avare*
- *Gère de manière trop analytique, perfectionniste insatisfait*
- *Laisser-aller, négligence, je-m'en-foutisme, gaspillage*
- *Mauvaise utilisation du capital et des ressources, pertes en affaires, faillite, problèmes insolubles, agit trop hâtivement*
- *Possessivité, s'attache aux résultats, essaie de forcer le Destin*
- *Joueur compulsif*

Physique : 23 août au 28 août
Émotionnel : 7 février, 21 avril, 4 juillet, 5 juillet de minuit à midi, 17 septembre, 29 novembre
Intellectuel : 10 h 00 à 10 h 19
Domicile : Hésed / **Spécificité** : Hod

32 VASARIAH

Qualités

- Clémence
- Capacité de pardonner
- Grande sagesse qui aide à réfléchir, planifier, trouver des solutions, résoudre des problèmes
- Planificateur, penseur, stratège
- Bonté, bienveillance, magnanimité
- Modestie, amabilité
- Compréhension du sens de l'épreuve
- Aide à se libérer du sentiment de culpabilité
- Noblesse, droiture, sens élevé de la justice
- Pardon naturel
- Juge, magistrat, avocat
- Don oratoire
- Écoute profonde qui permet la compassion, l'empathie
- Confère l'accès à la Mémoire Cosmique, Connaissance du bien et du mal
- Mentalité généreuse

Distorsions

- *Manque de clémence, difficulté à pardonner*
- *Sagesse déficiente, manque de bonté, difficulté ou incapacité à planifier, réfléchir, trouver des solutions, résoudre des problèmes*
- *Vengeance*
- *Injuste, ignoble, rancunier*
- *Culpabilité, accusation, condamnation*
- *Fuite face aux responsabilités, difficulté à discerner le bien du mal*
- *Résiste à évoluer, nourrit des intentions nuisibles aux autres*
- *Puritain, moraliste, influence néfaste*
- *Maladie pouvant s'aggraver*
- *Focalise sur les mauvais souvenirs*
- *Présomptueux, impoli, mal élevé*
- *Orgueilleux, matérialiste*

Physique : 29 août au 2 septembre
Émotionnel : 8 février, 22 avril, 5 juillet de midi à minuit, 6 juillet, 18 septembre, 30 novembre
Intellectuel : 10 h 20 à 10 h 39
Domicile : Hésed / **Spécificité** : Yésod

33 YEHUIAH

Qualités

- Subordination
- Autorité juste et constructive, leadership de haut niveau
- Bonne dynamique de travail avec ses supérieurs, capacité de créer un esprit d'équipe et de travailler en collaboration étroite avec des personnes importantes
- Faculté de comprendre globalement la structure d'une entreprise, d'une mission, d'une réalité, etc., de planifier des projets importants, d'assumer de grandes responsabilités
- Appréciation, reconnaissance et confiance de la part des supérieurs
- Inspire la confiance et la loyauté
- Aptitude à supporter de hautes tensions, des initiations puissantes
- Aide à lâcher prise, écarte les confrontations
- Fidélité à ce qui est supérieur, honnêteté
- Capacité de reconnaître la véritable Hiérarchie
- Conscience de sa place dans l'Ordre Cosmique
- Permet de démasquer les traîtres et de découvrir les machinations
- Soutient les initiatives altruistes, induit le sens du devoir
- Donne lieu à des découvertes scientifiques
- Personne de confiance
- Engagement, contrat, alliance, association philanthropique

Distorsions

- *Insubordination, problèmes avec l'autorité et la hiérarchie*
- *Rébellion, confrontation, résistance ou refus d'exécuter les ordres, agressivité*
- *Ne supporte pas la hiérarchie, écarté ou retiré des postes de commande*
- *Confronte les ordres d'En Haut*
- *Perversité, désirs multiples, manque de fermeté et de force morales pour faire ce qui est juste*
- *Marginalité, quête de l'inutile, abandon*
- *Conflit, trahison inscrite dans le code génétique, dans l'inconscient*
- *Mépris*
- *Complexes de supériorité et d'infériorité*
- *Plaisirs mondains, tendance à abuser des privilèges*
- *Manque de loyauté, trahison*
- *Problèmes d'égo*
- *Impose sa volonté et sa présence, comportement dictateur*
- *Rigidité, colère*

Physique : 3 septembre au 7 septembre
Émotionnel : 9 février, 23 avril, 7 juillet, 19 septembre, 1er décembre
Intellectuel : 10 h 40 à 10 h 59
Domicile : Guébourah / **Spécificité** : Hochmah

34 LEHAHIAH

Qualités
- Obéissance
- Fidèle serviteur
- Confiance et faveur des supérieurs
- Discipline, sens de l'ordre
- Loyauté, dévouement, actions altruistes
- Soumis aux Lois Divines et à l'autorité qui les représente
- Consacre sa vie au service d'un ordre établi (chef de gouvernement, ministre, président, directeur)
- Intelligence, paix, harmonie, est à l'aise même dans l'ambiguïté
- Compréhension de la Justice Divine
- Incorruptible, intègre, responsable
- Accepte la rigueur de sa destinée sans protester
- Obéissance sans forcément comprendre

Distorsions
- *Désobéissance*
- *Problèmes avec l'autorité*
- *Complexes d'infériorité et de supériorité*
- *Personne déloyale, non fiable, en qui on ne peut pas avoir confiance*
- *Lois injustes, autoritarisme, dictature*
- *Manque d'autorité, incompréhension*
- *Esprit compétitif, opposition, contredit pour avoir raison*
- *Colère dangereuse, agressivité, traîtrise, déclenche la ruine, la destruction*
- *Rigidité, frustration, conflits avec ses supérieurs*
- *Discorde, rébellion, violence, guerre*
- *Nature émotive, tendance à se révolter contre les lois*
- *Rejet, impulsivité, absence de réceptivité*

Physique : 8 septembre au 12 septembre
Émotionnel : 10 février, 24 avril, 8 juillet, 20 septembre, 21 septembre de minuit à midi, 2 décembre
Intellectuel : 11 h 00 à 11 h 19
Domicile : Guébourah / **Spécificité** : Binah

35 CHAVAKHIAH

Qualités
- Réconciliation
- Relations familiales harmonieuses
- Confiance, aide et support familiaux
- Conscience du sens sacré des liens familiaux
- Capacité de faire émerger la Sagesse ancestrale
- Rapproche les êtres, renoue les liens
- Sciences humaines et sociales
- Aime la paix, médiateur, conciliateur
- Loyauté récompensée, services appréciés
- Héritage, partage des biens, dons
- Retour au paradis perdu

Distorsions
- *Problèmes familiaux, disputes, querelles, désunion*
- *Difficultés et discorde en lien avec l'héritage*
- *Jalousie, envie, trahison*
- *Attachement excessif, malsain, possessivité, essaie de contrôler les autres*
- *Problèmes en lien avec des traditions familiales anciennes*
- *Attachement au passé, maintien de coutumes et de schémas de fonctionnement ancestraux et familiaux dépassés et injustes*
- *Mariage forcé*
- *Veut à tout prix plaire à la famille, dépendance émotionnelle et matérielle*
- *Absence de liens, égoïsme*
- *Procès injustes*
- *Offense*
- *Ruine*
- *Esprit borné, sectarisme, nationalisme, racisme*
- *Maladies héréditaires*
- *Problèmes humanitaires*
- *Désorganisation et désordre sur le plan social*

Physique : 13 septembre au 17 septembre
Émotionnel : 11 février, 25 avril, 9 juillet, 21 septembre de midi à minuit, 22 septembre, 3 décembre
Intellectuel : 11 h 20 à 11 h 39
Domicile : Guébourah / **Spécificité :** Hésed

36 MENADEL

Qualités
- Travail
- Vocation, coopération, serviabilité, altruisme
- Contremaître de l'Usine Divine
- Aide à trouver un emploi
- Procure des moyens de subsistance
- Vérité et liberté trouvées dans le travail
- Travail intérieur, facilite l'adaptation
- Libère les prisonniers et les exilés
- Compréhension du travail
- Procure la volonté pour se mettre au travail
- Récupération de son propre potentiel
- Dévouement

Distorsions
- *Problèmes reliés au travail et aux activités professionnelles*
- *Fait son travail pour être aimé*
- *Excès ou manque de travail*
- *Vit uniquement pour son travail, s'identifie principalement à son rôle et son statut social*
- *Philosophie matérialiste*
- *Esclavage*
- *Perte d'emploi, difficulté à trouver un emploi*
- *Exil, fuite, paresse, évite les responsabilités*
- *Manque d'objectifs et d'intensité, rareté des idées*
- *Personne trop affairée dans la matière*
- *Épuisement, froideur, isolement*
- *Incompréhension du sens profond du travail*
- *Essaie de forcer, de contrecarrer ou de défier le Destin, cherche la réussite à tout prix*
- *Recherche de gloire personnelle*

Physique : 18 septembre au 23 septembre
Émotionnel : 12 février, 26 avril, 10 juillet, 23 septembre, 4 décembre
Intellectuel : 11 h 40 à 11 h 59
Domicile : Guébourah / **Spécificité** : Guébourah

37 ANIEL

Qualités

- Brise les vieux schémas
- Aide à comprendre les cycles de la vie et de l'évolution
- Étude de l'histoire, des causes et des conséquences
- Compréhension de la Loi du karma, du fait qu'on attire ce qu'on est et qu'on récolte ce qu'on sème
- Changement de mentalité, nouvelles idées
- Développe une volonté d'indépendance
- Aide à purifier les mémoires négatives en lien avec la sexualité, la dépendance affective ainsi que toute autre forme de dépendance
- Maîtrise face aux impulsions intellectuelles et émotionnelles intenses
- Autonomie spirituelle
- Libère des forces et émotions négatives
- Porteur de nouvelles sciences et de nouvelles conceptions de l'Univers
- Encourage la nouveauté

Distorsions

- *Difficulté, refus ou peur de changer*
- *Tendance à vivre dans les mémoires du passé*
- *Philosophie matérialiste, mentalité trop terre-à-terre*
- *Incompréhension ou ignorance de la Loi du karma, du fait qu'on récolte ce qu'on sème*
- *Résistance face aux nouveaux courants*
- *Attachement aux structures anciennes, à ce qui est ancien*
- *Assujettissement à la matière*
- *Tourne en rond en ressassant les mêmes pensées*
- *Lutte acharnée pour maintenir le statu quo*
- *Charlatan, esprit pervers et trompeur*
- *Traditionaliste farouche*
- *Dépendances de toutes sortes*
- *Parle de ce qu'il ne connaît pas*

Physique : 24 septembre au 28 septembre
Émotionnel : 13 février, 27 avril, 11 juillet, 24 septembre, 5 décembre
Intellectuel : 12 h 00 à 12 h 19
Domicile : Guébourah / **Spécificité :** Tiphereth

38 HAAMIAH

Qualités
- Sens des rituels et des préparations
- Stratège, planificateur
- Aime faire des choses, préparer des repas, s'occuper d'autrui, etc.
- Conduit vers les plus hautes réalisations humaines
- Transpose le rituel dans le quotidien
- Science du comportement, de la conduite
- Beauté, harmonie, paix
- Savoir-vivre, politesse, convivialité
- Haut lieu de transcendance
- Exorcisme
- Dissout la violence intérieure et extérieure
- Aide à trouver le parfait complément
- Histoire d'amour extraordinaire
- Sexualité vécue divinement, dans une conscience sacrée
- Rituels, cérémonies, initiations
- Adore le Divin

Distorsions
- *Manque d'implication ou difficultés en lien avec la préparation et les rituels*
- *Facultés de stratège et de planificateur limitées, insuffisantes*
- *N'aime pas faire des choses, préparer des repas, prendre soin des autres, etc.*
- *Égoïsme, manque de considération pour les autres*
- *Impatience*
- *Manque de politesse, de gentillesse, de savoir-vivre*
- *Trop perfectionniste, fait les choses par insécurité ou par peur de manquer de ressources*
- *Suit des rituels ou s'y soumet pour plaire aux autres, pour être accepté et aimé*
- *Refuse ou craint le mariage, absence ou manque d'amour véritable*
- *Mensonge, erreur, refus de respecter les règles, comportement manipulateur*
- *Absence de spiritualité ou concepts spirituels faux, non authentiques*
- *Adorateur de monuments*
- *Cultes, rituels et cérémonies de magie noire*
- *Démon, esprit malveillant, possession, agression, violence*
- *Guidé par des intérêts matériels*

Physique : 29 septembre au 3 octobre
Émotionnel : 14 février, 28 avril, 12 juillet, 25 septembre, 6 décembre
Intellectuel : 12 h 20 à 12 h 39
Domicile : Guébourah / **Spécificité** : Netzach

39 REHAEL

Qualités
- Soumission, réceptivité
- Grande sensibilité
- Humilité, capacité à accueillir et à accepter ce qui nous est révélé par la Loi de la résonance
- Ouverture de conscience générant une compréhension profonde
- Respect de la Hiérarchie
- Capacité d'écouter les autres
- Confère la confiance des supérieurs
- Parfaite soumission à des parents et à une autorité justes
- Amour paternel
- Obéissance et respect
- Guérison des maladies mentales, des dépressions et de l'angoisse
- Régénération

Distorsions
- *Problèmes avec la soumission, tendance à être trop soumis ou à refuser de se soumettre, insubordination, rébellion*
- *Manque de réceptivité et d'ouverture*
- *Hypersensibilité ou insensibilité*
- *Difficulté à être à l'écoute des autres, est trop centré sur soi*
- *Attitude mégalomane*
- *Irrespect de la hiérarchie sur tous les plans*
- *Crime contre les parents et les enfants*
- *Projections des parents sur leurs enfants, de ce qu'ils n'ont pas réussi*
- *Violence, haine, cruauté*
- *Autoritarisme*
- *Impose l'obéissance avec une sévérité cruelle*
- *Maladies mentales*
- *Problèmes émotionnels*
- *Anxiété, angoisse, dépression, suicide*

Physique : 4 octobre au 8 octobre
Émotionnel : 15 février, 29 avril, 13 juillet, 26 septembre, 7 décembre
Intellectuel : 12 h 40 à 12 h 59
Domicile : Guébourah / **Spécificité** : Hod

40 IEIAZEL

Qualités
- Consolation, réconfort
- Appréciation, phase de renouveau
- Consolation après les efforts
- Restaure et revitalise le corps, aide à récupérer la pleine forme
- Empêche les débordements émotionnels
- Aide à maîtriser la passion et les énergies très intenses
- Libère des conditionnements affectifs et des dépendances de toutes sortes (alcool, drogue, etc.)
- Délivre les prisonniers
- Fin d'une période d'épreuves ou de situations difficiles, marque une nouvelle période plus facile
- Apporte paix, harmonie et réjouissance
- Commencement d'une nouvelle création
- Touche l'écriture, les éditeurs, l'imprimerie, les libraires, les bibliothèques, la lecture, la musique, la peinture et les arts en général

Distorsions
- *Difficulté à réconforter les autres*
- *Manque d'intimité et de renouveau*
- *Pensées pessimistes, tristesse*
- *Accumulation de problèmes, épreuves, période difficile*
- *Éclatements et débordements émotionnels*
- *Dépendances, passion, sentiments tumultueux*
- *Découragement, manque de confiance*
- *Tendance à fuir la vie sociale, réclusion*
- *Maladie pouvant entraîner la mort*
- *Écrits malheureux, tristes, pessimistes*
- *Musique et autres formes d'art destructrices*

Physique : 9 octobre au 13 octobre
Émotionnel : 16 février, 30 avril, 14 juillet, 27 septembre, 8 décembre
Intellectuel : 13 h 00 à 13 h 19
Domicile : Guébourah / **Spécificité** : Yésod

41 HAHAHEL

Qualités
- Mission
- Fidèle serviteur
- Donne inconditionnellement
- Berger des âmes, missionnaire
- Vocation en rapport avec la spiritualité
- Attise la foi
- Richesse spirituelle
- Non-attachement aux mondanités
- Agit dans l'invisible de manière impersonnelle et détachée
- Prévient des ennemis de la spiritualité
- Révèle le Créateur Universel
- Capacité de se sacrifier, grandeur d'âme
- Leadership, courage, capacité de faire de grands efforts pour aider et soutenir autrui
- Compréhension du sens et du but de la Vie
- Visionnaire, sait ce qui doit être fait et quand le faire
- Méditation active, capacité de méditer tout en étant en action
- Consacre sa vie au Divin
- Grand Sage, Guide spirituel
- Faculté de marier l'Esprit et la matière

Distorsions
- *Difficulté à trouver ou à reconnaître sa mission et à comprendre le sens et le but de l'existence*
- *Philosophie matérialiste, égoïsme, manque d'altruisme*
- *Se sent écarté, isolé, seul, nourrit des décalages à l'intérieur de soi, sentiment d'être séparé des autres*
- *Rigidité, extrémisme spirituel*
- *Fait mauvais usage de son autorité*
- *Cherche à convaincre*
- *S'identifie aux martyrs, se sent persécuté*
- *Combat ce qu'il ne peut pas être*
- *Comportement scandaleux*
- *Échoue dans ses projets*
- *Fausse vertu, basée sur l'apparence seulement*
- *Renie sa divinité*
- *Ennemi de la spiritualité*
- *Moquerie, mépris, haine*
- *Inquisition, extrémisme religieux*

Physique : 14 octobre au 18 octobre
Émotionnel : 17 février, 1er mai, 15 juillet, 28 septembre, 9 décembre
Intellectuel : 13 h 20 à 13 h 39
Domicile : Tiphereth / **Spécificité** : Hochmah

42 MIKAËL

Qualités

- Ordre politique
- Instaure sur la Terre les Lois du Ciel
- Sens de l'organisation sociale et spirituelle
- Structure le succès et l'expansion
- Planification sage et prévoyante
- Aide à comprendre l'adversité
- Connaissance du bien et du mal
- Procure la lucidité et la vision globale
- Démasque les traîtres
- Permet de découvrir les secrets, les mystères
- Autorité naturelle, obéissance, fidélité
- Président, chef, responsable, ministre, ambassadeur, consul
- Enseignant
- Sécurité et protection lors de voyages
- Protège contre les accidents
- Succès dans les relations extérieures
- Instruit et enseigne pendant la nuit
- Instaure le Pouvoir absolu de l'Esprit

Distorsions

- *Problèmes politiques et sociaux, désordre, difficultés sur le plan organisationnel*
- *Abus de pouvoir ou incapacité à décider et à être un bon dirigeant*
- *Difficulté à prévoir et à planifier avec sagesse, se perd dans les détails, dans les aspects techniques*
- *Envie, jalousie, trahison*
- *Mauvais enseignant ou leader, ne donne pas le bon exemple*
- *Complexes de supériorité et d'infériorité*
- *Système démocratique qui légalise l'expression des bas instincts*
- *Double jeu, gouvernement corrompu*
- *Profère des paroles qui ne correspondent pas à la Pensée Divine*
- *Trahison des idéaux, propagateur de fausses nouvelles*
- *Mensonge, calomnie, diffamation, conspiration, traîtrise*
- *Accidents*

Physique : 19 octobre au 23 octobre
Émotionnel : 18 février, 2 mai, 16 juillet, 29 septembre, 10 décembre
Intellectuel : 13 h 40 à 13 h 59
Domicile : Tiphereth / **Spécificité** : Binah

43 VEULIAH

Qualités
- Prospérité
- Richesse, abondance, joie, enrichit la conscience
- Abondance de sentiments nobles
- Fin stratège pour vaincre les ennemis intérieurs et extérieurs
- Compréhension du fait que l'argent est une énergie qu'on peut employer à bon ou à mauvais escient
- Aptitude à utiliser la prospérité de manière responsable, juste et altruiste
- Commerce, affaires, finances (système bancaire, comptabilité, etc.), administration, management
- Fait tout fructifier, rend service aux autres
- Autorité naturelle, confiance de la part des supérieurs
- Ouverture de conscience qui libère des motivations obscures et des habitudes vicieuses et pernicieuses
- Paix, plénitude
- Prépare le futur patronat
- Donne inconditionnellement
- Visionnaire, faculté de prévoir et de planifier en avance
- Philanthrope
- Compréhension du fait qu'on récolte ce que l'on sème

Distorsions
- *Prospérité artificielle et illusoire, philosophie matérialiste*
- *Gaspillage d'argent et d'énergie, recherche de paradis artificiels*
- *Discorde, perte de privilèges, ruine, pauvreté*
- *Insécurité profonde, inquiétude face à l'avenir*
- *Avarice, vol, richesse recherchée et obtenue par des moyens illicites*
- *Pense que l'argent peut tout acheter*
- *Égoïsme, égotisme*
- *Esprit limité, borné, aveuglé par le pouvoir personnel*
- *Complexes de supériorité et d'infériorité*
- *Abus de pouvoir, lutte existentielle*
- *Division, séparatisme, révolution, guerre, destruction*
- *Comportements et actes générateurs de karmas, de problèmes futurs*
- *Endommagement et destruction de l'environnement*
- *Manque d'amour et de sagesse*
- *Mégalomanie*

Physique : 24 octobre au 28 octobre
Émotionnel : 19 février, 3 mai, 17 juillet, 30 septembre, 11 décembre
Intellectuel : 14 h 00 à 14 h 19
Domicile : Tiphereth / **Spécificité** : Hésed

44 YELAHIAH

Qualités
- Guerrier de Lumière, Armée Céleste
- Protecteur Universel
- Guide spirituel
- Application de la Justice Divine
- Capacité de résoudre les conflits créés par un comportement juste
- Aide dans les initiations
- Talent militaire au service des justes causes
- Vie orientée vers la liquidation des dettes karmiques
- Fait remporter la victoire et installe la paix
- Capacité de s'affirmer positivement, de manière respectueuse et constructive
- Franchise, loyauté, courage, bravoure
- Succès dans les entreprises
- Sagesse acquise
- Compréhension du fonctionnement des frontières dans les mondes parallèles
- Accorde le Passeport universel
- Aide à bénéficier de la confiance des supérieurs
- Obéissance à ce qui est juste
- Grande faculté d'aider les autres

Distorsions
- *Prétend être un guerrier de Lumière, extrémisme spirituel*
- *Impose sa volonté, ses convictions, sa croyance, essaie de contrôler les autres*
- *Mission diabolique, forces démoniaques*
- *Abus de pouvoir, dictature, mégalomanie*
- *Fanatisme, terrorisme*
- *Guerre, fléau, comportement agressif, brutal, vindicatif*
- *Massacre et traitement impitoyable de prisonniers*
- *Infraction des lois, criminel, malfaiteur*
- *Emprisonnement*
- *Injustice*
- *Tendance au surmenage*

Physique : 29 octobre au 2 novembre
Émotionnel : 20 février, 4 mai, 18 juillet, 1er octobre, 12 décembre
Intellectuel : 14 h 20 à 14 h 39
Domicile : Tiphereth / **Spécificité** : Guébourah

45 SEALIAH

Qualités

- Motivation, pureté des intentions
- Volonté retrouvée, concentration, focalisation
- Ardeur, enthousiasme, espoir
- Ressort, réveil, moteur de l'Univers qui réveille les endormis
- Redémarre ce qui est embourbé
- Redonne l'espoir aux humiliés et aux déchus
- Confond les orgueilleux et les vaniteux
- Exalte la conscience
- Retour à l'équilibre de la force vitale
- Porteur de santé et de guérison
- Patron des quatre éléments : feu, air, eau, terre

Distorsions

- *Manque ou excès de motivation et d'enthousiasme*
- *Orgueilleux, vaniteux, excessif*
- *Hyperactivité ou manque d'énergie et d'activité*
- *Imbu, despote, difficile à vivre*
- *Déséquilibre et déchaînement des éléments naturels (tremblements de terre, inondations, sécheresses, tornades, éruptions volcaniques, etc.) et de leurs correspondants sur le plan intérieur*
- *Vie difficile, épreuves*
- *Autocontrôle et confiance en soi excessifs ou insuffisants, manque de maîtrise*
- *Exagération, tendance à vouloir forcer le Destin*

Physique : 3 novembre au 7 novembre
Émotionnel : 21 février, 5 mai, 19 juillet, 2 octobre, 13 décembre
Intellectuel : 14 h 40 à 14 h 59
Domicile : Tiphereth / **Spécificité** : Tiphereth

46 ARIEL

Qualités
- Perception révélatrice
- Facultés médiumniques, clairvoyance, clairsentience, clairaudience
- Découverte de trésors cachés
- Méditations, rêves et signes révélateurs
- Découverte des secrets de la nature
- Reconnaissance, gratitude
- Subtilité, discrétion
- Porteur d'idées nouvelles, inventeur
- Découverte de secrets philosophiques qui amènent à réorienter sa vie

Distorsions
- *Fausse perception ou difficulté à recevoir des révélations*
- *Manque de spiritualité ou illusions spirituelles créées et nourries par l'égo*
- *Médiumnité sans pureté*
- *Problèmes résultant de perceptions fausses et/ou de facultés médiumniques utilisées avec de mauvaises intentions*
- *Mentalité faible*
- *Incohérence, indécision, comportement insensé, tribulations*
- *Timidité maladive, paralysante*
- *Difficulté ou incapacité à trouver des solutions*
- *Activité inutile*

Physique : 8 novembre au 12 novembre
Émotionnel : 22 février, 6 mai, 20 juillet, 3 octobre, 14 décembre
Intellectuel : 15 h 00 à 15 h 19
Domicile : Tiphereth / **Spécificité** : Netzach

47 ASALIAH

Qualités
- Contemplation
- Glorification du Divin, expérience mystique
- Perspective globale, vision d'ensemble, point de vue élevé
- Synthétise facilement l'information
- Initié, facultés supranormales
- Pédagogue, instructeur, enseignant, professeur
- Psychologue
- Trouve la Vérité dans les petites choses du quotidien
- Révélation des Processus Cosmiques
- Génie créateur, stratège, talent de planificateur
- Intuitif, équilibré, rayonne par le discernement et l'intégrité
- Grand intérêt pour l'ésotérisme
- Faculté d'accéder aux mondes parallèles, d'entrer en contact avec leurs habitants et/ou avec des personnes décédées
- Aptitude à atteindre de hauts niveaux spirituels par la méditation et la visualisation
- Développement du pouvoir mental et de la faculté de concentration et de focalisation grâce à la récitation de mantras
- Compréhension de l'importance de vivre la fusion des deux polarités et la sexualité avec une conscience spirituelle et le sens du sacré
- Plaisirs Divins, pureté de l'intention
- Haute moralité, valeurs authentiques et véritables, respect et fidélité au sein du couple

Distorsions
- *Manque de vision globale, ou tendance à se perdre dans des structures mentales et des concepts abstraits, déconnexion de la réalité concrète*
- *Philosophie matérialiste, focalisation excessive sur les besoins primaires, problèmes d'égo*
- *Insécurités, soucis, troubles intérieurs*
- *Actions immorales et scandaleuses*
- *Vérité inversée, malhonnêteté, charlatan, faux professeur*
- *Fausses croyances, enseignement de systèmes erronés et dangereux, admiration aveugle, idolâtrie*
- *Dissèque et analyse de façon exagérée*
- *Mensonge, erreur d'appréciation, ignorance*
- *S'attribue l'incarnation de personnages illustres*
- *Abus et gaspillage sexuels*

Physique : 13 novembre au 17 novembre
Émotionnel : 23 février, 7 mai, 21 juillet, 4 octobre, 15 décembre
Intellectuel : 15 h 20 à 15 h 39
Domicile : Tiphereth / **Spécificité** : Hod

48 MIHAEL

Qualités
- Fertilité, fécondité
- Harmonie et paix conjugales
- Mariage, fidélité conjugale
- Réconciliation, fusion des polarités masculine et féminine
- Reproduction, croissance
- Aide à engendrer une grande âme
- Sexualité vécue divinement
- Destin facile dans les associations et les partenariats
- Don de clairvoyance, amélioration de la perception
- Paix intérieure et extérieure
- Aide à matérialiser les Intentions Divines
- Protection Providentielle
- Réceptivité et écoute appliquées avec Sagesse

Distorsions
- *Stérilité, difficulté à engendrer un enfant ou à concevoir un projet*
- *Discorde, désaccord entre les conjoints, jalousie, inconstance, infidélité*
- *Crainte de perdre l'autre, possessivité, asservissement, machisme*
- *Problèmes sexuels et/ou luxure, passion, recherche du plaisir des sens pour compenser l'absence de vie spirituelle*
- *Entreprises infructueuses*
- *Revendication de la place de l'autre, compétition*
- *Sentiments d'attraction et de répulsion*
- *Relations multiples, libertinage, prostitution*

Physique : 18 novembre au 22 novembre
Émotionnel : 24 février, 8 mai, 22 juillet, 5 octobre, 16 décembre
Intellectuel : 15 h 40 à 15 h 59
Domicile : Tiphereth / **Spécificité** : Yésod

49 VEHUEL

Qualités

- Élévation vers la Grandeur et la Sagesse Divines
- Pratique de la méditation, de la visualisation et de la récitation de mantras
- Faculté d'accéder aux mondes parallèles, d'entrer en contact avec leurs habitants et/ou avec des personnes décédées
- Exaltation et glorification du Divin
- Illumination
- Détachement de la matière
- Élévation par le service
- Grande âme qui consacre sa vie à des causes bénéfiques pour l'humanité
- Touche les grands personnages
- Élabore le germe de la pensée humaine
- Mentalité sensible et généreuse
- Source d'inspiration
- Altruisme, diplomatie
- Libère de l'emprise des désirs instinctifs
- Sentiments de fraternité, aide humanitaire
- Aspiration à ce qui est élevé
- Grand écrivain
- Grand dévouement aux autres

Distorsions

- *Difficulté à s'élever et à manifester la sagesse*
- *Complexes d'infériorité et de supériorité*
- *Extrémisme spirituel ou manque de spiritualité*
- *Ne médite pas*
- *Athéisme*
- *Abaissement, asservissement aux désirs matériels*
- *Égoïsme, hypocrisie, absence de principes*
- *S'oppose aux sentiments de fraternité*
- *Écrivain critique, personne qui a une influence négative*
- *Passion, haine*
- *Fuite*
- *Peur de la matière*

Physique : 23 novembre au 27 novembre
Émotionnel : 25 février, 9 mai, 23 juillet, 6 octobre, 17 décembre
Intellectuel : 16 h 00 a 16 h 19
Domicile : Netzach / **Spécificité** : Hochmah

50 DANIEL

Qualités
- Éloquence, don oratoire
- Grande faculté de communiquer et d'inspirer les autres
- Leadership, aptitude à annoncer et à expliquer des décisions importantes
- Structuration efficace, bien réfléchie et réalisée avec amabilité et gentillesse
- Faculté d'exprimer les choses de façon belle et agréable, de parler avec art pour ne blesser personne
- Discours qui atténue la rigueur d'une vérité
- Bonté, beauté, harmonie
- Aide à voir clair
- Permet de percevoir les événements tels qu'ils sont et de prendre les décisions les plus appropriées
- Favorise le détachement de la matière afin de percevoir la Vérité dans son essence
- Capacité de matérialiser les pensées à travers les actes
- Discours, chant, musique et les arts en général

Distorsions
- *Problèmes en rapport avec la communication*
- *Éloquence orientée vers l'obtention de bénéfices personnels*
- *Enjôleur, trompeur*
- *Parle bien pour embobiner les crédules, les naïfs*
- *Difficultés d'élocution*
- *Dégénérescence du langage*
- *Égoïsme et problèmes d'ego*
- *Affaires louches, manigance, moyens illicites*
- *Manipule pour s'assurer l'appui de personnes influentes*
- *Discours, musique et arts négatifs*
- *Se cache derrière des masques et/ou emploie différents masques pour atteindre ses buts*

Physique : 28 novembre au 2 décembre
Émotionnel : 26 février, 10 mai, 24 juillet, 7 octobre, 18 décembre
Intellectuel : 16 h 20 à 16 h 39
Domicile : Netzach / **Spécificité** : Binah

51 HAHASIAH

Qualités
- Médecine universelle
- Relié à toutes les professions médicales (médecine, soins infirmiers, ensemble des thérapies, neurobiologie, neurotechnologie, etc.)
- Capacité de compréhension globale et multidimensionnelle
- Permet de déceler et d'identifier la cause des maux
- Grand guérisseur, porteur de remèdes universels, conduit vers la guérison véritable, qui touche tous les plans
- Bonté infinie, service inconditionnel
- Accorde la pierre philosophale
- Patron de la Haute Science
- Donne accès à la Vérité qui permet de comprendre la dynamique de l'Univers
- Expert en connaissances ésotériques (Kabbale, alchimie, métaphysique, etc.)
- Véritable mage, âme élevée

Distorsions
- *Médecine qui se limite à traiter les symptômes et les douleurs physiques, sans chercher à découvrir et à comprendre les causes profondes des maladies ; ou charlatans et pseudo-thérapeutes qui profitent de la naïveté et de l'ignorance des gens*
- *Enjôleur, trompeur, manipulateur abusant de la bonne foi des autres*
- *Manque de connaissance et de conscience spirituelles dans le milieu des professions médicales*
- *Utilise la médecine uniquement pour s'enrichir matériellement, recherche de pouvoir, ambition*
- *Victime d'escroquerie*
- *Illusion*
- *Science sans conscience*

Physique : 3 décembre au 7 décembre
Émotionnel : 27 février, 11 mai, 25 juillet, 26 juillet de minuit à midi, 8 octobre, 19 décembre
Intellectuel : 16 h 40 à 16 h 59
Domicile : Netzach / **Spécificité** : Hésed

52 IMAMIAH

Qualités

- Facilité à reconnaître ses erreurs
- Aide à expier, payer et réparer ses erreurs (ses karmas)
- Exécution aisée des travaux difficiles
- Courage, ardeur, grande vigueur et force émotionnelle
- Grande capacité de prendre soin d'autrui, de consoler, d'aider et de soutenir les autres dans des situations difficiles
- Charisme, leadership
- Vie sociale harmonieuse
- Fait la paix avec ses ennemis
- Libère des prisons intérieures
- Fidèle serviteur
- Humilité, simplicité, patience

Distorsions

- *Refus de reconnaître ses erreurs, ou tendance à se diminuer ou à diminuer autrui*
- *Vie affective instable et tumultueuse*
- *Compétition amoureuse*
- *Relation passionnée, désirs pervers*
- *Aversion, bagarre, querelle, grossièreté*
- *Excès d'émotivité, volonté excessive*
- *Tendance à critiquer, colère, jalousie*
- *Vérité cachée, dissimulation, double langage, personnalité à deux faces, hypocrisie*
- *Méchanceté due à la non-reconnaissance de ses erreurs, de ses offenses et de ses méfaits*
- *Aggrave son karma, destin difficile*
- *Esprit conflictuel et rebelle*
- *Orgueil, blasphème, rivalité, animosité*

Physique : 8 décembre au 12 décembre
Émotionnel : 28 février et 29 février, 12 mai, 26 juillet de midi à minuit, 27 juillet, 9 octobre, 20 décembre
Intellectuel : 17 h 00 à 17 h 19
Domicile : Netzach / **Spécificité** : Guébourah

53 NANAEL

Qualités
- Communication spirituelle
- Inspire à la méditation
- Connaissance des sciences abstraites et de la philosophie
- S'intéresse à la vie spirituelle et à l'enseignement
- Fasciné par la contemplation des Mondes Supérieurs
- Mysticisme
- Aime la solitude et les états méditatifs
- Facilite la communication avec le Divin

Distorsions
- *Communication spirituelle négative, extrémisme spirituel, essaie de persuader et d'imposer ses croyances aux autres*
- *Non-respect du rythme d'évolution d'autrui*
- *Veut convaincre et sauver tout le monde*
- *Difficulté à méditer*
- *Personne abstraite, tendance à fuir la réalité concrète, comportement autistique*
- *Rejette la connaissance et la communication spirituelles*
- *Ignorance*
- *Se trompe souvent*
- *Apprend difficilement*
- *Peut entrer dans les ordres par peur d'affronter la vie*
- *Difficulté à réaliser ses objectifs et à communiquer*
- *Peur face aux tâches quotidiennes*
- *Sentiment d'échec*
- *Enseigne la spiritualité sans avoir acquis la Connaissance*
- *Recherche de pouvoir spirituel*
- *Humeur mélancolique, isolement*
- *Célibat égoïste*
- *Difficulté à vivre en couple*

Physique : 13 décembre au 16 décembre
Émotionnel : 1ᵉʳ mars, 13 mai, 28 juillet, 10 octobre, 21 décembre
Intellectuel : 17 h 20 à 17 h 39
Domicile : Netzach / **Spécificité** : Tiphereth

54 NITHAEL

Qualités
- Éternelle jeunesse
- Beauté, grâce, raffinement
- Synchronicité, stabilité
- Hospitalité, accueil chaleureux
- Talents artistiques et esthétiques
- Célébrité, prestige
- Candeur de l'enfant, fraîcheur
- Guérison
- Légitimité successorale, héritage

Distorsions
- *Peur de vieillir*
- *Utilise la séduction pour atteindre ses objectifs*
- *Axé sur la beauté extérieure et sur le paraître*
- *Complexes d'infériorité et de supériorité*
- *Luxure, ambition, admiration aveugle, idolâtrie*
- *Veut plaire à tout le monde*
- *Dépendance affective*
- *Possessivité*
- *Illégitimité*
- *Renversement, conspiration permanente*
- *Attitude qui ne correspond pas aux paroles*
- *Maladie, accident, ruine*
- *Situation instable*
- *Prend pour acquis*
- *Boulimie, anorexie*

Physique : 17 décembre au 21 décembre
Émotionnel : 2 mars, 14 mai, 29 juillet, 11 octobre, 22 décembre
Intellectuel : 17 h 40 à 17 h 59
Domicile : Netzach / **Spécificité** : Netzach

55 MEBAHIAH

Qualités
- Lucidité intellectuelle
- Idées claires qui permettent la bonté et la bienveillance
- Compréhension par les sens
- Ajuste et réglemente les désirs
- Harmonisation du comportement
- Sens du devoir et des responsabilités
- Ouvre le cœur avec discernement
- Consolation qui naît de la compréhension
- Communique le mystère de la Morale à l'intellect
- Expérience spirituelle profonde et mystique
- Exemple de Morale, conduite exemplaire, engagement
- Aptitude à rectifier sur le plan collectif

Distorsions
- *Logique excessive, esprit d'analyse desséchant*
- *Manque de lucidité, opacité mentale*
- *Mensonge*
- *Perfectionniste insatisfait*
- *Complexes de supériorité et d'infériorité*
- *Difficulté à exprimer ses émotions, reniement, négation de tout élan sentimental*
- *Détruit la spiritualité*
- *Agit contre les principes de la Morale*
- *Ne s'intéresse qu'aux choses matérielles*
- *Échec*
- *Méfiance, opposition, combat les pensées positives*
- *Personne capricieuse, égoïste, focalisée de manière excessive sur son apparence et la beauté extérieure, et entretenant une harmonie de façade*
- *Manque de gentillesse et d'amour dû à un esprit trop rationnel et à de faux concepts*

Physique : 22 décembre au 26 décembre
Émotionnel : 3 mars, 15 mai, 30 juillet, 12 octobre, 23 décembre
Intellectuel : 18 h 00 à 18 h 19
Domicile : Netzach / **Spécificité** : Hod

56 POYEL

Qualités
- Fortune, soutien
- Modestie, simplicité, altruisme
- Apporte les cadeaux de la Providence
- Fortune sur tous les plans
- Créateur d'idées et d'ambiances positives
- Talents, renommée et célébrité vécus avec humilité
- Santé
- Estimé de tous
- Facilité d'élocution, s'exprime clairement et simplement
- Humeur agréable
- Espoir, optimisme
- Humour

Distorsions
- *Pauvreté, problèmes relatifs à l'abondance, manque de ressources, de soutien et/ou de modestie, de simplicité et d'altruisme*
- *Mauvaise utilisation des ressources, exagération, gaspillage, plaisirs mondains*
- *Philosophie et mode de vie matérialistes*
- *Orgueil, ambition, veut s'élever au-dessus des autres*
- *Vantardise, étalage de la richesse matérielle*
- *Complexes d'infériorité et de supériorité*
- *Critique, polémique, mépris, abaisse les autres, inhibition, médiocrité*
- *Absence de bonheur, personne malheureuse, mauvaise humeur*
- *Maladie*
- *Problèmes d'élocution*
- *Blagues derrière lesquelles se cachent des besoins et des jugements*
- *Fausse joie, rire et sourire non authentiques*

Physique : 27 décembre au 31 décembre
Émotionnel : 4 mars, 16 mai, 31 juillet, 13 octobre, 24 décembre
Intellectuel : 18 h 20 à 18 h 39
Domicile : Netzach / **Spécificité** : Yésod

57 NEMAMIAH

Qualités
- Discernement
- Capacité de comprendre par la simple observation
- Mental privilégié, pouvoir d'anticipation, prévoyance
- Dévoile la cause des problèmes
- Génie en stratégie, force de décision
- Procure le sens de l'action
- Dévouement aux grandes causes par ses idées
- Renonce aux privilèges matériels pour se vouer à sa mission
- Grandeur d'âme, noblesse d'esprit
- Non-attachement
- Sentiment de liberté
- Libère les prisonniers
- Faculté de comprendre son plan de vie et celui des autres

Distorsions
- *Manque de discernement, de compréhension profonde et de vision globale, tendance à se perdre dans les détails*
- *Mentalité sombre et sans principes*
- *Vie embrouillée et obscure*
- *Problèmes relationnels, désaccord, discorde*
- *Difficultés de communication, ne s'ouvre pas facilement à l'autre*
- *Manque de liberté d'expression et de liberté en général*
- *Trahison, lâcheté*
- *Indécis, irrésolu*
- *Naïveté, tendance à croire n'importe qui et n'importe quoi*
- *Reste endormi dans la routine*
- *Ne s'engage pas, ne s'implique pas dans l'action*
- *Prisonnier dans la psyché*
- *Fuit l'expérimentation et le concret*
- *Maladie et fatigue chroniques*

Physique : 1er janvier au 5 janvier
Émotionnel : 5 mars, 17 mai, 1er août, 14 octobre, 25 décembre
Intellectuel : 18 h 40 à 18 h 59
Domicile : Hod / **Spécificité** : Hochmah

58 YEIALEL

Qualités

- Force mentale, haut niveau d'intelligence
- Grande logique, aptitude à discipliner ses pensées
- Aptitude à discerner avec rigueur
- Développe les facultés mentales
- Favorise les prises de conscience, la lucidité, la clairvoyance
- Faculté de concentration, recherche de précision, compétence, patience
- Force bénéfique à l'utilisation des ordinateurs et à la programmation
- Neurotechnologie
- Maîtrise les passions et les impulsions émotives
- Franchise, bravoure
- Sens de la justice et de l'ordre, rigueur, loyauté inconditionnelle
- Compréhension des Lois et des Structures Divines

Distorsions

- *Essaie de contrôler, pense de manière excessive, obsessions, focalisation exagérée sur les soucis*
- *Problèmes en lien avec l'amour et les émotions en général*
- *Manque d'intelligence, difficulté à se concentrer, à focaliser son attention, son énergie, son intention ; ou utilisation abusive de l'intelligence et des facultés intellectuelles*
- *Se perd dans les mondes virtuels (jeux vidéo, Internet, réseaux sociaux, etc.)*
- *Mauvaise utilisation de la neurotechnologie*
- *Perfectionnisme à outrance*
- *Impose ses idées par la ruse, la manipulation*
- *Mauvaises intentions, mensonge, trahison*
- *Colère, vengeance*
- *Abus de pouvoir, crimes*
- *Obstination, entêtement, illogisme*
- *Rigidité, sévérité*
- *Morosité, tristesse, pessimisme*
- *Ne croit pas en Dieu, en une Force Supérieure, athéisme*
- *Mégalomanie*
- *Vie abstraite*
- *Personne excessivement rationnelle et logique, qui croit uniquement ce qui peut être prouvé concrètement*
- *Décalages entre l'intellect, les émotions et les aspects physiques*

Physique : 6 janvier au 10 janvier
Émotionnel : 6 mars, 18 mai, 2 août, 15 octobre, 26 décembre
Intellectuel : 19 h 00 à 19 h 19
Domicile : Hod / **Spécificité** : Binah

59 HARAHEL

Qualités
- Richesse intellectuelle, accès à la Connaissance
- Capacité de matérialiser par le biais de la technologie et de programmations avancées
- Diffuse la Bonté, la Beauté et la Vérité
- Intelligence équilibrée dans tous les domaines
- Aime s'instruire, apprend avec facilité
- Créativité intellectuelle, intelligence pratique
- Fécondité, productivité sur tous les plans
- Enfants soumis et respectueux envers leurs parents
- Capacité de faire fortune grâce à ses qualités intellectuelles
- Écriture, journalisme, édition et imprimerie

Distorsions
– *Manque de connaissances, d'idées ou d'intelligence*
– *Passe trop de temps devant les ordinateurs, vit à travers les mondes virtuels, n'est pas suffisamment ancré dans la vie terrestre, manque d'actions concrètes, d'exercice physique et de contact avec la réalité physique*
– *Aberrations intellectuelles*
– *Écrits destructeurs, diffusion et influence négatives pour l'humanité*
– *Opacité mentale, incompréhension*
– *Stérilité, improductivité sur tous les plans*
– *Enfants rebelles et irrespectueux*
– *Incendie, brûle tout sur son passage*
– *Ennemi de la Lumière*
– *Projets voués à l'échec*
– *Manipulation médiatique à des fins personnelles*
– *Fraude*

Physique : 11 janvier au 15 janvier
Émotionnel : 7 mars, 19 mai, 20 mai de minuit à midi, 3 août, 16 octobre, 27 décembre de minuit à 18 h
Intellectuel : 19 h 20 à 19 h 39
Domicile : Hod / **Spécificité** : Hésed

60 MITZRAEL

Qualités
- Réparation
- Compréhension de l'obéissance et de l'autorité
- Rectification
- Facilite l'exercice de la psychologie et de la psychiatrie
- Grand talent en neurobiologie, neurotechnologie et dans le domaine de la technologie en général
- Guérison des maladies mentales
- Réparation par la conscientisation
- Travail et harmonisation intellectuels
- Réunification des plans physique, émotionnel, mental et spirituel
- Simplicité

Distorsions
- Difficulté à accepter ses erreurs et à réparer, reconstruire sa vie ; tendance à abandonner, à baisser les bras
- Peur du changement, non-acceptation des karmas qu'on a générés, refus d'évoluer
- Fragilité causée par des décalages
- Problèmes avec l'autorité, avec le père ou la personne qui tient le rôle de père, ou avec son supérieur, son chef
- Insubordination, désobéissance
- Vindicatif, critiqueur, compliqué
- Manque d'aide, d'entraide et de coopération, mentalité du chacun-pour-soi
- Révolte, rébellion, persécution
- Maladies mentales (paranoïa, folie, schizophrénie, etc.)
- Fatigue chronique, migraine
- Médecine sans conscience

Physique : 16 janvier au 20 janvier
Émotionnel : 8 mars, 20 mai de midi à minuit, 21 mai, 4 août, 17 octobre, 27 décembre de 18 h à minuit
Intellectuel : 19 h 40 à 19 h 59
Domicile : Hod / **Spécificité** : Guébourah

61 UMABEL

Qualités
- Amitié, affinité
- Étude et compréhension des résonances
- Aptitude pour la technologie et la neurotechnologie
- Aide à pénétrer le subconscient et l'inconscient pour connaître les vraies motivations
- Physique, astronomie, astrologie
- Fait comprendre les analogies entre l'Univers et le monde terrestre et entre tous les plans de la Création
- Capacité de se mettre au diapason, d'entrer temporairement en résonance avec un sujet, un programme pour le comprendre en profondeur
- Dévoile les secrets des règnes minéral, végétal et animal
- Aide à développer la conscience
- Faculté' d'enseigner ce qu'on a appris
- Instructeur, enseignant, professeur
- Permet de connaître l'inconnu à travers le connu

Distorsions
- *Problèmes en lien avec l'amitié et les affinités*
- *Craint la solitude, a peur d'être seul*
- *Veut plaire aux autres*
- *Recherche d'appréciation et de renommée*
- *Incompréhension de la Loi de la résonance et du principe d'attraction/répulsion*
- *Libertinage*
- *Cœur solitaire, difficulté à se faire des amis, isolement, auto-aliénation*
- *Problèmes avec la mère*
- *Retour au passé, nostalgie, attachement à des concepts dépassés, révolus*
- *Problèmes en lien avec la technologie et la neurotechnologie*
- *Narcissisme*
- *Marginalité, agit contre l'ordre naturel*
- *Problèmes de drogue*
- *Ignorance des analogies entre les différents plans de la Création*
- *Science sans conscience*
- *Difficulté à transmettre ce que l'on a appris*
- *Faux ou mauvais enseignant, instructeur, professeur*

Physique : 21 janvier au 25 janvier
Émotionnel : 9 mars, 22 mai, 5 août, 18 octobre, 28 décembre
Intellectuel : 20 h 00 à 20 h 19
Domicile : Hod / **Spécificité** : Tiphereth

62 IAHHEL

Qualités

- Connaissance retrouvée
- Philosophe, mystique
- Illumination
- Procure la Sagesse et le sens des responsabilités
- Bénéfique aux retraites, facilite l'intériorisation, l'introspection positive, constructive, fructueuse
- Solitude, tranquillité
- Modestie, douceur
- Favorise la rencontre de l'homme et de la femme
- Sexualité vécue divinement, plaisirs purs
- Paiement des dettes karmiques
- Pacifisme
- Affine les sens jusqu'aux plus subtils (clairvoyance, clairsentience, clairaudience)
- Créateur d'ambiances positives, harmonieuses
- Aime la qualité, la beauté, la poésie
- Art culinaire

Distorsions

- *Problèmes dus à un manque de Connaissance, ou tendance à s'approprier la Connaissance*
- *Escroc, imposteur, faux savant*
- *Besoin de plaisir, scandales, luxe, vanité*
- *Personne matérialiste, ambitieuse*
- *Problèmes de couple, difficultés dans la relation intime, séparation, divorce*
- *Manque de modestie, de gentillesse, de douceur*
- *Besoin de l'approbation des autres*
- *Jalousie, envie*
- *Créateur de conflits, agressivité*
- *Inconstance, agitation, incapacité de rester seul et tranquille*
- *Isolement*

Physique : 26 janvier au 30 janvier
Émotionnel : 10 mars, 23 mai, 6 août, 19 octobre, 29 décembre
Intellectuel : 20 h 20 à 20 h 39
Domicile : Hod / **Spécificité** : Netzach

63 ANAUEL

Qualités
- Perception de l'Unité
- Succès dans les relations humaines, facilité à communiquer
- Intelligence pratique, logique, vision globale
- Initiateur de projets et d'entreprises voués au service du Divin
- Compréhension juste du concept de l'argent et des échanges
- Aptitude à matérialiser de manière juste, équitable et en respectant les étapes
- Sens de l'organisation et de l'altruisme
- Faculté de générer une grande abondance avec de nouveaux concepts, de nouvelles idées et technologies
- Administrateur, coordonnateur, planificateur, visionnaire
- Commerçant, banquier, agent d'affaires, industriel, entrepreneur au service du Divin
- Expert dans la compréhension des mentalités et cultures
- Maîtrise des émotions
- Grand leader, inspirateur
- Citoyen de l'Univers

Distorsions
- *Se perd dans les détails, accorde trop d'importance à l'argent, égoïsme*
- *Incapacité de créer l'unité dans un groupe*
- *Difficulté à générer l'abondance, à échanger avec les autres, à réussir en affaires*
- *Problèmes avec les nouveaux concepts, les nouvelles idées et technologies*
- *Manque de connaissances et de respect à l'égard des autres mentalités et cultures*
- *Complexe de supériorité sur le plan intellectuel, croit tout savoir, esprit arrogant*
- *Difficulté à guider et à inspirer les autres*
- *Limitations au niveau des voyages, incapacité à obtenir le Passeport universel et l'accès aux mondes parallèles*
- *Absence de sagesse dans les affaires*
- *Manque de bon sens, de vision et de compréhension globales*
- *Corruption*
- *Prêt à tout pour faire de l'argent*
- *Faux raisonnement, manipulé par les désirs*
- *Excès de prodigalité (dépense plus qu'il ne possède), gaspillage, ruine*
- *Esprit limité, trop critique, excessivement rationnel*
- *Froide appréciation*
- *Difficulté ou refus de croire en une Puissance Supérieure, athéisme*

Physique : 31 janvier au 4 février
Émotionnel : 11 mars, 24 mai, 7 août, 20 octobre, 30 décembre
Intellectuel : 20 h 40 à 20 h 59
Domicile : Hod / **Spécificité** : Hod

64 MEHIEL

Qualités
- Vivification, inspiration
- Vie intense, féconde et productive
- Intelligence, imagination, réceptivité et compréhension profonde
- Aide à trouver des solutions pratiques et innovatrices
- Développe les facultés mentales en harmonie avec l'imagination
- Force bénéfique à l'activité intellectuelle, aux ordinateurs et à la programmation
- Aide à comprendre la corrélation entre la science des rêves et la technologie
- Touche l'écriture, l'édition, l'imprimerie, les maisons de diffusion, les librairies et les orateurs, ainsi que les émissions de télévision et de radio
- Favorise le développement technologique
- Aide à réfléchir sur l'expérience personnelle et à la comprendre
- Antidote contre les forces de l'abîme

Distorsions
- *Manque d'énergie, incapacité de penser ou d'entreprendre, faire quelque chose; ou hyperactivité, surexcitation, souhait de plaire et d'être apprécié, reconnu*
- *Vie stérile, improductive, difficulté à créer et/ou à réaliser des projets*
- *Manque d'intensité et d'inspiration, problèmes au niveau de la créativité et de l'imagination*
- *Excès ou absence de buts, d'objectifs, d'aspirations*
- *Contradiction, critique, polémique*
- *Déformation de la réalité et complaisance dans l'illusion*
- *Tyrannie, mégalomanie, oppression, fausseté*
- *Comportement destructif, essaie de forcer le Destin*
- *Ne comprend pas la mise en scène de sa vie*
- *Excès de rationalité*
- *Joue un rôle, manque d'authenticité*
- *Problèmes de personnalité*

Physique : 5 février au 9 février
Émotionnel : 12 mars, 25 mai, 8 août, 21 octobre, 31 décembre
Intellectuel : 21 h 00 à 21 h 19
Domicile : Hod / **Spécificité** : Yésod

65 DAMABIAH

Qualités
- Fontaine de Sagesse
- Pureté, douceur, bonté
- Rayonne les grandes valeurs spirituelles telles que l'altruisme, le dévouement, la générosité, le non-attachement, l'amour inconditionnel
- Fait avancer par la voie facile
- Réussite dans les entreprises utiles à la communauté
- Relié à l'eau (sources, cours d'eau, mers, etc.), aux émotions et sentiments
- Personne providentielle qui est capable de résoudre des situations compromises

Distorsions
- *Manque de sagesse, de pureté, de bonté, de gentillesse, de dévotion, de générosité, d'altruisme*
- *Personne égoïste, centrée sur elle-même*
- *Échec dans les affaires dû à un manque d'amour et de respect pour la communauté*
- *Choisit la voie difficile pour faire les choses*
- *N'est pas en mesure de résoudre des problèmes*
- *Comportements excessifs, compulsifs*
- *Émotions tumultueuses, sentiments instables, ou puritanisme*
- *Colère, agressivité*
- *Tempête, naufrage*
- *Fatalisme*

Physique : 10 février au 14 février
Émotionnel : 1er janvier, 13 mars, 26 mai, 9 août, 22 octobre
Intellectuel : 21 h 20 à 21 h 39
Domicile : Yésod / **Spécificité :** Hochmah

66 MANAKEL

Qualités

- Connaissance du bien et du mal
- Transcendance des peurs
- Stabilité, confiance
- Aide à la création d'une belle vie
- Haute moralité
- Apaise l'être, guérit les maladies
- Amabilité, bonté, bienveillance
- Libère le potentiel enfoui dans les profondeurs
- Neurotechnologie
- Rêves, songes, Haute Initiation
- Réunification des qualités du corps et de l'esprit

Distorsions

- *Joue avec les forces négatives, ne comprend pas que le mal attire le mal*
- *Réceptivité aux forces obscures*
- *Instabilité, manque de foi et de confiance, tendances suicidaires*
- *Potentiel piégé dans des mémoires négatives*
- *Vieille âme qui ne veut pas changer, paresse*
- *Sentiments de supériorité et d'infériorité*
- *Attitudes mégalomanes*
- *Manipulateur dangereux et machiavélique, est prêt à tout pour arriver à ses fins, absence de principes et de valeurs altruistes*
- *Perturbations physiques et morales*
- *Recherche des jouissances uniquement matérielles et du prestige social*
- *Pour une femme : manifestation tardive de sa personnalité*
- *Pour un homme : rencontre tardive avec la femme*
- *Amitiés dangereuses*
- *Esprit destructeur, impulsivité*
- *Ne tient pas ses promesses*
- *Refus d'appliquer la Connaissance*
- *Usage abusif, mauvais et malveillant de la technologie*
- *Colère envers Dieu, révolte*

Physique : 15 février au 19 février
Émotionnel : 2 janvier, 14 mars, 27 mai, 10 août, 23 octobre
Intellectuel : 21 h 40 à 21 h 59
Domicile : Yésod / **Spécificité** : Binah

67 EYAEL

Qualités
- Sublimation
- Science des mélanges et des échanges
- Transsubstantiation (changement d'une substance en une autre), transformation, mutation, métamorphose, transfiguration, transfert
- Aptitude à comprendre l'Histoire Universelle, à déceler l'origine et la genèse
- Archéologie
- Faculté d'observer, de reconnaître et de comprendre les affinités
- Compréhension de la Loi de la résonance, du fait qu'on attire et crée ce que l'on est
- Connaissances supérieures en chimie, physique, biologie, biotechnologie, neurotechnologie, etc.
- Étude de l'ADN, des cellules, des atomes, des structures fondamentales
- Étude des Hautes Sciences
- Vérité abstraite transformée en vérité concrète
- Art culinaire, peinture, musique
- Joie
- Amour de la solitude

Distorsions
- *Transformations et mutations négatives, nuisibles*
- *Manipulations qui génèrent de mauvaises expériences*
- *Excès ou manque au niveau des échanges*
- *Peur des changements*
- *Erreurs, préjugés*
- *Propage des systèmes erronés, faux professeur*
- *Tendance à tout mélanger, à créer de la confusion*
- *Problèmes résultant d'un manque de connaissances en chimie, alchimie, biologie, biotechnologie, etc.*
- *Utilisation abusive de la science*
- *Manque d'éclairage, de morale et de principes*
- *Passe d'une expérience à l'autre sans comprendre*
- *Lourdeur, absorbé par la matière, ne médite pas*
- *Nourriture artificielle, peinture et musique qui exercent une influence négative*
- *Absence de joie, tristesse, inquiétude*
- *Isolement*

Physique : 20 février au 24 février
Émotionnel : 3 janvier, 15 mars, 28 mai, 11 août, 24 octobre
Intellectuel : 22 h 00 à 22 h 19
Domicile : Yésod / **Spécificité** : Hésed

68 HABUHIAH

Qualités

- Guérison
- Touche l'ensemble des professions du domaine de la médecine et de la thérapie, y compris les soins et les traitements de guérison énergétiques, métaphysiques et spirituels
- Capacité de restructurer et de réglementer les désirs
- Aide à s'ajuster aux Normes Divines
- Rééquilibre les déphasages et les décalages
- Aptitude à se réharmoniser lorsqu'on n'est plus dans la synchronicité
- Aime la nature, la vie à la campagne et les espaces libres
- Agriculture, récolte, expertise agricole
- Nature fertile, pouvoir créateur

Distorsions

− *Difficulté à comprendre la maladie et la guérison due à un manque de sagesse, de connaissances, et à l'incompréhension des causes métaphysiques, originelles*
− *Faux guérisseur, charlatan*
− *Personne perdue dans une multitude de besoins et désirs*
− *Décalage, déphasage, manque de synchronicité, difficulté à être au bon endroit au bon moment*
− *Double vie, décalage entre les pensées et les émotions*
− *Déphasage entre d'une part ce que l'on souhaite être et faire, et d'autre part ce que l'on est et ce que l'on fait*
− *Pour les femmes : tendance dominatrice*
− *Pour les hommes : tendance à se laisser dominer par les femmes*
− *Réticence à abandonner les vieux privilèges*
− *Attitude anti-vie*
− *Terre infertile, famine, misère, pollution, invasion d'insectes*
− *Maladies contagieuses, épidémies*

Physique : 25 février au 29 février
Émotionnel : 4 janvier, 16 mars, 29 mai, 12 août, 25 octobre
Intellectuel : 22 h 20 à 22 h 39
Domicile : Yésod / **Spécificité** : Guébourah

69 ROCHEL

Qualités
- Restitution, accorde à chacun ce qui lui revient
- Retrouve les objets, les sentiments et les pensées perdus ou volés
- Succession, héritage
- Notaire, magistrat
- Intuition
- Étude des Lois et de la Justice
- Étude de l'Histoire
- Archives et Bibliothèque Universelles (Daath)
- Sciences pratiques et théoriques
- Faculté de donner et recevoir avec aisance et facilité
- Administration, comptabilité, secrétariat
- Retrouve le Moi Divin, l'Androgynie Originelle
- Nettoie et transforme les karmas

Distorsions
- *S'approprie ce qui ne lui appartient pas*
- *Jalousie, possessivité, égoïsme*
- *Relations de couple basées exclusivement sur la sexualité et sur la matière*
- *Abus sexuels, libertinage et relations multiples*
- *Problèmes familiaux*
- *Difficultés en lien avec la succession, l'héritage et le travail des notaires, des magistrats*
- *Problèmes relatifs à l'administration, la gestion des ressources, la comptabilité et le secrétariat*
- *Esprit trop pragmatique, trop focalisé sur l'aspect pratique*
- *Problèmes avec le donner et le recevoir*
- *Usurpation de biens, vol, ruse*
- *Peur existentielle, insécurité*
- *Vampirise, prend l'énergie des autres*
- *Manipulation des faits historiques*
- *Mégalomanie*
- *Problèmes juridiques, injustice flagrante, procès qui n'en finissent plus*
- *Ruine*
- *Manque de réceptivité ou d'émissivité*

Physique : 1er mars au 5 mars
Émotionnel : 5 janvier, 17 mars, 30 mai, 13 août, 26 octobre
Intellectuel : 22 h 40 à 22 h 59
Domicile : Yésod / **Spécificité** : Tiphereth

70 JABAMIAH

Qualités
- Alchimie
- Transforme le mal en bien
- Compréhension et application de la Loi de la résonance
- Grande réceptivité et faculté d'aimer dans toutes les circonstances
- Guérison
- Régénère, revivifie, rétablit l'harmonie
- Transforme, transmute en or spirituel
- Transforme la société avec des idées lumineuses
- Maîtrise les instincts
- Guide les premiers pas des défunts dans l'autre monde
- Aide à l'accompagnement des mourants
- Capacité de visiter les mondes parallèles, de comprendre le travail des guides spirituels et d'apprendre comment on devient un guide et un guérisseur spirituels

Distorsions
- *Difficulté à transformer, transcender le mal, les énergies, situations et aspects négatifs*
- *Blocage, rétention, problèmes de digestion sur les différents plans, obésité*
- *Problèmes de santé, maladies incurables, difficulté à guérir due à un surplus de mémoires, pensées, émotions et comportements négatifs*
- *Refus ou résistance face à la réceptivité*
- *Problèmes causés par des besoins instinctuels inassouvis*
- *Débordement, réaction excessive, conflit, affrontement*
- *Rejet de l'autre, manque d'amour, accumulation de sentiments négatifs*
- *Tendance à s'embourber, lourdeur, incapacité à se déterminer un objectif*
- *Ignorance de la Loi de la résonance ou refus de l'appliquer*
- *Incompréhension du bien et du mal*
- *Athéisme, incrédulité*
- *Peur des changements et de la mort*
- *Difficulté à accompagner des personnes en phase terminale ou en fin de vie*

Physique : 6 mars au 10 mars
Émotionnel : 6 janvier, 18 mars, 31 mai, 14 août, 27 octobre
Intellectuel : 23 h 00 à 23 h 19
Domicile : Yésod / **Spécificité :** Netzach

71 HAIAIEL

Qualités
- Armes Divines
- Discernement (symbole de l'épée)
- Aura lumineuse (symbole du bouclier)
- Protection Divine pour prendre la décision la meilleure, la plus juste
- Intelligence réceptive, esprit protecteur, stratège
- Délivre de ceux qui nous oppriment
- Héros intérieur, force de compréhension qui permet de rester dans le bon chemin ou de le retrouver
- Protège et conduit à la victoire, la bravoure et le courage
- Idées et concepts nouveaux qui peuvent changer le monde
- Réceptivité à l'inspiration Divine
- Développe une grande énergie
- Leadership

Distorsions
- *Terroriste, activiste*
- *Manque d'intelligence et d'inspiration*
- *Personne dangereuse qui utilise des forces et des pensées négatives, énergies sombres, magie noire, pactes sataniques*
- *Manipulateur, menteur*
- *Prêt à tout pour gagner, pour atteindre son but*
- *Vindicatif, dictateur, tyran*
- *Discorde, trahison*
- *Fournit des armes pour tuer*
- *Porteur de contradictions intérieures*
- *Rupture (divorce, rupture de contrat, etc.)*
- *Idées criminelles, extrémisme*
- *Excès de rationalité*
- *Non-respect des engagements*
- *Guerre, conflits continus*
- *Gouvernement corrompu*

Physique : 11 mars au 15 mars
Émotionnel : 7 janvier, 19 mars, 1er juin, 15 août, 28 octobre
Intellectuel : 23 h 20 à 23 h 39
Domicile : Yésod / **Spécificité** : Hod

72 MUMIAH

Qualités

- Renaissance
- Grande réceptivité, facultés médiumniques, expériences mystiques
- Nouveau commencement
- Hautes Initiations qui produisent des transformations majeures et amènent de nouvelles connaissances
- Place le germe d'une vie nouvelle
- Compréhension de la Loi de la réincarnation et de la manière dont se manifestent les affinités sur les différents plans
- Début de la transformation et de la mutation angéliques
- Annonce la fin d'un cycle et le début d'un nouveau
- Porteur de conclusion, aide à terminer ce que l'on a commencé
- Réalisation concrète, matérialisation
- Touche la médecine et la santé
- Phase terminale dans laquelle se trouve le germe du renouveau
- Accompagnement des mourants
- Grande expérience de la vie
- Ouverture de conscience

Distorsions

– *Difficulté à terminer un cycle et/ou à en commencer un nouveau*
– *Peur des expériences mystiques due à un manque de connaissances et de compréhension spirituelles et métaphysiques*
– *Craint les initiations et l'évolution de sa conscience, préférant continuer à vivre avec une conscience ordinaire*
– *Ignorance ou fausse compréhension du principe de la réincarnation et de la vie éternelle, ou refus d'y croire*
– *Désespoir, voie sans issue, horizon bouché, dépression*
– *Tendance à abandonner, à nourrir des ambiances négatives et de vieux schémas*
– *Difficulté à s'ouvrir à la spiritualité et au Divin, à développer une nouvelle conscience et à vivre en accord avec elle, athéisme*
– *Mort inconsciente, suicide*
– *Renie sa propre existence, influence négative*
– *Mauvaise santé, handicap*
– *Écroulement, ruine, perte d'emploi, de conjoint, d'amis, etc.*
– *Passe d'une expérience à l'autre sans comprendre*
– *Cherche à convaincre*
– *Va à l'encontre de l'ordre naturel*
– *Force la matérialisation*
– *Science et connaissance employées sans conscience*

Physique : 16 mars au 20 mars
Émotionnel : 8 janvier, 20 mars, 2 juin, 16 août, 29 octobre
Intellectuel : 23 h 40 à 23 h 59
Domicile : Yésod / **Spécificité :** Yésod

L'INTUITION

Voici un exemple qui m'a été inspiré et que je vais utiliser pour vous montrer comment fonctionne la danse des événements. Si vous êtes attentif, vous remarquerez que toutes les situations portent un sens et que lorsqu'on a une conscience éveillée, on réalise à chaque instant que le hasard n'existe pas.

Un jour, j'étais avec notre fille et, spontanément, je me suis mise à chanter la chanson *YMCA*, puis à tourner et à danser avec elle.

Tout en chantant, je me suis dit à moi-même : « Mon Dieu, mais c'est une vieille chanson ! D'où sort-elle ? »

Je ne l'avais entendue ni à la radio ni nulle part ailleurs dernièrement. OUF ! c'est qu'elle vient de loin ! Bon ! j'ai continué à la chanter. Je ne connais pas vraiment les paroles : je ne connais que le refrain et une partie de la mélodie.

Puis nous avons marché un petit peu et nous sommes arrivées à un grand parc où un orchestre donnait un spectacle pour célébrer l'anniversaire de fondation de la Ville. Et que se mettent-ils à jouer ? Je vous le donne en mille !

Que s'était-il passé ?

Avec une conscience ordinaire, on réagirait à cette synchronicité en disant : « C'est le hasard ! » Mais avec une conscience éveillée, de tels événements ne sont plus des hasards car on en rencontre sans arrêt.

À un moment où je me trouvais dans une conscience joyeuse, où je chantais avec notre fille, où on était heureuses, ma conscience avait capté quelque chose à un niveau subtil. J'avais capté ce qui allait arriver, quelle chanson l'orchestre allait jouer.

Cette situation était déjà conçue dans les plans subtils et je l'ai tout simplement anticipée, captée. Voilà comment fonctionne la communication spirituelle. C'est de la véritable orfèvrerie.

Lorsqu'on est dans l'état de bien-être et d'harmonie intérieure, on est capable de percevoir tout ce qui se passe à l'intérieur de soi et chez les autres.

Cela s'appelle l'intuition.

HAPPY BIRTHDAY

Une autre intuition.

Un jour, je suis entrée dans un immeuble avec une de mes amies, et je me suis mise à la prendre par le bras et à lui chanter cette belle chanson que j'ai apprise au Québec: «Ma belle amie, c'est à ton tour de te laisser parler d'amour…»

C'est une chanson que l'on entonne lors des anniversaires. Je ne la connaissais pas avant de venir vivre au Québec; spontanément, je l'ai chantée.

Vous voyez, il faut être comme un enfant pour faire ça!

Nous sommes arrivées à l'ascenseur, et avons aperçu sur une des banquettes une magnifique gerbe de fleurs avec un ballon sur lequel on pouvait lire: *Happy Birthday! Bon Anniversaire!*

Ma conscience avait capté l'ambiance d'un anniversaire. Ce n'était pas le nôtre, ça ne nous appartenait pas; c'était probablement l'anniversaire d'une personne qui se trouvait dans l'immeuble.

J'avais simplement capté, anticipé.

LA MATÉRIALISATION: ATTENTION! BÉBÉ ARRIVE

Qu'est-ce que la matérialisation?

Pour l'illustrer, voici un exemple, probablement le plus éloquent.

Quand on décide d'avoir un enfant, on y pense, on nourrit l'idée d'avoir un enfant, on fait l'amour, il y a la grossesse et, enfin, le cadeau arrive : c'est l'accouchement.

Donc on pense, on sent et il y a l'acte.

C'est la même chose avec tous les petits événements de notre quotidien. On pense, on sent, puis il y a une conséquence. Mais lorsqu'on a des choses à nettoyer dans notre subconscient, on doit parcourir des méandres, des labyrinthes de peur et d'attentes qui engendrent des complications dans le processus. Et lorsqu'enfin nos pensées se matérialisent, tout nous semble de travers et on ne trouve aucune corrélation avec notre pensée de départ, parce que les distorsions ont créé des tas de virages dans notre subconscient. L'impulsion première a été bloquée, refoulée, et alors l'énergie sort de manière distordue.

De façon systématique, chaque Énergie Angélique va graduellement nettoyer tous ces bouchons, tout ce qui empêche notre Divinité, tout ce qui est beau en nous, de se manifester naturellement, spontanément.

Voilà la raison de l'importance capitale pour les parents, lorsqu'ils décident d'avoir un enfant, de bien se préparer, car leurs pensées et leurs sentiments se graveront dans la matrice de bébé qui arrive.

L'ENSEIGNEMENT DES TOILETTES

« Où que tu sois, Christiane, reste branchée ! » Je vais vous faire part d'une petite histoire un peu cocasse.

Dans mon enfance, ma mère me répétait souvent : « Quand tu vas dans des toilettes publiques, fais attention ; surtout, ne t'assieds pas ! »

L'objectif de l'enseignement, c'est d'atteindre un niveau où plus rien ne nous dérange. Or je n'avais pas encore réalisé que la simple vue des toilettes publiques pouvait faire vibrer en moi le léger puritanisme qui m'habitait encore.

Il est vrai que l'ordre, la propreté et l'hygiène sont des critères de base importants pour tout être évolué. Mais il ne faut pas exagérer car, parfois, certaines situations ou conditions peuvent simplement être des tests que le Ciel nous envoie avec humour.

Donc, c'est vrai que j'avais tendance à éviter les endroits qui n'étaient pas très propres. Puis, là, En Haut, Ils se sont dit: «Il est temps qu'elle nettoie ça, qu'elle puisse aller partout, qu'elle y soit à l'aise et qu'elle puisse conserver cette connexion où qu'elle soit.»

Alors, de nouveau, ma fille – ce bout de chou qui est arrivé dans ma vie – a été mon enseignante.

Durant nos vacances à la mer, lors d'une promenade avec elle, je lui ai dit: «On va dans la nature, on est mieux dans la nature que dans les toilettes publiques.» D'autant plus que j'ai été élevée dans les Alpes, et que ma mère nous a habitués, lors de nos promenades, à faire notre pipi dans la nature.

Mais cette fois-là, ma fille a insisté: «Non! on va dans les toilettes publiques! On va dans les toilettes.»

Alors, c'est ça mon travail: je souhaite que plus rien ne me dérange et je sais fort bien que quand rien ne me dérange, c'est un signe que je suis bien connectée.

Or j'observais que la présence de ma fille amplifiait ce petit dérangement que j'avais toujours assez bien contrôlé. Quand j'étais seule, ça ne se voyait pas trop, mais avec l'enfant, j'avais une tendance à essayer de la protéger, d'empêcher qu'elle touche à tout. Donc, cet incident a fait ressortir ce petit dérangement que j'avais concernant les toilettes publiques.

Alors, j'en ai profité pour faire un travail de conscientisation.

Au cours des jours qui ont suivi, la même situation s'est reproduite. Ma fille m'a regardée avec ses grands yeux et m'a dit: «Ah! on va aller dans la nature.»

Alors, je me suis dit à moi-même: «Merci beaucoup! ça veut dire que j'ai réglé ce problème.» Je croyais que c'était un petit clin d'œil d'En Haut pour me dire que la question était résolue. J'étais contente.

Puis, quelques jours plus tard, en me promenant le long de la plage avec mon mari, il a fallu que j'aille aux toilettes publiques et il y en avait une qui s'offrait; mais je savais que celle-là n'était vraiment pas propre. Alors, je me suis dit: «Je vais attendre un petit peu: je vais aller un peu plus loin; il y en aura d'autres qui seront un peu plus propres.»

Vous voyez, ce sont de belles analogies qu'on fait. Là, il était question des toilettes, mais on fait souvent la même chose dans d'autres domaines et dans d'autres circonstances: «Là, ça me dérange: je vais me retenir un peu et je vais refouler toutes sortes d'émotions.» On se retient, on se sent mal, on se coince au lieu d'aller là où l'on doit, quand On nous propose: «C'est là! là, vas-y! Un cadeau t'attend; élève ta conscience et fais en sorte que tu te sentes bien partout.»

Mon mari est allé à la toilette des hommes; alors, je me suis dit en pensée: «Il faut que j'aille dans les toilettes des femmes.»

Et là, une belle surprise m'attendait. C'était tout sale, il y avait des papiers partout et ça sentait mauvais. J'y suis tout de même entrée. En Haut, Ils se sont probablement dit: «On va lui donner encore un petit signe pour qu'elle comprenne bien!»

J'ai fermé la porte, je me suis installée – non! pas confortablement –, j'ai regardé la porte et Oh surprise! Qu'y avait-il sur la porte? Je vous le donne en mille! Une publicité pour un atelier: *Comment développer votre conscience supérieure et éliminer vos peurs.*

J'ai éclaté de rire: «Eh! Christiane, la Conscience Supérieure, la connexion, c'est partout, quelles que soient les conditions dans lesquelles elle se manifeste, quelles que soient les odeurs.»

Souvent, on a une très grande admiration pour Mère Thérésa, ce grand être qui a consacré la majeure partie de sa vie à aider les plus démunis, ce, dans les pires conditions. Et nous,

On nous met dans de petits endroits pas très propres, puis, Oh! un petit coincement, là!

Eh! où est-elle, la Conscience Supérieure?

Donc, vous voyez, pour se transformer, il faut s'observer à chaque instant. Posons-nous ces questions: «Qu'est-ce qui me dérange? Pourquoi suis-je dérangé par telle situation?» Observons-nous; soyons à la fois acteur et spectateur.

Respirons l'énergie des Anges et prenons notre envol!

LA SYNCHRONICITÉ

Qu'est-ce que la synchronicité?

C'est l'acte juste, au moment juste. On fait les choses juste au bon moment. Parce qu'une même parole dite cinq minutes, deux minutes ou même une minute plus tard n'est plus juste.

La synchronicité fait en sorte que tout coule: les bonnes personnes arrivent au bon moment, un bon *timing* s'installe dans notre emploi du temps, dans nos relations, etc.

La synchronicité, c'est lorsqu'il n'y a plus de décalage et que l'on est complètement reconnecté.

LA VOISINE

L'autre jour, je me promenais tout en travaillant avec l'état de conscience Nithael (n° 54), la synchronicité et l'éternelle jeunesse.

Que signifie pour moi travailler avec l'Ange?

C'est tout simplement d'y penser: je respire, puis, en silence, je répète le mot Nithael dans ma tête; j'essaie d'incorporer la vibration de ce nom dans ma tête, dans mon cœur et dans mon corps, puis j'attends de voir ce qui va se produire.

Je me promenais donc en invoquant Nithael. Et j'ai alors rencontré une de mes voisines. Nous avons commencé à parler et je lui ai dit que j'étais en train de travailler sur l'énergie de Nithael. Me souriant, elle m'a dit: « Nithael, c'est mon Ange: ça tombe bien!»

LA POINTE DE L'ICEBERG

Un soir, un couple a décidé d'aller au cinéma. Mais avant de partir, ils ont reçu une nouvelle qui, insidieusement, a fait surgir en eux des insécurités.

«Ah! avant de partir, attends, il faut que j'appelle cette personne parce que je dois en avoir le cœur net.»

Une insécurité! Cette insécurité a fait en sorte qu'ils ont rappelé la personne pour essayer de se sécuriser et qu'ils sont partis trop tard pour le cinéma.

Que se passe-t-il quand on est en retard? On est perturbé, on peut être décentré et on se dépêche.

Il y a des retards qui – on va le voir – ne sont pas vraiment des retards, en ce sens qu'ils replacent les événements. Mais quand on bouscule le bon *timing* à cause d'une insécurité, alors là, tout est décalé: on se retrouve dans une grande file d'attente, on crée des risques d'accidents, ce qui engendre toutes sortes de problèmes.

C'est dans ces moments-là que les Anges peuvent nous aider. On arrête quelques instants, on se rend compte que notre état de conscience du moment est très perturbé et on se restabilise en invoquant une Énergie Angélique. C'est simple et c'est très puissant.

Ce genre de travail ne porte pas nécessairement fruit immédiatement car il agit à partir des plans subtils: il ne se manifeste souvent que graduellement en nous.

En fait, le résultat ou la conséquence d'une impatience ne constitue que la pointe de l'iceberg: à l'intérieur de soi-même, dans notre subconscient, réside une multitude de causes enregistrées dans le passé qui en viennent à se manifester par de simples actes manqués.

« MON ACCIDENT, MA DESTINÉE ! »

Il y a quelques années, avant de venir au Canada, je me trouvais devant un choix à faire: soit de rester en Europe où on me proposait de m'engager dans un projet, soit d'écouter, d'obéir à ma petite voix qui me disait: «Non! ne t'engage pas dans ce projet et déménage au Canada.»

Une force me poussait à traverser l'Atlantique. Puis, un jour, plongée dans mon indécision, j'ai demandé à En Haut: «Si ce n'est pas ça que je dois faire, faites quelque chose: arrêtez-moi!»

Alors, comme j'avais un grand rendez-vous avec le Canada et que cela faisait vraiment partie de mon plan de vie, On m'a arrêtée, mais ça s'est fait par le biais d'un accident de voiture. L'auto a été percutée et nous avons fait un tonneau.

Ce qui est extraordinaire dans cette histoire, c'est que l'homme qui nous a renversés – totalement fautif selon la loi humaine – est un enseignant d'origine française qui avait vécu au Canada pendant dix ou quinze ans et qui par nostalgie était revenu en France. De retour depuis à peine trois mois, il se disait constamment à lui-même: «Non! non! non! il faut que je retourne au Canada: c'était tellement bien; je regrette d'être revenu ici.»

Le comble, dans cette histoire, c'est que son épouse enseignait à des malentendants. Imaginez comment, pour moi, le signe était clair: dans ce cas-ci, c'est moi qui avais fait la sourde oreille !

UN PETIT PEU B.C.B.G. *

L'autre nuit, j'ai fait un rêve. On m'a envoyé un symbole : il s'agit d'une collègue avec laquelle j'ai travaillé il y a un certain nombre d'années à Paris.

On me montrait une personne un peu coincée, un petit peu B.C.B.G., quelque peu rigide. Elle avait la main gauche dans le plâtre.

Qu'est-ce qu'On voulait me communiquer par ce rêve ?

On me disait : « Enlève cette petite particule qui est encore coincée en toi : le plâtre s'enlèvera et tu pourras recevoir davantage. »

La main gauche, c'est lié au secret intérieur et à la réceptivité ; le bras cassé, à un manque de combativité. Donc, le sens du message, c'était qu'il y avait un petit département coincé en moi qui m'empêchait de recevoir des ressources du Monde Divin.

Alors, je me suis levée, bien avertie par le rêve du programme de ma journée, de ce que j'avais à transformer pour nettoyer mon subconscient et enlever ce plâtre qui me limitait.

Vous voyez les cadeaux qu'on reçoit par nos rêves ? Le rêve est un enseignement personnel fait *sur mesure* pour soi.

Quelques heures plus tard, je suis entrée dans un magasin avec mon époux.

« Tiens, m'a-t-il dit, demande vingt dollars en payant tes achats, on en aura besoin plus tard. »

OUPS ! je me suis sentie un peu dérangée, un petit peu coincée. Sans le savoir, mon mari avait pesé sur un bouton qui activait en moi un petit inconfort. Car, en Europe, ce n'est pas coutume de demander de l'argent supplémentaire au commerçant lorsqu'on utilise notre carte de guichet. Ça fait déjà un certain nombre d'années que je vis en Amérique, mais je n'avais jamais fait cela :

---

* B.C.B.G. signifie *bon chic bon genre*.

j'allais plutôt chercher de l'argent à la banque lorsque j'en avais besoin.

Alors là, mon époux m'a dit: «Tiens, il faut qu'on aille dans tel magasin; demande vingt dollars.»

Oh! pour vous, ça paraît tellement simple, ce n'est pas monstrueux; mais pour moi, c'était quelque chose d'inconnu parce qu'en Europe, demander de l'argent aux commerçants, ce n'est pas pensable: ça paraît un peu bizarre.

Vous voyez, il y avait en moi ce côté un petit peu B.C.B.G. qui ne voulait pas demander. C'était léger, mais...

Sans rien dire à mon époux – j'étais consciente de ce qui se passait à l'intérieur de moi, j'ai inspiré –, j'ai demandé à la caissière:

– Dans le montant retiré, pourriez-vous ajouter vingt dollars?

– Ah non! m'a-t-elle répondu, notre magasin est trop petit: on ne donne pas ici.

Vous voyez c'était voulu! Comme j'avais une attitude distorsionnée, il a fallu que je le demande dans un magasin qui allait me le refuser, alors que beaucoup de magasins nous permettent de retirer de l'argent liquide lorsqu'on fait un achat.

Vous voyez la compréhension cachée dans toutes ces petites choses? Alors, j'ai entré mon code personnel, et... je me suis trompée en pitonnant! Ça n'a pas marché: je n'ai pas entré les bons numéros, je n'ai pas assez appuyé, je n'ai pas été assez déterminée, et, résultat, ça n'a pas marché.

Du coup, cet incident m'a plongée dans le doute. Je n'avais pas utilisé cette carte de guichet depuis un mois. «Ah! bien, je vais le refaire!»

Pour la deuxième fois, ça n'a pas marché! Alors mon mari m'a dit:

– Laisse, c'est moi qui vais payer.

– Non! toujours trois fois. Il faut toujours essayer trois fois.

J'ai essayé à nouveau en utilisant le même code et voilà, cette fois, ça a marché.

Donc, vous voyez, par de tels petits événements de la vie, toutes nos distorsions ont tendance à se manifester par des actes manqués, des réactions de refus et des retards.

Vous vous souvenez de mon rêve ? Vous allez voir que ça va un peu plus loin.

Alors, en sortant du magasin, j'ai intensifié la conscientisation et je me suis dit : « Ah ! merci beaucoup, il y avait quelque chose qui était encore un petit peu coincé. »

Puis, en marchant sur le trottoir avec les yeux grands ouverts, j'ai visualisé que cette fois-ci, il n'y avait plus de plâtre, qu'il était tombé et que je recevais librement toutes les grandes énergies du Créateur, simplement et sans problème.

Aussitôt après cette visualisation – qui s'est faite comme ça, d'une manière spontanée –, je descends du trottoir et qu'est-ce qui se produit ? Tout à coup, PAN ! je me fais légèrement heurter le bras gauche par le rétroviseur d'une voiture : « Tiens, un petit coup, là, pour continuer à enlever ton plâtre ! » C'était un clin d'œil d'En Haut.

Alors, vous voyez qu'une autre personne qui n'aurait pas été observatrice de ces détails n'aurait probablement pas fait la corrélation. Moi, j'avais fait ce travail.

Tout ce que l'on pense, tout ce que l'on rêve a une conséquence. C'est une loi absolue !

MA CARTE À DEUX AILES

Comme je vous l'ai dit, quand on travaille avec les États de Conscience Angéliques, on garde cette fraîcheur, ce côté enfant, et puis on utilise tous les événements de la vie et du monde des rêves pour grandir, pour attirer ces États de Conscience extraordinaires.

Alors, tout ce qu'on fait quand on commence à connaître les Énergies Angéliques, vous pouvez le faire dès maintenant. Par exemple, on se sert de codes personnels lorsqu'on utilise les guichets automatiques. On choisit souvent une date de naissance ou autre chose, mais maintenant, on peut choisir de mettre un, deux, ou trois numéros d'Anges. Puis, chaque fois qu'on fait une transaction au guichet, au lieu de se dire : « Combien m'en reste-t-il ? », ou au lieu de s'impatienter, on inspire l'énergie en faisant notre code et on en profite pour respirer une Énergie Angélique.

De cette manière, on engage un travail de non-attachement par rapport à la matière, parce que tout ce qu'on fait à l'extérieur va s'inscrire à l'intérieur pour un jour se manifester.

« TU N'ES PLUS CHEZ TOI, MON VIEUX »

Voici un autre exemple de signe qui peut se présenter dans votre vie.

C'est l'histoire d'un homme qui travaille avec les États de Conscience Angéliques et qui souhaitait vendre son appartement. À sa grande surprise, il a reçu une offre quelques jours seulement après l'avoir mis en vente – ça va vite avec les Anges ! – mais il n'était pas tout à fait satisfait du prix qu'on lui offrait et il se demandait : « Est-ce que je devrais vendre à ce prix-là ? »

Il avait un doute. Il a donc demandé un signe qui lui indiquerait si c'était bien ça qu'il devait faire. Il est allé se promener avec sa famille et, à son retour, CLAC ! la porte d'entrée de la maison était bloquée. Plus moyen de rentrer ! Il a appelé le serrurier, qui n'a rien pu faire : il n'a pas été capable de débloquer la porte. L'homme est donc monté par son balcon et a cassé une vitre pour pouvoir entrer et essayer d'ouvrir la porte bloquée. Impossible ! Il a donc fallu défoncer la porte pour qu'elle cède !

Là, le message lui a semblé assez clair :

– Tu n'es plus chez toi, mon vieux. Vends! C'est le meilleur temps pour vendre.

– Merci beaucoup!

Vous voyez: malgré que dans ce cas-ci il y ait eu des dommages pour que l'homme obtienne sa réponse, il s'agissait tout de même d'un cadeau.

POUF! LE DÉMÉNAGEMENT

Un jour, une dame m'a dit: «Moi, je voulais déménager, mais mon époux n'était pas d'accord. Alors je n'ai rien imposé, mais j'ai demandé à En Haut: "Donnez-moi un signe!" »

Peu de temps après, les égouts ont été complètement bouchés. Alors le mari s'est résigné à déménager.

C'est ça, les signes. C'est comme ça que ça fonctionne. On demande, on pense, on attend, on écoute et voilà !

L'HISTOIRE DE CENDRILLON

J'aimerais vous raconter une belle histoire d'une personne qui travaille avec les Anges et qui a beaucoup invoqué l'Ange NITHAEL (n° 54), la beauté, l'éternelle jeunesse et la synchronicité. C'est l'histoire de Cendrillon qui – vous allez le voir – peut arriver à quiconque d'entre nous, homme ou femme.

Il était une fois une petite fille qui pendant toute son enfance avait été rejetée par son père. Il se comportait comme si elle n'existait pas. Quant à sa mère, elle était assez difficile avec elle.

Dès son jeune âge, l'enfant a commencé à prendre beaucoup de poids et sa mère, très acide avec elle, lui répétait sans cesse qu'elle n'était pas belle, qu'elle était grosse. Sa sœur jumelle, elle, n'avait pas ce genre de problèmes.

Petit à petit, elle s'est mise à refuser ses caractéristiques féminines et à développer un caractère masculin. Elle s'est mise à bricoler et à démonter et remonter les prototypes mécaniques de son père. Elle a perdu son intérêt pour tout ce qui est féminin car elle occultait sa partie féminine.

Plus le temps passait, moins elle s'aimait. Elle a essayé toutes sortes de compensations à l'extérieur parce que, quand on ne s'aime pas intérieurement, c'est ça que l'on fait. Elle s'est adonnée aux joints, à l'alcool et à toutes sortes d'autres choses, à un point tel, m'a-t-elle confié, qu'elle en était venue à se vêtir comme une itinérante.

Par la suite, elle a découvert le travail, elle y a trouvé une compensation, une façon d'être reconnue, et elle est devenue une *workaholic* – comme on dit. Elle s'est immergée corps et âme dans le travail, effectuant avec acharnement un grand nombre d'heures de travail pour plaire et pour être valorisée par son entourage.

Puis elle en est arrivée à un haut statut dans sa profession ; elle a obtenu un poste à responsabilités dans la haute finance, avec, bien sûr, une reconnaissance pour sa grande performance. Cependant, au plan relationnel, les choses n'allaient pas aussi bien. Elle n'était pas très à l'aise avec les gens.

Alors, un jour, elle a commencé à travailler sur elle-même et a découvert les Anges. Elle m'a dit : « Quand tu parlais des Anges, je comprenais bien que, oui, il y a les Anges, mais je ressentais qu'il y avait les Anges et puis il y avait moi. Il existait une séparation entre eux et moi. Et puis, quand j'ai commencé à travailler avec NITHAEL – parce qu'elle en avait vraiment besoin, elle, de ressentir cette beauté intérieure –, là, j'ai mieux compris ce que tu voulais dire : j'ai eu l'impression d'être devenue l'Ange. »

Elle m'a aussi confié que tout à coup, elle a commencé à voir changer le regard que les autres portaient sur elle – sans qu'elle ait changé physiquement –, ce, juste en travaillant, en invoquant l'Ange NITHAEL, la beauté intérieure. « Avant, m'a-t-elle dit, j'étais invisible : on ne me présentait même pas aux autres, comme si je n'existais pas. Je passais toujours par la porte de service pour ne pas déranger la réceptionniste : je ne me trouvais pas assez belle pour passer par la grande porte. Et voilà maintenant qu'on me recherche, qu'on me considère et qu'on m'accueille. »

Vous voyez que le travail intérieur a été pour cette femme une vraie révélation ; il est même devenu un mode de vie. Elle s'est rendu compte que peu importe le handicap, peu importe la forme ou l'enveloppe physique qu'elle avait choisie, la beauté intérieure pouvait rayonner à travers elle, ce qui pouvait faire toute la différence. À tel point que les autres lui demandaient : « Es-tu amoureuse ? », ce à quoi elle ne pouvait s'empêcher de répondre par un sourire.

« Je ne pouvais pas leur expliquer, m'a-t-elle confié. Je leur répondais simplement : "Oui, je suis en amour" comme on dit ici au Québec. »

Mais c'est d'abord son homme intérieur qu'elle avait retrouvé. À partir de ce moment-là, tout peut arriver.

LE PAPA FOURRURE

J'aimerais partager avec vous l'histoire d'un homme qui était préoccupé par le fait qu'il commençait à perdre passablement de cheveux pour son âge.

Un jour, son fils de sept ans, un petit être très spécial, lui a dit : « Papa, on va au cours des Anges. »

Il est incroyable, cet enfant ! Mon Dieu ! il y en a de beaux enfants qui viennent sur la Terre ! C'est extraordinaire ! Ce petit garçon avait remarqué chez son père une petite gêne par rapport à sa calvitie.

Le regardant avec affection, il lui a dit :

– Tu sais, papa, tu es mon papa fourrure.

– Mais, pourquoi suis-je ton papa fourrure?

– Parce que, lui a-t-il répondu, dans chacun de tes poils il y a des qualités.

LA PERCEPTION DIRECTE

Un homme est venu nous voir et nous avons commencé à parler ensemble. Il était aux prises avec une dépendance à l'alcool.

Depuis qu'il avait commencé à travailler avec les États de Conscience Angéliques, il avait réussi à contrôler et à réduire considérablement sa consommation. Mais il n'avait pas complètement arrêté. Il lui arrivait de prendre un verre ou deux car il ne voyait pas l'utilité d'arrêter complètement.

Pendant la conversation, nous lui avons fait cette remarque: «Il serait peut-être temps que tu arrêtes au moins six mois, le temps de te sevrer complètement, pour aller au-delà de cette petite dépendance qui te tient encore. Et puis, après, tu pourrais recommencer. C'est ça, la beauté: qu'il n'y ait plus d'interdit.»

Nous lui avons fait remarquer que dès qu'il y a un interdit, c'est difficile. Pour qu'il n'y ait plus d'interdit, il faut avoir tout nettoyé. Donc, ça vaut parfois la peine de faire un petit sevrage, car dans tous les cas où il y a une dépendance, ça veut dire qu'il y a quelque chose qui n'est pas résolu à l'intérieur.

Avec l'alcool, on peut facilement interpréter ce qui se passe chez l'être: l'alcool, c'est du liquide, et le liquide est lié aux émotions: ça veut dire qu'un problème émotionnel non résolu se trouve à la base de cette dépendance.

En d'autres termes, ça veut dire que l'être a soif, que ses émotions ne sont pas assez nourries par les plans subtils. Alors, il compense par du liquide qui va l'enivrer sur le plan concret.

Selon la symbolique des rêves, quand on rêve de l'alcool et qu'il n'y a pas d'excès, c'est un rêve positif. Ça veut dire que l'âme va s'enivrer de ce qui est extraordinaire, des choses subtiles. Car l'alcool n'est pas mauvais en soi.

En écoutant cette personne avec tout mon être, à un moment donné, j'ai ressenti une soif très intense. J'avais l'impression d'avoir traversé un désert. J'avais la bouche sèche et mes papilles étaient toutes éveillées: mon être en entier salivait; c'était très intense. J'avais envie d'aller prendre une bouteille de bière dans le frigo, même si je savais qu'il n'y en avait pas. Mais c'est cela que je ressentais, et tout mon corps disait: «Ho! j'ai soif! Que j'aimerais boire une bière!» Puis, au bout de quelques secondes, la sensation est disparue.

Qu'est-ce qui s'est produit?

J'ai tout simplement fait une lecture profonde de cet homme. J'ai capté son inconscient, même s'il n'avait pas le goût de boire à ce moment-là.

C'est cela, l'éloquence: c'est d'être capable d'écouter avec tout son être. Cependant, pour faire ce type de lecture et aller au-delà de l'enveloppe matérielle, il ne faut pas avoir de résonance avec le problème, car, si on en a, on se l'approprie. Dans cette situation-là, si j'avais eu une résonance personnelle avec le problème de l'alcool, je me serais sentie frustrée de ne pas pouvoir boire de bière.

La perception directe est très puissante: notre corps parle même quand il n'émet pas de sons *sonores*. Il y a des sons vibratoires qui émanent de tout ce que l'on est.

Mais il faut bien comprendre que cela requiert un très haut niveau de conscience que de pouvoir maîtriser la perception directe, car elle peut être faussée très facilement. Il faut avoir fait un grand travail intérieur pour pouvoir distinguer ce qui vient des autres de ce qui vient de soi-même. Cette aptitude fait partie des pouvoirs et des capacités que nous retrouvons lorsque nous travaillons avec les Énergies Angéliques.

La pureté est la base de la vraie Connaissance. Elle est également essentielle au processus de perception subtile.

Comment peut-on ressentir l'autre? C'est simple: sans peur, sans aucun jugement, on ressent, on comprend et cela ne dure qu'un instant.

L'ENSEIGNEMENT DU LIGHTER

Un jour, en me promenant tout en invoquant l'énergie de l'Ange Daniel (n° 50), l'éloquence, j'ai décidé d'aller dans un supermarché pour faire des achats. Tout à coup, j'ai senti une force qui me disait: «Fais marche arrière et va au dépanneur.» (Le dépanneur, au Québec, c'est un magasin ouvert vingt-quatre heures par jour, qui sert à se dépanner, mais tout y coûte plus cher.)

Dans une situation comme celle-là, si on n'est pas docile, si on ne tient pas compte des messages subtils, on se dit: «Mais voyons! je ne vais pas aller magasiner au dépanneur. Tout le monde le sait: le dépanneur, on y va juste de temps en temps pour se dépanner. Là, je vais faire des courses: je dois aller dans un supermarché.»

Non! je suis retournée: j'ai été docile.

Il est important d'être toujours libre et de ne pas avoir d'idées préconçues comme: «Non! ça, ça ne se fait pas: ça va me coûter plus cher.»

Non! On écoute notre voix intérieure, il y a une force qui nous dit: «Va chez le dépanneur» et on y va! On ne se pose pas de questions.

Et qu'est-ce qui m'attendait au dépanneur?

En entrant, deux jolis petits blondinets de douze ans sont venus vers moi et m'ont montré de l'argent en me demandant: «Madame, Madame, pourriez-vous acheter un *lighter* pour nous?»

Moi, je ne savais pas ce que c'était qu'un *lighter*. Je leur ai dit: «Qu'est-ce que c'est, un *lighter*? Est-ce que c'est une boisson *light*?»

Ils m'ont regardée avec de grands yeux, avec l'air de dire: «D'où vient-elle, celle-là?» (Ils l'ont sûrement pensé.)

— Ça sert à allumer, Madame.

— Ah! pour allumer! Pour allumer des cigarettes?

— Eh bien oui! pour allumer des cigarettes. Nous, on n'a pas le droit d'en acheter.

Alors, à ce moment-là, c'est toute l'énergie, l'éloquence de l'Ange DANIEL (n° 50) qui s'est manifestée. On me montrait un bon exemple pour que je puisse la propager. J'ai alors posé ma main — comme une mère — sur l'épaule de l'un des garçons et je lui ai dit: «Non! je ne vais pas acheter de *lighter* pour toi: je t'aime trop!»

Le garçon m'a regardée avec de grands yeux, puis, en quelques secondes, j'ai vu quelque chose passer et s'allumer dans leur regard. Ces garçons avaient besoin d'être allumés, oui, d'être allumés, mais de cette flamme Divine; et c'est ce qui a passé entre nous.

Normalement, ils peuvent être un petit peu délinquants, et quelquefois un peu révoltés, mais à cause de la manière dont je leur ai répondu, là, ils m'ont plutôt regardée avec de beaux yeux d'une grande douceur, et ils m'ont dit: «Merci quand même.»

C'était très beau.

Alors, vous voyez, même dans ma façon personnelle de m'exprimer, je ne dis jamais: «Je vous aime trop.» Il faut s'adapter, être véridique dans sa vibration. Je le dis toujours: on n'aime jamais trop. Mais dans ce cas-là, si je leur avais dit: «Je vous aime», ils n'auraient pas compris. En disant: «Je vous aime trop», je me suis adaptée à leur langage et c'est cela qui a permis au message de passer.

Qu'y avait-il dans ma vibration? Il n'y avait certes aucun jugement, comme avec les qualités de l'Ange DANIEL. Je parlais simplement avec vérité. Il n'y avait pas non plus de puritanisme: «Mais voyons, à douze ans, fumer! Et puis fumer, ça n'est pas bon!» J'aurais pu leur faire prêchi-prêcha, mais ça n'aurait rien donné.

Puis, quelques secondes plus tard, une autre dame est arrivée, ils ont recommencé leur tentative, et elle est allée acheter un *lighter* pour eux.

J'aurais pu me fâcher: «Mais voyons donc!»

Quand on se pose en missionnaire sans avoir compris, on veut changer le monde. J'aurais pu me dire: «Elle a saccagé mon travail: moi, je les ai empêchés de fumer, et puis là, ils vont fumer quand même!»

Non, on n'a pas à changer le monde.

Mais par ce regard qui a passé entre nous, qui sait quelle petite graine a été semée chez ces deux jeunes? On n'a pas à le savoir. Moi, je sais qu'une graine a été semée et qu'elle va germer dans quelques années ou dans une autre vie; mais peu importe, cela ne m'appartient pas.

C'est ça, l'attitude d'un vrai missionnaire.

L'HISTOIRE DU CHOCOLAT CHAUD

Voici l'histoire d'une femme qui a reçu un enseignement par le biais d'un chocolat chaud qu'elle voulait acheter à partir d'une machine distributrice.

Elle avait mis l'argent dans la fente, mais ça ne fonctionnait pas: le chocolat chaud ne coulait pas.

Sur le plan symbolique, le chocolat chaud – c'est facile –, c'est la douceur, la tendresse; et chaud en plus, c'est la chaleur. Ça ne fonctionnait pas; vous voyez la belle symbolique?

Une autre dame s'est approchée d'elle, toute gentille, toute mignonne et lui a dit: «Je vais vous aider, madame.»

Elle a mis sa pièce et TOC! ça a marché du premier coup, et, en toute innocence, elle lui a dit: «Je crois qu'il faut parler à la machine parce qu'il y a quelque chose qu'elle ne comprend pas.»

Alors la femme a pris son chocolat chaud et s'est rendue dans la salle de travail. Il y avait là un homme qui nettoyait. Elle a posé son verre, mais, par mégarde – par *hasard*? – l'homme de ménage l'a renversé.

Qu'est-ce que tout cela signifiait? Ça voulait simplement dire: «Hé! tu te purifies de façon trop sévère: tu te regardes avec trop de jugement. Tu veux te nettoyer, tu veux te purifier, mais tu ne le fais pas avec assez de douceur! Mets un peu plus d'amour dans ta vie, dans ce que tu es, dans tes émanations. Sois un peu plus douce. Sinon, c'est WOFF! nettoie, WOFF! purifie. C'est du puritanisme.»

Pour s'excuser, l'homme lui a dit: «C'est moi qui l'ai renversé; allez demander à la réception qu'on vous le rembourse.»

La femme nous a dit: «Avant l'enseignement, je n'en aurais pas tenu compte, je n'y serais jamais allée. Moi, aller demander de me faire rembourser?»

Cette personne avait de la difficulté à demander, à exprimer ses besoins. Mais elle connaît l'enseignement. Elle a donc pris son courage à deux mains et elle est allée demander de se faire rembourser.

C'est tout un travail. Mais *Demande et on te donnera*.

Puis elle est retournée à la machine distributrice et a inséré la monnaie. Voilà que c'est maintenant du café qui coule!

«Bon! Je vais l'avoir mon chocolat chaud?»

À cause de l'enseignement, elle savait que rien n'arrive par hasard et qu'on peut profiter d'un simple acte manqué pour en tirer de grandes compréhensions. Elle aurait pu passer des heures et des heures chez un psychiatre ou un psychologue, mais là, juste avec un petit événement comme celui-là, elle a pu bénéficier d'un enseignement. Vous verrez quand on aura fini l'histoire.

Donc, elle s'est parlé à elle-même et a inspiré l'Ange DANIEL, la douceur, l'éloquence. Elle remet sa pièce... OUF! elle avait oublié de remettre le gobelet! OK! Elle se dépêche... Ah! elle sauve la moitié du chocolat!

Est-ce qu'on n'a droit qu'à la moitié de l'amour? Le Créateur nous donne tout, et nous, on se donne juste le droit d'avoir la moitié. Parce qu'il y a des petites cellules en nous qui disent: «Non! non, moi je n'en veux pas de l'amour, ça fait mal, ça fait mal.»

On est parfois trop sévère avec soi-même. L'histoire du chocolat chaud, ça, c'est un grand enseignement.

Mais ce n'est pas tout. Attendez!

Le lendemain, la femme s'est rendue à un endroit où elle n'était pas allée depuis longtemps. Elle s'est dit: «Tiens, je suis déjà venue ici avec mon ex-mari.»

Elle n'avait pas eu de nouvelles de lui depuis six ans et pour elle, c'était réglé, cette relation: il n'y avait plus de problèmes. Et il vivait loin de là.

Imaginez! Le lendemain, jour de la Saint-Valentin, devinez qui appelle... l'ex-mari!

Le fait d'invoquer puissamment l'Ange DANIEL avait tout fait remonter. Quel beau cadeau! C'était un problème relationnel qu'elle avait eu avec son ex-mari; c'était relié à l'amour.

Ce qu'on n'a pas compris reste là. Dans ce cas-ci, ça ne voulait pas nécessairement dire que la femme devait retourner avec son ex-conjoint. Par le coup de téléphone, l'Intelligence Cosmique remettait au niveau de sa conscience cette ancienne relation pour lui signifier: «Va parler avec lui; tu verras, tu vas apprendre quelque chose, tu vas puiser la Lumière de l'enseignement, tu vas découvrir ce que tu n'avais pas encore compris.»

WOW! Vous voyez à quel point quelque chose d'aussi simple qu'un chocolat chaud peut mener loin?

C'est comme ça dans la vie. Lorsqu'on arrive à lire les symboles, même un simple acte manqué peut révéler de grandes choses. Mais encore faut-il avoir acquis une certaine ouverture de conscience; encore faut-il avoir appris à décoder les événements.

En un premier temps, on n'est pas habitué, mais cela s'apprend. C'est pour ça qu'on doit redevenir comme des enfants. On doit apprendre à tomber et à se relever. Et au lieu de se fâcher contre la machine et taper dessus en disant: «Voyons! et en plus, elle a volé ma pièce!», on dit: «Eh! merci beaucoup!» On remercie pour l'enseignement, on est content et on comprend que tout cela vient de l'intérieur.

Oui, tout vient de l'intérieur.

«*ON NE JOUE PLUS!*»

Un jour, je me trouvais en compagnie de notre petite fille et de deux autres personnes. Ma fille avait dû percevoir qu'il y avait des choses qui se contredisaient un peu dans les énergies présentes. Elle a commencé à contredire les deux autres personnes. Celles-ci disaient:

– Ils sont beaux tes cheveux, ils sont couleur noisette.

– Mais non, ils ne sont pas couleur noisette. Ils sont bruns et roux.

– Non! tu as pris du soleil et là, ils sont noisette. C'est beau, noisette.

– Non! je vous dis qu'ils sont bruns et roux.

Cela s'est répété trois ou quatre fois et chaque personne insistait. Au bout d'un moment, en toute neutralité, j'ai regardé notre fille et lui ai dit: «On ne joue plus!»

Elle m'a regardée avec ses grands yeux et m'a dit:

– Comment ça, on ne joue plus ? On ne joue pas !

– Quand on est en train de contredire les autres, ce n'est plus du jeu, ce n'est plus drôle, ce n'est plus *le fun*; donc on ne joue plus.

Elle m'a regardée et a tout de suite compris.

Parfois, on contredit les autres sans s'en rendre compte. On commence à se batailler verbalement, puis à discuter. Ça peut durer longtemps et c'est un gaspillage d'énergie. À ce moment-là, si on a bien intégré cette énergie d'éloquence – de DANIEL –, on arrête d'argumenter. Pas la peine de se faire un casse-tête !

Dorénavant, lorsque votre directeur – si vous en avez un –, votre patron ou votre conjoint commencera à vous contredire puis à se batailler verbalement, dites simplement : « Non, Monsieur le Directeur, je ne joue plus ! » Je vous conseille cependant de le dire à l'intérieur de vous-mêmes.

Intérieurement, on respire l'énergie de DANIEL et on se dit : « Non, je ne veux plus ; là, ce n'est plus du jeu ! » Ce n'est plus harmonieux parce que l'énergie ne circule plus naturellement. Ce n'est plus la peine de jouer.

Ainsi, on peut voir juste parce qu'on a pris conscience. L'autre personne – par exemple le patron – dira alors : « Bon ! si on parlait de ce problème un peu plus tard ? » On arrête et ainsi on cesse de gaspiller notre énergie.

On peut comprendre beaucoup, beaucoup de choses à la lumière de cet enseignement.

« *DEMANDEZ ET VOUS RECEVREZ* »

Une personne était aux prises avec des problèmes financiers. Mais elle savait qu'il est possible de se programmer soi-même pour recevoir de l'argent afin que ça aille mieux.

Ce qui était important pour cette personne, ce n'était pas d'avoir de l'argent : c'était de résoudre un problème à l'intérieur d'elle-même qui allait faire en sorte que l'abondance vienne et soit bien utilisée. Et cela, elle le comprenait.

Alors elle s'est concentrée et a formulé sa demande de la façon suivante : « Aidez-moi à me transformer, à changer ce qui m'empêche de régler mes problèmes financiers. »

Vous voyez la nuance ? Elle est très subtile, cette formulation. Ça va plus loin que de se dire, comme on le fait généralement : « Aidez-moi à régler mes problèmes financiers. »

Cette personne avait fait une prise de conscience : « Non, ça passe avant tout par une compréhension ; il faut que je comprenne ce qui empêche l'abondance de se matérialiser dans ma vie. »

Eh bien, deux heures plus tard, son patron s'est présenté dans son bureau pour lui offrir une augmentation de salaire.

Vous voyez, c'est tout un exemple, ça ! Sa demande comportait quelque chose de très profond. Elle avait compris que le plus important était de regarder en elle-même pour y transformer ce qui devait l'être « ... et puis, si je me transforme, l'abondance va se matérialiser ! »

C'est très important de bien formuler ses demandes, non pas pour l'esthétique, pour faire de belles paroles : non ! on doit comprendre qu'avec nos formulations, on crée nos programmations, et c'est pour ça qu'elles sont si importantes.

Un jour, un homme a ardemment souhaité recevoir un million de dollars. Toutes ses pensées, toutes ses prières étaient dirigées en ce sens. Qu'est-il arrivé ? Il l'a obtenu, son million... après avoir eu un accident de voiture qui l'a paralysé de la tête aux pieds.

OUF ! la pensée créatrice !

LA PAROLE

La tradition initiatique enseigne que la parole est l'acte le plus intimement lié au monde des pensées. Alors, juste en s'écoutant parler – cela vaut également quand on écoute parler une autre personne –, on peut observer le type de pensées que l'on a, qui nous habitent, et voir ce que donne une telle observation.

Tous nos organes, toutes nos cellules sont mises en action dans la direction déterminée par ce que l'on dit. Voilà l'action du verbe. Si on prononce des paroles agressives, si on est agressif dans nos paroles, tous nos organes sont mis en action – en fonction – dans le sens de l'agressivité.

Vous voyez comme c'est important?

Alors, on voit tout à fait la dualité présente dans notre société. Écoutez bien ces phrases – je les cite en exemple parce qu'elles sont très à la mode au Québec –, voyez-en la grande dualité: «C'est écœurant ce que c'est beau, cette affaire! C'est effrayant ce que ça m'a plu!»

Effrayant, on est effrayé de la beauté. *Écœurant*, on est écœuré de ce qui nous réjouit. Il y a ici toute une dualité: une partie de nous veut la beauté et une autre lui résiste.

Ce n'est pas par hasard que ces expressions ont été assimilées au langage courant. Elles servent à manifester notre peur de la grandeur, de la beauté et de tout ce qui est pur et bon. Elles indiquent aussi qu'on se limite et qu'on refuse de recevoir toutes les bénédictions que le Ciel peut nous envoyer.

Donc, en le disant, une partie de nos cellules mettent en action ce type d'événements, c'est-à-dire qu'elles agissent dans cette direction, et qu'elles sont à la fois attirées et écœurées par la beauté. Dans la vibration, c'est exactement cela qui se passe. Ça va loin et c'est très subtil.

Donc, même si on a été habitué à cette dualité, on peut tout de même, par nos paroles, conscientiser et modifier notre langage, par exemple en disant: «Oh! c'est beau», puis «WOW!».

Juste dans le *WOW*, toutes nos cellules font WOW ! C'est la manne Céleste qui coule dans tout notre corps.

Donc, vous voyez, simplement en agissant sur notre expression verbale, on peut apprendre à modifier la vibration de notre être.

Lorsqu'on manifeste notre verbe, on agit non seulement sur nos organes, sur nos cellules, mais aussi dans les plans subtils, et cela engendre automatiquement des répercussions sur notre être, sur notre vie. Comprendre cela peut vraiment nous faire évoluer.

LA VIE-VIDÉO

On a souvent tendance à aller chercher à l'extérieur de soi ce dont on a besoin à l'intérieur :

« Ah ! aujourd'hui, j'ai besoin de force : je vais aller chercher un vidéo qui va me stimuler ou me donner de la force. »

« Ah ! aujourd'hui, j'ai envie de rire : je vais aller chercher un film qui va m'aider à rire. »

Ou encore : « J'ai besoin d'amour, d'un peu de tendresse : je vais aller voir un film qui va me donner de la tendresse. »

Bien sûr, il n'y a aucun mal à aller louer un vidéo ou à aller voir un film, car tout peut être utilisé pour grandir. Mais si ce n'est qu'un phénomène de compensation, alors, quand on aura fini de regarder le film, au bout de quelque temps, l'effet va s'estomper parce qu'on sera allé le chercher à l'extérieur de soi-même.

L'HISTOIRE DE LA PHOTO

On peut utiliser n'importe quel événement pour tenter de comprendre. On tombe, on se relève, on en rit et on est très content.

Quelque chose m'est arrivé qui m'a bien fait travailler : c'est cette fameuse affiche publicitaire des cours qui est placardée un peu partout. Ce *poster* qui montre ma photo porte aussi l'énergie de VEHUEL parce que c'est son énergie que j'invoquais lorsque je me suis fait photographier. Cette photo a toute une histoire.

Quand nous avons pris la décision de faire connaître l'enseignement à grande échelle et que nous avons décidé d'afficher des *posters* publicitaires, j'avais plus envie de me retirer du monde que de m'y exposer. Cela vient de mon petit côté oriental, plutôt discret. Ainsi, le jour où j'ai dû faire prendre ma photo pour la première fois, il y avait une partie de moi qui n'était pas tout à fait prête à être placardée partout. Quelque chose dans cette idée me rendait inconfortable, et ainsi, le premier jet de photos a été complètement raté.

Juste sur le visage, il était facile de voir qu'il y avait une partie de moi qui résistait. Puis, pendant un mois complet suite à cette session de photo, j'ai fait un travail intérieur intense.

Pendant la nuit qui a précédé la deuxième session, On m'a envoyé en rêve l'énergie de VEHUEL, l'Illumination, la grandeur et l'élévation. Ainsi, la séance de photos s'est très bien déroulée et le résultat était bon. Par la suite, j'ai compris le rôle de cette énergie dans mon travail : peu importait pour moi que les gens viennent ou non aux cours, je me disais : « Que chaque personne qui regarde cette photo soit touchée par l'énergie de VEHUEL, que quelque chose en elle l'aide à s'élever. »

Et c'est également à ce moment-là que j'ai compris son utilité pour moi : par ce geste, je me consacrais à mon rôle d'ambassadrice du Ciel.

L'ENSEIGNEMENT DE LA CASSEROLE

L'histoire que je vais vous raconter s'est déroulée au cours d'une période où je travaillais avec la présence de Vehuel dans ma conscience.

Il y a une jeune fille de onze ans qui vient aux cours des Anges et qui aime vraiment les Énergies Angéliques. D'ailleurs, un jour, sa mère m'a confié : « Quand je ne comprends pas quelque chose, je le lui demande. C'est elle qui me l'explique parce qu'elle, elle vient avec tout son cœur d'enfant et elle me fait des réflexions incroyables. »

Quand notre cœur d'enfant s'ouvre, c'est extraordinaire, ce qui passe !

Alors, l'autre jour, cette jeune fille a apporté quelque chose à notre fillette de cinq ans, et quand elle est arrivée, j'étais tellement contente de la voir que je suis allée l'embrasser et me suis un peu exaltée. Mais j'avais laissé une casserole sur le feu, et pendant cette embrassade, l'eau s'est mise à déborder.

L'eau, c'est les émotions, et vous allez voir que derrière cette casserole il y avait pour moi un grand enseignement.

Alors, cette chère petite qui est belle comme un Ange m'a regardée et m'a dit avec une grande diplomatie : « Christiane, tu as quelque chose à comprendre. »

Oui, c'était juste pour me montrer : « Quand ton esprit vénusien commence à s'enflammer un peu trop, regarde ce que ça fait : ça fait déborder l'eau ! »

Dans la symbolique, le feu, c'est l'Esprit, et l'eau, c'est tous les sentiments, les émotions. Dans ce cas-ci, qu'est-ce qu'il y avait entre les deux ? Une casserole ! La casserole, c'est la représentation du principe féminin, de la réceptivité.

Vous voyez tout ce que l'on peut apprendre par ce petit exemple !

Oui, je sais que de temps en temps je m'exalte un peu, et puis On me le montre : ça fait déborder, ça génère une perte d'énergie. À cette occasion-là j'aurais pu exprimer mon affection avec plus de maîtrise.

« JE TE L'AI DÉJÀ DIT ! »

Un jour, une dame cherchait quelque chose dans son appartement, mais ne le trouvait pas. Son mari lui a dit : « C'est là-bas, dans le tiroir du bas, dans le deuxième dossier. Je te l'ai déjà dit ! »

Le *Je te l'ai déjà dit* n'est pas diplomate – et c'est simplement de trop –, même si ça fait trois fois qu'on le répète.

Dans une situation semblable, si on invoque la vibration de Vehuel, et qu'avant de parler on se dit : « Elle cherche encore parce qu'il y a quelque chose à l'intérieur d'elle-même qu'elle n'a pas trouvé et elle le cherche », de cette façon, on fait une prise de conscience et ça nous permet de dire autre chose que « Je te l'ai déjà dit ! »

Il faut savoir que lorsqu'on utilise le verbe, la parole, chacun des mots qu'on prononce a une importance capitale. Lorsqu'on s'exprime, il n'y a pas de hasard. Les mots qui sortent, l'intonation, la respiration, la synchronicité et la vibration sont directement reliés à nos pensées et sont tous en interaction les uns avec les autres.

Plus on travaille sur soi, plus on développe la capacité de reconnaître la vérité à chaque instant et de la dire.

Vous avez probablement déjà entendu les mots *Je t'aime*. Il en existe autant d'interprétations qu'il y a d'humains sur la Terre.

L'ENSEIGNEMENT DE LA ROBE BRÛLÉE

Un jour, alors que je faisais des achats avec mon mari, j'ai aperçu dans une boutique une très belle robe de soirée. Elle était un petit peu décolletée dans le dos, mais elle était très belle, d'un beau bleu velouté; et en solde en plus! Nous nous sommes dit: «On va l'acheter.»

Mais il y avait en moi quelque chose qui n'était pas encore confortable à l'idée de porter une robe de soirée avec un petit décolleté dans le dos.

Pendant toute une première partie de ma vie, l'apparence physique – extérieure – ne revêtait que peu d'importance pour moi. Alors je m'étais habituée à un style vestimentaire oriental avec le petit T-shirt, à être tout simplement à l'aise dans mes vêtements.

Or l'enseignement de la Kabbale – maintenant très présent dans ma vie – amène à comprendre que la beauté extérieure est aussi importante que la beauté intérieure et qu'elle représente la deuxième étape qui amène à la fusion de l'Esprit et de la matière: la Beauté Divine.

Puisqu'il y avait des ajustements à faire sur la robe – et en moi-même –, une amie m'a gentiment offert d'effectuer les altérations. Puis, un jour, elle me l'a rapportée sans avoir vu ce qui lui était arrivé.

Qu'est-ce qu'elle avait fait? Avec le fer à repasser, elle avait brûlé la robe côté cœur.

Qu'est-ce que ça voulait dire?

Quand je l'ai appelée – parce que je devais lui en parler – je lui ai mentionné la marque de fer sur la robe, mais moi je riais, je lui expliquais l'enseignement et lui disais: «Regarde! C'est parce qu'il y avait quelque chose en moi qui n'était pas à l'aise avec l'idée de porter cette robe.»

Dès qu'on entre dans la conscience Angélique, on ne peut plus passer à côté de tels enseignements, car on sait que les coïncidences n'existent pas. Quelque chose n'était pas prêt, qui s'est brûlé, qui a brûlé la robe, au niveau du cœur. Il y avait quelque chose en moi qui n'était pas encore prêt à ce que je la porte.

Mon amie, de son côté, était tellement déçue! J'avais beau lui expliquer la leçon que j'en tirais, elle n'était vraiment pas contente et elle répétait: «Ça s'peut pas! Elle n'est plus portable! Ça s'peut pas!», comme on dit au Québec.

Alors je lui ai dit:

– Est-ce qu'il t'arrive, de temps en temps, d'écouter *la dame aux cheveux blancs*? Elle dit qu'il faut toujours revenir à soi. Et moi, j'avais aussi un enseignement à recevoir.

– Oui! mais moi, je ne veux pas apprendre aux dépens des autres!

– Je crois qu'il faudra que tu refasses tes classes avec les Anges. Avec cette conscience, on n'apprend plus aux dépens des autres et on n'a plus besoin d'être déçu.

– Oui, mais si l'autre n'a pas cette compréhension?

– Il va l'avoir un jour!

Puisque je sais qu'on n'apprend jamais aux dépens des autres, j'ai ajouté: «Toi, tu as peut-être autre chose à apprendre par rapport à ta féminité. Regarde bien à l'intérieur de toi: il y a certainement aussi un message pour toi.»

L'ILLUMINATION À LA VANILLE

Quand on est dans un état altruiste, la fatigue n'existe plus. On est heureux, on est nourri, on est dynamisé, on est exalté et on est glorifié.

Lorsqu'on se sent fatigué, voilà un signe que quelque chose doit être rectifié dans notre conscience. Quelque chose qu'on est en train de faire n'est pas tout à fait en harmonie avec les Principes Divins.

Voici une petite histoire qui illustre le fait que lorsque l'Illumination se produit, elle prend place dans toutes les parties de notre être, y compris au niveau de nos cinq sens. Elle montre aussi que le fait de ne rechercher que le nirvana avec un désir de partir, de fuir, ne constitue – et cela fait partie de l'enseignement de la Kabbale – qu'une première étape. Pour certaines personnes, la fuite fait partie de leur plan de vie – tout est juste au moment où les choses se produisent –, mais l'application de l'enseignement kabbaliste nous amène à créer le nirvana en nous-mêmes et sur la Terre, de façon bien ancrée dans le plan physique.

Un jour, j'étais en train de parler de l'Illumination avec mon mari; il m'enseignait ce que c'était que de s'élever dans la Lumière, et il me disait que j'avais atteint des niveaux peut-être un peu trop élevés, quand tout à coup notre fille de cinq ans nous a interrompus et est venue vers moi – c'est vers moi qu'elle est venue parce que c'est moi qui avais à comprendre ce message – pour me dire: «Eh! sens ma poupée, elle sent la vanille!»

OUF! Je suis restée sidérée par son intervention: ces jours-là, je réfléchissais à ce que l'Intelligence Cosmique tentait de me faire comprendre, car j'avais reçu plusieurs signes impliquant le symbole de la vanille. J'étais aussi en train de préparer le cours sur VEHUEL (n° 49), Ange dont les capacités et pouvoirs nous amènent à l'Illumination, et je savais très bien que la vanille est un symbole des cinq sens, de la sensualité. Mais je n'avais pas parlé de tout cela à ma fille.

Alors, j'ai senti sa poupée, mais elle ne sentait pas du tout la vanille.

Ce petit événement ne s'est produit que dans le but de me faire entendre et confirmer: «Eh! tu vas très haut, mais n'oublie pas ton corps, n'oublie pas les cinq sens, n'oublie pas tout ce qui est ici sur Terre: ton mari, ton enfant et les jouissances de la Terre.»

LA RÉINCARNATION

Volontairement, l'Intelligence Cosmique a mis un voile sur notre Divinité; cette fameuse *censure* dans notre être se situe entre le conscient et le subconscient. C'est pour cette raison que la plupart du temps, on ne se souvient plus des actions que nous avons posées dans nos vies passées.

Ce serait trop difficile de s'en souvenir, car tant et aussi longtemps qu'on n'a pas suffisamment travaillé sur les qualités et les vertus, tant et aussi longtemps qu'on n'a pas atteint le niveau de compréhension nécessaire pour gérer ces informations, le voile doit rester en place.

Si on savait que telle personne qui vient s'incarner dans notre famille nous a violenté, ou bien que c'est nous qui l'avons violentée, ce serait insupportable : on recommencerait à se bagarrer et à se venger.

C'est pour ça que Dieu, la Conscience Universelle, a mis ce voile sur notre divinité et que petit à petit nous devons la redécouvrir.

On n'a qu'à penser à une personne en fauteuil roulant. Pourquoi n'aurait-elle qu'une vie à sa disposition, alors que nous, nous jouissons du plein usage de notre corps ?

Si tel était le cas, Dieu serait parfaitement injuste.

LES RÉGRESSIONS

Nous pouvons savoir qui nous avons été dans d'autres vies par le biais de certaines techniques de régressions ou encore par des cadeaux qui nous sont offerts dans nos rêves dans le but de mieux nous connaître. Lors de ces explorations sur Terre, ce n'est pas notre corps que nous transportons avec nous : c'est notre esprit qui voyage d'une vie à l'autre.

Mais à quoi cela sert-il de connaître nos autres vies ? Et que doit-on comprendre à partir de ce qui nous est dévoilé sur notre passé ?

Ce sont les régressions au moyen du ressenti qui peuvent le mieux nous aider. On se demande : « Quel type de sensations ai-je avec cette personne, cette situation ou ce pays ? »

Je ressens telle chose, telle résonance ; ça m'indique sur quelle partie de moi je dois travailler.

On va même un peu plus loin : on comprend qu'on attire des personnes qu'on n'a pas forcément côtoyées dans nos vies antérieures, mais qui sont du même rayon énergétique.

Dans un premier temps, on attire toujours qui on est, et ce, jusqu'à ce qu'on atteigne la pureté. Alors, à ce moment-là, on devient un miroir, et les personnes qui nous côtoient se sentent soit très bien, soit très mal en notre présence, tout dépendant de la qualité de leurs pensées.

Seuls les grands Sages maintiennent ce niveau de perfection à tout instant. Nous pouvons parfois l'atteindre pour de courtes périodes de temps. Nous sommes alors dans un état de grand bien-être et cela nous permet de saisir la nature de cet état de perfection.

RAMBO OU TINTIN

Je vais vous parler d'une étude qui a été réalisée par une équipe de psychologues de l'Université de l'Utah. Ces chercheurs ont tenté de savoir exactement à quel moment les publicités sont le plus retenues et le plus écoutées, et quel impact elles ont sur les gens. L'article publié qui fait état de cette recherche rapporte que les films trop violents font oublier le contenu des annonces publicitaires.

Ces psychologues se sont rendu compte que tous les annonceurs s'arrachaient les espaces publicitaires intercalés dans la diffusion des films les plus violents, qui sont, comme vous le savez, très écoutés dans notre société.

Ils ont conclu que les spectateurs se souvenaient moins des publicités lorsqu'elles étaient diffusées en même temps que des films violents que lorsqu'elles étaient diffusées lors d'autres types d'émissions.

Cela signifie que les scènes de violence et d'agressivité vont se réfugier dans le subconscient et se transforment en un langage inconscient à l'intérieur de l'être.

À Littleton, au Colorado, deux jeunes adolescents ont tué vingt-cinq personnes de leur école. Or, en visitant leur site Web, la police a découvert que la musique qu'ils écoutaient et que les messages qu'ils diffusaient étaient d'une extrême violence.

En écoutant, en absorbant la négativité transmise dans la musique, ces jeunes nourrissaient une attitude intérieure qui a donné naissance aux actes qu'ils ont posés. Il est évident que la violence engendre la violence.

GANDHI

Si, dans une vie antérieure, on a enlevé la vie à une autre personne, on n'a pas à s'en vouloir. Quand on comprend l'enseignement de la Kabbale, plus rien n'est terrible : tout est réparable, absolument tout.

Que doit-il se passer si on a enlevé la vie? Il faudra redonner la vie, ou encore sauver une vie. C'est parfois cela qui se passe lorsqu'on adopte un enfant. Un enfant se présente dans notre vie et il y a tout cet amour qui est dégagé; mais il est vrai que dans certains cas, cela peut donner une relation très difficile.

Gandhi a bien défini cette dynamique. Quand j'ai regardé le film sur la vie de ce grand être, j'ai retenu une histoire, que j'aimerais partager avec vous.

Alors qu'il était dans une longue période de jeûne – il jeûnait pour que cessent les confrontations entre Musulmans et Hindous afin que l'Inde accède à son autonomie –, il reçut la visite d'un Musulman qui était venu le supplier d'arrêter de jeûner parce qu'il craignait qu'il n'en meure. Sur un ton apeuré, le Musulman lui dit qu'il était convaincu d'aller en enfer, mais qu'il ne voulait pas y aller avec, en plus, la mort de Gandhi sur la conscience.

Il tomba à genoux en pleurant et lui avoua : « J'ai tué de mes propres mains un enfant hindou parce qu'on a tué mon enfant musulman. »

Alors Gandhi, dans sa grande sagesse, lui répondit : « Je sais comment tu peux te guérir : va dans le monde, va chercher un enfant qui n'a plus ni père ni mère, et élève-le comme ton propre fils ; mais assure-toi bien qu'il soit hindou, et élève-le comme un Hindou. »

« L'AAAMOUR »

On peut vivre toutes sortes de choses sur le plan affectif à cause de ce qui est inscrit dans notre subconscient.

On entre tout à coup dans une relation où chaque personne se sent très attirée par l'autre, et, après un certain temps, on s'aperçoit que l'autre n'éprouve plus d'intérêt pour soi. Alors on se sent rejeté, on se sent mal aimé et on se dit à soi-même : « Mais voyons, pourquoi suis-je attirée par cette personne qui ne veut même pas de moi. Je suis obligée de la côtoyer car nous travaillons dans le même bureau. Elle ne me regarde même plus et ça me fait souffrir. »

Au lieu d'en vouloir à l'autre qui n'est pas disponible et de persister à projeter nos propres désirs sur elle, on devrait plutôt se demander : « Qu'est-ce que cette personne me montre à l'intérieur de moi-même ? Il y a une partie de moi qui rejette l'amour, qui n'est pas disponible. Mais pourquoi ? »

Pour répondre à cette question, on peut entrevoir plusieurs possibilités :

- soit que j'ai rejeté cet être dans une vie antérieure (cela se produit surtout dans les cas où l'amour est très intense et qu'il ne s'est pas complètement matérialisé) ;
- soit qu'elle reflète simplement une facette de mon être intérieur qui n'est pas disponible.

Il est important de ne pas entrer dans une *psychose* des vies antérieures et de tenter de tout expliquer par ce moyen. Car l'essentiel, c'est d'être à l'écoute de notre ressenti et de nos dérangements. Ces derniers nous indiquent ce que l'on doit rectifier pour retrouver notre légèreté et notre liberté.

De toute façon, tout ce que l'on vit au jour le jour nous l'indique aussi. Par exemple, dans le cas dont il était question, peu importe que l'autre personne ait été là dans une vie antérieure ou qu'elle vienne simplement me montrer de façon subtile qu'il y a un sentiment de rejet dans mon affectivité : si je vais à l'essentiel, tout cela est sans importance.

L'important, c'est l'essence de la compréhension.

L'Ange-clé identifier et réparer les erreurs commises lors de vies antérieures, c'est IMAMIAH (n° 52). C'est un État de Conscience absolument fabuleux qui nous donne la force nécessaire pour transformer, entre autres choses, le sentiment de rejet.

« Oh ! j'ai été trompé. Oh ! je suis rejeté. » On devient agressif et on se met en colère. Alors on invoque IMAMIAH, cette force martienne, et cela nous donne le courage d'aller voir à l'intérieur de soi, de ne plus vouloir changer la personne qui nous rejette, qui nous dérange ou qui nous est infidèle, pour enfin travailler sur cette force intérieure. Ensuite, la situation se décante d'elle-même, et on n'en veut même pas à l'autre personne; car elle représente une partie de soi et la situation que l'on vit est un cadeau formidable pour l'évolution de notre âme.

La résolution se présente alors:

- soit que la personne se rend à nouveau disponible;
- soit que le sentiment d'attraction-répulsion se résorbe de lui-même.

Lorsqu'il y a encore une résonance, lorsqu'on sent à la fois une attraction et une répulsion, si on travaille à l'intérieur de soi sur ce petit problème, vient un jour où on peut se dire: «Voyons, qu'est-ce que je lui trouvais à cette personne-là? mais qu'est-ce que je lui trouvais?»

Cela signifie qu'il n'y a plus de résonance. Et même si l'autre personne est belle physiquement, et qu'elle a toutes sortes d'autres belles qualités, je ne me sens plus attiré par elle, et c'est terminé.

Donc, vous voyez, ça va très loin, la compréhension.

LA CHAÎNE DU KARMA

L'Ange IMAMIAH (n° 52) est une énergie qui a la capacité de briser, de résoudre les karmas.

Karma est un terme oriental qui signifie un acte manqué et inachevé. En langage populaire, il signifie l'ensemble des erreurs commises dans les incarnations passées et qui sont encore là, présentes dans la mémoire de l'âme.

Dans la Bible, il est écrit: «Et toute sa descendance sera maudite.» Cela paraît très lourd et très sévère; mais que signifie cette phrase à la lumière des Lois Cosmiques?

Voici un exemple: un père est violent avec son fils; que se passe-t-il? Plus tard, le fils se jure à lui-même: «Moi, je ne serai jamais violent avec les enfants.»

Et, en effet, il ne sera pas violent avec les enfants. Mais s'il n'est pas allé dans la compréhension profonde, s'il n'est pas allé nettoyer l'agressivité qu'il a refoulée, s'il s'est simplement limité à cette décision: «Non, moi j'ai subi ça: je ne veux pas le faire subir», alors il va refouler dans son inconscient personnel la violence qu'il a vécue et il va emmagasiner dans son âme des particules non nettoyées.

Alors, lorsqu'il aura lui-même des enfants, voici ce qui peut se produire: peut-être aura-t-il une fille très douce; peut-être aura-t-il aussi un garçon qui sera un petit génie car il avait des capacités et des résonances d'intelligence, et un autre fils encore qui sera très violent.

Il se dira: «Comment cela se fait-il? Mon père était violent et moi, je ne l'ai pas été; alors comment se fait-il que mon fils soit violent?»

Quand j'étais enfant et que ma mère décrivait ce genre de choses, je l'entendais dire: «Ça saute une génération.» Elle disait cela sans en comprendre le fondement.

Que signifie ce phénomène de seconde génération ?

Quand il s'agit de qualités, il va sans dire que cela n'a pas à être modifié et qu'elles doivent être cultivées. Mais quand il s'agit de distorsions, elles doivent être nettoyées pour que cesse le karma.

Revenons à notre exemple. Le père est violent, il extériorise sa violence ; après, le fils intériorise cette violence, cette agressivité et, après cela, de nouveau, ça s'extériorise chez un de ses enfants, qui devient le haut-parleur de la violence réprimée de son père.

Nos enfants sont nos œuvres, et on attire la plupart du temps une âme qui est en résonance avec notre programme intérieur, avec ce que l'on est. L'âme est comme une terre qu'on laboure, qu'on sème et qu'on cultive. Si notre lot de terre a des *mauvaises herbes* et que la terre n'a pas été bien labourée et nettoyée, alors la récolte ne sera que le fruit de notre labeur. C'est aussi simple que ça.

Tout est inscrit dans le Livre de la Nature. Avec cette image, on comprend la chaîne : si on n'élimine pas le karma, il continue à agir pendant des générations. Chaque être humain a le pouvoir de briser ses karmas afin qu'ils ne se reproduisent plus ; cela relève uniquement de sa propre volonté.

« JE SUIS UN ANGE »

L'autre jour, je préparais mon cours sur l'Ange NANAEL (n° 53), la communication spirituelle. Je pensais à toutes ses qualités et j'essayais d'incorporer de plus en plus cet État de Conscience à l'intérieur de moi.

Sans savoir ce que je faisais, ma fille de cinq ans est venue me montrer un beau dessin qu'elle avait fait.

Elle avait tout simplement capté ma réflexion sur l'échelle de Jacob et elle est venue me l'expliquer à sa manière. Les enfants ont le don de pouvoir capter certaines choses : leur mental ne les bloque pas et ça leur donne une qualité, une facilité à capter des informations très subtiles.

En examinant bien le dessin de ma fille (*voir dessin à la page suivante*), on voit qu'il représente d'un côté une petite fille – le nom de NANAEL a été rajouté par la suite – qui essaie de tirer une montgolfière, et de l'autre côté une échelle. J'ai trouvé ce dessin très beau parce que je m'y suis reconnue. Alors, qu'est-il venu m'inspirer ?

Parfois, on a envie de monter, d'avoir accès à la Divinité, à toutes ces grandes choses, et on tire sur le ballon parce qu'on veut sauter des étapes.

On veut aller vite, toujours plus vite. Et le quotidien, la famille, les enfants et le travail nous pèsent parce qu'on n'a pas compris que la spiritualité, c'est au quotidien qu'on doit la vivre, en étant constamment branché sur notre nature Supérieure. Cette *dévotion* nous permet d'en arriver à l'étape ultime qu'est le non-dérangement absolu, mais, évidemment, à cause du Travail que l'on doit faire pour retrouver notre Origine Céleste – travail qui comporte des contretemps et des obstacles –, on ne peut monter qu'une seule marche à la fois.

Voilà ce qu'enseigne l'histoire de l'échelle de Jacob racontée dans la Bible : l'échelle qui relie le Ciel à la Terre permet – symboliquement – aux États de Conscience de monter et de descendre.

OUF ! Vous comprenez maintenant pourquoi j'étais émue du geste de cette petite bonne femme de cinq ans ? Elle me ramenait carrément les deux pieds sur terre.

Plus je regardais son dessin, plus j'en découvrais la profondeur. La couleur de l'échelle est l'orange. Or, selon la symbolique des couleurs, l'orange représente la pureté. Alors, qu'a-t-elle voulu manifester par cette couleur ?

Cela veut dire qu'il est primordial d'avoir la pureté pour pouvoir monter les étapes.

Pureté ne veut pas dire puritanisme. Il s'agit plutôt de la pureté de conscience, c'est-à-dire de la volonté de nettoyer tout notre subconscient, petit à petit, pour que la légèreté s'installe, que l'énergie finisse par bien circuler. On ne peut monter qu'en recherchant les qualités et les vertus, non les pouvoirs terrestres.

Et en me montrant son dessin, ma petite fille me disait: «Là, c'est l'Ange!» Les ailes sont rouges et la tête est violette.

La couleur violette est la dernière – ou la première – couleur du spectre, celle qui correspond au chakra coronal, le *sahasrara*, ce centre énergétique, tout en haut, qui nous amène à de grandes ouvertures de conscience. Quant au rouge, qui correspond au chakra *muladhara*, celui du bas, il représente la matérialisation.

Alors, ce dessin nous montre qu'il est important de marier les deux mondes: l'Ange vient s'incarner jusque dans la matière pour expérimenter dans l'action.

C'est en mariant les deux mondes qu'on devient vraiment un Ange.

«*LE CHAUFFAGE EST EN PANNE!*»

Un matin, j'ai noté que notre fille n'était pas de très bonne humeur. Elle n'était pas très contente de ses cheveux et elle maugréait en s'habillant.

Ce jour-là, je n'étais pas suffisamment revenue à moi-même parce que, comme je vous l'ai déjà dit, quand on est dans l'action, on oublie parfois de se recentrer. Or, ce matin-là, je ne m'étais pas rendu compte que je m'étais levée pas tout à fait bien centrée et que, à cause de ce petit décentrage et de cette ambivalence, mon enfant me reflétait mon propre état.

Souvent, on se dit: «C'est lui: il n'est pas de bonne humeur, il ne va pas bien.»

Mais l'enfant est comme un papier buvard. Il absorbe et puis amplifie: il verbalise tout ce que nous avons à l'intérieur de nous-mêmes. Lorsqu'il est en bas âge, l'enfant est comme un amplificateur, car sa personnalité n'est pas tout à fait activée dans son programme.

Alors, comme il y avait des parasites à l'intérieur de moi, ma fille le manifestait dans son propre comportement. Elle mettait son habit de ski avec une certaine rigidité et elle grognait: «Les bottes sont pas fines!»

Elle n'était pas très contente.

Donc, vous voyez, c'est ça, la communication spirituelle, c'est subtil et on peut la comprendre en écoutant ce qui se passe à l'intérieur de soi.

Je n'ai rien dit, mais mon taux vibratoire – tout mon état de conscience – a encore plus baissé. Le dérangement que j'avais à l'intérieur de moi est ressorti: quelques minutes plus tard, je me suis rendu compte que le système de chauffage était tombé en panne!

C'est ça, la beauté des enseignements. On arrive à faire des corrélations entre, d'une part, ce qu'on pense, ce qu'on ressent et ce qui se dégage dans notre comportement et, d'autre part, l'impact que ça a sur tout le monde autour de nous, de même que sur les situations que l'on vit.

Autrement dit, on se rend compte qu'il n'y a pas de hasard, que l'Esprit et la matière sont intimement reliés. Mais dans une conscience ordinaire, on laisse passer les événements, on ne remarque rien et on subit.

Nous avons donc fait venir le réparateur, et moi, je l'ai écouté avec les oreilles *grandes ouvertes*: «Madame, de temps en temps, il faut dévisser. Vous prenez le tournevis, vous dévissez le radiateur et vous allez nettoyer la grille. La fournaise est tombée en panne parce que l'air ne passait plus: il y avait trop de poussière.»

Pour moi, c'était un beau message : « Va profondément : il y a encore des poussières qui empêchent de laisser passer les belles pensées ; il y a des choses à nettoyer dans ton subconscient. »

Avec une conscience ordinaire, on ne fait même pas la corrélation. On se dit : « Bon, c'est ça : il y avait de la poussière. »

Par contre, quand on raisonne à la verticale, c'est-à-dire quand on comprend qu'il y a toujours un impact, une conséquence à tout ce que l'on pense, à tout ce que l'on vit, les signes du quotidien peuvent nous guider. Ils peuvent nous aider à nous transformer à chaque instant.

ENSEIGNANT ET ENSEIGNÉ

Un jour, alors que ma fille et moi souhaitions prendre un bain dans la baignoire, nous nous sommes dit : « On va attendre un petit moment car l'eau est froide. »

Puis ça continuait : j'attendais, l'eau restait toujours froide et ma fille avait seulement trempé ses petits pieds dans l'eau. J'ai touché l'eau et j'ai dit : « Moi, je ne vais pas dans le bain ! »

Je savais qu'elle était vraiment contente à l'idée de prendre son bain avec moi. Mais malgré cela je lui ai dit : « Non ! pour moi, c'est trop froid : je ne vais pas dans l'eau froide. »

Alors, elle m'a regardée avec ses grands yeux.

Il est vrai que nous lui transmettons tout ce que nous sommes, entre autres toutes ces belles idées qui veulent que les pensées peuvent tout transformer. Elle m'a regardée et m'a dit : « Pense que c'est chaud, chaud, chaud ! », et spontanément elle s'est assise dans l'eau.

Bon ! Je l'ai regardée. Qui était l'enseignante à ce moment-là ?

Elle était vraiment contente de me montrer que ça fonctionnait. J'ai plongé dans l'eau et elle a fait de même en me disant : « Tu vois, ça marche ! »

Bon, maintenant j'étais dans l'eau froide et BRRR!!! je lui ai dit: «Tu as raison, ça marche!»

LE MONDE DES CAUSES

Quand on se casse une jambe et quand on se rompt les os, la chirurgie et les plâtres sont nécessaires et la médecine traditionnelle est bien utile. Mais il faut comprendre que, dans un premier temps, les accidents viennent du monde des causes. Un être évolué devrait se demander: «Pourquoi me suis-je cassé une jambe? Pourquoi me suis-je cassé un bras?»

Une personne m'a confié que son conjoint avait de la difficulté à communiquer: il gardait tout à l'intérieur de lui et avait de la difficulté à exprimer ce qu'il ressentait. Ça pouvait parfois être tellement intense qu'elle avait observé en réfléchissant sur son passé qu'il y avait eu une succession de jambes cassées et de bras cassés à la suite de situations conflictuelles avec lui.

Que se passait-il?

Son conjoint avait conservé une telle rigidité que lorsqu'il s'exprimait, lorsque l'énergie sortait, CLAC! des situations se produisaient et les os se cassaient dans son corps.

LA MÉDECINE UNIVERSELLE

Récemment, j'ai lu un article à propos des antibiotiques.

Les médecins nous avertissent que, sauf exception, les antibiotiques n'ont plus d'effet pour soigner les grippes. Les êtres humains s'y sont habitués et il se forme maintenant dans les êtres des bactéries plus puissantes qu'auparavant, qui peuvent résister aux antibiotiques, ce qui fait que ces derniers ne sont plus efficaces.

Cela nous indique que tout ce qui nous est proposé pour nous aider à pallier nos souffrances physiques constitue une seconde chance pour nous amener à réfléchir à notre situation.

En effet, quand on souffre trop, on ne peut même plus penser. Alors on devrait se dire: «OK ! Tu as une seconde chance. Certaines choses te sont offertes, mais profites-en pour essayer de savoir pourquoi tu as si souvent des grippes. Fais le travail par les deux côtés: cherche la cause et guéris la conséquence.»

Dans le monde des causes, l'Ange HAHASIAH (n° 51), la Médecine Universelle, peut nous être utile. Si on ne s'aide pas soi-même, un phénomène naturel de compensation se produit: notre corps est vraiment intelligent, et lorsqu'on ne comprend pas les Principes Divins, on reçoit automatiquement des signes qui nous amènent à rectifier notre manière de penser et notre façon de vivre.

Voilà l'explication des maladies et des problèmes qu'on vit. Ce sont des cadeaux, des messages qui veulent dire: «Rectifie quelque chose à l'intérieur de toi-même, et tu vas voir que ça va changer: la maladie va disparaître, les problèmes que tu vis vont disparaître. C'est certain!»

Mais il ne faut pas avoir d'attentes. Cela peut se réaliser – on peut être miraculé, c'est vrai –, mais il faut savoir que si on a à être malade, c'est que la maladie est inscrite dans notre destinée. Et il se peut même que la guérison ne se manifeste que dans une prochaine vie. Si notre apprentissage n'est pas terminé, il faut accepter la maladie, car elle est une amie qui nous aide à grandir.

C'est cela, la Médecine Universelle. Lorsqu'on travaille de façon systématique avec les Énergies Angéliques, lorsque nos ailes se déploient, on peut faire un travail intérieur simplement en demandant de comprendre l'origine de la maladie qui nous affecte. Les rêves se déclenchent et se multiplient, et on peut alors trouver la cause de nos troubles.

Au moyen de symboles, les rêves vous répondront si votre intention est axée sur votre développement intérieur et si votre conscience est réellement prête à connaître l'origine du malaise ou de la maladie.

Dans l'Univers, il y a un moment pour tout.

L'ENSEIGNEMENT DE L'AMPOULE

On nous propose divers produits sur le marché pour nous aider à renforcer notre système immunitaire. C'est vrai qu'il est important, car c'est lui qui nous protège des maladies.

J'aimerais partager avec vous un bel exemple. Un jour, j'observais une personne qui prenait des ampoules pour renforcer son système immunitaire. Elle n'avait ouvert l'ampoule que d'un côté, et, bien sûr, ça ne coulait pas très fort. Alors, mon mari et moi lui avons dit: «Tu devrais ouvrir l'autre côté; tu vas voir, ça va couler plus rapidement.»

Qu'est-ce que cela voulait dire?

Il y avait une profonde compréhension cachée derrière ce simple petit acte. Ouvrir les deux bouts, ça veut dire: «Laisse couler! L'eau, c'est l'amour; laisse couler et tu vas voir, ça va aller mieux.»

Une personne qui est dans un état d'amour, qui dégage l'amour, a une meilleure chance d'avoir un système immunitaire puissant. Donc, là, on pouvait voir les deux aspects de la chose: «Oui, vas-y par le plan physique: prends des ampoules pour renforcer ton système immunitaire. Mais dans le monde des causes, ouvre-toi à l'amour, laisse couler, mets-y une intention, et tu verras que ton système immunitaire va se renforcer.»

Vous voyez, on peut aller chercher les causes dans de simples petits actes comme celui-là, dont la signification nous échappe souvent. Il faut bien sûr s'habituer à tout un langage qu'au départ on ne connaît pas, mais la symbolique et les corrélations nous amènent graduellement à voir à travers tout ce qui se présente. On se demande: «Mais pourquoi n'ai-je pas ouvert l'autre bout de l'ampoule?»

Il y a une raison, il y a toujours une raison profonde.

LES SOINS ÉNERGÉTIQUES

Les soins énergétiques aussi, c'est excellent. Chaque type de médecine a sa place. La médecine énergétique agit dans des plans plus subtils que les autres médecines.

Quand on projette de l'énergie par l'imposition des mains, peu importe la méthode utilisée, l'essentiel, c'est l'intention.

Il faut porter attention et se demander: «Quand je donne un soin énergétique, comment est-ce que je le fais? Pour quelle raison je le fais? Quelle intention est-ce que je mets dans mon geste?»

Il faut savoir qu'une personne qui donne un soin projette tout ce qu'elle est.

On nous dit souvent: «Oui, mais c'est de l'Énergie Universelle: c'est pur.»

Bien sûr, l'énergie est pure, mais elle passe par notre canal, et, par conséquent, on transmet à travers elle tout ce que l'on est.

Lorsqu'on donne des soins énergétiques, il est important de respecter l'intégrité personnelle de l'autre personne, de même que ce que les Orientaux appellent les Lois karmiques. On a certaines choses à vivre, et quelquefois, parce qu'on ne connaît pas les Lois karmiques, on peut les enfreindre.

Les soins énergétiques, moi j'appelle ça la chance du débutant. Des personnes qui sont aptes à recevoir se présentent à nous, et alors on peut assister à des choses extraordinaires qui visent simplement à nous montrer qu'avec les plans subtils: «Regarde, ça marche!». Ainsi, on s'habitue graduellement à mieux comprendre les Lois Universelles.

Mais quand on prodigue des soins énergétiques, il ne faut pas tomber dans le piège de la recherche du pouvoir, qui peut être ici très facile. Il faut toujours revenir à soi-même.

Si on donne un soin énergétique à une certaine personne, ce n'est pas par hasard: c'est qu'il y a une résonance entre elle et soi.

Toujours. C'est qu'on a quelque chose à comprendre. Cette personne vient peut-être avec une maladie déjà manifestée dans le plan physique, mais ne vient-elle pas me montrer qu'il y a le même type de maladie dans certains niveaux subtils de mon subconscient ? C'est cette attitude qu'il faut avoir.

Quand on a développé cette conscience, on est vigilant et on ne donne pas des soins en série. On porte beaucoup d'attention à chaque personne qui se présente.

Il n'y a plus de dichotomie – de séparation – entre le guérisseur et la personne qui est guérie : on est les deux à la fois. L'autre personne m'apporte autant que je peux lui apporter. Et puis, après la rencontre, il est bon de méditer : « Pourquoi m'a-t-On envoyé cette personne ? Que dois-je en comprendre ? »

Ça nous ramène à une belle attitude d'humilité, et puis ça nous procure une ouverture de conscience qui nous fait réaliser que l'on fait partie du Grand Tout.

Moi, je l'ai vu : quand je donnais des soins énergétiques, il se passait des choses extraordinaires. Mais, quelquefois, la maladie revenait chez la personne cinq ou six mois plus tard, ou même plus rapidement. C'est que même si la personne jouit d'un bien-être momentané et que la maladie disparaît parce que quelque chose a changé dans les plans subtils, il n'en reste pas moins que si, dans le quotidien, elle cultive le même type de pensées qu'auparavant, ou si le même type d'émotions revient, la maladie aussi va revenir, que ce soit sous la même forme ou sous une autre forme.

On peut faire une analogie : l'énergie, c'est comme l'argent ; l'argent, c'est de l'énergie matérialisée. Quand on fait un soin énergétique, c'est comme si on donnait de l'argent à la personne qu'on soigne. Alors, que va-t-elle en faire ? L'une ou l'autre chose peut se produire :

- La personne est contente, elle se sent mieux, elle a un peu plus d'argent que d'ordinaire et elle va le dépenser. Mais au bout d'un certain temps, elle n'en aura plus et elle va retomber dans le même problème, le même déficit ;

- La personne peut faire fructifier l'argent en l'utilisant pour démarrer une entreprise.

Oui, il y a des gens qui comprennent : « Je reçois de l'énergie, j'en fais quelque chose, j'en profite pour me transformer. » Mais encore faut-il être conscient de ce processus, de l'importance de se prendre en main. Il faut comprendre pourquoi on souffre de telle maladie, prendre conscience de ce qui l'a déclenchée.

En s'adonnant à la Médecine Universelle – cette médecine que les Énergies Angéliques nous permettent d'exercer –, on intègre la compréhension de toutes les médecines. Ce qui nous est offert, ce sont des chances, des grâces que l'Intelligence Cosmique met à notre disposition pour nous permettre de poursuivre notre évolution.

Mais il faut toujours retourner dans le monde des causes et appliquer cette démarche à chaque instant de notre vie. De cette manière, on est assuré que notre condition va se stabiliser, que la maladie ne reviendra plus et qu'on pourra passer à d'autres étapes.

Les maladies sont toutes reliées au monde des causes, lesquelles se sont parfois constituées pendant plusieurs années, voire pendant plusieurs vies. Donc, comprenez bien que la guérison peut s'effectuer en un instant – eh oui ! – ou encore dans une autre vie, car plusieurs causes doivent être réparées : la guérison exige que l'équilibre entre la pensée, les sentiments et le corps soit réinstauré et que les karmas qui ont engendré la maladie soient payés.

La Médecine Universelle se manifeste aussi dans le monde des rêves. Par exemple, on peut être averti de certaines maladies par les rêves, ce qui ne veut pas dire qu'on va l'avoir dans le plan physique ; la plupart du temps, ça veut simplement dire : « Regarde ! Porte attention ! »

Puis on reçoit dans la scène de notre rêve un symbole. Par exemple quelqu'un de trop rigide, de trop autoritaire peut recevoir un message qui signifie : « Regarde, si tu continues à être rigide, si tu continues à être autoritaire, ou si tu restes dans ce type de dépendance – par exemple une dépendance affective –, regarde ce que ça crée dans les plans subtils. Ne laisse pas cela descendre dans la matière parce que ça mène droit à la maladie. »

Ce qui peut arriver quand on fait ce type de rêves, c'est que durant la journée, on se sente un peu plus fatigué, un peu plus abattu que d'ordinaire. Alors, on cherche à comprendre pourquoi.

Un vrai guérisseur demande la permission avant de poser un acte. Croyez-vous que Jésus posait ses gestes par hasard ? Il en recevait le message en rêve ou en méditation avant d'agir.

C'est l'approche du futur, celle qu'éventuellement tout le monde adoptera.

L'ENSEIGNEMENT DE LA PEAU DE BANANE

L'enseignement de la peau de banane, ça, c'est un grand enseignement !

Un jour, nous étions à table et j'avais préparé une salade de fruits. Notre fille de cinq ans était là et elle regardait une de nos amies se servir. À un moment donné, elle lui a dit en la regardant avec ses grands yeux :

– Pourquoi ne prends-tu pas de bananes ?

– Parce que je n'aime pas les bananes.

Eh ! nous avons appris à notre fille à ne pas dire : « Je n'aime pas » mais plutôt : « Je ne suis pas habituée ».

– Tu n'aimes pas les bananes, ajouta notre fille, mais comment se fait-il que tu n'aimes pas les bananes ?

– Je n'aime pas les bananes parce qu'il y a très longtemps, il y a de cela quelques années, chaque jour, ma collègue de travail mangeait une banane et jetait sa pelure dans la poubelle qui se trouvait juste à côté de mon bureau. Ça sentait tout le temps la peau de banane ! Depuis ce temps-là, je ne suis plus capable d'en manger !

Alors, que signifiait son aversion pour les bananes ?

Imaginez ! elle n'avait jamais osé dire à sa collègue : « Ne mets pas tes peaux de banane dans la poubelle. »

Elle aurait pu s'affirmer, agir, simplement prendre la poubelle et la mettre un peu plus loin. Ou encore dire à sa collègue : « Écoute, l'odeur des peaux de banane m'indispose : ce serait gentil de ta part de les mettre dans un sachet ou de les jeter dans une autre poubelle. »

Que veut dire ce type de comportement, de non-dit. On n'ose pas dire aux autres : « Ça, ça me dérange » avec éloquence, gentillesse, sans aucune agressivité.

On ne dit rien et ça donne des nausées de peaux de bananes.

Alors elle a reproduit partout ailleurs, dans toutes ses relations, cette façon de ne pas dire ce qu'elle pense. Et qu'est-ce que ça a donné au bout d'un certain nombre d'années ? Un cancer de l'intestin !

Toutes les personnes qui ont des cancers, c'est typique, ce sont des personnes qui n'expriment pas ce qu'elles pensent. Elles gardent tout en dedans et ça génère des colères, de l'agressivité à l'intérieur. Comme chez cette amie qui en voulait à sa collègue et qui, plutôt que de lui en parler, a transféré sa frustration sur la peau de banane. Et la peau de banane a fait des dégâts.

Depuis, cette femme s'est guérie de son cancer parce qu'elle s'est beaucoup ouverte.

Si on pousse plus loin l'analyse symbolique, qu'est-ce qu'on trouve ? La banane représente le principe masculin.

Il y avait autre chose que cette femme n'avait pas résolu : elle n'avait pas appris à dialoguer avec son homme intérieur. Elle ne savait même pas qu'il existait. Donc, tout ce côté émissif en elle-même n'arrivait pas à s'actualiser. C'est pour cette raison qu'elle n'osait pas s'exprimer et être émissive au bon moment et dans la justesse.

Alors, un jour, elle est venue me dire :

– Qu'est-ce que tu lui dis, toi, à ton homme intérieur ?

– Je lui dis toujours qu'il est beau, que je l'aime, qu'est-ce que je l'aime !

Je lui ai révélé mes secrets, mes choses intimes. C'est un secret, mais vous pouvez le dire à tout le monde.

Chaque fois que je rencontre un homme, j'essaie de bien lui parler, de lui porter autant d'attention que si c'était mon homme intérieur. Alors, quand il est fin, quand il est gentil, c'est facile : il n'est pas mal mon homme intérieur, il est très beau.

Mais quand l'homme qui m'est présenté est un peu *distorsionné*, c'est là le secret de bien savoir lui parler, de comprendre la distorsion, de ne pas lui en vouloir, parce que tout ce que je dis à cet homme *distorsionné*, mon homme intérieur va l'entendre.

L'amour inconditionnel, c'est d'aimer les autres tels qu'ils sont et de respecter leur niveau d'évolution. Certaines âmes sont en maternelle ou en première année et d'autres sont plus avancées et étudient à *l'univers/cité*. Tous les êtres humains sont sur Terre pour apprendre, et après la mort physique, ils poursuivent leur évolution dans les autres dimensions.

La même chose s'applique chez les hommes avec leur femme intérieure. Chaque fois qu'ils rencontrent une femme, peu importe si elle est dans l'extrême distorsion, ils devraient l'accueillir avec amour.

C'est ça, la vérité. Je vous l'ai dit : les Anges, c'est le monde de la vérité.

Un homme peut se dire : « Est-ce que ma femme intérieure est comme ça ? Ça ne se peut pas ! »

Oui, si tu te sens dérangé, c'est qu'elle est comme ça ; mais ce n'est qu'un petit aspect d'elle, c'est juste un petit compartiment. Quand tu auras transformé ce petit aspect de toi-même, oui, tu vas voir comme ta femme intérieure est belle ! Elle est la représentation de la Mère Divine ! Même chose pour l'homme intérieur. Il est une représentation du Père Céleste, mais juste un petit peu *distorsionné* pour l'instant.

Donc, en arrivant à aimer les distorsions chez les autres parce qu'on les comprend, on n'a plus besoin de créer des boucs émissaires à l'extérieur de soi.

On apprend à aimer tous les êtres que la vie nous présente, parce que chaque fois qu'on le fait, on engramme chacune de nos petites cellules.

Quel signe peut nous indiquer que l'on n'a plus de résonance négative ? C'est quand on s'aperçoit que plus rien ne nous dérange, que notre miroir est parfait et qu'il n'y a plus de peau de banane sur notre route.

L'ENSEIGNEMENT DE LA TISANE

Une personne m'a confié que chaque fois qu'elle sentait l'odeur de la tisane de fenouil, elle en avait des haut-le-cœur. Ça l'écœurait. Je lui a demandé :

– Pourquoi cela t'écœure-t-il ?

– C'est parce que ça me rappelle les moments de mon enfance où ma mère me servait de la tisane de fenouil et où ça me soulevait franchement le cœur. Ça m'écœurait, et ça continue de m'écœurer. J'ai eu une relation difficile avec ma mère, et chaque fois que j'étais malade, elle me forçait à prendre de la tisane de fenouil.

Donc, le fait qu'elle détestait encore cette odeur signifiait que le problème n'était pas du tout réglé.

Au niveau du principe féminin, sur le plan des émotions, cette simple tisane de fenouil lui levait le cœur. Cela n'était pas normal, parce que moi, quand j'étais petite, dès que j'avais mal à la gorge, ma mamma italienne me servait de la tisane de sauge en me disant : « *Vieni, vieni, vieni,* que je te fasse une bonne tisane de sauge. Tu vas voir : ça te fera du bien et après tu seras guérie. »

Quand j'étais malade, elle me servait avec tellement d'amour sa tisane de sauge que, pour moi, la sauge a conservé une belle connotation d'amour. Oui, bien sûr, ça m'a soulagée des maux de gorge, mais surtout, la tisane a gardé la saveur de ces moments où ma mère me soignait avec tant d'amour.

Donc, vous voyez, toutes ces histoires sont une grande source d'enseignement. Pour cette femme, c'est le fenouil, mais pour une autre personne, ça peut être une autre chose complètement différente.

La clé, c'est de se demander chaque fois : « Pourquoi cela me dérange-t-il ? » Puis on fait une petite enquête intérieure, on cherche à retrouver l'origine du sentiment désagréable. Cela nous replonge dans une zone de notre subconscient qui peut ensuite être réparée au moyen de la conscientisation et de la compréhension.

LA PETITE CHIENNE

Le règne animal aussi peut nous enseigner des choses.

Relié à nos instincts, l'animal qu'on abrite à l'intérieur de soi est une force, une réelle puissance. Si on le repousse ou si on n'a pas une bonne communication avec nos instincts, ça crée des problèmes.

Et là, vous allez voir que l'histoire est mignonne.

Une personne possède une petite chienne, et un jour elle s'est dit à elle-même : « Après tout, Ti-Boule aussi doit être loyale. Elle est une représentation de mes instincts ! »

Cette personne travaillait avec l'Ange HEKAMIAH (n° 16), la loyauté. Elle avait tout un travail à faire avec cet État de Conscience.

Elle m'a confié : « Je me suis assise dans mon fauteuil, j'ai commencé à respirer et j'ai fait tout un travail spécifique avec cette Énergie. Je respirais profondément et j'expirais. Tout à coup, Ti-Boule est venue sur mes genoux, elle a mis son museau sur mon plexus solaire et puis elle a respiré l'Énergie Angélique. Elle respirait, nous respirions à l'unisson. »

Qu'est-ce que ça voulait dire ?

Elle en est venue à la conclusion que c'était un signe qui lui disait : « Tes instincts deviennent de plus en plus loyaux ; ils sont en train de cesser de se disperser de tous côtés. Ils deviennent fidèles à ces grands Principes. C'est tout ton être qui respire à l'unisson pour devenir loyal, pour devenir fidèle. »

LA DÉPENDANCE

Parfois, on est pressé de se guérir d'une dépendance.

Il faut savoir que cela prend du temps parce que ça nous oblige à rectifier une par une les écritures enregistrées dans notre subconscient. Une simple dépendance indique qu'on a un grand nombre de choses à régler à l'intérieur de soi.

C'est pour cette raison qu'on se met à travailler comme une petite fourmi qui un jour deviendra un aigle, lequel deviendra plus tard un Ange.

Graduellement, on rectifie écriture sur écriture ; mais il est important de suivre son propre rythme, de ne pas le bousculer.

LA DÉPENDANCE À L'ALCOOL

Afin de comprendre la dépendance à l'alcool, il faut faire la corrélation suivante : l'alcool, c'est du liquide, et le liquide représente le monde des émotions. La dépendance à l'alcool a donc trait à un problème émotionnel non résolu.

Voici une chose importante à savoir quand on côtoie des personnes dépendantes : il ne faut jamais faire de jugements. On doit les laisser évoluer à leur propre rythme, même si pendant de longues périodes elles ne font aucun progrès. C'est la personne qui doit décider de faire un pas, et la compréhension de sa situation doit venir de l'intérieur d'elle-même.

On doit se rappeler qu'il peut s'agir d'une personne qui a de hautes aspirations spirituelles, mais que ses instincts sont un petit peu éparpillés. Il y a toute une partie d'elle-même qui veut s'abreuver, qui a soif et qui s'enivre d'alcool au lieu de s'enivrer du Divin.

Quand on comprend ce phénomène, on n'a pas besoin d'avoir honte et on peut, petit à petit et grâce à l'aide des États de Conscience Angéliques, arriver à régler ces dépendances.

Avec cette compréhension, on n'a plus besoin d'interdictions.

Il n'y a rien de plus difficile qu'une interdiction ou une inhibition. Il est en effet difficile de se dire : « Je sais que je ne devrai plus jamais toucher à ça de toute ma vie. »

Toute interdiction crée un compartiment dans la conscience. Mais il est vrai qu'en un premier temps un sevrage est indispensable.

On est la seule personne qui peut savoir quand on est guéri de façon définitive. Et on le sait parce qu'on est allé explorer notre problème dans le monde des causes. On a eu des rêves de purification, des sueurs, et on a dépassé la soif. On peut voir les autres boire de l'alcool et ça ne nous dérange plus. Et lorsqu'on a des épreuves, des peines à traverser, plus rien ne parvient à nous déranger.

Avec l'enseignement des Anges, l'expression *ne plus être dérangé* est la clé du Paradis sur Terre, la grande clé qui ouvre sur le miroir le plus parfait qui soit.

Les gens sont toujours pressés d'atteindre leurs buts. Mais il faut savoir que dès qu'on a une attente, peu importe l'aspect qu'elle prend – d'y arriver à l'intérieur d'un certain laps de temps, de plaire aux autres, etc. – ça veut dire qu'on n'a pas encore atteint l'objectif, car le travail de transformation est éternel comme l'est le renouvellement de la vie.

Cela s'applique à toutes les étapes que nous avons à traverser durant l'ascension vers l'Illumination, vers la maîtrise de la Sagesse. Lorsque nous y arrivons, nous n'avons plus besoin d'interdictions car nous avons la connaissance du bien et du mal.

LA CIGARETTE

La cigarette, la fumée, c'est relié au monde de l'air. Et l'air symbolise les pensées.

Donc, le besoin de fumer signifie que quelque chose dans le mental bloque encore et que la personne ressent le besoin de s'évader.

On voit parfois fumer des personnes qui ont un immense potentiel. Parce qu'elles n'ont pas encore acquis toute la Connaissance, cet *outil de relaxation* empêche l'énergie de traverser, de s'exprimer: ça provoque un sentiment de paix qui est artificiel et qui crée du brouillard dans la tête.

Même si fumer procure une impression de relaxation, de méditation, ça engendre tout de même les troubles et les maladies que l'on connaît. Des lois en vigueur dans certains pays comme le Canada imposent aux fabricants de cigarettes d'inscrire cet avertissement sur leurs emballages : « Peut causer le cancer, les malformations infantiles, etc. » et malgré cela, par inconscience, beaucoup de personnes continuent tout de même de fumer.

LA DROGUE

Un grand travail intérieur est nécessaire pour atteindre les niveaux de conscience que les Sages parviennent à stabiliser à l'intérieur d'eux-mêmes.

Si on s'adonne aux drogues, alors là, le chemin est encore plus long et ardu, car on recherche l'euphorie par des moyens extérieurs à soi-même.

Il est bien évident qu'en prenant quelque chose à l'extérieur de soi – une substance, par exemple –, on obtient un effet instantané, tandis que, on le voit, le travail intérieur qui mène à cette euphorie est un long processus ; oui, un long processus.

Mais si on apprend à le faire de façon plaisante et qu'on comprend ce processus, petit à petit, on réussit à installer cette euphorie et à vraiment aimer le travail de conscientisation avec les États de Conscience Angéliques.

C'est de cette façon qu'on peut éventuellement réussir à stabiliser l'euphorie.

L'effet est tout à fait contraire avec les drogues. Par ces moyens externes, on réussit – comme je l'ai dit – à toucher certains états euphoriques, mais quand leur effet cesse, on descend plus bas, et puis on est obligé d'augmenter les doses ou d'aller vers des drogues plus *dures* pour arriver à remonter, ce, jusqu'au jour où ça ne fonctionne plus.

Peu importe quelle est la dépendance, il s'agit toujours d'une recherche de Dieu ; mais, en un premier temps, cela se fait dans la distorsion. Quand on comprend cela, on se forge une autre opinion et on ne porte plus de jugements.

Notons qu'il existe plusieurs mouvements d'entraide qui apportent un soutien aux êtres aux prises avec des dépendances : je pense en particulier aux mouvements AA pour les alcooliques, et aux autres qui s'adressent aux toxicomanes. Le travail que font ces groupes, et qui amène à une première étape de guérison, est très beau et très valable. On y reçoit une aide extraordinaire et on y développe un grand esprit de fraternité.

Une fois qu'on a parcouru ces étapes de guérison, pourquoi ne pas travailler avec les Énergies Angéliques ? Avec ce Travail, c'est une désintoxication de la conscience que l'on fait.

LA SUPRACONSCIENCE

Quand on intègre le règne humain, on a la conscience de soi. Petit à petit, on élimine les diverses formes de dépendances et alors, on peut entrer dans le règne Angélique.

Le règne Angélique, c'est un État de Conscience qu'on appelle la supraconscience. Elle consiste à avoir les pieds bien sur terre, les yeux grands ouverts, à prendre son petit déjeuner le matin et à lire son journal, mais tout cela dans un état de compréhension. Comprendre quand guérir, quand aider, quand parler ou quand intervenir pour aider quelqu'un sans lui imposer quoi que ce soit.

Lors d'une période où je travaillais avec l'Ange HAHASIAH (n° 51), j'ai été renseignée par un rêve de la façon dont fonctionne cette Énergie.

La beauté et la puissance du rêve, c'est qu'on le reçoit dans toutes nos cellules ; ce n'est pas un film qu'on voit à l'extérieur : c'est soi-même en devenir.

Alors qu'est-ce qu'On m'a montré ?

J'entrais dans une immense cathédrale, il y avait une énergie ouatée, très douce. Ça signalait un état de conscience très spirituel, un état d'unité avec tout, un état de bien-être.

Puis, en marchant, tout à coup j'ai eu l'impression qu'il n'y avait pas de murs, pas de frontières, pas de limites, comme si je me retrouvais subitement en pleine rue. J'étais toujours dans la cathédrale mais j'étais aussi dans un espace ouvert avec des marchés.

C'était comme si j'entrais tout à coup dans la vie pour pénétrer plus profondément les zones de la conscience. Par la simultanéité de la cathédrale et de la rue, le rêve me montrait toutes nos continuités, il m'enseignait qu'il fallait être capable d'aller tout en bas dans les autres états de conscience sans être dérangée.

HAHASIAH est une énergie de compréhension. Comme les grands êtres l'ont fait, nous devons nous aussi développer la capacité d'émaner la compassion, ce, dans toutes les situations de la vie.

Souvent, on nous dit: «Sois un être de compassion.» Mais ça reste une approche mentale; on fait certains gestes de compassion, d'accord, mais ce n'est pas tout notre être qui émane cette qualité, comme on peut le faire lorsqu'on a acquis la compréhension.

Donc, c'est ça, l'Ange HAHASIAH, c'est d'être cette cathédrale; et ce symbole a servi à me faire comprendre cet État de Conscience Angélique fait de sérénité, de prière et de beauté, qu'on amène avec soi partout où l'on va.

« JE T'AIME; VIS TON RÊVE! »

On est souvent testé avec nos proches pour voir si on a acquis la compréhension, celle qui s'étend au-delà de l'amour personnel.

Récemment, j'ai eu un beau test.

Mon fils, qui est un passionné de la planche à neige, participe à des compétitions de saut amateur. Ce sport le passionne; c'est une expérimentation pour lui. Un jour, on lui a proposé d'aller au Liban, mais il a reçu plusieurs signes lui indiquant qu'il serait préférable de ne pas y aller.

Alors, il m'a appelée et m'a demandé: «Qu'est-ce que tu en penses, Maman?» Moi, je ne lui ai pas dit que j'avais fait un rêve dans lequel je l'ai vu partir en voiture, j'ai vu celle-ci se casser en deux et mon fils s'en sortir presqu'indemne.

Si on n'est pas entré dans la compréhension, c'est-à-dire le non-attachement, et qu'on reçoit une information comme celle-là, on se dit: «Oui, c'est mon fils, je l'aime. Oh! mon pauvre chéri, que va-t-il lui arriver? Sa voiture cassée: Ils vont *casser* mon fils! Oh! *mamma mia*, mon fils!»

Il y a un certain temps, voici ce que j'aurais fait. J'aurais dit: «Non, non, non! tu ne dois pas y aller, j'ai rêvé que ta voiture allait se casser, n'y va pas!»

Mais là, je n'ai pas répondu tout de suite. Je lui ai simplement demandé:

– Qu'est-ce que tu sens, toi?

– Je veux y aller.

– As-tu écouté les signes?

– Bof!

Alors, à ce moment-là, il était inutile de parler: son idée était déjà faite. Il ne voulait pas vraiment avoir mon avis: le destin était joué. Dans ces conditions, il ne faut pas casser les pieds aux gens en leur disant: «Reviens à toi!» et leur imposer notre vision des choses.

Non, là, on ne le fait pas. On se tait. On n'impose pas l'enseignement. Je lui ai donc répondu: «Vis ton rêve, expérimente!»

Je savais qu'il devait passer par là. Si j'avais essayé de l'en empêcher, si j'avais mis de la pression sur lui, il aurait peut-être écouté; mais avec tout ce que je sais maintenant, je suis consciente que j'aurais automatiquement engagé un karma avec cette situation.

Et c'est vrai qu'il lui est arrivé toutes sortes de choses: il s'est cassé le poignet, il s'est fait voler, il a subi des changements d'horaires et d'autres inconvénients, et en plus, il est tombé malade. Mais il avait des choses à rencontrer.

Quant à moi, je me sentais en paix avec moi-même car je savais très bien que cette expérimentation, il devait la faire, il devait la vivre.

Souvent, on veut agir pour les autres, surtout quand il s'agit de nos enfants; on peut les guider lorsqu'il y a une ouverture et une réceptivité, mais on ne peut pas intervenir dans leur karma. Ils ont leur propre destinée. On ne peut pas leur faire éviter quelque chose qu'ils doivent vivre pour la seule raison que ça nous fait mal.

Ce sont les tests ultimes dans nos relations avec nos proches, ce sont les meilleurs tests pour voir si... «Bon, c'est bien, là... elle a passé une autre étape, la petite, On va la faire aller encore plus loin.»

Parce qu'On nous fait toujours aller plus loin.

C'est ça, la sagesse: c'est d'acquérir une compréhension profonde des choses. On sait dans toutes nos cellules ce qui va arriver, mais on laisse faire les choses parce qu'on est conscient que c'est ce que l'autre personne doit vivre.

Et c'est de cette façon qu'on découvre la vraie compassion.

«LÂCHE PAS! LES ANGES T'ACCOMPAGNENT TOUJOURS»

Récemment, les parents d'un enfant qui est en phase terminale nous ont écrit pour qu'on lui envoie une photo dédicacée.

Ils ont créé dans sa chambre un *mur de guérison* sur lequel ils accrochent des photos d'artistes et d'amis pour l'inspirer. Cela l'aide et lui donne de l'espoir pour guérir.

Alors, en dédicaçant la photo, en lui mettant une petite pensée, j'ai réfléchi à l'importance du mot que j'allais écrire. Une phrase m'est venue, en même temps qu'une autre histoire que je vais vous raconter. Je lui ai écrit: «Lâche pas! Les Anges t'accompagnent toujours.»

Alors, pourquoi l'expression *Lâche pas!* m'est-elle venue? C'est parce que la semaine précédente, une femme qui vient aux cours sur les Énergies Angéliques m'avait fait part de son histoire. Elle avait vécu la mort de son petit bébé et cela lui avait donné un très gros choc. Elle m'a confié que le Travail qu'elle faisait avec les Anges l'aidait beaucoup à surmonter cette grande épreuve.

Suite au décès, elle a reçu un petit tableau avec une pensée: *Lâche pas!*

Elle m'a confié: «Chaque fois que je voyais ce tableau, ça venait me chercher, et puis j'en avais assez. Au bout d'un certain temps, je l'ai enlevé: je ne voulais plus le voir. *Lâche pas*, ça me rappelait trop de choses. Et puis, un peu plus tard, je suis allée m'inscrire dans un bureau pour prendre des cours. Qu'est-ce que j'ai vu dans le bureau, en trois fois plus grand? La même pensée: *Lâche pas!* »

Qu'a-t-elle fait quand elle est rentrée chez elle? Elle a remis le tableau au mur et elle a compris. Elle m'a dit: «Moi, il ne fallait plus me parler des Chérubins.»

Qu'est-ce que c'est, les Chérubins?

Les Chérubins, ce sont tous ces enfants-Anges qu'on représente joufflus et d'allure bien innocente. C'est toute l'innocence, la pureté; c'est ce qui se manifeste quand on voit un bébé. C'est l'Amour inconditionnel, la pureté; c'est l'Être Universel.

Elle m'a dit: «Je n'en voulais pas, je ne voulais plus voir de Chérubins. (C'était venu la chercher.) Moi, je voulais un grand Ange protecteur et fort, et je n'ai reçu que des Chérubins, des petites cartes postales, des petites statuettes; il n'y avait que des Chérubins.»

Elle s'est dit: «Bon! Merci beaucoup.» Elle avait compris l'enseignement. Quand elle m'en a parlé, je lui ai dit: «Invoque l'Ange HAZIEL (n° 9); c'est le Chérubin des Chérubins, qui apporte beaucoup, beaucoup d'amour, et puis tu verras, les choses vont s'arranger pour toi. Il te fera découvrir l'acceptation.»

Alors, qu'a-t-On voulu lui donner?

Dans un tel cas, afin d'entrer dans la compréhension de cette Médecine Universelle, afin de ne pas en rester là, complètement désarmé, abattu et désespéré, on se pose la question: «Pourquoi m'a-t-On enlevé mon enfant?»

Le message de cet enfant, c'était: «Eh! maman, deviens un Chérubin! C'est pour ça que je suis venu: pour que tu intègres en toi mon amour et pour t'aider à trouver à l'intérieur de toi la Pureté, l'Innocence et l'Amour inconditionnel. Deviens toi aussi cet état de conscience.»

C'était un grand cadeau, même si en un premier temps ça a été difficile à recevoir. Quand on atteint ces hauts niveaux, on redevient un enfant.

Alors, c'est ça que j'ai écrit à l'endos de la photo: *Lâche pas! Les Anges t'accompagnent toujours.*

Et puis, pendant que nous faisions ce choix de dédicace, j'ai fait participer notre fille de cinq ans; nous lui avons expliqué des choses afin qu'elle puisse comprendre la maladie, la mort et la renaissance.

Elle était vraiment contente de participer et elle a fait un beau dessin. Elle se sentait bien: elle contribuait à faire du bien à un petit enfant qui était très malade. C'était si beau de la voir dégager l'amour par la compréhension!

Et puis, le lendemain – vous allez voir comme c'est un bel enseignement –, j'ai préparé une salade avec des avocats. En me voyant mettre les avocats, elle m'a dit: «J'aime pas les avocats. Euh!... non... je ne suis pas habituée aux avocats.»

Puis elle a vu que ça ne marchait pas: son père lui a dit: «Non, tu vas manger, tu vas t'habituer. Il faut s'habituer lorsqu'on nous sert de nouveaux plats. Même si c'est inconnu, il faut s'habituer.»

Alors elle a commencé à pleurer à chaudes larmes: «Non! j'aime pas les avocats, je n'en veux pas», et elle pleurait.

À ce moment-là, qu'est-ce que j'ai fait? Je me suis penchée vers elle et, avec beaucoup de calme – car je comprenais –, je lui ai dit:

– Est-ce que tu te souviens de ce que tu as fait, hier?

– Qu'est-ce que j'ai fait, hier?

– Tu te souviens du beau dessin pour le petit garçon?

OUPPALAYE! – comme on dit ici – j'ai vu son humeur changer, et je lui ai dit: «Crois-tu que les avocats, c'est aussi triste que ça?»

Elle s'est essuyé les yeux, puis elle m'a regardée: «Non», et elle a cessé de pleurer.

Que s'était-il passé?

En un instant, elle a relativisé: elle a réalisé qu'après tout, ces petits avocats, ce n'était vraiment pas important; ce n'était pas si triste que ça. Elle a arrêté sur-le-champ. Et après, pendant le repas, c'était tellement drôle de la voir! Elle a mangé ses deux morceaux d'avocat et elle a dit: «Regarde, Papa, je mange mon avocat, puis je bois du jus; je ne sens rien du tout!»

On a bien ri.

On peut se servir de cette histoire pour faire une belle analogie avec notre attitude face à ce qui nous arrive.

On nous met de la nourriture dans notre assiette, dans notre quotidien, et voilà que deux petits bouts d'avocat, Oh! ça vient nous chercher, on n'est pas content, on est dérangé par ces deux petits morceaux d'avocats, même si on a quarante-cinq ans.

Qu'est-ce que c'est ?

Ces deux petits morceaux qui remontent de notre subconscient, eh bien, ils viennent nous déranger ; on n'est pas habitué, on n'aime pas ça : c'est un plat qui nous rappelle des choses, des événements du passé.

Alors, si on veut, on peut boire un peu de jus – symboliquement, un peu d'amour – et ça finit par passer !

LA PROSPÉRITÉ

Quand on prononce le mot *prospérité*, il y a de la magie dans l'air. Quand on en parle, ça fait écarquiller les yeux, mais c'est aussi quelque chose qui peut faire peur, comme par exemple lorsqu'il se produit une avalanche de prospérité.

Alors, pourquoi les gens la souhaitent-ils aussi ardemment ? Et pourquoi sont-ils parfois aussi avides ?

Quand on parle d'avidité, on parle de manque. Une personne avide est une personne insatiable : elle n'arrive pas à être rassasiée. Même si elle est nourrie, elle continue d'être avide. Dans l'adjectif *avide*, on a *à vide*. On est *à vide* : il y a des parties de notre être qui sont vides, qui ne sont pas remplies.

On va voir qu'avec l'Ange Veuliah (n° 43), la prospérité, petit à petit et en sachant par où commencer, on peut remplir tous ces espaces à l'intérieur de soi qui sont à vide afin de retrouver la plénitude.

Quand on travaille avec Veuliah – c'est un état de conscience –, ça fait tout sortir : toutes les discordes, tous les conflits en rapport avec la prospérité qu'on a à l'intérieur de soi-même, quels qu'ils soient. Ils sont mis à jour, ils remontent de notre subconscient pour qu'on ait enfin accès à la prospérité dans sa totalité.

Quelqu'un qui incarne bien l'énergie de Veuliah se sent riche et prospère avec seulement dix dollars en poche, alors qu'une autre personne qui est dans la distorsion de cette Énergie peut posséder un million de dollars et tout de même se sentir avide. Ce sera quelqu'un d'avare, c'est-à-dire qui a peur de manquer. Ou encore il peut être démesurément dépensier, ce qui exprime une autre distorsion de cet état de conscience.

Quand on ne se place qu'au niveau horizontal, on définit la richesse selon des critères matériels ; on la mesure par exemple par la dimension du logement occupé, le type de loisirs et de vacances, ou encore la capacité d'économiser de l'argent et d'amasser des biens. Et si on n'est pas capable d'avoir accès à toutes ces ressources, on se définit comme n'étant pas riche.

Par contre, quand on regarde la chose à partir des plans subtils, ça prend une toute autre signification. Pour jouir de la vraie prospérité, pour qu'il n'y ait plus de sentiment de manque dans notre conscience, il faut vraiment dépasser la conception commune de la prospérité et la concevoir autrement que la simple capacité de consommer et d'amasser.

Avec l'Ange VEULIAH (n° 43), on peut recevoir beaucoup de biens, mais on apprend aussi comment les utiliser d'une manière utile et conforme aux Lois Divines et Cosmiques. Sans cette conscience plus globale, on peut bien sûr jouir d'une certaine prospérité, mais elle reste inutile et entraîne des actes manqués et des karmas supplémentaires qu'on devra payer.

La vraie prospérité, c'est la liberté ; c'est aussi la conséquence d'actions nobles et élevées du passé. Il faut faire tout un cheminement pour atteindre la prospérité qui part d'En Haut, celle qui est maintenue dans notre tête et qui descend dans notre cœur et notre corps.

VEULIAH nous aide vraiment à chaque instant ; mais ce n'est pas une baguette magique. Il ne suffit pas de l'invoquer pour que la prospérité arrive immédiatement dans notre vie. Non ! il s'agit d'un état de conscience, et on doit travailler pour découvrir et maintenir cette belle prospérité à laquelle nous avons tous et toutes droit.

Dieu est riche ; Il n'est pas pauvre.

LA NOURRITURE

En regardant quelqu'un manger, on peut savoir s'il y a des zones à vide dans certaines parties de sa conscience.

En observant l'énergie quand on mange, on peut voir si on a un peu de gloutonnerie, comme par exemple lorsqu'on mange très vite.

Ce genre d'attitude vis-à-vis de la nourriture indique des zones non rassasiés (à vide) dans des plans subtils, des parties de nous-mêmes qui se sentent en manque sur le plan affectif ou sur d'autres plans.

Les deux extrêmes de ce genre de problèmes sont l'anorexie et la boulimie. Mais il n'est pas nécessaire d'être anorexique ou boulimique pour qu'il vaille la peine d'étudier notre manière de manger. Si vous faites cet exercice, vous verrez qu'il est très révélateur.

L'AGRICULTEUR

Voici l'histoire d'un couple d'agriculteurs qui est propriétaire d'une maison, mais qui ne possède pas la terre de quelques hectares qu'il cultive. Il la loue seulement.

Le monsieur, qui suit les cours Angéliques, m'a parlé de ce qu'il a vécu : « Depuis des années, je rêvais de posséder un terrain à moi, un grand terrain à cultiver. Et puis, dernièrement, un homme est venu me proposer d'acheter son terrain. Alors, bien sûr, je pensais que c'était un signe : je l'avais tellement demandé. J'en étais très heureux. »

Sur le grand terrain mis en vente, il y avait une immense maison, mais lui n'avait pas besoin de la maison et il ne souhaitait acheter que le terrain. Alors, l'homme et la femme sont allés au bureau de la municipalité qui s'occupe du zonage pour voir ce qu'ils pouvaient faire à ce sujet. Mais l'administration a refusé de séparer la maison du terrain. C'était un premier signe.

Normalement, selon les Lois de la prospérité, quand une démarche doit fonctionner, tout coule. Si ça ne coule pas, c'est un signe que quelque chose doit être rectifié dans notre attitude ou dans notre décision.

Il m'a dit: «Non! j'en avais vraiment le goût; je le voulais, ce terrain. Alors, nous avons insisté. Nous avons demandé au propriétaire de faire lui-même une requête à l'administration et, bien sûr, il était d'accord.

«Entre-temps, mon épouse, en s'endormant le soir, a demandé de l'aide. Elle a demandé un signe afin de pouvoir comprendre toute cette question, afin de savoir s'il était bien souhaitable pour notre famille d'aller dans cette direction.»

On lui a envoyé un rêve: elle s'est vue avec toute sa famille dans leur maison. Une immense tornade qui allait tout détruire est arrivée, et ils ont tout juste eu le temps de sortir et de s'enfuir dans une voiture rouge – alors que dans le concret ils n'avaient pas de voiture rouge.

Qu'est-ce que ce rêve voulait dire? Le rouge symbolise ce qui est en train de se matérialiser, et le véhicule, c'est soi-même, c'est tout ce qui nous permet de nous véhiculer et, dans certains cas, de nous éloigner des dangers pour rester sains et saufs. Les tornades, elles, sont du domaine de l'air, du vent, et l'air représente le monde des pensées. Ça voulait dire: «Si tu achètes ce terrain, tu t'exposes à de grands tourments.»

La femme a raconté ce rêve à son époux, mais ça ne lui a pas suffi: ce n'était pas lui qui avait fait le rêve et le message n'était pas inscrit dans toutes ses cellules. Il devait donc aller un petit peu plus loin pour comprendre. Il insistait tellement qu'il n'en arrivait pas à dormir: il était déjà entré dans le tourbillon des tourments.

Mais cet homme est pénétré d'une grande foi. Il m'a confié: «Souvent, à des fins divinatoires, j'ouvre la Bible et j'accepte ce qui m'est présenté dans le texte sur lequel je tombe.»

Il a ajouté : « Puisque je suis agriculteur, le signe que j'ai reçu cette fois-là m'a bien parlé : j'ai eu ma leçon. Je suis tombé sur la parabole où Jésus demande à un certain nombre de personnes : "Êtes-vous prêts à tout abandonner pour me suivre ?" Parmi ceux à qui il s'adressait, il y avait un agriculteur qui lui a répondu : "Non, moi je ne peux pas te suivre parce que j'ai mon terrain." »

Ah ! comme il était content ! Il avait eu sa réponse. Il m'a dit : « Le plus gros clin d'œil que j'ai eu est arrivé le lendemain : un homme est venu me proposer un nouvel emploi, que je n'ai pas accepté parce que je n'en avais pas besoin. Mais c'était juste un signe pour me rassurer : "Tu vois !" », parce que lui, la raison pour laquelle il tenait à acheter le terrain, c'est qu'il ne voulait pas que sa famille manque de nourriture.

Souvent, on projette nos peurs sur les besoins de notre famille, mais si nous, on se sent bien, toute la famille va en bénéficier.

Il a dit : « C'était juste un beau clin d'œil du Ciel, d'un air de dire : "Ne t'en fais pas, tu ne manqueras jamais de rien. Aie confiance en Moi." »

Il a conclu son histoire en disant : « J'ai réalisé que oui, la grande prospérité, c'est un état de conscience, et qu'on n'a pas forcément besoin de posséder pour être prospère. »

Cela étant dit, rien ne nous empêche de posséder des richesses ; on peut posséder des choses et entrer tout à fait dans la ligne de la vraie prospérité, mais ça ne doit pas être un besoin. Ce qui doit nous sécuriser, ce n'est pas de pouvoir dire : « Ah ! je possède ma maison, je possède mon terrain ». Non, on peut tout avoir sans pour autant en avoir besoin pour se sentir en sécurité ou pour se sentir riche.

De toute façon, que possède-t-on ? La matière est poussière et elle retournera poussière.

COMMENT CHERCHER UN EMPLOI

J'aimerais partager avec vous l'exemple d'une personne que j'ai rencontrée récemment et qui était à la recherche d'un emploi. Cette personne travaille avec les Énergies Angéliques et elle avait déjà compris l'idée de la vraie prospérité.

Elle m'a dit: «Je n'avais pas encore trouvé de travail, mais je savais que ça allait venir. Entre-temps, malgré mes faibles revenus, j'ai changé mon canapé, et j'ai fait des rénovations et mon nettoyage de printemps. J'ai quand même continué; ça a bien sûr impliqué des frais, mais je voulais garder les énergies en mouvement.»

Il ne faut jamais bloquer les énergies. Si on bloque un mouvement naturel à cause d'une peur ou d'une inquiétude, on bloque ces mêmes énergies dans les plans subtils.

J'ai revu cette personne plus tard et elle m'a dit: «Je suis allée offrir mes services comme serveuse dans un grand hôtel où il n'est pas évident de trouver un emploi parce que c'est très en demande. J'y suis allée sans avoir d'attentes. Je me suis dit: "Si on ne peut pas me recevoir, j'irai rendre visite à une personne que je connais dans ce coin-là."»

Elle n'avait pas d'attentes; elle ne se disait pas: «Ah! je n'ai plus de travail: j'y vais, il me faut ce travail.» Non, elle y est allée comme on va en promenade. Et c'est toujours comme ça qu'on devrait faire; mais cela exige que l'on ait fait un travail sur soi-même. Quelquefois, quand la peur nous envahit, on n'arrive plus à être comme ça, à se sentir léger.

Elle m'a dit: «C'est sûr qu'on m'a fait attendre un peu parce que je n'avais pas de rendez-vous; c'était une offre spontanée.»

Les offres spontanées sont merveilleuses. Moi, quand je travaillais aux ressources humaines, quand j'engageais du personnel, j'aimais beaucoup les personnes qui venaient faire des offres spontanées pour proposer leurs services. Je trouvais que cela dénotait de la motivation. Ça donnait une coche de plus.

Donc, elle a attendu. Elle m'a dit: «J'ai attendu parce que le patron n'était pas disponible. Mais justement, parce qu'on m'a fait attendre, tout à coup – voyez la belle synchronicité –, juste au moment où le patron est venu à ma rencontre pour me proposer une entrevue, une autre personne – un employé de l'établissement – passait par là, il m'a reconnue et m'a dit: "C'est vous qui aviez la crêperie près d'ici?" Ça y était: l'affaire était dans le sac!»

Juste à cause de la renommée qu'elle avait, elle a été engagée tout de suite.

Je sais que cette histoire paraît facile et légère, mais tout est toujours une question d'attitude intérieure. Toujours. Quand on fait une demande pour trouver un emploi, si on ne se sent pas bien, il vaut mieux attendre un petit peu, se motiver, se sentir riche et y aller avec cette richesse d'esprit. Ça, c'est important.

Puis, là, on va s'attirer de bonnes choses.

C'est ça, la prospérité: c'est un regard, une manière de penser, une manière d'être; c'est toute une gestuelle, toute une attitude, que l'Ange VEULIAH (n° 43) nous confère en rectifiant nos motivations obscures.

L'ENSEIGNEMENT DE JOB

Souvent, quand on parle, on dit: «Riche comme Crésus», mais aussi: «Pauvre comme Job».

L'histoire de Job est très importante dans la Bible. Elle illustre tout le chemin initiatique que doivent parcourir les initiés. Le processus qui y est décrit est identique à celui qu'on vit dans nos rêves et dans la réalité pour atteindre le mariage parfait de l'Esprit et de la matière.

Qu'est-il donc arrivé à Job?

On va voir que cette histoire peut être reliée à l'énergie de l'Ange ACHAIAH (n° 7), la patience, mais aussi à la prospérité.

Je vous recommande de bien l'écouter, car c'est un récit profond qui illustre les différentes étapes à traverser pour retrouver Dieu. C'est une très belle histoire qui apporte beaucoup d'enseignements.

On y raconte que Job était très riche : il possédait un grand domaine et du bétail, et il avait beaucoup d'enfants. C'était aussi une personne très loyale, très fidèle au Créateur.

Alors, un jour, Dieu convia à une réunion un certain nombre d'êtres et Satan était là. Oui, Satan aussi avait été convié.

Satan représente toutes les distorsions. Et puis, parlant de Job, il dit à Dieu :

– Oui, tu as un serviteur fidèle, mais moi, si je lui enlève quelque chose, tu vas voir qu'il va changer d'attitude.

– D'accord, répondit Dieu, tu peux lui enlever tous ses biens mais ne touche pas à sa Vie.

Comment comprendre ce passage des Écritures ?

À la lumière de l'enseignement, nous allons voir que ce qui y est décrit, ce ne sont pas du tout des caprices de Dieu ou des forces qu'on ne comprend pas ; c'est simplement le véritable processus initiatique.

Alors le processus commença. Tous les biens de Job lui furent enlevés. Mais il continua à remercier et à vivre en étant confiant et intègre. Puis le processus continua : On lui enleva ses enfants et son corps physique fut atteint par la maladie. Alors là, Job commença à se plaindre.

L'histoire continue avec tout un récit autour, jusqu'à ce que Job retrouve sa foi, jusqu'à ce qu'il comprenne pourquoi la maladie l'avait touché. À la fin, Dieu lui rend la santé et tout ce qu'il avait perdu, mais en double.

Qu'est-ce que cette histoire veut dire, si on la transpose dans le contexte de notre vie personnelle ?

Imaginez que la même chose vous arrive. Allez-vous toujours croire en Dieu ? Allez-vous garder la même attitude de prospérité, la même attitude bienveillante envers la Vie ?

On a bien sûr des épreuves à traverser, mais il faut savoir que ce sont des initiations qui ne servent qu'à nous faire découvrir un jour la Lumière, le Créateur dans toute sa splendeur. Elles sont nécessaires, car comment savoir ce qu'est la lumière si on ne connaît pas l'obscurité ?

En faisant face à nos peurs, on développe notre conscience et on apprend à se connaître soi-même et à retrouver toute la splendeur de nos capacités et pouvoirs.

Les angoisses et les frustrations ne sont que la distorsion de potentiels intérieurs que l'on n'a pas encore exploités. Il nous faut aller nettoyer ces distorsions, et, s'il le faut, On ira jusqu'à nous enlever tous nos biens, car cela nous permettra de grandir, d'évoluer.

Une fois qu'on a compris la leçon et que malgré la dépossession, on réussit à retrouver une attitude de richesse intérieure, les biens nous sont redonnés parce qu'ils ne sont plus indispensables. Toutes ces épreuves nous arrivent pour nous assurer qu'on est allé tout au fond de nos distorsions, qu'on a retrouvé une confiance totale, une foi inébranlable dans les Lois Divines, dans cette Vérité infaillible.

Si on a abusé de l'abondance dans cette vie-ci ou dans des vies antérieures, il est normal d'avoir des difficultés. Il faut les accepter, les voir différemment et les accueillir comme des amies qui nous font développer la patience, l'acceptation et la force d'établir la foi à l'intérieur de soi.

La même idée s'applique au niveau affectif.

Dans l'histoire, On enlève à Job ses proches. Est-ce qu'on se sent Amour si On nous enlève un bien-aimé ? Est-ce qu'on continue à vivre avec des sentiments nobles, purs et chaleureux ?

Si une telle situation se présente, c'est qu'il faut aller visiter certaines distorsions, c'est qu'on vivait une compensation et qu'on était allé chercher la source de l'Amour à l'extérieur de soi-même.

Quoi qu'il arrive, lorsque l'Amour vient de l'intérieur, on se sent toujours bien parce qu'on est complet. Et quand on l'est, on peut vivre le véritable Amour: pas celui qui fait mal, qui s'ennuie ou qui se torture au moindre retard de l'autre. Non, l'Amour-Sagesse, c'est celui avec un grand A, celui que tout le monde recherche.

Retrouver notre Origine Divine est le but de notre voyage sur Terre. Tout est organisé dans ce sens-là.

Nous sommes tous des rois et des reines, des Anges qui devons retrouver notre Royaume et le bâtir ici sur Terre. Mais l'argent, la matière et le pouvoir nous font souvent perdre la direction.

C'est pour ça que dans le cadre de nos vies, nous devons traverser des phases de richesse et de pauvreté. Quelquefois, la prospérité nous est rendue: on retrouve un travail, un conjoint; et puis, de nouveau, on retombe en léthargie et on remet de côté notre vie spirituelle. Et là, au lieu de continuer d'avancer, d'aller plus loin, on oublie Dieu car on est trop affairé dans la matière.

C'est à ce moment-là que les difficultés recommencent.

LE BUT SUPRÊME

On peut souvent voir des personnes qui ont délaissé l'implication dans la matière parce qu'elles se sont senties maltraitées et inconfortables, ou qu'elles ont subi des faillites et des échecs, et qui se sont un peu rabattues sur la spiritualité.

Or, dans beaucoup de traditions, on enseigne que la spiritualité, c'est le non-attachement et toutes les grandes qualités qui viennent avec. Alors, on choisit des activités soi-disant spirituelles et cela nous permet de croire qu'on entre dans le non-attachement, ce même si on n'a pas fini de régler nos karmas concernant la matière. C'est ça qui crée de gros décalages.

Par la suite, avec le temps qui passe, s'installent une amertume et une incompréhension qui se manifestent par des frustrations intérieures.

L'enseignement de la Kabbale nous permet de comprendre que c'est l'intention qui fait toute la différence.

Le but suprême de l'existence, c'est d'arriver au mariage parfait de l'Esprit et de la matière.

LE DÉCALAGE

Cette fin de semaine-là, mon époux et moi-même étions invités à participer à un salon de médecine douce et de santé globale qui se déroulait à Montréal. J'observais ce qui se passait avec un regard évaluateur et je remarquais le décalage chez certaines personnes entre ce qu'elles pensaient, ce qu'elles disaient et ce qu'elles faisaient.

En observant leurs attitudes, j'ai pu comprendre beaucoup de choses. Par exemple, il y avait une intervenante qui voulait me montrer ce qu'elle faisait ; elle est arrivée avec tout un paquet de livres et de cassettes. Elle en avait tellement plein les mains que tout est tombé par terre.

Quand on est prospère dans sa tête et dans son cœur, on n'a plus besoin d'*embrasser* au plan physique. Il existe un vieil adage qui dit : « Qui trop embrasse mal étreint. »

On entend parfois chez certains spiritualistes : « La prospérité, ce n'est pas bon. » Ou encore on l'étale pour épater la galerie.

Jusqu'à l'âge de vingt-et-un ans, ma vie a été très prospère sur tous les plans. J'étais très choyée. Ma grand-tante – qui, entre autres, était très spirituelle – m'offrait beaucoup de vêtements. Comme j'allais dans une école où les enfants n'étaient pas forcément très riches, je me sentais gênée de cette prospérité. Lorsque j'étrennais une nouvelle robe, j'étais mal à l'aise parce que je sentais l'envie de certaines autres filles.

Parfois, je ne savais pas très bien m'y prendre avec cette prospérité, car je n'avais pas encore la Connaissance. Maintenant, petit à petit, je commence à comprendre comment ça fonctionne.

Si on manque de dimension spirituelle dans notre attitude intérieure, la prospérité peut soit nous gêner, soit nous porter à l'étaler dans le but d'obtenir la reconnaissance des autres. L'Ange VEULIAH (n° 43) nous aide à équilibrer ces attitudes dans la finesse pour que tout soit bien harmonieux.

Voici un autre exemple d'attitude – vous allez voir, ça révèle des profondeurs du subconscient. À un moment donné, j'ai entendu, à propos d'une conférence qui allait se donner le soir même, une personne qui disait: «Moi, j'ai reçu un billet gratuit pour y assister. Je n'y vais pas et je suis prête à le vendre.» Son conjoint a rectifié tout de suite en disant: «Non, tu ne vas pas le vendre: tu vas le donner.»

Il y avait une affiche annonçant les cours sur les Anges qui était là, au mur, et juste à ce moment-là, CLAC! elle est tombée. Le conjoint en question m'a regardée, mal à l'aise, en disant: «Le message est pour qui?»

Nous lui avons répondu: «On n'a pas à faire l'interprétation des signes pour les autres (car ce n'était pas le bon moment); chaque personne les interprète dépendamment de la phase où elle est rendue, selon ce qu'elle est en mesure de comprendre.»

Ce n'est pas absolu – il n'y a rien d'absolu –, mais, en général, quand on nous offre quelque chose, il est bon de continuer la chaîne, de continuer de l'offrir, de ne pas le vendre. Mais, je le répète, cela n'est pas absolu: il y a toujours des exceptions.

Ça, c'est une vraie attitude de prospérité! Car si on a des inquiétudes, on crée des blocages dans la circulation de l'énergie, celle qui consiste à recevoir et à donner librement.

On peut aussi verser dans l'autre excès ; par exemple, on donne tout, on ne sait pas gérer et on est dépensier. C'est la même chose. C'est une non-compréhension de la prospérité ; car l'argent est une énergie densifiée.

Pourquoi adopte-t-on ce comportement de panier percé ? C'est parce qu'on a besoin d'être reconnu, parce qu'on manque de prospérité sur les plans affectif ou conceptuel ; on donne simplement dans le but d'être aimé.

Donc, si on fait un travail intérieur, tout cela peut être rééquilibré, rectifié au fur et à mesure que l'on comprend.

« MON DIPLÔME, C'EST MA VIE »

Je travaille parfois avec l'Ange VEULIAH, car c'est un des Anges de mon fils qui a vingt-trois ans, et c'est certain que les Anges de nos enfants, de nos conjoints et des personnes de notre entourage ont une grande importance dans notre vie : on a quelque chose à apprendre d'Eux.

Un jour, je travaillais avec cette état de conscience et ça a fait remonter des situations lointaines enfouies dans mon subconscient. C'est ça que fait le Travail avec les Anges.

Et qu'est-ce que ça a fait remonter ?

Je me suis endormie en respirant cet Ange et, pendant la nuit, On m'a envoyé un rêve. J'étais dans une voiture, et sur le siège arrière, j'ai vu mon fils qui n'allait pas bien. Il avait environ un an ; c'était un tout petit bébé. Je me suis approchée de lui. Au lieu d'être dans un berceau ou un couffin, il était dans une espèce de boîte, un peu étouffé, et il n'y avait que sa tête qui en sortait. J'étais très surprise et, dans mon rêve, c'était mon époux qui m'aidait à sortir mon fils de cette espèce d'étau.

Alors, qu'a fait remonter VEULIAH ? Je vous le rappelle, c'est un de ses Anges. On l'a utilisé comme symbole pour m'offrir une compréhension.

Ça a fait remonter des événements qui s'étaient passés quand j'avais environ vingt-deux ou vingt-trois ans. Je venais d'accoucher de mon fils et de vivre une faillite. Comme je l'ai dit plus tôt, je viens d'un milieu très prospère, avec de l'abondance sur les trois plans. Et puis, il y a eu un premier mariage, et le père de mon fils – c'était quelqu'un qui avait beaucoup de moyens financiers – a brusquement fait faillite. Je me suis ainsi retrouvée dans une situation que je n'avais jamais connue et qui allait déclencher certaines inquiétudes.

Alors, vous voyez, le Travail avec l'Ange a fait remonter de mon subconscient certains aspects qui n'avaient pas encore été nettoyés. Vous voyez que la pratique récitatoire va très loin: elle nous amène à aller très profondément.

Le lendemain matin, je sentais mon être comme s'il était étouffé, contraint. Bien sûr, quelqu'un dans une conscience ordinaire n'aurait peut-être pas senti cela; mais quand on a l'habitude de vivre dans la plénitude, la moindre petite baisse d'énergie devient une initiation.

J'avais de la difficulté à respirer. C'était puissant, mais ce n'était quand même pas inconfortable au point de m'empêcher de me lever. Alors, qu'est-ce que j'ai fait?

Je suis sortie et je me suis mise à réfléchir à tout cela. J'ai alors replongé dans mon passé: j'ai fait remonter ces souvenirs en invoquant Veuliah, la prospérité.

Ce matin-là, je me suis promenée pendant quelques heures et puis WOW! j'ai ressenti à nouveau ce beau sentiment de prospérité. J'ai fait sortir quelque chose de très profond. Je croyais pourtant que c'était nettoyé depuis bien longtemps, ça. Non! il y avait encore une couche, et en quelques heures, c'est sorti, j'ai nettoyé tout ça et je suis passée à un autre palier, à une nouvelle légèreté et à un nouveau flux d'énergie.

Donc, vous voyez, c'est ça le Travail avec les Anges. Ce sont des vieilles choses qu'on fait sortir: On nous les montre soit en rêve, soit dans nos relations avec les personnes qu'on côtoie.

Si on n'a pas la Connaissance, si on ne comprend pas, on peut se sentir coincé. Alors, qu'est-ce qu'on fait? On tend à projeter sur les autres notre mal-être, on essaie de trouver des boucs émissaires à l'extérieur, et là, on continue à accumuler les karmas. Et la conscientisation et la guérison ne peuvent pas se faire.

Cette expérience m'a permis de grandir intérieurement, de faire un retour sur tout ce que j'avais vécu concernant la prospérité, et de partager cette expérience avec vous afin que vous compreniez comment fonctionne le cheminement.

Que s'était-il passé lors de la faillite?

Ça a généré chez moi une réflexion. Je me suis dit: «Bon, si on perd notre argent, on n'est plus rien». D'une certaine façon, je craignais que nos amis et les autres personnes qu'on côtoyait ne changent leur regard sur nous.

Je me suis dit: «Bon, je vais retourner aux études.»

À l'époque, je m'étais écartée un peu du Créateur, mais j'avais intégré de bonnes valeurs dans mon enfance, et là, j'allais les mettre en application. Je suis donc retournée étudier à l'université. Je me disais que mes diplômes, on ne pourrait jamais me les enlever.

Je savais bien que ce n'était pas ça qui allait m'apporter la prospérité sur tous les plans, mais, malgré cela, j'ai connu toute une période pendant laquelle je recherchais la prospérité matérielle. J'ai occupé des postes où je côtoyais la richesse dans la matière, avec tout ce qu'elle peut offrir. J'ai côtoyé des milliardaires qui possédaient des *jets* et qui vivaient dans le plus grand luxe. Face à tout cela, j'arrivais quand même à rester actrice et spectatrice de façon détachée, à les observer et à réaliser que non, ce n'était pas ça, la prospérité: je voyais chez ces êtres un mal-être très profond.

Plus on nourrit l'envie d'être riche sur le plan matériel seulement, plus on développe des carences au niveau du cœur et plus on laisse des besoins réels inassouvis sur d'autres plans. La plupart du temps, les êtres qui vivent dans la richesse extérieure sont très malheureux.

Ensuite, j'ai accédé à un poste de directrice des relations humaines, et c'est là que je suis parvenue à marier les deux mondes, c'est-à-dire que j'ai retrouvé cette connexion avec le Divin, que j'ai pu concevoir et mettre en pratique le fait qu'une mentalité spirituelle fonctionne très bien dans une entreprise.

L'Ange VEULIAH est vraiment Celui qui va aider à former la nouvelle forme de patronat et les nouveaux types d'entrepreneurs. C'est l'Ange qui procure la prospérité qui part d'En Haut, qui fait descendre l'abondance sur tous les plans et qui assure que les biens soient parfaitement utilisés, c'est-à-dire avec un respect des lois, des ressources et des moyens qui nous sont donnés.

Cette expérience de vie qui a duré sept ans m'a permis de marier l'Esprit et la matière au niveau qui m'était accessible à cette époque. Et puis là, vraiment au sommet de la réussite – c'est ce à quoi j'aspirais –, j'ai décidé de quitter l'entreprise et de me consacrer entièrement à ce que je suis présentement en train de faire.

Après cela, j'ai vécu de grandes purifications. Lorsque j'ai connu l'enseignement de la Kabbale, je suis descendue dans mes profondeurs et OUF! là, j'ai commencé à vraiment comprendre ce que c'est qu'un Ange; j'ai compris la puissance d'un champ de conscience.

Vous voyez, je croyais avoir résolu depuis fort longtemps l'époque de la faillite dans ma vie; mais là, On a fait remonter dans mes rêves un signe qu'elle n'avait pas été tout à fait nettoyée dans mon inconscient.

Vous savez, plus j'apprends, plus je saisis l'immensité de ce que j'ai à apprendre. C'est cela, la vraie Sagesse et la grande humilité que l'on développe avec cet enseignement. On comprend que s'il reste à l'intérieur de soi des choses non réglées, on doit les revoir et les régler une fois pour toutes.

Si on évite constamment de le faire, si on fuit le processus de transformation, quelque chose qui est inscrit à l'intérieur de soi va rester là et va déterminer ce que sera notre prochaine incarnation.

LE FUTUR ENTREPRENEUR

L'important, dans une entreprise, ce n'est pas la performance, ce n'est pas de réussir. C'est de se dire : « Comment vais-je me développer à l'intérieur ? Que vais-je apprendre de nouveau aujourd'hui ? »

Et là, si la prospérité matérielle fait partie de notre plan de vie, c'est sûr qu'on l'attire. Mais ce n'est pas notre but de faire de l'argent à tout prix, au péril de sa Vie.

LES PARADIS ARTIFICIELS

Je vous disais précédemment que mon fils a pour Ange VEULIAH (n° 43). Il est en Europe et je l'ai appelé cette semaine pour prendre de ses nouvelles. C'est un passionné de la planche à neige et il m'a dit: « Maman, je vais m'acheter une moto. »

Bon! je n'ai pas trop réagi. Le lendemain, tout affolés, ses grands-parents m'ont appelée et m'ont dit: « C'est un monstre qu'il va acheter! »

Mon fils m'avait mentionné le prix de la moto: quarante mille francs français, ce qui équivaut à environ dix mille dollars canadiens.

Je leur ai répondu:

– Il a économisé son argent, il ne sort pas beaucoup et c'est un garçon très intègre; il doit vivre ses expériences.

– Non, non, non! ce n'est pas quarante mille francs français qu'il va la payer, c'est quarante-trois mille, m'ont-ils répondu, aussi précis que les Suisses savent l'être. (Là, j'ai éclaté de rire.)

– Pourquoi ris-tu?

Imaginez! J'étais en train de préparer le cours sur son Ange VEULIAH (n° 43), qui est aussi le mien et le vôtre – puisque potentiellement, les soixante-douze Anges sont en nous tous –, et mon fils est en train de vivre la contrefaçon de cet Ange: les paradis artificiels, la moto. Il n'y a rien de mal dans la moto, tout dépend avec quelle intention on l'utilise.

Le plus drôle, c'était le prix. Imaginez les belles coïncidences! 43 000 FF! Quelle belle synchronicité!

Alors, que se passait-il?

C'est un être à qui de belles valeurs ont été inculquées depuis la tendre enfance, mais il doit vivre ses expériences. On ne peut pas empêcher les êtres de suivre leur chemin; ça, c'est absolu.

Son grand-père m'a dit : « Oui, mais s'il a un accident, tu n'auras plus qu'à prier pour lui. »

Non, il a vingt-trois ans, c'est un homme. Alors, voici ce que j'ai fait. J'ai téléphoné à mon fils et je lui ai dit : « Ce n'est peut-être pas très raisonnable. »

Mais je m'observais vraiment, je ne voulais pas l'influencer. Je savais que s'il était écrit qu'il devait acheter une moto, je ne pouvais absolument rien faire pour l'en dissuader, et que peu importait ce qui allait arriver, il allait devoir le vivre. Il m'a dit, sur un ton d'adolescent, que lorsqu'il a passé son permis, on l'avait prévenu : « Un motard sur trois a un accident. »

Vous comprenez pourquoi ses grands-parents étaient déjà inquiets ! Je me suis dit : « Advienne que pourra. Ce n'est pas à nous de le contrôler. »

Avec beaucoup d'amour, je lui ai donné mon avis, et il m'a répondu : « Oui, là, c'est la maman qui parle ! » Ce qu'il voulait dire n'allait pas dans le sens « C'est la Sage aux cheveux blancs qui parle. »

J'ouvre une petite parenthèse qui est drôle. Un jour, il est arrivé avec de belles lunettes de marque et je lui ai dit : « Tu pourrais avoir les mêmes lunettes pour beaucoup moins cher. »

C'était la première fois qu'il achetait quelque chose de marque. C'était une paire de lunettes blanches, modernes. Il m'a dit : « Essaie-les, Maman. »

Il me disait ça parce qu'il voulait que j'apprécie ce qu'il venait d'acheter ; mais je ne les aimais pas tellement, ses lunettes, et je lui ai dit ce que je pensais. Il m'a dit : « Oh ! Maman, tu as l'air encore plus sage avec ces lunettes ! »

À une autre femme, il aurait sans doute dit : « Tu as belle allure. » Mais il savait que moi, plus j'étais sage, plus ça me plaisait : il avait donc utilisé le bon mot ; mais ça n'a pas fonctionné. Je ferme la parenthèse.

Donc, j'étais très contente de ma propre attitude. En tant que mère, il faut toujours s'observer, surtout quand on est pris entre nos enfants et leurs grands-parents, et qu'ils nous font mousser. Je sais qu'ils sont gentils et pleins d'amour, mais là, c'était mon fils qui devait faire son choix.

Il faut aussi savoir que lorsqu'on travaille intensément, on est lié encore plus profondément aux êtres. Même si eux ne font pas ce travail, il y a tout de même une connexion, et ça tend à s'exprimer chez ces êtres. En effet, le travail intense que l'on fait à l'intérieur de soi-même, eux peuvent l'actualiser sans même s'en rendre compte, jusqu'à ce qu'un jour ils comprennent à leur tour que le paradis est un état de conscience.

L'ENSEIGNEMENT DU BLÉ D'OR

Voici une belle histoire qui montre comment on peut retrouver une harmonie au niveau du couple en travaillant quotidiennement avec les Anges.

Une femme m'a raconté que depuis quelque temps, elle avait envie de repeindre son salon en jaune, mais que son mari, lui, n'aimait pas le jaune.

Alors, bien sûr, leur conversation à ce sujet a duré un certain temps. Elle m'a dit : « Puisque c'était lui qui devait repeindre la majeure partie, je ne voulais pas trop insister. Mais, un jour, alors que j'étais un tout petit peu dans la distorsion, je me suis dit : "Oh! après tout, c'est la femme qui décide dans la maison." »

Elle a dit qu'elle était *un tout petit peu* dans la distorsion. Elle a ajouté : « Je me suis dit : "C'est moi qui y passe le plus de temps et c'est moi qui m'occupe de la décoration : alors, c'est moi qui vais décider !" »

Elle a donc engagé un peintre pour faire ce travail en jaune. C'était une décision unilatérale, une décision qu'elle avait prise toute seule. C'est très bon pour la prospérité du couple, ça !

Elle est arrivée avec un prix imbattable: elle avait trouvé un bon peintre et un bel enseignant. C'est peut-être pour ça que le prix n'était pas trop élevé. En Haut, Ils s'étaient dit: «On va lui envoyer un peintre très spécial.»

Alors son mari lui a dit: «Bon! puisque tu y tiens, on va le faire.»

Puis, pendant la nuit, il s'est réveillé et lui a dit: «J'ai reçu un signe en méditation. Oui, on pourrait repeindre, mais il faudrait que ce soit couleur *blé d'or.*»

Oh la la! blé d'or! Eh bien, on va essayer d'aller chercher le blé d'or. Alors elle est allée chercher un peu partout et elle n'a pas trouvé la couleur blé d'or.

Elle a pris un échantillon de peinture et s'est dit: «Ça fera l'affaire!»

La peinture est arrivée et le peintre a appliqué la première couche. Oh horreur!, c'était orange!

C'était la même couleur qui était là, à l'origine, quand ils sont arrivés, et le mari n'aimait pas du tout ça. C'était revenu à l'orange! Cela voulait dire – si on fait une analogie – qu'ils étaient revenus dans les vieux concepts: les vieilles pensées revenaient.

Entre-temps, ce couple continuait de venir aux cours et ils nous ont exposé cette histoire. Ils nous ont dit: «Eh bien, puisque c'est parti comme ça, on va continuer: maintenant, on n'a plus le choix.»

Alors, mon époux leur a dit: «Cela représente votre intérieur; vous allez tout le temps vivre dans la couleur orange et ça va faire monter les discordes. Vous feriez bien de vous consulter et de repenser un petit peu à la couleur, parce que si on fait une analogie, dans la symbolique de la peinture, repeindre son intérieur, c'est échafauder des projets. Et puis les couleurs influencent les états d'âme.»

OUF! ils ont ri … jaune.

Il est important de comprendre qu'il n'existe aucune différence entre la symbolique onirique et la symbolique de ce que l'on rencontre sur le plan concret.

Ils se sont consultés et la femme a dit : « On ne peut pas laisser cette couleur orange ; c'est vrai que ça n'a pas de sens. Je vais essayer de trouver la couleur blé d'or. »

Là, elle avait de nouveau fusionné avec son époux : quelque chose s'était passé. Elle est allée dans un magasin où elle n'était pas encore allée, elle a tourné les cartes d'un fichier de couleurs et ABRACADABRA ! blé d'or ! Elle est tombée sur la couleur blé d'or ! Elle se sentait exaltée.

Elle m'a dit : « Bon, le peintre est revenu et il a redonné la première couche. Alors, bien sûr, j'avais quelque chose à comprendre. J'ai commencé à interroger le peintre. Par curiosité, je lui ai demandé sa date de naissance. C'était juste pour connaître son énergie, pour travailler sur la distorsion qu'il y avait en moi. »

C'est le genre de choses que l'on fait quand on travaille avec les Anges : on utilise des symboles qui nous aident à travailler sur nos distorsions.

Vous voyez, elle est vraiment très fine, cette Intelligence Divine : le peintre avait – je vous le donne en mille – le même Ange que son mari ! HABUHIAH, le numéro 68 ! Sa qualité principale est la guérison. Dans sa distorsion, l'énergie de cet Ange génère de gros décalages.

Elle a dit : « J'ai écouté le peintre attentivement. Puis, à un moment donné, je lui ai parlé de tout ce qui s'était passé au niveau de ma compréhension, et il m'a dit : "Vous savez, Madame, c'est la femme qui décide à la maison !" Oh la la ! quand il m'a dit ça, j'ai trouvé que ça n'avait aucun sens. Ça a eu chez moi l'effet d'un coup de marteau sur la tête. Si On m'avait envoyé quelqu'un qui m'aurait dit : "Hé ! c'est l'homme qui commande à la maison", ou encore : "C'est les deux", là, je lui serais peut-être rentrée dedans. Mais non ! là, On m'a envoyé quelqu'un qui disait la même chose que je m'étais dite à moi-même, sauf qu'entre-temps je m'étais rendu compte qu'il faut que ce soit les deux qui décident.

« J'ai commencé à l'écouter encore plus attentivement. Et en plus, il me parlait du subconscient. Il peignait en me racontant sa vie : il me parlait de sa première épouse et de ses problèmes non réglés. En l'écoutant, petit à petit, j'ai compris que j'étais en train de revoir mon propre passé.

« Je croyais être libre parce que j'avais engagé quelqu'un pour faire la peinture, mais il m'appelait pour que je tienne son échelle à toutes les quinze minutes ! »

Donc, vous voyez, ça a été toute une belle expérience. Normalement, le peintre devait poser trois couches, mais cette femme lui a dit : « Merci beaucoup, vous avez fait deux couches ; la troisième, je vais la faire avec mon mari. »

Finalement, ils ont appliqué la troisième couche en invoquant CHAVAKHIAH (n° 35), l'Ange de la réconciliation.

Donc, vous voyez, on peut attirer la prospérité même avec des situations qui ont l'air aussi banales. Avec des compréhensions comme celle-là, on peut vraiment évoluer.

Maintenant, leur salon est de couleur blé d'or. Le blé, c'est le pain, c'est la Connaissance ; ça veut dire que dans leur intérieur, ce couple va travailler sur la Connaissance. L'or, c'est l'immuable, l'intarissable : on ne peut pas le détériorer. Ce sont ces états d'âme que ce couple s'apprêtait à actualiser. Ça veut dire que ce qu'ils veulent pour leur couple, c'est une association durable, une vie où les deux êtres marchent ensemble.

L'enseignement de la peinture couleur blé d'or, ça, c'est tout un enseignement !

LA DISTORSION

Voici un bel exemple de distorsion. Là, vous allez voir que ça continue avec le n° 43 et le n° 68 : il s'agit de Pablo Picasso !

Picasso, qui, comme tout le monde le sait, a connu une grande prospérité matérielle, avait VEULIAH (n° 43), la prospérité, comme Ange au plan physique, et HABUHIAH (n° 68), la guérison, comme Ange au niveau émotionnel.

Cet être qui avait beaucoup de génie disait, tout comme Dali : « Je veux voir, avec mes peintures, jusqu'où peut aller la bêtise humaine. » C'est entre autres pour cette raison qu'il faisait beaucoup de choses *distorsionnées*.

Dernièrement, j'ai vu un reportage sur sa petite-fille. Faisant référence aux millions de dollars et à la maison qu'elle avait hérités de lui, elle a dit : « Cet héritage est tellement lourd à porter que j'ai de la difficulté à vivre un sentiment de prospérité affective : je ne sais jamais si un homme m'aime vraiment pour qui je suis. »

Et, continuant, elle a dit : « Deux ans après la mort de Pablo Picasso, mon père s'est suicidé. Il avait tellement été écrasé par son père ! »

Picasso avait joui de tellement de richesse matérielle qu'il en était devenu mégalomane, c'est-à-dire qu'il se prenait pour Dieu le Père.

Donc, c'est ça ! Vous voyez jusqu'où peut mener la distorsion de la prospérité.

LA LOI DE LA RÉSONANCE

Tout ce qui nous est présenté dans le monde matériel est une manifestation de ce que l'on abrite à l'intérieur de soi-même. Autrement dit, tout ce qu'on vit est gravé dans notre conscience et a des répercussions sur les événements extérieurs.

Alors, ça va bien au-delà de l'effet miroir auquel on fait parfois référence.

Il s'agit d'un phénomène vibratoire. Les vibrations qu'on émet, tout ce que l'on rayonne, nous revient. C'est la fameuse Loi de la résonance.

LE CACTUS

Un jour, je travaillais avec Haiaiel (n° 71), les Armes Divines, et voici ce qui s'est passé : puisque je voulais aller à l'extérieur, j'ai ouvert une porte-fenêtre, mais à côté d'elle, il y avait quoi ? Un cactus ! Et je me suis légèrement piquée.

Alors, l'enseignement, c'était – parce qu'il n'y a pas de hasard – que chaque fois qu'on invoque un Ange, ça fait sortir les qualités et les vertus de cette Énergie, mais ça en fait aussi sortir les distorsions, en ce sens que cela met en scène ce qui fait obstacle à la manifestation de cette énergie.

Le cactus ne m'a pas beaucoup piquée, mais c'était un petit clin d'œil du Ciel, des Forces Lumineuses, qui signifiait : « Christiane, ne sois pas comme un cactus ! Sinon, tu vas tomber sur des sujets épineux. »

C'est souvent ainsi qu'on conçoit les Armes Divines. On devient comme un cactus : on devient agressif. Pourquoi ? Parce qu'on a peur.

KUNDUN

Une autre qualité conférée par l'Ange Haiaiel (n° 71), les Armes Divines, est la paix.

J'ouvre ici une parenthèse pour parler des armes. Pourquoi ne pas initier nos enfants à cet état de conscience et, sur le plan bien concret, cesser de leur acheter des armes-jouets et de les encourager à des jeux-vidéo qui mettent en scène la destruction ? Pourquoi aussi ne pas leur faire comprendre que cette force est à l'intérieur d'eux-mêmes ?

Quand on fait de la méditation, nos pensées, nos émotions et nos actes tendent à s'unifier. Et quand on arrive à travailler simultanément sur les trois plans, alors nos pensées se matérialisent.

Quand un enfant joue sur ces jeux vidéo qui lui apprennent à détruire, ce sont les trois plans qui sont activés : l'enfant pense, ses émotions sont en éveil parce qu'il est excité, et puis il agit. Il pèse sur le bouton. Donc, c'est très puissant.

Un jour, je regardais le film *Kundun*, un très beau film biographique sur le Dalaï Lama.

Quand il était enfant, un Maître lui transmettait des enseignements pour le préparer à devenir le futur dirigeant du Tibet. Dans le film, on le voyait qui apprenait ce qu'est la force au moyen de petits soldats. On l'instruisait sur ce qu'est la guerre, d'autant plus qu'à cette époque-là, le Tibet connaissait déjà des problèmes avec la Chine.

À un moment donné, il a abusé un peu du pouvoir, comme c'est donné à tout le monde de le faire. L'être humain a quelquefois tendance à utiliser le pouvoir dans la distorsion. Alors, le Sage, le Maître qui lui enseignait, lui a enlevé tous ses soldats en lui disant : « N'oublie jamais que lorsque tu veux trop gagner, tu perds tout ! »

Vous voyez, c'est un bel exemple. Déjà tout petit, il étudiait ce qu'est la force intérieure. Une telle compréhension constitue l'héritage le plus précieux que l'on puisse laisser à nos enfants.

« *JE GAGNE LA JOIE !* »

Un jour, je me balançais avec ma fille de cinq ans et notre amie Nicole était là. On s'est mises à essayer d'aller de plus en plus haut, et plus on allait haut, plus on gagnait.

Alors ma fille m'a dit :

– Ah ! tu as gagné cinq dollars !

– Non ! pas cinq dollars, je veux quelque chose de mieux.

– Cinquante mille dollars !

– Non ! pas cinquante mille. Quelque chose de mieux encore !

– La joie ! lui ai-je dit en souriant.

Elle a compris et j'ai ajouté : « Tu sais, la joie, c'est beaucoup mieux : on gagne, on gagne. »

Nicole aussi était d'accord pour jouer. Alors je lui ai dit : « Tu veux jouer : on joue ! Alors, il faut se stimuler, mais sans compétition. »

Comment arrive-t-on à se stimuler mutuellement sans qu'il y ait de compétition ? Par tout ce qui est qualitatif – vous voyez, on revient aux qualités et aux vertus –, pas par ce qui est quantitatif, pas avec cinq dollars, ni même cinquante mille.

Lorsque la récompense est quantitative, tout ce qu'on fait, c'est qu'on se mesure à l'autre, et ça ne sert qu'à nourrir l'ego, tant chez les enfants que chez les adultes. Tandis que lorsqu'on va dans la qualité, chaque personne est stimulée par les autres et il y a encore plus de joie.

Ma fille m'a demandé :

– Qu'est-ce qu'on va donner à Nicole ?

– De l'amour !

C'était de cela que Nicole avait le plus besoin. Alors, elle était exaltée; c'était extraordinaire, et cela a fait monter notre taux vibratoire.

Toutes ces attitudes peuvent être enseignées aux enfants. Et c'est tellement simple! C'est une question d'état d'esprit. Et puis ça donne des enfants forts, qui vont développer leur force intérieure et qui n'auront pas besoin d'être agressifs.

Quelqu'un qui est agressif, c'est quelqu'un qui a peur. Plus il y a de manifestations d'agression, plus les peurs sont intenses à l'intérieur de l'être.

On le voit bien avec certains *durs à cuire* qui portent des tatouages et des vestes de cuir. Ils le font pour se mettre une carapace car, à l'intérieur, ce sont des petits garçons et des petites filles dont on a abusé. Dans quelques pièces de leur inconscient, ils sont tout recroquevillés, en manque d'amour, car ils se sont éloignés de Dieu. Mais ils l'ont fait pour mieux l'expérimenter. Car, ne l'oublions pas, un bon jour, dans cette vie-ci ou dans une autre vie, ils reviendront à la Lumière.

L'Illumination est prévue dans le programme de tous les êtres humains. En temps physique, ça peut n'arriver qu'au terme d'une très longue période, mais d'une manière ou d'une autre, toutes et tous reviendront à la Lumière.

L'ENSEIGNEMENT DES BARREAUX

Revenons à la Protection Divine.

Un jour, alors que je me promenais en voiture dans un quartier de Miami, j'ai remarqué que les maisons ordinaires et quelque peu défraîchies avaient un dénominateur commun: elles avaient toutes des barreaux aux fenêtres. Tout était barricadé: il y avait des cadenas et des barreaux partout.

Puis, plus tard, nous sommes allés dans un autre quartier où les maisons étaient somptueuses, très luxueuses et là, j'ai remarqué que les fenêtres n'avaient pas de barreaux. Et dans ma tête, à l'horizontale – à l'horizontale, on croit tout ce qu'on voit, tandis qu'à la verticale on se place dans la perspective des Lois Divines et on voit les choses en profondeur –, je me suis dit: «Ça devrait être l'inverse: il doit y avoir beaucoup de richesses dans ces maisons, et pourtant il n'y a pas de barreaux!»

C'est aussi simple que bonjour! C'est que les maisons somptueuses ont des systèmes d'alarme. Elles n'ont donc pas besoin de barreaux.

J'ai alors fait une analogie entre ces protections extérieures et les protections qu'on a tendance à se construire à l'intérieur de soi-même. Vous voyez, c'est un exemple qui va tout à fait bien avec l'Ange HAIAIEL (n° 71). Quand on est pauvre – mais ici je ne parle pas de la pauvreté au niveau de l'argent –, quand on est pauvre au niveau des qualités et des vertus, quand on ne rayonne pas beaucoup, on est obligé de se barricader, de se cadenasser; on se met des casques.

Le casque, c'est le mental qui retient tout, qui se cadenasse et se ferme, qui soude des barreaux autour de notre cœur et qui n'ouvre pas aux autres, car il a peur: «OUPS! ne m'attaque pas!» C'est comme ça.

Mais quand on est riche, on peut montrer nos petites fleurs et nos beaux rideaux, et nos maisons sont somptueuses.

Dans cette analogie, notre maison, c'est notre être, notre état d'âme. Et la richesse d'une maison, c'est tout ce qu'on rayonne, c'est cette richesse qu'on possède à l'intérieur de soi, ce sont nos qualités et vertus, et toutes les raisons pour lesquelles on n'a pas besoin de barreaux.

Lorsqu'on jouit d'un système d'alarme, c'est-à-dire de l'intuition, notre aura est tellement déployée, expansée, que si une personne négative nous approche ou si un danger nous menace, on le sait tout de suite car on est relié à la centrale.

La centrale, c'est la Conscience Universelle, et on peut tous et toutes y avoir accès. C'est-à-dire qu'on est directement relié à Dieu, ce grand Ordinateur Vivant où toutes les informations concernant le présent, le passé et le futur sont emmagasinées.

Grâce à notre accès à cette Source de savoir, nous pouvons anticiper ce qui se produira et facilement prévenir les choses au lieu de les subir.

LE REGARD

Les productions Walt Disney sont parfois très inspirées. Il est évident que certains de leurs concepteurs ont étudié la symbolique. Ils ont fait de très beaux films qui contiennent de grands enseignements pour nos enfants.

L'autre jour, nous avons regardé *Pocahontas*; nous voyions la jeune Indienne méditer. Elle avait une décision à prendre, à savoir si elle allait rester dans son pays ou si elle retournerait en Europe. Elle a prié, elle a médité et Grand-Mère Arbre lui a parlé. Elle lui a dit: «Retourne dans ton esprit, va à l'intérieur.»

C'est bon pour les enfants d'entendre ça: «Va à l'intérieur de toi-même, retrouve ton esprit».

Elle était agitée parce qu'elle ne comprenait pas. C'était tellement beau de voir ses petits amis, pendant qu'elle essayait de méditer et de penser: le petit raton laveur qui marchait, le petit chien qui faisait du bruit en se grattant, et le moustique qui tournait, qui tournait.

Qu'est-ce que ça représentait? Ça représentait le monde de nos instincts qui bougent, qui font du tapage en dedans, qui se grattent, qui ont faim, etc. Et tout ça nous empêche de sentir cet esprit intérieur qui nous habite tous.

Un jour, alors que je parlais à ma fille du regard et de l'importance de bien capter les choses par le regard, elle m'a fourni un bel exemple.

Juste après avoir écouté les explications que je venais de lui donner, nous marchions et elle m'a dit:

– Oh! il y a eu un moustique!

– Mais ce n'est pas la saison des moustiques! Est-ce qu'il t'a touchée? T'a-t-il piquée?

– Non, je l'ai regardé et il est parti.

Plus tard, nous sommes passées devant une voiture dans laquelle il y avait un beau chien de traîneau, majestueux et digne. Kasara l'a regardé et elle m'a dit:

– Il est triste, hein, ce chien?

– Comment sais-tu qu'il est triste?

– J'ai regardé dans ses yeux.

L'ENSEIGNEMENT DU TAPIS

Je vais vous raconter une histoire vécue qui illustre un bon nombre de distorsions. On y verra la discorde, la trahison, la rupture, le divorce et le non-respect des engagements. Quand on a de la difficulté à incorporer l'énergie de HAIAIEL (n° 71), voilà ce que ça donne.

Une personne m'a raconté que lorsqu'elle a trouvé son appartement et qu'elle a signé son bail, elle a obtenu la promesse de la propriétaire que le tapis serait changé parce qu'elle était allergique aux animaux et qu'il y en avait eu avant qu'elle n'arrive. Mais au bout de plusieurs semaines, ce n'était toujours pas fait. De plus, il y avait des infiltrations d'eau dans l'appartement.

Elle a donc signalé à la propriétaire ces deux problèmes, mais cette dernière ne bougeait pas: elle n'apportait aucun changement.

Avec les Anges – vous l'expérimentez probablement vous-mêmes –, les coïncidences n'existent pas. Ce qu'on appelle coïncidences ou le hasard, c'est en fait de la synchronicité et tout ce qui arrive synchroniquement avec ce qu'on a à vivre. Il n'y a pas de hasard.

Cette femme, qui avait compris l'enseignement, s'est dit à elle-même: «Ce n'est pas sur la propriétaire que je vais travailler; c'est moi qui ai un problème: j'ai une résonance avec elle.»

Parce qu'elle voulait comprendre le sens de ce qu'elle vivait, elle s'est procuré la date de naissance de sa propriétaire et s'est rendu compte que son Ange d'incarnation était HAIAIEL (n° 71).

Nous l'avons vu dans les distorsions des Énergies, celles qui sont associées à cet Ange sont le non-respect des engagements, les ruptures de contrats, les discordes, la trahison, etc.

Toutes les distorsions de HAIAIEL étaient présentes dans la situation qu'elle vivait. Alors, elle s'est dit: «Bon! j'ai quelque chose à comprendre avec ce problème, avec la propriétaire. Merci beaucoup! elle est là simplement pour me montrer que j'ai encore ce type de résonances à l'intérieur de moi.»

Alors, elle a médité sur cette Énergie Angélique, et puis, le soir, après sa méditation, elle s'est rendu compte – OUPS! – que c'était aussi l'Ange d'incarnation de son premier mari. Ça faisait dix-huit ans qu'il ne lui avait pas donné de nouvelles. Et comme le hasard n'existe pas, le soir même, son ex-conjoint l'a appelée pour l'inviter à prendre un repas avec lui. Après dix-huit ans! Imaginez!

Vous voyez, quand on travaille avec les Énergies Angéliques, ça va tellement vite qu'on ne croit plus aux coïncidences, parce que c'est tous les jours comme ça: des exemples phénoménaux de ce type se produisent constamment.

Ainsi, on ne croit plus aux hasards; on croit à la synchronicité des événements: «Je pense ça, j'ai telle résonance, alors il m'arrive ça.» C'est très sécurisant parce qu'on réalise que ces synchronicités nous indiquent les détails de notre plan de vie. On se retrouve plus facilement et on se sent guidé.

Cette femme est donc allée manger avec son ex-conjoint et elle s'est rendu compte que lui n'avait vraiment pas changé. Elle s'est dit: «Mais pourquoi est-ce que j'ai cette résonance? C'est sûr que j'ai quelque chose à comprendre avec l'Ange HAIAIEL; mais quoi?»

Et son mari lui a rappelé: «Te souviens-tu, on avait toujours des problèmes de tapis?» Donc, ça revenait sur le tapis!

Quand on comprend le langage des rêves – le langage de notre subconscient qui est un langage symbolique –, on sait que les tapis représentent les problèmes affectifs non réglés. Et puis l'eau, c'est les émotions. Quand on a des infiltrations d'eau, c'est qu'il y a des émotions mal gérées dans notre intérieur. Ça, elle l'avait compris.

Puis ils se sont quittés, ça s'est bien passé, et deux ou trois jours plus tard, la propriétaire est arrivée avec un bouquet de fleurs et un nouveau tapis, et elle avait appelé le plombier.

Vous voyez, tout s'est résolu parce qu'elle avait su tirer un enseignement de la situation qu'elle vivait. Elle a remercié; elle n'avait nourri aucune rancœur envers sa propriétaire. C'est un exemple que j'aime beaucoup ramener parce qu'il illustre bien le fait que la vie sur Terre est une école.

On peut retirer des enseignements en utilisant simplement l'Ange de certaines personnes qu'on côtoie, comme point de départ pour travailler sur soi-même. Ça fait aussi en sorte que l'on cesse de projeter nos misères ou nos problèmes sur les autres.

On dit: «Merci beaucoup!» parce que si nos propres distorsions nous sont reflétées, ça nous permet ensuite d'entrer dans les qualités et les vertus.

Cela infuse aussi à l'intérieur de soi l'attitude suivante, qui est enseignée dans la Tradition: «Aime ton ennemi.» Mais quand on comprend le rôle des personnes qui sont présentes dans notre vie – comme cette femme a compris le rôle de la propriétaire et celui de l'ex-conjoint – il nous devient facile d'aimer parce qu'on comprend vraiment la dimension Cosmique de notre expérience.

LES IDÉES CRIMINELLES

Toute pensée a un impact dans l'Univers.

Chaque fois qu'on a une pensée lorsqu'on est en colère ou lorsqu'on est frustré par une injustice ou une offense – qu'elle ait été faite à soi-même ou aux autres –, cette pensée fait immanquablement son chemin.

Il faut savoir que dans l'Univers, rien n'est perdu, et que les pensées négatives se rassemblent dans les plans subtils pour un jour se manifester chez un être qui a des brèches. Quelqu'un capte cette force pour commettre un acte criminel.

Il en va de même avec les conditions climatiques : lorsqu'une région est affectée par la sécheresse, que ses lacs et ses rivières se dessèchent, les grandes quantités d'eau qui se sont évaporées se déverseront plus tard dans d'autres parties du monde, prenant la forme d'inondations.

L'Univers est équilibré. Pensons-y bien !

POURQUOI AI-JE MAL AU VENTRE ?

Quand j'ai commencé à travailler avec YELAHIAH (n° 44), le Guerrier de Lumière, j'ai senti dès le lendemain que ça travaillait fort : On me faisait visiter certaines de mes distorsions.

Durant la nuit, On m'a envoyé un rêve pour m'avertir de ce qui allait se passer le lendemain. Ce jour-là, nous allions donner un cours d'introduction à Sherbrooke. Normalement, cette journée aurait dû être très facile pour moi, car ce n'était pas la première fois qu'un nouveau territoire s'ouvrait. En fait, ça m'est devenu relativement aisé de donner un cours d'introduction. Donc, il n'aurait normalement pas dû y avoir de problème. Mais là, On m'avait avertie que certains aspects de ma personne allaient être touchés en rapport avec cet événement.

On nous envoie des rêves, et c'est ça, la Beauté: on est prévenu. Donc, on ne subit pas; on n'est pas là à se dire: «Mais pourquoi? Qu'est-ce qui se passe?»

On n'a plus de questions. On comprend ce qu'on est en train de vivre et on l'accepte sans se plaindre. Quand on est conscient, c'est à peine si notre entourage remarque les grandes transformations qui s'opèrent à l'intérieur de soi.

Qu'est-ce qu'On m'avait envoyé comme avertissement?

J'ai simplement rêvé que j'allais prendre le métro. On pourrait me dire: «Mon Dieu! ton rêve est bien banal! Aller prendre le métro, nous, on fait ça tous les jours!»

Dans un rêve, que signifie aller prendre le métro?

Cela veut dire qu'on va descendre sous terre, qu'on va aller visiter des parties subconscientes de notre être, et que certaines anxiétés – de vieilles choses du passé qui n'étaient pas tout à fait nettoyées – vont se manifester. Heureusement qu'On ne nous les enlève pas toutes à la fois car on sauterait!

Bon! voilà ce que j'ai rêvé. Et le matin, nous sommes partis.

Dans la voiture, en route pour Sherbrooke, voici ce que j'ai vécu: des maux de ventre. Quand on est conscient, tout se passe à l'intérieur. En trois heures de trajet, malgré les quelques arrêts que nous avons dû faire à cause de mes maux de ventre, les autres personnes qui voyageaient avec moi ne se sont pas du tout rendu compte du profond Travail que j'étais en train d'effectuer à l'intérieur de moi-même.

Si je n'avais pas été dans la Connaissance, je me serais dit: «Qu'est-ce que j'ai mangé? Qu'est-ce que j'ai fait?» et j'aurais pu exprimer de la mauvaise humeur à mon entourage.

Non! je savais que c'était un travail qui était en train de s'opérer à l'intérieur de moi-même.

Nous sommes arrivés à Sherbrooke trois quarts d'heure avant la conférence et, comme par magie, j'ai senti la Lumière revenir en moi. Mon énergie a remonté: une couche avait été nettoyée.

Plus on entre dans la Connaissance, plus facilement on accepte les choses: on s'habitue à être transparent, c'est-à-dire qu'on accepte tout simplement de ne plus avoir de masque. Et même si on ne se sent pas bien, on le vit et on l'accepte comme une bénédiction du Ciel. C'est ça, la Kabbale: la Connaissance du bien et du mal.

Donc, on n'a plus cette anxiété qui provient de la préoccupation: «Qu'est-ce que les autres vont penser de moi?»

Non! Ça, ça n'existe plus avec les Anges.

«CE N'EST PAS LA BAGUETTE MAGIQUE!»

Un jour, une personne m'a dit: «Oui, mais moi, j'ai été secouée en travaillant avec les Anges; quand cela s'arrêtera-t-il?»

Je lui ai répondu: «Si tu veux que ça arrête, tu dois cesser d'invoquer les Anges, parce qu'en les invoquant, tu fais appel aux qualités et aux vertus, et si tu ne les as pas en toi, tout ce que tu trouveras, ce sont tes propres distorsions.»

Ce sont – je vous le rappelle – des vibrations à l'état pur qu'on appelle. Oui, on veut devenir ces qualités et ces vertus, on veut toutes ces belles choses; mais dans un premier temps, il faut nettoyer les distorsions.

C'est magique, mais ce n'est pas la baguette magique!

Ce sont des clés qui nous ouvrent les portes. Ensuite, c'est à nous qu'il revient de faire le ménage.

LA VIE D'ANGE

Lorsqu'on se met à travailler avec ces Énergies, on saisit réellement le pouvoir créateur de la pensée.

On pense d'une certaine manière et, si c'est constructif, ça crée de belles œuvres; mais si on ressasse les vieilles choses ou si on est négatif, alors là, on accumule les karmas. Avec le Travail Angélique, notre être s'entraîne; notre conscience va chercher – scanner – notre paysage intérieur et nous avertit: «Arrête!»

Un jour, j'étais en voiture et je réfléchissais. Je n'avais pas réalisé que j'étais un tantinet dans le ressassage. Alors, juste à ce moment-là, j'ai vu un homme marcher à reculons. Je me suis retournée et me suis demandé: «Mais que fait-il?»

J'ai vu que c'était un employé d'Hydro-Québec et qu'il était en train d'observer un poteau en reculant. C'était un envoyé du Ciel pour me dire: «Eh! Christiane, arrête: en pensant de cette manière, tu es en train de reculer. Ce n'est pas ça, retourner dans le passé: ça, c'est du ressassage. Et en plus, tu nourris, tu cultives des pensées négatives.»

Voici un autre exemple de moyen de reculer, et vous allez voir que dans ce cas-là, c'est positif.

Certains véhicules sur lesquels on peut lire «Attention, ce véhicule recule fréquemment.» circulent dans les villes. De quoi s'agit-il? De camions de vidanges.

Voici l'analogie: Quand on fait nos vidanges – et c'est comme lorsqu'on nettoie notre subconscient – il faut parfois reculer un peu pour ramasser. Alors, on va voir que lorsqu'on recule, bien sûr on nettoie, mais on ne fait pas que ramasser des vidanges: une fois qu'on a enlevé une couche, WOW! quel trésor nous est redonné! On accède à un tout autre état de conscience; on gagne l'accès à tout un nouveau potentiel. Après c'est extraordinaire!

Il est vrai que chaque étape requiert du courage et de la bravoure, mais avant de vivre la *vie d'Ange*, il faut faire les vidanges.

LE HÉROS

J'aimerais partager avec vous une belle histoire car elle cadre parfaitement dans l'énergie de Yelahiah (n° 44), le Guerrier de Lumière. C'est l'histoire d'un garçon dont le père a été militaire et travaille encore aujourd'hui dans un environnement militaire.

La description que je vais vous donner de cet enfant vous montrera à quel point il cherche à intégrer la force intérieure.

Depuis quelques semaines, ses parents avaient remarqué chez lui quelques petits changements. Il était particulièrement rayonnant, mais il avait un peu d'impulsivité et il était un petit peu trop mené par son ego.

L'énergie de Yelahiah donne beaucoup de pouvoir; mais ce pouvoir doit être exercé avec pureté, car s'il n'est utilisé qu'à des fins personnelles, ça devient de l'égoïsme; ça verse dans la distorsion.

Un jour, le garçon est tombé malade. Sa mère avait été avertie dans un rêve qu'il y aurait une maladie ou un deuil émotionnel dans la famille, et que tout le monde – y compris elle-même – aurait à mourir à quelque chose pour renaître. Ce rêve indiquait qu'une nouvelle attitude allait se développer chez les parents, parce que tout ce qui se produit chez un enfant reflète comme dans un miroir ce qui se passe chez les parents. L'enfant est là pour enseigner des choses aux parents, et vice versa: c'est toujours un échange.

Alors, cet enfant a commencé à avoir beaucoup de fièvre et, comme ses parents travaillent avec les Énergies Angéliques, ils ont fait un travail énergétique chez l'enfant. Au bout de trois jours, comme la fièvre persistait, ils sont allés voir un médecin.

Puisque ce dernier voyait l'enfant encore debout, bien actif, en train de jouer, il l'a simplement ausculté et ne lui a rien trouvé.

Alors la mère – qui est intuitive –, a quelque peu insisté et lui a dit: «Écoutez! je connais mon fils; je suis sûre qu'il a quelque chose. » Le médecin a alors fait passer des radiographies et il s'est rendu compte que le garçon était atteint d'une pneumonie.

Ce qui est sûr, c'est qu'à cause du travail énergétique qui avait été fait, le garçon ne réagissait pas à la maladie comme les autres enfants. Le médecin n'en revenait tout simplement pas de le voir jouer au ballon. Stupéfait, il a expliqué aux parents que normalement, lorsqu'on a une pneumonie, on est couché sans pouvoir bouger. Il a donc prescrit un médicament, et ce n'est qu'après une grande prise de conscience que le petit bonhomme s'est finalement guéri.

La pneumonie touche les poumons. Lorsqu'on a un problème aux poumons, l'Ange qu'on doit invoquer est Mitzrael (n° 60), la réparation. Il nous aide à régler tous les problèmes concernant l'autorité, et il nous apprend à bien intégrer, à bien comprendre cette force.

Quelque chose a retenu mon attention: cette femme m'a parlé des dessins de son fils et m'a dit que la pneumonie avait créé une ouverture du cœur tant chez son enfant que chez eux – les parents –, et qu'en examinant attentivement ses dessins, ils avaient compris qu'une grande force l'habitait déjà à neuf ans mais qu'elle devait être mieux canalisée.

Que contenaient ces dessins?

On voit parfois ce type de dessins (*voir dessin page suivante*): des dinosaures, beaucoup de feu, du feu qui est craché. Ça représente toute la force, l'énergie, et beaucoup d'énergie, mais il y a encore un peu d'agressivité dans cette énergie.

Les dessins du garçon démontrent que la force n'était pas tout à fait bien canalisée. Ça veut dire qu'il n'avait pas encore bien intégré le Guerrier de Lumière. Mais c'est normal car il expérimente.

Quand notre imagination est habitée par des bêtes de cette espèce (des dinosaures), c'est qu'on a de la difficulté à canaliser l'énergie de la force. C'est comme si on pénétrait très loin dans

notre inconscient, dans nos mémoires, et qu'on allait chercher ces énergies primitives et puissantes, ici représentées par les dinosaures.

Dans sa première étape d'évolution sur Terre, l'être doit apprendre à apprivoiser et finalement maîtriser le monde des instincts.

Le garçon a fait un autre type de dessins, avec des chars d'assaut. En vivant dans ce milieu militaire, vous voyez, l'énergie de la force était très présente.

Juste après la maladie du garçon, sa mère fut très surprise de le voir se mettre à dessiner des fleurs, ce qu'il n'avait jamais fait auparavant. Avant la maladie, c'était toujours le même type de dessins qui revenait, avec le feu et la force.

Sur un de ces dessins (*voir dessin à la page suivante*) la fleur est encore un peu pâlichonne : l'enfant entre dans une nouvelle étape, une nouvelle ouverture du cœur, grâce à laquelle sa force pourra s'exprimer, mais accompagnée de tendresse et d'amour.

La pneumonie était reliée à une ouverture de conscience, à une restructuration intérieure. Les enfants vivent de nombreuses étapes de restructuration de la conscience pendant qu'ils grandissent, et leurs parents peuvent les suivre s'ils ont la Connaissance. Ils peuvent le faire entre autres en étudiant leurs rêves et leur comportement.

Donc, vous voyez, tous les dessins faits par nos enfants sont très intéressants et constituent une importante source d'informations. Et moi, j'aime beaucoup les étudier.

Tout *parle*. Par exemple, quand on rencontre des personnes, il suffit d'observer leur gestuelle, leurs paroles et leur comportement pour en tirer beaucoup d'informations.

La mère de l'enfant m'a confié : « Maintenant, quand il arrive de l'école en disant : "J'ai fait un exposé et ils m'ont beaucoup applaudi, bien plus que les autres", j'essaie d'attirer son attention sur son comportement afin qu'il développe plus d'humilité. »

Je lui ai alors conseillé: «C'est bien de faire ce genre de réflexion, mais ce qui a le plus d'influence sur ton enfant, c'est ton propre exemple. Ce sont aussi tes critères d'admiration, car nos parents sont les premiers représentants auxquels on veut plaire. Quand tu vois quelqu'un à la télévision ou que tu entends quelqu'un faire un commentaire, si tu réagis naturellement en disant: "Regarde cette personne: quelle humilité! Quel courage!", tu influences chez ton enfant son concept de la réussite, tu lui suggères qu'une personne qui réussit n'est pas toujours quelqu'un de performant, qui a l'air fort et qui répond aux critères de réussite de notre société.

«Pour l'enfant, c'est ça qui l'aide le plus à changer son attitude et son concept du héros. Ça va lui permettre d'intégrer et d'exprimer plus facilement ses nouvelles qualités et vertus.»

L'HOMME ET LA FEMME : «OH! DIS-MOI, MIROIR...»

J'aimerais partager avec vous l'histoire d'un couple qui vient aux cours, qui suit l'enseignement de la Kabbale.

La femme a témoigné de son vécu. Pendant toute son enfance, elle a eu affaire à la violence. On voit qu'on entre dans le rayon de YELAHIAH (n° 44), car la violence est la distorsion de cet Ange.

Ce n'est pas par hasard qu'elle avait attiré un père violent: c'est qu'à l'intérieur d'elle-même, elle avait des résonances de violence. Dans une autre vie, elle a sûrement fait subir de la violence à une autre personne et elle en subit dans cette vie-ci les conséquences. C'est la Loi du retour.

Alors, elle m'a dit que pendant toute son enfance, elle avait été très inconfortable parce que son père – qui avait énormément de charisme – pouvait à tout moment, par esprit lunatique, frapper et être très intolérant, puis à d'autres moments, être charmant au possible.

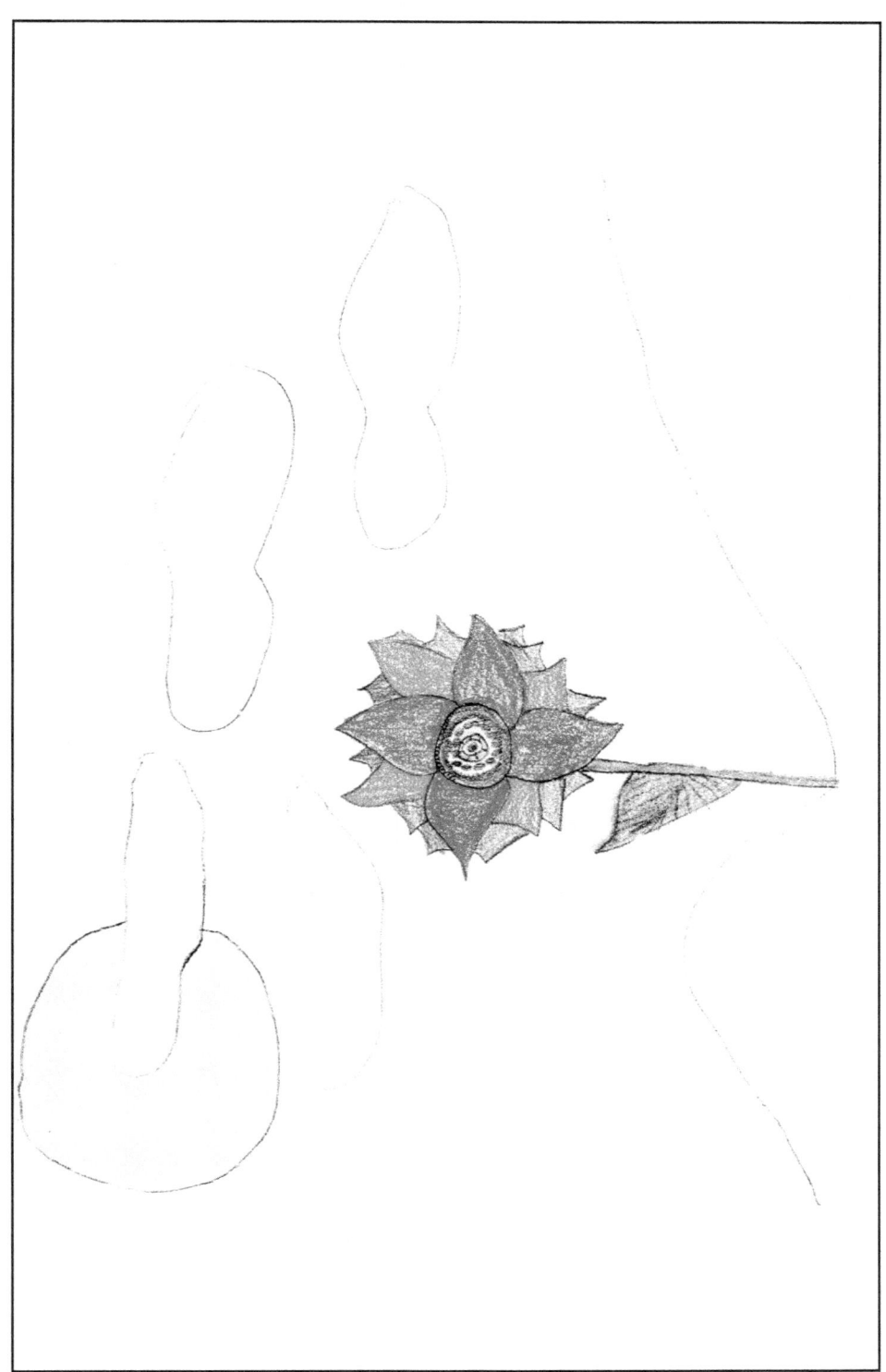

Qu'est-ce qu'une telle attitude crée chez l'enfant ?

Ça contribue à développer un sentiment d'insécurité, parce que l'enfant ne sait jamais sur quel pied danser. Normalement, un enfant bénéficie d'un encadrement logique, et il sait ce qu'il peut faire et ne pas faire. Il y trouve sa sécurité. L'enfant aime l'autorité, il en a besoin.

Quand il y a du laxisme concernant l'autorité, l'enfant n'est pas heureux. Donc, une bonne autorité consistante et logique est essentielle. Mais si l'autorité n'est pas intégrée de façon positive chez les parents, si cette énergie est distordue, il est sûr qu'elle ne va pas pouvoir être exercée de façon harmonieuse.

Donc, qu'est-ce que ça crée chez un enfant ?

Il développe des comportements compensatoires qui servent à lui procurer une illusion de sécurité. Au niveau physique, à cause de la peur d'être frappé, le corps réagit d'une certaine manière : il cherche des compensations en prenant des postures qui le déforment et il peut même y avoir une déstructuration au niveau corporel.

Ensuite, au niveau affectif, la violence inscrit chez l'enfant la crainte d'être blessé. La petite personne ferme son cœur, elle a tendance à s'exprimer d'une manière plutôt agressive et elle a de la difficulté à exprimer la tendresse.

Finalement, au niveau des pensées : afin de se sécuriser, la personne développe et utilise sa force mentale dans le but d'acquérir du contrôle. En contrôlant les autres, on a moins peur d'être abandonné, d'être frappé ou d'être trompé.

Cette femme avait développé ces trois types de sécurités compensatoires, mais, petit à petit, suite à cet enseignement, à cette compréhension, elle s'est beaucoup transformée.

Un jour, elle m'a dit : « J'ai la nostalgie du contrôle. ». J'ai été intriguée par cette affirmation, mais par la suite, elle m'a expliqué ce qu'elle avait voulu dire : « Au moins, quand je contrôlais, j'étais sûre de ne pas être blessée, de ne pas être trompée : c'était moi qui contrôlais. Je me sentais en sécurité. Mais maintenant, avec cette compréhension, je suis obligée de lâcher prise.»

En examinant les situations que vit cette femme, on voit bien tout ce qui se passe chez elle, par exemple ce qu'elle m'a dit à propos de son véhicule. La porte de droite – celle du passager – est très souvent bloquée. Le véhicule, l'auto, symbolise notre véhicule physique, notre corps.

Qu'est-ce que ça veut dire ?

Si vous raisonnez à l'horizontale, avec un esprit cartésien, vous me répondrez : «Elle est bloquée : il y a un petit problème mécanique».

Oui, d'accord, mais ça va plus loin. À la verticale, qu'est-ce que ça veut dire ?

Ça veut dire que cette personne ne veut pas laisser entrer des passagers dans son propre véhicule. Elle ne veut pas laisser les autres entrer parce qu'elle a conservé une peur d'être frappée, d'être blessée, d'être trompée. Avec le contrôle, on crée une fermeture, on ne laisse pas pénétrer dans notre monde intérieur des passagers, des énergies autres. Vous voyez que juste un petit exemple de ce type peut aller très loin. Tout a une signification.

Cette fin de semaine-là, j'ai observé sa façon d'agir avec son époux afin de mieux comprendre ce qui se passait en elle. À un moment donné, alors que son époux cherchait quelque chose dans le réfrigérateur, elle m'a dit : «Souvent, il a de la difficulté à trouver ce qu'il cherche dans le frigo.» Puis, s'adressant à lui, elle a dit : «Regarde avec des yeux de femme !»

Alors, moi, je l'ai regardée avec de grands yeux et lui ai dit : «Avec des yeux de femme ?» On ne regarde pas avec des yeux de femme. Le regard est autant émissif, c'est-à-dire du principe masculin, que réceptif, du principe féminin. Il a les deux polarités. Si on ne regarde qu'avec un regard de femme, il nous manque quelque chose.

Si on va plus profondément dans la compréhension d'une simple phrase comme celle-là, qui a l'air tellement anodine – je sais que plusieurs se sont déjà reconnues –, qu'est-ce qu'on peut en tirer comme enseignement?

Ça voulait dire que l'homme intérieur de cette femme n'arrivait pas à trouver la nourriture, qu'il n'était pas assez nourri. Il n'arrivait pas à se rassasier, à se nourrir de toutes les douceurs, de toute la nourriture venant des plans subtils. Et puis, le réfrigérateur, c'est un peu un symbole de froideur. C'était relié à cette fermeture du cœur qu'elle avait développée suite à ce qu'elle avait vécu. Car son homme intérieur a été blessé dans le passé, et l'homme actuel qui est dans sa vie en est la représentation. Vous voyez, c'est ça, la loi des affinités: *Qui s'assemble se ressemble.*

Alors, à ce moment-là, je lui ai conseillé:

– Au lieu de lui dire de regarder avec des yeux de femme, dis-lui dans un premier temps de regarder avec ses beaux yeux. Tu verras, seulement avec ça, il va trouver plus facilement ce qu'il cherche.

– Oh oui! m'a-t-elle dit en souriant.

Quand une femme a bien nourri son homme intérieur, son homme à l'extérieur – son partenaire – est également bien nourri. Il ouvre le réfrigérateur, il en scanne le contenu, il en fait l'inventaire, et il peut prendre tout ce qu'il contient. Dès lors, il n'a plus besoin de dire: «Je ne trouve pas tel item dans le frigo», car il connaît les ressources dont il peut disposer.

Donc, vous voyez comme on peut aller chercher de grands enseignements avec des observations et des analogies comme celles-là?

La même chose se produit dans nos relations intimes lorsqu'une des deux personnes – ou les deux – a peur de manquer de quelque chose, lorsqu'elle veut imposer quelque chose à l'autre, lorsqu'elle tente de contrôler ou d'utiliser l'autre, ou encore lorsqu'elle est dépendante ou envahissante. Toutes ces attitudes créent des refoulements et des inconstances qui ont des implications profondes dans la relation. Pensez-y!

Le même phénomène se produit aussi dans l'acte sexuel: c'est un geste créatif qui amplifie ce que l'on est. C'est la matérialisation d'un sentiment polyvalent qui prend exactement la couleur ou la tangente de notre subconscient. On attire précisément le partenaire qui répond à nos vibrations. Avant de devenir matière, tout est énergie.

Voici une autre observation que j'ai faite cette journée-là. Tous les deux s'affairaient beaucoup; ils faisaient la vaisselle pour tout le monde. On était là, toute la famille, et tout à coup, j'ai dit à l'homme:

– Eh! C'est le *fun*: tu travailles comme une abeille.

– Non! a spontanément répondu son épouse, il ne travaille pas comme une abeille, il travaille comme un taon!

– Ne trouves-tu pas que tu es un peu piquante? ai-je répliqué.

À ce moment-là, d'une manière très fine, très délicate, son mari s'est approché d'elle, l'a prise dans ses bras et lui a dit en souriant: «C'est vrai que tu es un peu piquante, ma chérie!»

Alors, là, l'épisode s'est terminé sur une note d'humour. Elle lui a dit: «Eh! t'es-tu téteux!» (C'est une expression québécoise qui vient du mot *téter* et qui veut dire que la personne espère avoir des faveurs facilement.)

Vous voyez, j'amène ces exemples pour vous montrer comment ça fonctionne. Tout ce qu'on vit et tout ce qu'on dit ne sont que des reflets, des miroirs de ce qui se passe à l'intérieur de soi-même.

Dans un couple, au fil des ans, et parce qu'on ne comprend pas, on pique l'autre, ça crée des couches et ça fait des carapaces. Il se crée toutes sortes de compensations, et l'autre riposte en devenant agressif ou bien en se repliant sur lui-même. Soit que son homme extérieur – ou sa femme intérieure, selon le cas – se recroqueville et s'empêche de s'exprimer, soit que ça dégénère en violence ouverte. Dans les deux cas, le problème est exactement le même.

LE PETIT SECRET

Un jour, je travaillais avec l'Énergie Angélique Yelahiah (n° 44), le Guerrier de Lumière, et je me suis dit : « Pour le prochain cours, il faudra que je focalise sur le héros intérieur ». Or, précisément à ce moment-là, notre fille de cinq ans – que mon mari venait d'aller chercher – est venue m'embrasser et m'a chuchoté un petit secret à l'oreille. Je lui ai demandé de répéter parce que j'étais tellement surprise ! Elle avait capté mes pensées et, dans son langage, elle me rendait ma vérité.

Elle m'a dit : « Tu es amoureuse d'un héros. »

C'était un beau message. Elle ne savait pas que je pensais justement à un héros à ce moment-là. Et voilà son message !

ÊTRE, L'OBJECTIF ULTIME

Cette semaine-là, dans les cours, nous traitions du héros et quelqu'un m'a dit qu'une émission venait justement de passer en ondes sur le thème du héros.

Qu'est-ce que le héros contemporain ?

Pour moi, il n'y a pas de héros contemporain. Il n'y a que le héros éternel décrit par toutes les traditions.

Le héros, c'est celui qui tente de retrouver son être profond, qui nettoie, qui décape et qui visite tous ses vastes territoires intérieurs, le subconscient, les différentes couches inconscientes – familiales, collectives, biologiques, etc. – et qui descend de plus en plus profondément, pour enfin remonter avec une conscience expansée et une connaissance accrue des Lois de l'Univers. Quand on fait tout cela, c'est vraiment un travail héroïque qu'on accomplit.

Après l'un de mes cours, une personne est venue me dire : « Mais si on est tout Amour, on n'a pas besoin de bravoure ni de courage. »

Il est vrai que lorsque chacune des soixante-douze Énergies Angéliques a été intégrée, on n'a plus qu'à ÊTRE. Plus besoin de courage ni de bravoure : on se trouve simplement dans la Vérité. L'être n'a qu'à émaner, qu'à être.

Mais avant de devenir le parfait reflet de la Divinité, il faut aller tout nettoyer. Cela exige qu'on retourne sur des territoires que l'on a longtemps essayé d'éviter, et qu'on accepte de transformer des énergies d'agression en force. Pour faire cela, c'est vrai qu'il faut du courage.

L'ENSEIGNEMENT DE LA SUPERSTITION

Dans les superstitions populaires se trouve toujours une certaine partie de vérité. Le reste, c'est de l'ignorance. On ne sait pas comment comprendre ou interpréter les événements, et ça se transforme en : « Ça porte malheur de faire telle chose. »

Quand on entre dans la compréhension, il n'y a plus de superstitions et plus rien ne porte malheur. Alors, voici une petite histoire qui illustre cette idée.

Ma mère, qui avait YELAHIAH (n° 44) comme Ange au niveau de la tête – des pensées –, était une femme extraordinaire, très tendre et très solide.

Elle a vécu son enfance à la campagne, en Italie, où continuent de se transmettre toutes sortes de superstitions. L'une d'entre elles fait dire aux gens : « Quand tu mets ton chandail à l'envers, ou le devant derrière, tu ne dois pas le remettre à l'endroit parce que ça porte malheur. »

Quand mon père entendait ça, il réagissait en disant : « C'est de la foutaise ! » Lui n'y croyait pas du tout, ce qui fait que lorsque je mettais mon chandail à l'envers – ce qui m'arrivait de temps en temps –, j'écoutais tantôt mon père, dans quel cas je le remettais à l'endroit, et j'écoutais tantôt ma mère, dans quel cas je partais pour l'école avec mon chandail à l'envers.

Qu'est-ce que ça veut dire, si on veut aller un petit peu plus loin?

Quand on met un chandail à l'envers, ça signifie que nos pensées sont à l'envers, qu'on n'est pas tout à fait à notre affaire, qu'on n'est pas centré. Et il est vrai que lorsque l'on n'est pas centré, il peut nous arriver toutes sortes de contretemps. D'autre part, quand on décide de remettre les choses à l'endroit, d'enlever les distorsions, ça crée du remue-ménage dans tout notre être.

Lorsqu'on remet les choses à l'endroit – et la même situation se produit lorsqu'on rénove une maison –, on crée tout un charivari, on vit momentanément dans le désordre et on ne trouve plus rien. On fait la même chose lorsqu'on remet son chandail à l'endroit: on crée tout un charivari intérieur, mais parce qu'on pressentait que ça pouvait porter malheur, on résistait et on préférait garder le chandail à l'envers, masquer certaines choses.

C'est souvent comme ça quand on agit avec une conscience ordinaire. Beaucoup de personnes se baladent avec des chandails à l'envers dans leur tête, mais elles préfèrent ne pas les remettre à l'endroit parce que ça impliquerait des restructurations et des changements d'attitude.

« L'HISTOIRE DU SAC À MAIN ! »

Les lundis, en général, j'aime bien m'asseoir sur une terrasse pour préparer mon cours. Un de ces beaux lundis ensoleillés, à un moment donné, j'ai dû me lever pour aller téléphoner à l'intérieur du restaurant. Puis après, alors que je retournais à ma table, un couple m'a interpellée :

– Eh ! madame, vous avez laissé votre sac à main sur la table : vous n'êtes pas prudente. Vous savez, de nos jours, il y a tellement de vols. Vous auriez pu vous le faire voler.

– C'est vrai, madame, vous avez raison, il ne faut pas provoquer ; mais là, vous savez, je ne sentais aucun danger.

– Vous savez, il faut faire très attention, parce que...

– Moi, ai-je répondu, je pars d'un principe : si on a quelque chose à se faire voler, c'est qu'on a quelque chose à comprendre.

Et c'est vrai qu'il y a des moments où on sent qu'il vaut mieux emporter notre sac à main. On se dit : « Non, je ne dois pas le laisser ici. »

On sait quoi faire parce que notre conscience anticipe des événements. Mais cela se fait sans pour autant avoir une phobie de se faire voler, vous savez, cette phobie qui est là parce que quelque chose est décentré en nous et qui fait qu'on a toujours peur de se faire voler. Non ! au contraire : une sécurité est bien installée.

La dame insistait :

– En tout cas, pendant que vous téléphoniez, nous, on a surveillé votre sac : on ne l'a pas quitté des yeux.

– Vous voyez bien : vous étiez deux Anges Gardiens pour surveiller mon sac à main !

Elle a dit en riant : « Ah ! vous avez raison », et elle était toute contente.

Cet exemple sert à montrer que lorsqu'une paix est installée à l'intérieur de soi, on n'est pas toujours en train de se dire: « Je dois faire attention à ça, et puis aux *pickpockets* », et d'en développer une phobie.

Non! on vit avec un sentiment de sécurité; on sent des choses, et bien sûr on ne fait pas exprès pour provoquer, mais tout se fait naturellement.

« LA BOURSE OU LA VIE ! »

Voici une expression qui résume bien le choix auquel on est confronté sous la menace d'une personne qui tente de dérober notre argent: « La bourse ou la vie ». Dans l'exemple que je vais partager avec vous, la personne a préféré la bourse à la vie.

C'est l'histoire d'une femme qui travaille dans une chaîne de restaurants et que je rencontre de temps à autre. Un beau jour, lors d'une promenade, je l'ai rencontrée et elle m'a raconté ce qui lui était arrivé lorsqu'elle travaillait comme superviseure dans une banque, il y a un certain nombre d'années. Elle m'a dit: « Un jour, un homme s'est présenté avec un révolver à la main et l'a pointé directement sur mon front. »

Elle m'a raconté qu'elle avait agi de façon héroïque et que ses enfants l'admiraient pour cela. Alors, on va voir que ce qui semble généralement héroïque aux yeux des humains ne l'est pas forcément du point de vue Céleste.

Elle m'a dit que lorsqu'elle avait le révolver pointé sur son front, à un moment donné, le voleur a tourné la tête.

« J'en ai profité, m'a-t-elle dit, pour faire tomber une grosse enveloppe en me disant: "Ce sera toujours ça de moins qu'il aura." »

Imaginez! Elle a choisi la bourse! Il aurait pu voir ce qu'elle faisait, et CLAC! tirer.

Elle a ajouté: «Ce n'est pas tout. À un moment donné, il m'a demandé ma carte magnétique que je tenais dans la main. Il avait vraisemblablement bien planifié son coup: il savait que les superviseurs ont des cartes magnétiques qui leur donnent accès à beaucoup plus d'argent que les autres employés. C'était certainement pour cette raison qu'il m'avait visée, moi. Alors, pendant que son révolver était pointé sur moi, j'ai broyé la carte dans ma main.»

Imaginez! Vous voyez que ce genre de choses va très loin.

Elle a spécifié: «Cet événement m'a fait vivre un très gros traumatisme. J'ai dû aller consulter des psychologues, j'ai été suivie, et pendant longtemps je n'ai pas pu travailler. C'est seulement récemment que j'ai commencé à travailler comme serveuse au restaurant.»

En plus de tout cela, elle m'a confié:

– J'ai dû arrêter pour me faire opérer les mains.

– Que vous est-il arrivé? lui ai-je demandé.

– J'ai dû me faire sectionner le canal carpien, ici, au niveau des poignets, parce que l'énergie et le sang ne circulaient plus. J'avais les mains toutes froides, toutes figées; plus rien ne circulait.

Qu'est-ce que ça avait fait?

Le fait de revenir dans cette chaîne de restaurants et de travailler de soir et de nuit avait fait remonter des insécurités non résolues.

Vous voyez, elle avait été suivie par des psychologues, mais, à la racine, son problème d'insécurité n'était pas résolu. Et en recommençant à travailler dans le public avec des horaires de soir et de nuit, elle se trouvait à nouveau plongée dans une situation où elle courait certains risques, et ça avait déclenché ce problème avec ses mains.

Qu'est-ce que ça veut dire?

Si on pense à la réaction qu'a eue cette femme quand elle a écrabouillé la carte, on peut imaginer qu'elle refait encore inconsciemment ce même geste de ses mains dans lesquelles l'énergie circule mal. Ça veut dire que cette femme avait de grands problèmes d'insécurité et qu'elle tentait de trouver une sécurité au niveau de la matière. Elle s'accrochait à la matière.

Alors, vous voyez comment notre corps peut nous parler, nous montrer les problèmes dans leur profondeur.

Et très souvent, l'insécurité financière n'est qu'un tout petit bout de l'iceberg. C'est souvent juste un motif, une excuse pour camoufler – et éventuellement révéler – des problèmes plus profonds.

L'Ange YELAHIAH peut nous aider à transformer des couches de plus en plus profondes de notre être, et, petit à petit, retrouver la sécurité intérieure afin que ce ne soient plus des choses à l'extérieur de nous-mêmes qui nous procurent un sentiment de sécurité.

LA SOLUTION : UN CHECK-UP ANGÉLIQUE

Souvent, une personne qui vit dans l'insécurité a également peur de tomber malade. C'est l'insécurité au niveau de la santé.

Certaines personnes se font faire des *check-up* même si elles ne souffrent absolument de rien, même si elles n'ont aucun problème de santé ; elles veulent simplement être rassurées.

Ce n'est pas que je pense que les *check-up* ne sont pas nécessaires – ne me faites pas dire ce que je n'ai pas dit –, mais l'essentiel est de vivre avec la même sensation de sécurité que si on venait juste de se faire faire un *check-up*.

On se sent dynamique, rayonnant, ce qui permet à un sentiment de sécurité par rapport à la santé de s'installer dans notre conscience.

LA COMPRÉHENSION : CLÉ DE LA PAIX

J'aimerais partager avec vous une belle histoire qui porte de grands enseignements. C'est l'histoire d'un homme qui évolue totalement dans l'énergie de YELAHIAH, tant dans ses qualités que dans ses distorsions.

Dans son enfance, c'était un garçon extrêmement sensible, qui se mettait à pleurer pour un oui et pour un non.

Or dans notre société règne une consigne : « Un homme ne pleure pas ». Et ça, c'est quelque chose qui doit changer parce que, oui, un homme pleure. Un homme possède une sensibilité aussi importante que celle d'une femme. Mais il est vrai que souvent l'homme ne sait que faire de cette sensibilité, du moins en un premier temps de son développement spirituel.

Un jour, en classe, quand il était plus jeune, ce garçon a été offensé et s'est mis à pleurer devant tous ses camarades. Il en a ressenti une telle humiliation qu'il s'est dit : « C'est fini, je ne pleurerai plus jamais devant les autres. »

Donc, qu'a-t-il fait ? Il a dû inhiber, réprimer cette belle sensibilité et il a commencé à se construire une carapace qui, avec le temps, est devenue assez épaisse. Plus tard, quand il a atteint l'âge de travailler, il est entré dans la police. Mais ce n'était pas vraiment son rayon, et il ne s'y sentait pas tout à fait à l'aise.

Qu'a-t-il fait ? Il s'est lié d'amitié avec les délinquants et il a essayé de les aider ; il a fait tout un travail social. Dans les faits, c'était plus un travailleur social qu'un policier, quoique les policiers ont beaucoup évolué depuis vingt-cinq ans au Canada, et que maintenant – et de plus en plus – ils font aussi du travail social.

Mais cet homme ne se sentait pas vraiment l'âme d'un policier. Chaque être a son plan de vie et cherche à créer les situations qui le feront travailler à se transformer.

Cet homme nous a confié qu'il avait de la difficulté à donner des contraventions, qu'il faisait souvent partir les gens en leur disant: «Va-t'en! va-t'en!» parce que ça le dérangeait de leur imposer une amende.

C'est le *fun*! On peut en rire, mais quand on reçoit un avis de contravention, c'est un enseignement qui nous est donné. Rappelez-vous le chiffre, le numéro de la contravention, c'est le numéro de l'Ange; on reçoit un enseignement de cette façon.

Il nous a raconté que les délinquants venaient souvent le voir pour lui dire: «Tu sais, on n'a pas fait de coup, hier soir, parce que c'est toi qui étais de garde.» Ces jeunes le trouvaient très généreux.

Un jour, il s'est dit à lui-même: «Je n'ai plus rien à faire dans la police.» Il a alors poursuivi son aspiration et sa soif de justice – à l'extérieur de lui-même – et il est devenu avocat.

Plus tard, il a commencé à venir aux cours de Kabbale pratique, et là, finalement, il a compris le sens de tout son cheminement. Il a rencontré en lui-même ce côté chevaleresque et il a changé. Si bien qu'un jour il nous a dit qu'il était en train de retrouver sa sensibilité de petit garçon, sa finesse, et qu'en même temps, il sentait émerger de tout son être une force et une compréhension qui lui permettait enfin d'exprimer sa sensibilité.

Il avait retrouvé sa clé, la clé de la Paix!

À DOUBLE TRANCHANT

La première arme, c'est la pensée.

Une pensée peut être une arme puissante. Et ce que l'on pense peut être autant constructeur que destructeur.

Voici un petit exemple qui s'est passé la semaine dernière.

Une femme était au restaurant et conversait avec une amie. Cette dernière souhaitait intérieurement que son amie partage l'enseignement des Anges avec elle. Elle n'en a rien dit, mais ce qui s'est exprimé de son être était très tranchant et très imposant. À un moment donné, en conversant normalement, elle a commencé une phrase en pointant son couteau – elle l'avait dans la main car elle mangeait – vers son amie, en disant: «Toi...»

À ce moment-là, l'autre femme, qui a une grande sensibilité, lui a répondu: «Eh! ce que tu as fait... quelque chose m'a dérangée dans ton geste: c'est venu me chercher; c'est quelque chose de très...»

Que s'était-il passé?

Plus tard, en échangeant, nous nous sommes rendu compte qu'il y avait eu quelque chose de très tranchant dans sa pensée et que, malgré elle et sans même s'en rendre compte, elle avait pointé son couteau.

Elle a beaucoup médité là-dessus parce que ça l'a fait réfléchir.

Vous voyez, on verse dans l'orfèvrerie de la conscience: on va vraiment chercher une grande finesse. Car même si quelque chose que l'on vit est très beau, on ne doit jamais l'imposer aux autres.

Pendant trois jours, elle a médité sur son geste. Lors de cette même fin de semaine, à un moment donné, il y avait un buffet et elle est allée se servir alors que j'y allais moi aussi. À ce moment-là, un couteau est tombé sur son orteil. Le couteau ne lui a pas fait de mal, mais son orteil aurait pu être coupé.

Voilà comment ça fonctionne. Ce sont des signes, des lois de cause à effet qui nous disent, comme dans ce cas-ci: «Regarde, si tu es tranchante avec ta pensée, ce tranchant va te retomber dessus un jour ou l'autre.»

Vous voyez, la gestuelle est une conséquence des pensées et elle peut se lire comme un livre: c'est le Livre de la Nature, le Livre du langage symbolique.

La même chose se produit avec nos paroles: elles peuvent avoir un double tranchant et se retourner contre nous, et ça, c'est important. On en a déjà parlé, d'aller voir au-delà de certains mots que l'on peut dire.

C'est cela, la Connaissance.

« *LE CERF, C'EST MOI !* »

Reprenons l'exemple de cet homme qui pleurait quand il était enfant et qui, plus tard, est entré dans la police. Hier soir, ce bel avocat était au cours, et il a partagé avec nous quelque chose de très beau qu'il a vécu. Je venais tout juste de parler de la chasse, et ça l'a amené à s'exprimer sur son expérience en tant que chasseur.

Il a dit: «Quand j'avais cette grande sensibilité, j'avais tellement peur qu'on me fasse du mal, que les excursions de chasse étaient devenues pour moi des moments extraordinaires. Dans ces moments-là, j'étais dans cette belle nature si réconfortante, si riche, et je pouvais m'ouvrir avec toute ma sensibilité sans avoir peur d'être blessé. Parce que, en plus, j'avais une arme pour me protéger.»

Cet homme avait fait toute une analyse psychologique. Ça va très loin. Il a dit: «Avant les cours, je n'aurais pas du tout été capable d'analyser ce qui se passait en moi.»

Il se rend compte que maintenant, WOW! tout son cœur peut s'ouvrir, qu'il peut vraiment s'exprimer. Il a dit: «Un jour, un cerf s'est retrouvé devant moi; je l'ai regardé dans les yeux et j'ai ressenti une telle douceur dans cet animal! Et pourtant j'ai appuyé sur la gâchette!

«Après ça, je n'ai plus jamais été capable de tirer! Et c'est seulement ce soir que j'ai compris ce qui m'était arrivé. Pourquoi cet acte m'a-t-il dérangé? Et pourquoi l'ai-je commis? Parce que je voulais tuer toute la douceur, toute la vulnérabilité et toute la tendresse qui était en moi, car je ne voulais pas l'exprimer. Ça me portait à anéantir ces qualités lorsque je les voyais à l'extérieur de moi-même.»

Si on n'est pas capable d'entrer dans le cheminement de la transformation, tout ce qui se trouve à l'intérieur de soi et qu'on refuse de vivre et d'assumer, eh bien on va vouloir l'anéantir à l'extérieur de soi. Pour ne pas le voir, on va tenter de le contrôler. C'est le seul moyen de ne pas avoir un miroir.

Cet homme m'a dit qu'il côtoyait certains amis chasseurs, et il m'a confié: «Les chasseurs sont des êtres extrêmement sensibles. Ils ont l'air, là…» Puis il a mimé: «Ils ont l'air d'être de gros bras», et a ajouté: «Moi, je les ai écoutés à trois ou quatre heures du matin. J'ai vu chez ces hommes une grande fragilité, une grande sensibilité qu'ils n'osent pas exprimer; j'ai vu leur crainte d'être agressés s'ils osaient dévoiler leur vulnérabilité.»

Donc, vous voyez, on peut aller chercher de grandes compréhensions dans tous ces phénomènes, dans tout ce qui se passe dans nos expérimentations.

C'est pour cette raison qu'on doit laisser chaque personne découvrir ce qu'elle a à apprendre.

QU'EST-CE QU'UN ÉGRÉGORE?

Chaque fois qu'on a une pensée conflictuelle, chaque fois qu'on a un esprit agressif, vindicatif, ça génère des pensées et des émotions qui vont nourrir des réservoirs collectifs qu'on appelle égrégores. Et éventuellement, ces réservoirs positifs et négatifs se cristallisent dans la matière: ils se matérialisent.

C'est une Loi Universelle.

Donc, pour toutes les guerres qui se produisent, nous devons tous et toutes en assumer notre part de responsabilité. Chaque fois qu'on pense d'une manière agressive ou violente, on nourrit les réservoirs qui les créent.

Ceci dit, on n'a pas à s'en culpabiliser, mais il faut en reconnaître notre responsabilité.

On peut aussi savoir que chaque fois qu'on a des pensées de sérénité, de paix ou d'amour, on nourrit un autre type d'égrégore qui, lui, propage la paix, l'euphorie et le bien-être sur la Terre.

Donc, vous voyez, tout est une question d'état de conscience et il n'y a plus de raison de dire: «Ho! les guerres!» et de subir.

Non! tant qu'il y aura encore un homme ou une femme qui pensera avec agressivité, tant que les Lois Universelles ne seront pas respectées, cela continuera car la belle idée de la paix dans le monde ne sera qu'artificielle. Et elle ne pourra être réalisée que lorsque tous les êtres humains auront retrouvé la Paix à l'intérieur d'eux-mêmes.

LES ÂMES JUMELLES

Nous allons maintenant parler du sens profond des missions respectives de l'homme et de la femme.

Leur mission s'accomplit lorsqu'ils se retrouvent ensemble pour devenir UN, c'est-à-dire lorsqu'ils touchent le principe même de la Création, soit le mariage parfait de l'Esprit et de la matière. Cette fusion peut ensuite se matérialiser dans divers projets altruistes, dont les plus sublimes sont sans contredit la création d'un enfant et la transmission de la Connaissance à l'enfant.

Dans nos sociétés, nous en sommes arrivés à un tel degré de dépolarisation que, dans bien des cas, la femme n'est plus femme et l'homme n'est plus homme.

L'homme et la femme ont été conçus pour vivre et évoluer en couple. Lorsque l'un ou l'autre est seul, il se produit automatiquement un dérèglement de l'équilibre, et l'être cherche à compenser en se dépolarisant à un degré plus ou moins grand, selon la situation qu'il vit.

Généralement, quand l'homme et la femme sont célibataires, leurs équilibres émotionnel et psychique sont perturbés. Et alors, l'être cherche généralement l'amour sous sa forme manifestée, d'une manière compensatoire (consommation exagérée, beaucoup d'activités sociales, excès de travail, dépendances de tout ordre, etc.); mais cela ne lui apportera jamais pleine satisfaction. D'autre part, lorsque les âmes jumelles se rencontrent, l'activité compensatoire n'a plus lieu d'être. Elle disparaît, elle s'efface.

Le concept ultime de l'équilibre consiste à trouver son complément, à vivre en couple et à fusionner, tant intérieurement qu'extérieurement.

Cependant, si la personne est sérieusement engagée dans un cheminement spirituel, sa vie de célibataire constitue une étape préparatoire primordiale car elle lui permet de développer la Connaissance de soi. Il faut se connaître avant de pouvoir connaître les autres.

Si vous n'avez pas trouvé votre âme jumelle, travaillez sur vous-mêmes, étudiez, et un jour, dans cette vie ou dans la prochaine, vous vivrez l'Amour et vous passerez à une autre étape. Parfois, il vaut mieux être seul que mal accompagné.

Lorsque deux personnes se retrouvent comme âmes jumelles, une grande transformation se produit chez chacune d'entre elles. Les qualités, les capacités et les pouvoirs se redistribuent de façon naturelle chez l'une et chez l'autre. L'homme redevient homme et la femme redevient femme. La confiance qui habite la relation devient tellement grande que les êtres fusionnent dans un sentiment d'éternité. Mais il faut que chacun des deux êtres aient d'abord recherché Dieu et qu'ils aient effectué un important cheminement. Les âmes jumelles n'existent que si la spiritualité occupe la première place dans la vie de chacune des deux personnes.

L'homme et la femme sont là pour s'entraider, pour être le miroir l'un de l'autre afin de mettre en lumière ce qui doit être changé. Parce qu'ils sont complémentaires, ils doivent s'entraider et non pas se juger ou se faire compétition, comme on le fait souvent dans notre société parce qu'on est déconnecté.

Quand on partage ce but suprême, celui de marier le Ciel et la Terre à l'intérieur de soi, l'Esprit Divin nous habite, on comprend les choses et l'Intelligence nous accompagne.

Il y eut des époques où les hommes se retiraient du monde et s'isolaient dans la vie religieuse car la femme était perçue comme le Mal. On avait peur de son pouvoir de matérialisation et de toutes ses capacités subtiles. Cette ignorance, qui a tenu la femme éloignée de la Connaissance, a causé beaucoup de tort, mais il devait en être ainsi, car il faut connaître les deux extrêmes pour, finalement, choisir l'équilibre.

De toute façon, ces temps-là sont révolus et le troisième millénaire sera celui des Anges et de cette nouvelle mentalité qui redonne à l'homme et à la femme leur rôle de créateurs de la nouvelle Cité Céleste, ce Paradis auquel on a toutes et tous droit.

Lorsque la fusion de deux êtres devient totale, il y a une telle synchronicité, une telle harmonie, qu'il n'existe plus aucune forme de possession ni de besoin. Il y a un total non-attachement à la matière, car pour permettre à l'Esprit de marier la matière, encore faut-il en être détaché.

C'est cela, travailler avec les Anges, avec cette puissante philosophie. C'est un accès direct à la Connaissance.

On a un but et on sait pourquoi. Puis on fait le chemin ensemble, main dans la main.

Lorsqu'un homme et une femme s'unissent, cela génère de très grandes réalisations : voilà en quoi consistent les âmes jumelles.

LES FEMMES BATTUES

Si on veut vraiment comprendre le phénomène de la soumission, il faut l'envisager du point de vue de la réincarnation. Sinon, certaines situations semblent n'avoir aucun sens.

La notion de réincarnation veut qu'on ait eu plusieurs vies et qu'on revienne avec tout notre bagage, avec tout ce qui a été inscrit en nous lors de ces vies. C'est par cette notion qu'on peut comprendre le principe de la soumission.

Nous sommes soumis à notre propre programme, à notre plan de vie, lequel est nécessaire à notre évolution.

C'est parce que le contenu de ces autres vies n'est pas conscient que, quelquefois, face aux situations que l'on a à vivre et qu'on ne comprend pas, on doit se dire: «D'accord, je ne sais pas encore tout ce qui est dans mon programme, mais je me soumets: je sais que j'ai ça à vivre; je vais réparer ce que j'ai fait dans d'autres vies. D'accord, il faut que je vive certaines choses.»

Quand on parle de soumission – et cela se fait généralement en termes négatifs – il nous vient facilement à l'esprit l'exemple des femmes voilées dans les pays arabes.

Dernièrement, une émission de télévision nous présentait des situations extrêmement difficiles: on brûlait avec un liquide décapant des femmes qui refusaient de se soumettre.

Si on regarde ce phénomène à l'horizontale, ça n'a aucun sens. Ces femmes n'ont rien fait: il est injuste qu'elles soient brûlées comme ça! Mais si on entre dans une vision à la verticale grâce à la compréhension de la Loi du karma, c'est plus facile à comprendre et à accepter.

Pourquoi cet être qu'on a vu à la télévision s'est-il incarné dans des conditions de sujétion aussi extrêmes, où on lui impose autant de violence? Qu'a-t-il pu vivre? On n'a pas besoin de porter de jugement, mais cette femme est là pour réparer. Peut-être a-t-elle été un homme dans d'autres vies, un homme qui s'était totalement coupé de sa femme intérieure, de l'Esprit, qui ne voulait rien entendre et qui ne respectait aucune règle.

Les forces compensatoires s'attirent. Dans un tel cas, l'homme peut se réincarner en femme et la femme en homme; l'un aura le goût de battre, l'autre sera battu. Les Lois Universelles sont rigoureuses, mais elles sont justes.

Ce ne sont pas nécessairement les mêmes personnes qui reviennent ensemble, quoique cela puisse se produire.

Les attitudes dominatrices sont très longues à rectifier et peuvent nécessiter plusieurs vies. Car celui ou celle qui fait subir devra subir à son tour. C'est absolu! C'est la Loi!

Vous voyez, cette explication nous permet de comprendre. Mais elle ne nous empêche aucunement d'éprouver de la compassion. Ce regard ne nous oblige pas à l'indifférence. Bien au contraire: on éprouve de la compassion, c'est-à-dire de l'amour et de la compréhension, et on n'est pas là, à subir dans la tristesse ce qui est en train de se passer.

Il est impossible de comprendre ces attitudes inhumaines sans avoir recours à la notion de réincarnation.

La même chose se passe chez les femmes battues.

Si on a été battue, si on est une femme battue, il faut revenir à soi-même: c'est qu'il y a des petits agressifs à l'intérieur de soi, qui dans d'autres vies ont battu, et cela s'est inscrit. La Loi de la résonance fait reproduire à l'extérieur de soi ce qui est inscrit à l'intérieur.

Mais si une femme est battue, doit-elle rester là, à continuer à se faire battre, sous prétexte qu'elle a des résonances? Non, elle n'est pas obligée: elle peut partir.

En comprenant le côté caché des choses et en travaillant sur elle-même, en travaillant sur ses petits agressifs intérieurs pour ne pas continuer la chaîne – le cercle vicieux d'en vouloir à tous les hommes –, elle va réussir à s'en sortir. Plutôt que de quitter un homme violent pour se retrouver avec un autre tout aussi violent parce qu'elle n'a rien changé à l'intérieur d'elle-même, avec un bon travail de conscientisation, elle peut parvenir à se libérer de la violence, tant à l'intérieur qu'à l'extérieur d'elle-même.

Pour reprendre confiance en la vie, en Dieu, une femme qui a été battue doit se dire : « Par ignorance, j'ai probablement fait la même chose dans une autre vie. Je n'ai pas à lui en vouloir. Avec la Connaissance, je me suis reconnectée, et je suis maintenant disposée à réparer. »

On travaille sur ses petits agressifs intérieurs, puis, petit à petit, ça change et c'est un autre homme ou une autre femme qui finit par émerger, très tendre, très doux ou très douce, parce que tous les petits agressifs, tous ceux qui sont à l'intérieur de soi et qui ont battu ont été transformés.

Tout est possible. Et cela se produit avec plus ou moins de rapidité ; le temps ne compte pas.

L'attitude de soumission, c'est d'arriver à se dire : « Je me soumets à mon programme et je travaille sur moi-même avec l'Ange REHAEL (n° 39) ; je dois accepter. »

Sans cette compréhension, il est bien normal de s'insurger : Dieu n'existe pas, le monde paraît injuste et les situations opprimantes semblent dénuées de tout fondement, de toute signification.

LA PETITE BOÎTE

La semaine dernière, mon époux est parti en voyage et m'a laissé un petit mot au sujet d'un contenant de purée de pois chiches : « S.V.P. pourrais-tu retourner cette boîte car la pellicule de protection était enlevée. »

Il était parti explorer de nouveaux territoires pour la session d'automne. La veille de son départ, il avait fait des courses, et il m'avait laissé ce petit message.

Tout était juste, mais je n'avais pas le temps d'aller reporter la *petite boîte* car j'avais beaucoup de choses à faire cette journée-là. De toute façon, le produit était déjà perdu et il fallait le jeter. Bien sûr, j'allais récupérer deux ou trois dollars – ça je le savais – et je n'ai pas du tout l'habitude de gaspiller, mais là, mon emploi du temps pouvait justifier que je n'y aille pas.

Le premier jour, je me suis donc dit: «Non, je n'y vais pas»; mais je n'ai pas pu jeter la boîte parce que je savais qu'il y avait un sens plus profond à tout cela. Je me suis dit: «Mon mari a écrit cela; il n'y a pas de hasard: je dois me soumettre». Je connais l'enseignement, et je sais que si je ne le fais pas, ça fera en sorte que dans des plans subtils, je perdrai une protection et il y aura des choses à l'intérieur de moi qui ne seront pas protégées.

Je voyais donc l'importance de faire le détour. Ça devenait un geste aussi important que toutes les autres choses que j'avais à faire, soit de préparer mes cours et mon examen pour obtenir la citoyenneté canadienne.

Je savais que, de toute façon, cette petite boîte se retrouverait à la poubelle; mais en y réfléchissant bien, j'ai réalisé que c'était important de la rapporter, ne serait-ce que pour ma propre conscience.

Alors, je me suis soumise à la demande de mon mari, car je me suis dit: «Si je ne suis pas capable de faire des gestes comme celui-là, certaines choses s'inscrivent en moi dont je ne suis pas consciente.»

J'ai finalement rapporté la petite boîte de tartinade au magasin et, en échange, j'ai pris du pain. Symboliquement, le pain, c'est la Connaissance, et la caissière m'a rendu soixante cents. Or, l'Ange n° 60, c'est Mitzrael, la réparation. C'est aussi l'énergie de retour de Rehael (n° 39), la soumission.

Quand une autorité a été mal exercée, on la répare avec la soumission.

On m'a donc rendu soixante cents! Imaginez-vous! On s'amuse sans arrêt avec les Anges: Ils nous répondent par des symboles. J'étais bien contente.

On apprend à se soumettre à la moindre petite chose qui nous est demandée; sinon, on se laisse embarquer dans toutes sortes de projets, on a toutes sortes d'autres choses à faire et on néglige les *petites choses* comme celle-là.

Une tartinade de pois chiches, ça aussi ça peut être important. Voilà le principe de la soumission.

GUÉRIR L'ORIGINE

Quand on est dans la distorsion de REHAEL (n° 39), la soumission, l'intellect se trouve bloqué, et ça entraîne toutes sortes de maladies qui sont courantes dans notre société.

Toutes les maladies mentales viennent du fait qu'on ne laisse pas passer les énergies d'En Haut. Ça génère aussi des dépressions. Par exemple, quand on fait une dépression, c'est que l'intellect ne comprend pas une situation, que des angoisses s'installent et qu'on n'arrive pas à les dissiper.

Je vous le dis, REHAEL (n° 39) est un Ange-clé. Quand on commence à étudier cet enseignement, on devrait d'abord travailler avec cet Ange, de la même façon qu'on apprend à faire nos gammes quand on commence à étudier la musique. REHAEL nous aide à débloquer notre intellect afin de recevoir tous les cadeaux que nous offre l'Univers, car la Soumission Divine repose sur une conception profonde et sacrée de la réceptivité.

Quand l'intellect bloque les énergies, ça engendre aussi toutes sortes de problèmes musculaires: des claquages, des distensions et des déchirures de ligaments.

Souvent, un sportif va souffrir d'un muscle trop étiré: c'est de l'insoumission. On fait parfois des gestes forcés, on veut contrôler et on n'a pas assez de souplesse dans notre conscience. Cela se répercute au niveau de nos muscles et ils claquent.

Lorsque l'intellect est trop fort et qu'il ne laisse pas circuler l'énergie, au lieu de donner de la structure et de la rigueur, ça donne de la sévérité et de la rigidité. C'est la même chose qui se passe dans les muscles.

Ce manque de souplesse d'esprit fait en sorte que l'on a tendance à trop forcer les choses dans notre corps et ça génère des problèmes de toutes sortes au niveau de la musculature.

Un autre problème illustre bien ces blocages: les torticolis. Quand une personne a des torticolis, c'est que son intellect bloque certaines énergies et qu'il ne leur permet pas de descendre dans son corps, dans son cœur et dans tout son être. Dans de tels cas, il est bon de travailler avec l'Ange REHAEL.

La même chose se produit quand on a des crampes. L'explication à la verticale de certaines crampes qui surviennent lorsqu'on fait trop d'exercice, c'est que l'on n'a pas su s'écouter. Voilà ce que ça donne.

Il en va de même des maladies de l'intestin. Quand l'intellect retient l'énergie – par exemple quand on refoule certaines pensées –, il se trouve à bloquer le travail des intestins. Certaines personnes ont souvent de gros problèmes intestinaux. Ça commence par la constipation, et puis après, ce sont toutes les fonctions d'élimination qui sont perturbées. Si on retient, cela signifie qu'on n'arrive pas à éliminer certains types de pensées et que ce blocage est descendu dans le corps physique.

Vous voyez, ça va très loin !

À l'extrême, on retrouve le sida, cette maladie qui, en ce moment, touche beaucoup de monde. Le sida aussi est lié à la distorsion de l'énergie de REHAEL, parce que dans ce cas, l'intellect bloque la circulation de l'amour et empêche l'accès à la compréhension des Lois Universelles. Et, bien sûr, il en empêche l'application.

Donc, l'Ange REHAEL est une clé extraordinaire qui peut nous aider dans tout ce qu'on vit au niveau de la santé et de la maladie. Bien sûr, ça peut prendre un certain temps, et dans certains cas, ça n'élimine pas nécessairement l'utilité des médicaments. Mais en travaillant avec l'Ange, on travaille à guérir la cause de la maladie. On commence par changer notre attitude intérieure et, peu à peu, notre état s'améliore.

Puis, un jour, on est guéri. C'est absolu ! On ne sait pas à quel moment cela se produit – dans cette vie-ci ou dans la prochaine –, mais avec le Travail, on se rend bien compte que c'était simplement une façon erronée de penser qui était à l'origine de notre mal-être.

L'ENSEIGNEMENT DE LA COIFFEUSE

C'est en comprenant bien le principe de la soumission qu'on arrive à comprendre celui de l'autorité.

Le terme *soumission* peut faire cligner des yeux ou hérisser le poil des bras, mais quelqu'un qui a compris le vrai sens de la soumission possède une grande force, une grandeur d'âme extraordinaire, et son autorité peut s'exercer de manière juste.

Les milieux de travail sont un lieu idéal pour apprendre à se servir de l'autorité et pour voir où on en est concernant cet état de conscience.

Dans les entreprises, on parle souvent de soumissions. Quand on a besoin qu'un travail soit fait, on contacte des entreprises sous-traitantes et on leur demande de soumettre des devis ou des soumissions. Une fois l'adjudication contractée, ces entreprises et ces personnes s'engagent à fournir un travail suivant certaines conditions.

Avec l'Ange REHAEL (n° 39), on parle de soumission filiale, c'est-à-dire du type de soumission qu'on retrouve entre parents et enfants. Dans le monde entrepreneurial, on parle également de filiales. Celles-ci jouissent de campagnes publicitaires et de politiques d'entreprise déjà établies par leur maison-mère, mais elles doivent se soumettre à elles.

Donc, on le voit, cette réalité existe bel et bien tant dans les entreprises que dans la vie de tous les jours. Et elle y est utile.

J'aimerais partager avec vous un exemple intéressant de ce dont nous sommes en train de parler, et dans lequel – j'en suis persuadée – plusieurs vont se reconnaître.

Durant la semaine précédant le cours sur l'état de conscience REHAEL, une femme qui était déjà dans l'énergie de cet Ange est venue me voir. Ça arrive très souvent que les gens qui viennent me voir sont en train de vivre des initiations en rapport avec le contenu du cours suivant.

Cette femme vivait l'état de conscience de REHAEL, mais dans sa distorsion. Elle m'a dit: «J'ai reçu un grand enseignement.»

Laissez-moi d'abord vous dire qu'elle est employée dans un salon de coiffure et que normalement, le samedi est un jour très occupé pour les coiffeurs et coiffeuses, parce que les gens sont généralement plus disponibles pendant les fins de semaines pour aller se faire coiffer.

Depuis quelque temps, cette femme avait un petit problème au genou qu'elle interprétait comme un signe ou un avertissement concernant quelque aspect de son comportement.

Comme je vous l'ai déjà expliqué, la distorsion de REHAEL inclut tous les claquages musculaires. De plus, dans le cas de cette femme, il s'agissait du genou. Quand on dit: «Pose un genou à terre», ça signifie: «Soumets-toi».

Ce n'était pas la première fois qu'elle avait des problèmes de genoux, et elle avait déjà compris beaucoup de choses concernant ce qu'elle avait à rectifier dans son comportement. Mais là, son genou n'était pas encore tout à fait rétabli.

Or, un beau samedi midi, la propriétaire du salon de coiffure a décidé de quitter et l'a laissée s'occuper seule de la clientèle pendant tout l'après-midi, alors qu'elle savait très bien qu'elle avait mal au genou et que le samedi est une journée généralement très occupée.

Là, tous ses petits rebelles se sont pointés ; ils se sont insurgés. Elle m'a dit : « J'étais enragée contre elle de la voir partir : elle me laissait seule par une journée aussi occupée ; et en plus, j'avais mal au genou. J'ai ragé, j'ai pleuré. »

Elle a alors essayé d'appeler à son aide une autre coiffeuse, mais sans succès. Finalement, mis à part cette frustration, l'après-midi s'est bien déroulée. En Haut, On lui donnait une petite leçon car elle m'a dit : « J'ai d'abord reçu un premier grand enseignement : il n'est venu que deux clientes dans tout l'après-midi. Bon ! »

Ensuite, puisque cette femme est une personne qui communique bien et parce qu'elle a reconnu le signe qu'On lui avait donné, quand elle a revu sa patronne elle lui a demandé :

– Mais comment se fait-il que vous m'ayez laissée seule un samedi, alors que vous saviez que j'avais mal au genou ?

– J'étais mal dans ma peau, a répondu la patronne. Je me faisais beaucoup de souci car je n'arrive plus à joindre les deux bouts, financièrement, et je ne sais pas comment je vais pouvoir continuer à vous garder. (Elle a deux employées) Je me sentais tellement perturbée par la situation que j'ai dû rentrer et te laisser seule avec le travail.

Elle m'a dit : « OUPS ! quel enseignement j'ai eu ! Je me rebellais d'avoir trop de travail, et là, On me montrait que je risquais de perdre mon emploi ! »

Imaginez l'enseignement que cette personne a reçu. Elle va s'en souvenir toute sa vie.

« ON ME CRACHE AU VISAGE ! »

Dernièrement, une femme qui travaille dans un milieu hospitalier avec des personnes âgées dont beaucoup souffrent de maladies mentales m'a dit: «Quelquefois, des personnes âgées me crachent dessus.»

Cette femme a l'Ange REHAEL (n° 39) à la tête, c'est-à-dire qu'elle doit à tout prix débloquer son intellect pour permettre à son potentiel émotionnel d'émerger. Elle comprend maintenant que ce n'est pas par hasard qu'elle travaille dans un tel environnement.

Je lui ai répondu: «Soumets-toi. Soumets-toi pour l'instant, et ça va te renforcer. Tant que tu es là, tu as quelque chose à comprendre, et il vaut mieux que tu y restes jusqu'à ce que ça ne te dérange plus du tout. Aux grands êtres, aux Sages, on a tout fait subir, et ils réussissaient à conserver une attitude de compassion.»

Quand on a transformé nos petits rebelles, nos petits insurgés, ça ne nous fait plus rien qu'une autorité soit mal exercée envers soi. On a de la compassion parce qu'on connaît l'effet boomerang du karma: on comprend que la personne qui tyrannise est en train de développer un karma bien difficile, et qu'elle devra payer dans le futur tout ce qu'elle fait présentement subir aux autres.

Aussi, au lieu d'en vouloir aux personnes qui exercent mal leur autorité ou qui posent des gestes qui nous semblent injustes, au lieu de rager contre elles, on se dit: «Cette situation me dérange; merci de me le montrer. Ça veut dire que j'ai encore des résonances à l'intérieur de moi.»

On respire l'énergie de REHAEL jusqu'à ce que ça ne nous dérange plus, et on apprend à aimer ces gens.

Un jour, une personne m'a dit: «Ne devient-on pas insensible à force de dire: "Plus rien ne me dérange"?»

Non! au contraire, on devient beaucoup plus Amour, tout amour, toute sensibilité, toute compassion. À ce moment-là, on n'a plus de résonances car on comprend les Lois Divines dans tout notre être.

Ce n'est pas du je-m'en-foutisme car on réfléchit profondément à la situation: on ne la laisse pas de côté. Seulement, ça ne nous perturbe plus. Seule la compassion subsiste car on comprend que ces gens sèment dans leur jardin les graines d'expérimentations difficiles pour le futur.

On doit toujours rester dans la non-violence, à tous points de vue, et ce, jusque dans nos pensées. Car l'injustice n'existe pas dans l'Univers.

L'ENSEIGNEMENT DU BONJOUR

Voici un autre exemple qui sert à illustrer l'idée de la soumission. Vous allez voir, c'est très subtil.

Je vais souvent au restaurant de mon quartier; c'est mon grand bureau: On m'y envoie tellement d'expérimentations! Un jour, je me suis présentée au comptoir, et la serveuse m'a répondu en gardant les yeux baissés car elle était occupée à faire quelque chose. Je lui ai dit: «Bonjour!» D'habitude, elle me renvoie un beau bonjour plein d'amour, mais cette fois-là, elle a à peine levé les yeux en me répondant d'un bonjour assez lointain.

Puis quand elle m'a aperçue, elle m'a lancé un «Ah! bonjour!» beaucoup plus joyeux. Je lui ai dit:

– Il est un peu timoré, votre bonjour, ce matin!

– Oui, mais je ne savais pas que c'était vous!

– Ah! parce que vous avez un bonjour sélectif?

Elle a réfléchi et, en me rendant ma monnaie, elle m'a dit: «Vous m'avez bien eue avec votre bonjour sélectif.»

Ça l'avait fait réfléchir, mais l'enseignement était un peu pour moi aussi, en ce sens qu'On me disait: «Ne sois jamais sélective.»

On aperçoit quelqu'un et tout notre être rayonne, puis on voit une autre personne avec laquelle on a moins d'affinités, et ce n'est pas le WOW! Ça devrait toujours être le WOW, toujours un beau «Bonjour!».

Je ne parle pas de politesse. Parfois, on arbore un beau sourire, mais au niveau de notre énergie, dans notre aura, ce n'est pas le WOW! Donc, c'est cela qu'On voulait me montrer: que peu importe à qui on a affaire, on devrait toujours dire un beau bonjour.

Ça fait aussi partie de la soumission que d'accepter tous les gens que la Vie met sur notre chemin. Voilà le bel enseignement que j'ai reçu.

LA LEÇON DE L'ENSEIGNANTE

Voici une autre anecdote, qu'une enseignante qui vient aux cours m'a racontée. C'est une personne très ouverte et elle est toujours à l'affût des signes, prête à lire les symboles.

Elle m'a dit: « Ce matin-là, je ne devais pas être très centrée. Comme j'écrivais au tableau, tout à coup la craie a cassé. Je n'ai pas porté attention à ce signe et j'ai continué à écrire avec l'autre bout du bâton de craie parce que je me disais: "Je ne veux pas distraire les enfants: notre programme est chargé et nos élèves doivent le parcourir en entier." »

Dans le domaine de l'apprentissage scolaire, on rencontre beaucoup de distorsions de l'état de conscience de REHAEL (n° 39). Cette énergie s'actualise parfois dans toute sa beauté, mais il arrive aussi qu'elle s'exprime par une grande pression mise sur les élèves: on surcharge leur intellect. Là, il y avait un programme assez chargé à respecter, et cette enseignante ne voulait pas distraire ses élèves.

CLAC! la craie a cassé une deuxième fois. Alors, l'enseignante s'est dit à elle-même: «Ah! là, j'ai un signe.»

Elle s'est retournée vers ses élèves et leur a dit: «La craie s'est cassée deux fois: qu'est-ce que j'ai à comprendre?»

Alors, les jeunes ont eu une réaction très fine. Un des élèves a dit: «Eh bien, vous êtes impatiente, madame!»

Ils ont fait toute une lecture, ces jeunes! C'est extraordinaire; je vous le dis: ce sont de grands maîtres, de grands psychologues.

Un autre élève a levé la main et a dit: «Vous en faites peut-être un peu trop!»

OOOH!

Ensuite, un autre a dit: «La craie était un peu fragile.» Lui, il raisonnait à l'horizontale, mais son message pouvait être interprété de la façon suivante: «Il y a un peu trop de fragilité à l'intérieur de toi: restructure-toi, mets-y de l'amour.»

Elle a reçu toutes sortes de bons commentaires, qu'elle a su accueillir comme une leçon.

Les enseignants doivent être vigilants. Lorsqu'on enseigne, l'intellect est très sollicité; mais il ne doit pas prendre le dessus: il ne doit pas contrôler. Généralement, si on écoute les enfants, ils sont là pour nous le rappeler, afin que les valeurs du cœur soient toujours présentes et que la craie soit plus souple.

IL FAUT DEVENIR L'ANGE

Une personne qui travaille intensément avec les Énergies Angéliques et qui a l'Ange REHAEL en incarnation m'a raconté un rêve qu'elle avait fait, un rêve qui est – comme vous allez voir – très intéressant.

Cette personne a rêvé qu'un chien pit bull l'attaquait, la mordait au bras et la blessait de façon importante. Dans le rêve, elle s'est alors mise à invoquer, à inspirer les Énergies Angéliques, mais plus elle respirait, plus le chien mordait fort. Elle a alors fortement affirmé: «Non! Non! Non!», trois fois *Non* pour les trois plans: la tête, le cœur et le corps. Le chien a lâché prise et est parti. Puis elle s'est réveillée.

Ce rêve est plein d'enseignements pour nous tous. Il signifie: «Arrête de n'invoquer qu'avec ton mental: incarne les qualités Angéliques dans tout ton corps.»

Il est très important de comprendre que dans notre travail de restructuration, il ne suffit pas de simplement prononcer le nom de l'Ange : il faut devenir l'Ange ; et cela s'applique tant dans les rêves qu'en état d'éveil.

« QUE TA VOLONTÉ SOIT FAITE ! »

On peut parfois se sentir irrité parce que la pluie se met à tomber.

Même si on porte un beau costume, même si notre coiffure tombe, on doit accepter la pluie, on doit l'accueillir : c'est une bénédiction. Ce n'est pas trop difficile pour certains d'entre nous. Une belle pluie tombe ? On la laisse couler, on se soumet à ce que Mère Nature nous envoie.

Voilà, c'est tout cela, la soumission.

« J'AI RETROUVÉ MON PÈRE »

J'aimerais partager avec vous un témoignage que j'ai reçu d'une femme qui vient aux cours des Anges depuis un certain temps.

Cette femme a eu des problèmes avec son conjoint. Elle l'a quitté, elle a vécu une dépression et, par la suite, elle a fait un énorme travail sur elle-même.

Or, la semaine dernière, quand elle est venue se confier à moi, elle venait de se réconcilier non seulement avec son père, mais aussi avec son conjoint, et ce dernier était retourné vivre avec elle.

Vous allez voir que son histoire s'inscrit très bien dans l'énergie de l'Ange REHAEL (n° 39) dont il sera question ce soir. Elle va nous faire comprendre comment on peut retrouver l'amour et le respect pour le père, peu importe ce qu'il a fait dans le passé, peu importe ce qu'on a vécu avec lui.

Quand cette femme s'est ouverte à l'amour et qu'elle a appelé son père, dont elle n'avait pas eu de nouvelles depuis des années, elle venait de retrouver une partie de son homme intérieur. Elle a été très touchée, et son père également. Elle a appris qu'il était en phase terminale, qu'il était en train de mourir. Il était donc très ému qu'elle l'appelle durant ses derniers jours.

Elle m'a dit que lorsqu'elle était petite, son père était très autoritaire avec elle. Il exerçait une autorité trop forte, une autorité mal comprise. Mais elle a réalisé qu'après tout, c'était un très bon père et elle le lui a dit en toute sincérité. Elle l'a remercié de tout ce qu'il lui avait donné, de l'intégrité et de l'honnêteté qu'il lui avait enseignées.

C'était un homme très religieux mais un petit peu trop à la lettre. Elle comprenait maintenant que c'était par réaction à l'attitude de son père qu'elle avait rejeté tout ce qui était du domaine de la foi et de la spiritualité. Elle lui a dit qu'elle était revenue à la foi et qu'elle travaillait maintenant avec les Anges. Il était très heureux d'apprendre cela et de revoir sa fille.

Elle m'a dit que sa famille comptait seize enfants et que lorsqu'ils étaient petits, ils vivaient dans la honte à cause d'importants problèmes financiers.

Avec la nouvelle vision que procure le travail avec les Anges, cette femme a été capable de comprendre pourquoi son père avait été trop autoritaire, et de retrouver, d'honorer les qualités qu'elle avait reçues de lui. Elle a aussi compris pour quelles raisons elle avait choisi un père de ce type – parce que c'est vrai: en quelque sorte, on choisit son père – et ce que ça lui avait apporté. Elle a réalisé qu'elle avait pour mission – que ça faisait partie de son plan de vie – de comprendre l'autorité et la soumission, de cerner pourquoi elle avait choisi ce père, et de transcender ce qu'elle avait vécu avec lui.

Avec le recul, elle a compris qu'elle avait vécu la distorsion, et cette prise de conscience l'a fait grandir. Par la suite, elle a été capable d'aimer son père d'un amour sincère, de ressentir l'amour filial et l'amour paternel.

Une fois qu'on a vraiment réussi à comprendre le père, sincèrement, dans toutes nos cellules – comme cette jeune femme l'a fait –, à ce moment-là, on peut amorcer une autre étape plus élevée: on peut recevoir l'amour du Père Céleste, cet amour intense qui nous permet de réaliser que tout a une raison d'être.

LE PASSÉ DEMEURE LE PASSÉ

Le passé demeure le passé: on ne peut pas le biffer; il reste là, imprimé. C'est comme si on avait été filmé, et qu'il y avait des bandes vidéo enregistrées sur soi-même et sur nos expérimentations. Notre famille et tous nos souvenirs sont en outre là pour nous le rappeler.

Puis, à un moment donné, on décide de se transformer et on commence à enregistrer une nouvelle cassette vidéo: on devient une toute autre personne.

Nous allons voir que tant et aussi longtemps qu'on n'a pas tout résolu dans le contenu des anciennes cassettes, on devra rectifier chacune des photos avant d'atteindre l'Illumination. Sinon, chaque fois qu'on rencontre une personne qui transporte avec elle la vibration énergétique des anciens films, ça nous dérange car on a encore des résonances avec ses vibrations.

C'est pour cette raison que lorsqu'on se transforme et que l'on s'aperçoit qu'on n'a plus les mêmes idées que les autres membres de notre famille, on ne se sent pas obligé de leur imposer notre façon de voir les choses. On comprend que ces personnes veulent nous voir dans l'ancien film parce que ça les dépasse de nous voir changé, et que pour elles, on est devenu un miroir qui leur reflète ce qu'elles résistent à changer à l'intérieur d'elles-mêmes.

L'Ange IEIAZEL (n° 40) nous aide à éliminer nos anciens conditionnements, un par un. On accepte ce qui est enregistré, et on imprime autre chose dans notre mémoire cellulaire. Avec le temps et un travail intérieur assidu, les anciens contenus ne nous dérangent plus du tout car on est parvenu à éliminer toute résonance avec eux.

On accepte: « Oui, j'étais comme ça. Et c'est heureux que j'aie vécu ces expérimentations car elles m'ont appris à me connaître : je ne serais pas ce que je suis maintenant si je n'avais pas vécu tout ça. Je ne dois pas avoir honte de mon passé, ni renier certaines personnes, ni me sentir dérangé lorsque ma famille ou mes proches me remettent dans les anciennes cassettes, car tout cela fait partie intégrante de mon histoire. »

Mais sachez qu'il faut faire tout un travail avant d'en arriver à cette étape ultime. Le critère numéro un, c'est de toujours, toujours, toujours, revenir à soi.

«Est-ce que je me sens dérangé ? Oui, je suis dérangé. Eh bien d'accord : je dois faire des révisions sur mon ancienne cassette. »

« VIENS, MON ANGE : ON VA MÉDITER »

Depuis un certain temps, les scientifiques parlent de phéromones, ces molécules très volatiles et inodores qui agissent comme des messages subtils et que se transmettent tous les insectes et tous les animaux. Au départ, on croyait que ces molécules, qui touchent le système hormonal, la force sexuelle et les instincts, ne se retrouvaient que dans le monde animal; maintenant, on sait qu'elles existent aussi chez l'espèce humaine.

En tant qu'êtres humains, nous avons une dimension animale: c'est notre partie instinctuelle. Quand on travaille sur elle, on arrive à l'apprivoiser pour qu'elle s'harmonise avec notre moi Supérieur.

Les phéromones n'ont rien à voir avec les traces odorantes avec lesquelles les animaux marquent leur territoire dans le but de se reproduire: ce sont des molécules subtiles et inodores.

Les chercheurs ont observé que chaque race et chaque espèce d'insecte ou d'animal possède son propre langage phéromonal et que celui d'une espèce donnée ne peut être décodé par les autres espèces. Ces messages, qui sont émis lors de certaines situations, veulent souvent dire: «Je suis votre voisine de terrier», ou bien: «Venez les copines: ce soir ça va chauffer!»

En fait, on s'est rendu compte que l'émission de phéromones déclenche l'attrait sexuel tant chez les êtres humains que chez les animaux.

Par exemple, dans une étude, on a mis des phéromones féminines sur certaines chaises d'une salle d'attente et on a observé que dans neuf cas sur dix, les hommes allaient s'asseoir spécifiquement sur ces chaises, comme s'ils étaient attirés par elles. On a aussi observé la réciproque chez les femmes.

Il existe donc tout un langage inconscient et un dialogue subtil entre les êtres, que les scientifiques commencent à peine à mettre en évidence.

Beaucoup d'autres phénomènes générés à partir de ce qui émane de notre être échappent à notre conscience. En travaillant dans les plans subtils, en défaisant nos conditionnements et en modifiant nos émotions, on transcende notre dimension animale pour devenir un Ange.

Nous, les êtres humains, sommes sensibles aux phéromones grâce à un capteur qui se trouve près du nez. Une bonne respiration permet de nettoyer ces capteurs et d'affiner toutes nos sensations.

Comment émet-on ces phéromones? Par toute notre peau.

En travaillant avec les Énergies Angéliques, en travaillant dans nos profondeurs, on peut modifier notre émission de phéromones pour qu'elles soient de plus en plus pures, qu'elles soient non pas instinctuelles, mais conscientes, Angéliques. Quand on se transforme, au lieu d'émettre de façon inconsciente des messages qui ne font que traduire ce qui se produit au niveau de nos instincts, on peut en venir à émettre des messages tels que: «Viens, mon Ange: on va méditer.»

Vous voyez que ça va très loin, qu'il existe tout un langage subtil et inconscient qui nous fait communiquer entre nous. On ne sait pas pourquoi on attire certaines situations ou certaines personnes, mais une chose est certaine: on les attire.

LA VIE EST BELLE

J'aimerais faire une analogie entre des situations que l'on vit et certaines scènes du film *La vie est belle*, qui, je l'avoue, m'a beaucoup touchée.

Ce très beau film – qui a d'ailleurs connu un grand succès – nous permet de comprendre l'état de conscience de l'Ange IEIAZEL (n° 40). Il nous montre ce que l'on peut faire dans des situations extrêmes de terreur et d'oppression humaines qui, en fait, expriment la distorsion de l'Ange IEIAZEL. À partir des situations extrêmement opprimantes mises en scène dans ce film, on a réussi à faire une belle histoire d'amour qui rayonne beaucoup de joie, de réjouissance et d'émotion.

C'est l'histoire d'un homme – un juif très joyeux et exubérant – et de sa famille: une femme italienne dont il est très amoureux et leur enfant. L'action se déroule durant la deuxième guerre mondiale, et brusquement, l'homme et son fils de cinq ou six ans sont arrêtés et emmenés en détention dans un camp de concentration. Son épouse – qui n'était pas censée être arrêtée – par amour se sacrifie et veut être emmenée au camp.

Malgré la tristesse et la détresse de leur situation, le père invente pour son enfant toutes sortes d'histoires et de jeux afin que le petit ne voie pas l'affreux de la situation dans laquelle ils se trouvent. Malgré son extrême fatigue, il fait constamment preuve de réjouissance et de réconfort. Il se trouve en fait dans un état de conscience particulier.

Il s'agit bien sûr d'un film, mais on peut s'en servir pour faire une analogie avec nos états intérieurs dans certaines situations que l'on vit, des situations opprimantes dans lesquelles on se sent emprisonné.

Dans le film, on a affaire à un cas extrême de terreur. Quand l'humanité va très loin dans ses distorsions, voilà le genre de situations que ça donne.

Même si la réalité qu'ils vivent est difficile, l'homme la présente à son enfant comme s'il s'agissait d'un jeu: il fait comme s'ils partaient en voyage, il le fait jouer à cache-cache pour ne pas que les Allemands les voient et il lui raconte une histoire à savoir que plus on travaille, plus on gagne de points pour obtenir le premier prix (un char d'assaut!). Il fait constamment ressortir à ses yeux des aspects positifs de ce qui leur arrive, ce, avec humour et beaucoup d'amour.

Je ne sais pas si le réalisateur connaît la symbolique des chiffres, mais le train qui emmène ces prisonniers au camp de concentration porte le numéro 40, chiffre de l'Ange IEIAZEL, la réparation et la transformation; et apparaît également sur des portes le nombre 52, qui représente l'expiation des erreurs. Figure aussi le chiffre 9, numéro de l'Ange HAZIEL, l'Amour inconditionnel (la situation vécue dans le film est l'extrême de la distorsion de cet état de conscience). La figuration de ces nombres étonne, mais elle n'est pas due au hasard.

L'exemple de ce personnage peut nous servir d'encouragement. On se dit: «Quoi qu'il m'arrive, ma tête et mon cœur vont faire la différence». Cet homme est tellement motivé par l'amour qu'il porte à son enfant et son épouse qu'il en arrive à déployer une imagination et une créativité extraordinaires pour leur apporter du réconfort. Il maintient courageusement cet état de conscience très élevé alors qu'il est lui-même rompu de fatigue par le travail.

Quel enseignement peut-on en tirer?

Quoi que la vie nous propose à l'extérieur – même des situations d'emprisonnement ou de terreur extrême –, dès qu'on est touché par l'amour, on va chercher ce qu'il nous faut à l'intérieur de soi-même.

C'est cela que l'Ange IEIAZEL nous permet de faire. Il n'empêche pas les situations de se produire, mais il nous soutient et nous réconforte dans l'épreuve.

On se trouve parfois dans une impasse, comme par exemple dans une situation conjugale ou une situation de travail dans laquelle on se sent emprisonné, conditionné par des choses difficiles. À ce moment-là, on invoque l'Ange IEIAZEL et on décide, à la fois dans sa tête et dans son cœur, qu'on va faire la différence. On maintient un taux vibratoire élevé alors que d'autres, dans une situation analogue, plongent dans le désespoir en nourrissant des pensées de tristesse, des idées négatives, des images de malheur.

Vous voyez, c'est ça, la force: c'est de maintenir cet état de conscience. Et comprenez-moi bien, il ne s'agit pas de tricher avec soi-même. C'est vraiment d'un état de conscience qu'il s'agit, et pour le maintenir, on se conditionne soi-même. Mais pourquoi se conditionner? Parce qu'on comprend que si on est dans un endroit donné ou une situation donnée, ce n'est pas par hasard.

On peut même affirmer avec beaucoup de compassion que les Juifs qui sont morts durant cette tragique période de l'histoire avaient choisi, dans leur plan de vie, de terminer leurs jours de cette façon. Ceux qui ont été victimes de l'holocauste sont venus purifier des karmas qu'ils avaient engendrés dans d'autres vies, afin de franchir une grande étape de leur évolution personnelle.

Lorsqu'on se trouve dans un environnement hostile, si on comprend la Loi du karma, on peut arriver à comprendre la Justice Divine. Sinon, comment pourrait-on croire en Dieu de façon concrète?

« *LES ANGES, CE N'EST PAS LA CHAISE LONGUE* »

Un jour, une personne m'a dit :

– J'ai été secouée pendant trois jours en travaillant avec les Anges.

– Tu as de la chance, lui ai-je répondu, tu as appris quelque chose.

– En Haut, je Les ai implorés : "Je veux bien comprendre des choses, mais la prochaine fois, faites que ce soit plus confortable !"

Le confort ! Alors là, dans une conscience ordinaire, demander le confort, ça veut dire : « Moi, je veux bien apprendre, mais je ne veux pas être trop bousculée. »

Mais, vous savez, ça ne fonctionne pas de cette façon ! Alors, plutôt que de chercher le confort comme sur une chaise longue – je vous le répète, les Anges, ce n'est pas la chaise longue –, on se conditionne en se disant à soi-même : « J'ai des choses à comprendre, j'ai des résonances : je vais grandir, je vais croître, et ça, ça me réjouit ; ça me réconforte car je ne perds pas mon temps, ici, sur Terre. Peu importe ce qui m'arrive : je suis ici pour évoluer. »

LE CONDITIONNEMENT

Quand on parle de dépendances, certaines personnes ne se sentent pas concernées. On les entend dire : « Je n'ai pas de dépendance à l'alcool ni à la drogue ni aux cigarettes : ça ne me concerne pas. »

Or, on est tous conditionnés. Et on est limités par le moindre petit conditionnement.

Cet après-midi, j'ai rencontré une personne toute joyeuse qui m'a dit :

– J'ai deux petits-enfants et je suis tellement contente ! Le dernier a commencé à m'appeler mamie.

– Voyez-vous souvent vos petits-enfants ? lui ai-je demandé.

– Ah oui ! il me les faut au moins une fois par semaine.

C'était certainement très beau de voir cette mamie, mais, quand elle disait : « Il me les faut », on sentait que si elle ne voyait pas ses petits-enfants au moins une fois par semaine, elle serait malheureuse. Son bien-être dépendait de cela.

Il me les faut dénote une dépendance : ça veut dire qu'on est conditionné. Or, tous ces conditionnements doivent tomber.

Pour illustrer la finesse et la subtilité des conditionnements, je vais vous raconter ce que j'ai vécu ce matin.

Alors que nous nous réjouissions entre amis dans un restaurant, on est venu m'avertir qu'une personne voulait me parler au téléphone. Mais avant que je n'aie pu m'y rendre, la personne avait déjà raccroché en disant qu'elle allait rappeler. Puisque très peu de personnes étaient censées savoir où nous étions, j'en ai déduit que c'était telle personne qui m'avait appelée, que ça ne pouvait être qu'elle.

Alors, plus tard, quand on m'a passé le téléphone, j'ai été désorientée : la personne qui était à l'autre bout du fil n'était pas celle à qui je m'attendais à parler.

Or, en temps normal, j'aurais reconnu sa voix tout de suite car je connais bien cette personne, mais voilà : puisque je m'étais conditionnée pendant quelques minutes, je n'arrivais pas à la reconnaître. D'autant plus que, normalement, je reconnais facilement les voix ; j'y suis très sensible. Par contre, la personne à l'autre bout du fil était assez contente : elle était persuadée que je l'avais reconnue !

Vous voyez jusqu'où va le conditionnement ?

Et là, je vous parle d'un simple coup de téléphone. Imaginez tous les conditionnements qu'on se crée ! Ils sont multiples, et c'est pour cette raison que l'exemple que j'ai choisi de vous raconter est aussi simple.

Chaque fois qu'on se conditionne, on ferme notre conscience : on n'est pas conscient de ce qui se passe vraiment parce qu'on s'est conditionné à partir de certaines références, et que si ces références ne s'appliquent pas à la situation, on se retrouve dans l'inconnu et on se sent perdu.

Avec l'Ange IEIAZEL, c'est extraordinaire : les conditionnements sautent tous, un par un. Mais ça prend du temps : il n'est pas difficile de défaire des conditionnements qui ne datent que de quelques minutes, mais pour défaire ceux qui sont installés depuis des années et plus longtemps encore – par exemple depuis nos autres incarnations –, là, tout un travail est nécessaire. Ça demande de la patience et beaucoup d'amour.

LES ENFANTS INDIGO

Voici une petite histoire qui raconte ce qui nous est arrivé récemment avec notre fille de cinq ans.

Notre fille est très martienne : ses trois Anges sont situés dans la Séphira Guebourah, celle qui est symboliquement reliée à la planète Mars, et un de ses Anges est IEIAZEL, la force, la combativité et un potentiel émotionnel puissant.

Lorsqu'elle est fatiguée, elle devient un petit peu autoritaire. Le commandement est une expression de l'énergie martienne.

Alors, un soir, en cherchant une petite histoire à lui raconter, nous avons choisi comme personnage une petite fille à laquelle elle peut s'identifier: nous lui avons raconté que cette petite fille avait été trop autoritaire, et qu'il s'est passé telle et telle chose. Puis, là, elle est entrée dans l'histoire. Toute contente, elle nous a dit: «Elle aurait dû aller dormir: elle était trop fatiguée. Si elle était allée se coucher, elle n'aurait pas été aussi autoritaire.»

Ce qu'on sème dans la psyché de nos enfants est très important et a beaucoup de valeur pour eux. Les qualités et les vertus qu'on leur transmet, ils vont les transporter pendant toute l'éternité.

Alors, il est évident que notre fille a réfléchi. Elle a entendu l'histoire de la petite fille trop autoritaire et elle a commencé à se poser des questions. Elle n'a que cinq ans, mais les nouveaux enfants sont remarquables.

Maintenant, il y a des enfants qui arrivent sur Terre avec un niveau de conscience tellement élevé que la vitesse à laquelle ils évoluent ne cesse de nous étonner. On les appelle les enfants indigo parce que l'indigo est la couleur énergétique du troisième œil, situé au milieu du front, entre les deux yeux. Il va sans dire que les systèmes scolaires ne sont pas du tout adaptés à ces enfants.

Plusieurs parents consultent mon mari afin de pouvoir comprendre leurs enfants et savoir comment les accompagner. Un jour, les parents d'un nouveau-né de quelques jours ont demandé à mon mari de les rencontrer parce qu'ils ne comprenaient pas ce qui leur arrivait.

Ce sont des gens très simples qui n'ont aucune Connaissance spirituelle.

Avant son accouchement, la mère avait rêvé que l'enfant se présentait à elle en lui disant: «Tu m'appelleras Jacob».

Bon, on a déjà entendu d'autres histoires comme celle-là, mais vous allez voir, ça va beaucoup plus loin.

Le père, lui, était un petit peu perturbé: il avait rêvé qu'il devait attendre en file pour pouvoir parler à son enfant parce que des dignitaires étaient venus consulter ce dernier. Une fois arrivé face à l'enfant, il s'est rendu compte que celui-ci avait une trompe d'éléphant et il s'est fait dire: «Ne t'inquiète pas, je n'ai pas besoin de toi pour apprendre: j'apprendrai seul.»

Les parents ne savaient que penser de tout ça. Mon mari les a rassurés en leur disant que l'enfant évoluerait normalement, qu'il avait à l'intérieur de lui-même des ressources importantes et qu'il était préférable de ne pas parler de ces rêves à d'autres personnes, ni de s'en faire une gloire personnelle. Il leur a dit: «Vivez normalement; laissez faire le destin.»

Puis il a pris l'enfant dans ses bras et lui a souhaité la bienvenue.

C'est pour des raisons comme celles-là qu'il est important que nous, les adultes, apprenions à nous déconditionner: nous devons préparer un terrain favorable pour ces nouveaux enfants qui arrivent.

On parle souvent des enfants maltraités, de ceux dont la jeunesse est complètement décadente, mais on ne parle pas suffisamment des enfants fantastiques qui eux aussi sont parmi nous.

Ils ne font pas trop de bruit, mais si on les observe, si on entre dans leur énergie, on perçoit quelque chose de très spécial. Dès qu'on leur offre certaines valeurs spirituelles, on voit ces enfants s'ouvrir comme des fleurs qui s'épanouissent. Pour eux, la spiritualité – la psychologie initiatique – est une nourriture très importante.

Alors, notre fille a réfléchi, car l'histoire de la petite fille autoritaire l'a fait vibrer. Elle m'a demandé: «Mais quand on fait des fautes, que se passe-t-il lorsqu'on arrive au Ciel? Est-ce qu'on peut réparer nos fautes?»

Elle n'a que cinq ans et elle commence déjà à poser de telles questions. On voyait qu'elle commençait à vouloir réparer. Alors, son père a pris son petit nounours et lui a dit: «Tu vois, quand le petit nounours va aller au Ciel, là, tout à coup, il va passer dans la Lumière et il va rencontrer de vieux Sages aux cheveux blancs. Si pendant toute sa vie il a laissé traîner des papiers par terre, s'il était grognon, s'il se plaignait et s'il n'avait pas de belles pensées, il va arriver En Haut et il va être un petit peu vaseux, là. Il ne va pas trop comprendre ce qui lui arrive et il n'entendra pas très bien.»

«Puis, les vieux Sages, pleins d'amour, vont lui dire: "Tu sais, Nounours, tu as laissé traîner des papiers toute ta vie, et puis tu as été grognard. Alors, nous, On va t'aider; tu vas redescendre sur Terre et On va te donner un travail qui va te permettre de tout réparer". Puis le petit Nounours va redescendre, il ne se rappellera plus: il sera un tout petit bébé. Mais, plus tard, il deviendra adulte et il arrivera dans la ville de Saint-Jérôme, où on lui proposera de nettoyer les rues en ramassant les papiers. Oh! là, il sera très content! Il ramassera tous les papiers de Saint-Jérôme et il sera joyeux. Il se réjouira car, même s'il ne se souviendra pas de ce qu'il a fait auparavant, quelque chose dans son cœur se réjouira.»

C'est ça, l'enseignement de IEIAZEL: On nous donne des tâches à effectuer et on s'en réjouit.

Pour nous, c'est peut-être comme pour le petit nounours. Peut-être avons-nous laissé traîner quelques papiers, et maintenant un devoir nous est proposé et on va l'accomplir comme un roi ou une reine. Avec cette compréhension, ramasser les papiers, ça peut être extraordinaire!

Son père lui a expliqué: «Alors, quand le petit nounours va remonter, il va revoir les vieux Sages qui vont lui dire: "C'est bien, petit Nounours, nous sommes fiers de toi: tu as ramassé tous les petits papiers et tu étais content de le faire. C'est bien: tu as appris la réjouissance. Maintenant, On va t'envoyer sur Terre pour apprendre la Sagesse."»

Puis, là, son père a croisé les pattes du petit nounours comme s'il allait méditer, et il a commencé à lui chanter une chanson orientale. Là, notre fille s'est mise à sauter, tant elle était contente! Elle était tellement exubérante qu'elle a renversé son verre de jus.

Nous avons bien ri en racontant l'histoire des papiers, mais, tout à coup, nous nous sommes rappelés qu'il nous restait quelque chose à faire. Pendant la journée, alors que nous nous promenions dans la nature, notre fille avait mangé un esquimau glacé et avait voulu se débarrasser du papier d'emballage parce qu'il était un peu collant.

On lui enseigne toujours de ne pas laisser traîner ses papiers, car tout ce qu'on fait à l'extérieur, on le fait aussi à l'intérieur: quand on laisse traîner des papiers, c'est qu'on laisse aussi des papiers sales traîner à l'intérieur de soi. On lui enseigne de toujours garder ses papiers sales dans sa poche jusqu'à ce qu'elle puisse les jeter à la poubelle.

Mais, cette journée-là, on ne voulait pas l'obliger à le mettre dans sa poche car il était collant. Alors son père l'avait caché sous une pierre en disant: «Sur le chemin du retour, on pourra récupérer le papier pour le jeter à la maison.» Mais en revenant, nous avons emprunté un autre chemin et, évidemment, nous avons oublié de récupérer le papier.

Vous voyez, ce n'est pas par hasard que son père lui racontait l'histoire du nounours qui laissait traîner des papiers. Et après, on s'est rappelé en souriant: «Oh! nous avons oublié le papier sous la pierre.» Alors mon mari a dit: «Demain matin, avant d'aller à l'école (c'était dans la forêt, loin du chemin de l'école) on ira le chercher.»

J'ai bien ri de les voir: il venait de lui donner tout un enseignement sur les papiers et nous nous rendions compte que nous avions fait la même chose que le nounours! Je riais, je riais. Me voyant rire, ma fille était très contente et c'est ainsi qu'il faut faire: il faut se réjouir.

Alors, de très bonne heure le lendemain matin, ma fille et son père sont allés chercher le papier dans la forêt. Nous avions déposé une petite note sur la table pour être certains d'y penser. Ma fille était toute fière d'aller ramasser ce petit papier, elle riait et son père lui a dit:

– Tu sais, c'est sérieux d'aller ramasser le papier.

– Excuse-moi, papa, je sais que c'est sérieux mais je suis tellement contente d'aller ramasser ce papier.

Une fois arrivés sur les lieux, ils ont retrouvé le papier, mais qu'y avait-il de plus? Quand on laisse traîner des papiers, que se passe-t-il? Il y avait des petites fourmis en train de le manger.

En faisant une analogie, on voit que lorsqu'on laisse traîner des choses, on crée des brèches dans notre conscience et des petits insectes y entrent et engendrent des pensées négatives ou agressives, des pensées de tristesse.

Notre fille est tout à coup devenue triste et elle a dit:

– On va enfermer le papier dans un sac à sandwich et les petites fourmis vont rester accrochées dessus.

– On ne va pas tuer les fourmis, a répondu son père, il ne faut pas les tuer: on va les mettre dans une poubelle – c'est une poubelle ouverte – et on va leur donner une chance. On va leur dire: "Vous avez le choix: soit que vous restez dans vos sucreries, dans la poubelle, dans les vidanges, soit que vous en sortez et que vous retournez dans l'herbe, un petit peu à l'écart des poubelles. Vous avez le choix; c'est votre liberté."

Puis, quand ils ont jeté le sac à sandwich, ils l'ont laissé entrouvert. Notre fille était heureuse car elle avait compris.

L'ALCHIMIE CLIMATIQUE

Et si je vous parlais de Ieiazel qui nous fait découvrir nos petits déserts et nos petits déluges ?

Présentement, dans les journaux, on fait régulièrement état de phénomènes catastrophiques se produisant dans notre atmosphère. Mais on ne parle pas souvent des effets bénéfiques de ces bouleversements.

L'autre jour, je feuilletais un magazine scientifique et je suis tombée sur un bel article qui traite de transformations dans les déserts. On y annonce la floraison du siècle dans certaines régions désertiques.

Depuis un certain temps, une incroyable effervescence florale s'est déclenchée dans des régions considérées comme très arides, comme par exemple les zones désertiques qui s'étendent de la Californie jusqu'au Texas.

Qu'est-ce qui a pu déclencher cette effervescence ?

L'article compare ce qu'est devenu un certain coin de terre avec ce qu'il était quelques années auparavant. Sur les photos, on voit d'abord un terrain complètement desséché, une terre craquelée et parsemée de cailloux. Ensuite, sur des photos plus récentes, on voit cette même terre transformée en un immense tapis de fleurs avec, en arrière-plan, un arc-en-ciel qui se manifeste après la pluie. Un certain nombre de déserts sont, comme celui-là, en train de se recouvrir de fleurs et de végétation. Ce phénomène comporte une vraie libération.

Que s'est-il passé ?

Faisons une analogie avec nous-mêmes, puisque tout ce qui se passe dans la nature est la résultante des pensées, des émotions et des actes collectifs.

Pour qualifier le phénomène que je viens de décrire, les scientifiques parlent d'une alchimie plutôt que d'une chimie – la première ayant des côtés plus subtils –, d'une alchimie climatique favorisée par la pluie, le vent et la chaleur. Faisons une analogie en utilisant les symboles: le vent et l'air, c'est le monde des pensées, et le soleil qui brille et qui crée de la chaleur, c'est l'amour. Les scientifiques expliquaient que cette alchimie climatique avait pu se produire parce que les conditions favorables étaient présentes à ce moment-là.

L'analogie que l'on peut faire entre ces changements naturels et l'état de la conscience humaine indique qu'un certain nombre de courants de pensées positives sont présentement en œuvre.

Toutes sortes d'événements naturels se produisent sur notre planète ; certains sont présentés d'une manière apocalyptique, mais d'autres comme ceux qu'on vient de décrire reflètent au contraire des changements définitivement positifs. Ainsi, de nouvelles émotions sont nées dans la conscience humaine ; elles concernent le feu de l'Esprit et l'eau, tous deux favorisant la floraison dans des zones autrefois désertiques à l'intérieur de l'être.

Je trouve ces changements très encourageants : ils signalent des transformations importantes dans les niveaux de conscience et ils confirment qu'on vit en ce moment une époque de grands bouleversements.

Plutôt que d'avoir peur des événements qui surviendront, il vaut mieux prendre conscience qu'il ne s'agit que d'une période transitoire.

En ce moment, ce que nous vivons n'est pas la fin du monde: c'est simplement la fin d'un monde, la fin d'un monde sans conscience.

IL NE FAUT PAS INTERPRÉTER À LA LETTRE

La personne dont je vais vous parler a l'Ange IEIAZEL (n° 40) en incarnation. Elle m'a expliqué que la semaine dernière, lors d'un exercice de visualisation et de détente que je guidais, dont la consigne était de se voir rencontrer une personne et de s'imaginer dans une mission, à sa grande surprise, elle s'est vue très agressive vis-à-vis de la personne qu'elle avait choisie.

Il est important de savoir que même si dans l'accompagnement verbal que je donne pendant les méditations, je tiens toujours des propos très positifs et agréables, il faut accepter qu'émergent parfois de notre subconscient des petites parties de notre être qui dévoilent de l'agressivité, un côté émotionnel non résolu.

En fait, toutes sortes de choses peuvent émerger pendant nos méditations; c'est normal et il est important de les accepter et de se dire: «Je ne suis pas seulement ça. Le reste est très beau, très Angélique; mais là, On me fait voir à la loupe une partie agressive de moi-même. Je l'accepte, et merci beaucoup de me la faire rencontrer.»

Cette femme est une belle personne qui chemine, et tout son côté trop émissif en tant que femme est en train de s'estomper. Et cela, elle le sent bien dans sa façon d'être en relation avec son conjoint.

Dans une situation comme celle-là, un changement d'état intérieur chez la femme se répercute sur le conjoint qui, graduellement, peut sentir qu'il a la possibilité de prendre sa place en tant qu'homme et en tant que chef de son foyer. En effet, lorsque la femme n'est pas capable de bien intérioriser la force martienne de l'émissivité, elle l'extériorise de façon démesurée; et alors, l'homme ne peut exercer sa virilité.

La semaine dernière, un couple d'agriculteurs est venu me parler. La femme m'a posé une question intéressante: «Oui, mais moi, dans mon travail, je suis très impliquée dans l'action.

J'exerce un métier quelque peu masculin. Est-ce bien que je continue à conduire le tracteur ? »

Alors, là, de nouveau, nous avons bien ri. C'est une femme très féminine et elle conduit le tracteur pour participer au travail familial, pour aider son mari ; et elle le fait avec toute sa féminité.

Oui, c'est vrai qu'il y a des métiers d'hommes et des métiers de femmes. Mais en réaction aux siècles passés, nos sociétés sont passées à l'autre extrême. Cela est normal car l'être humain est en période de mutation profonde à tous les niveaux. Dans le futur, nos sociétés auront comme mission de redéfinir le rôle de l'homme et de la femme pour en arriver à un consensus qui répondra aux Lois Universelles d'équilibre et d'harmonie.

Dans ce genre de situations, la première question à se poser, c'est : « Comment vais-je le faire, avec quelle intention ? »

Pour répondre à la question de cette femme, son mari a dit : « Il est sûr que si tu voulais commencer à réparer le tracteur et à tout faire à la ferme, ça indiquerait une certaine distorsion. » Alors que dans son cas, elle conduit le tracteur seulement pour participer au travail.

Oui, parfois la femme doit faire des travaux qui exigent de la force physique, mais à l'intérieur d'elle-même, elle se doit de rester très féminine, délicieuse, et de conserver une belle complicité avec son mari.

Vous voyez, il ne faut jamais interpréter les choses à la lettre. Ce qui compte, c'est de se demander : « Comment vais-je le faire, avec quelle intention ? Est-ce que je le fais pour ne plus avoir besoin d'un homme ? Pour lui prouver que je suis aussi capable que lui ? Pour décider seule ? Pour contrôler ? »

Si la réponse à l'une de ces questions est oui, la femme se dépolarise par son intention. Elle perd graduellement sa féminité.

« *NE TOUCHE PAS !* »

Une femme m'a confié qu'elle avait rapporté de voyage du chocolat tout à fait spécial pour son enfant et un autre cadeau pour son mari. Quelque temps plus tard, quand je suis arrivée chez eux, elle m'a offert un morceau de ce chocolat en m'expliquant ce qui s'était passé : « Tu sais, (elle riait un peu) c'est mon mari qui a mangé la plus grande partie du chocolat. Ma fille et moi, nous n'étions pas contentes de ça. »

Je les ai écoutés, puis j'ai dit à la femme : « C'est bien d'offrir un cadeau à ta fille et un autre à ton mari. Mais, une fois cela fait, pourquoi ne pas avoir eu cet esprit de partage et lui avoir dit : "Le chocolat aussi est à ta disposition." »

Dès qu'on pose des conditions et qu'on restreint quelqu'un, comme quand on dit : « Ça, c'est à moi, et ça, c'est à toi », on se trouve à créer des interdits et ça entraîne des envies.

Alors je lui ai dit : « Mais si on va un petit peu plus loin, il y a peut-être lieu pour toi de te poser des questions : quand on va chercher du réconfort dans les sucreries, c'est un signe. Peut-être que certaines douceurs ne sont pas données de manière assez libre – sans condition – dans ton couple. »

Dans de simples actes du quotidien comme celui-là, on peut déceler la présence d'une carence affective. La nourriture, c'est le côté émotionnel : quelquefois, on va chercher refuge dans la nourriture par simple besoin de tendresse et d'affection.

LE FAUCONNIER

Lors d'une conférence que je donnais aux États-Unis, au moment de la pause, alors que nous partagions tous le repas, j'ai fait connaissance avec l'un des participants qui était fauconnier.

Qu'est-ce qu'un fauconnier ? C'est une personne qui entraîne les faucons, et cet homme-là faisait ce travail pour un aéroport.

Dans les aéroports, certains oiseaux – quelquefois en grand nombre – provoquent des accidents en percutant les avions ou en entrant à l'intérieur des réacteurs, ce qui crée des dégâts importants et très coûteux. Or, lorsqu'ils sont entraînés pour faire fuir les autres oiseaux, les faucons servent par leur seule présence à prévenir ces accidents.

On peut faire une analogie entre le travail des faucons dans les aéroports et celui de l'Ange ASALIAH (n° 47) dans notre vie. Tout ce qui appartient à l'élément air représente le monde de nos pensées. Les oiseaux représentent nos pensées, qui sont parfois un peu agitées, qui se dispersent, qui vont un peu dans toutes les directions et qui créent des accidents dans notre vie, empêchant la synchronicité de se manifester. En entrant dans notre moteur – le moteur, c'est notre motivation –, ils saccagent notre véhicule, notre vie.

Lorsque cet homme nous parlait des faucons – nous étions tous très intéressés par le sujet –, il avait lui-même les yeux de cet oiseau, des yeux extrêmement perçants. C'est du mimétisme naturel : on devient ce à quoi on pense, car on entre en symbiose avec l'environnement dans lequel on évolue, avec les gens avec lesquels on vit.

Lui, il avait vraiment des yeux magnifiques, très perçants. Et au moment exact où il nous parlait des faucons, quelqu'un a pointé du doigt vers la fenêtre en disant : « Regardez, il y a un faucon ! »

Nous nous trouvions dans la banlieue de New York ; c'était un peu la campagne, mais ce n'était pas du tout un endroit prisé par les faucons. La propriétaire n'en avait jamais vu dans la région. Or le faucon est venu tourner autour de la maison et est reparti.

Cet homme était branché aux faucons et c'est probablement lui qui l'a attiré. La même chose se produit avec les pensées: quand, dans le travail avec les Anges, on vous suggère d'invoquer les états de conscience, en fait, on vous propose de vous brancher sur le type de pensées qu'ils représentent, car on attire ce à quoi on pense.

Quand je pense à des qualités et des vertus, quand je pense à des Forces Angéliques, ce sont elles que j'attire. Et c'est ce qui va se matérialiser, au même titre que le faucon dans cette histoire.

Un jour, on arrive à être soi-même un Ange, à vivre continuellement dans la parfaite compréhension de l'essence de chaque situation.

Mais, avant d'atteindre cette perfection, on doit tester, tomber et se relever. On doit apprendre à décoder, à aimer et accepter de ne pas pouvoir comprendre tous les signes tout de suite.

On apprend graduellement, un pas à la fois.

L'ENSEIGNEMENT DE LA QUESTION

Un jour, alors que nous étions en vacances en Floride avec notre fille, nous sommes arrivés sur la plage et nous avons vu des hélicoptères tourner au-dessus de la mer. Ils tournaient depuis un certain temps déjà et tout le monde se demandait: «Que s'est-il passé pour qu'il y ait tant d'hélicoptères?»

J'ai posé la question au maître-nageur, et il m'a expliqué qu'un petit avion avait piqué du nez dans la mer, et que l'aviateur avait pu être sauvé. Quant à l'avion, il était en piteux état.

J'aimerais ici faire une belle analogie qui va vous permettre de comprendre l'énergie de l'Ange ASALIAH. Comme à ce pilote, à nous aussi il est proposé de *monter dans les airs.* Or, si on se fie trop au mental – l'air représente le mental –, on peut bien sûr maintenir un certain état de contrôle ou de maîtrise sur notre vie parce qu'on parvient à inhiber certaines de nos émotions, mais bien souvent, on a seulement l'air d'être au contrôle.

S'il ne s'agit que d'un contrôle artificiel, si on n'a pas suffisamment empreint notre mental des Énergies Angéliques, tôt ou tard, il va *sauter* et on sera obligé de plonger dans nos émotions, comme l'ont fait ce pilote et son petit avion lorsqu'ils ont percuté l'eau, le domaine des émotions.

Après que le maître-nageur m'ait eut répondu, ma fille m'a demandé :

– Pourquoi as-tu demandé ça, pourquoi as-tu posé cette question ?

– Souvent, on a beaucoup de questions dans la tête. Alors, pourquoi ne pas aller les poser aux autres ? Et tu vois, la personne était très contente de nous répondre : ça lui a donné l'occasion de communiquer avec une autre personne. En posant des questions – et c'est certain qu'on ne peut pas répondre à toutes –, on s'habitue à créer des liens avec les autres et à grandir.

Par contre, lorsqu'on a un peu trop dans l'orgueil et que notre mental prend trop de place, on n'ose pas aller poser des questions car il dit : « Normalement, moi, je sais tout ». Donc, en apprenant à poser des questions, on peut développer une belle humilité.

J'aime poser des questions, mais je n'ai pas toujours été comme ça. Il y eut un temps où je n'osais même pas demander des indications pour retrouver mon chemin. Maintenant, j'ai du plaisir, et au lieu de perdre mon temps à tourner en rond, je demande : « Monsieur, Madame, pourriez-vous me dire… », et en plus, l'autre personne est très contente qu'on le lui demande. C'est donc une bonne habitude à prendre.

Ça engendre aussi un travail dans les plans subtils: on questionne, et qui dit question dit aussi remise en question. Il est plus facile de se connaître si on reconnaît qu'on ne sait pas tout.

En guise d'explication, j'ai donné à ma fille cette image: «Tu sais, quand on se pose beaucoup de questions et qu'on n'ose pas aller chercher la réponse auprès des autres, c'est comme si on avait un gros ballon – une question et une autre et une autre encore – et, petit à petit, le ballon se remplit, et à un moment donné, il explose.»

Elle m'a regardée – elle était tellement belle –; elle avait compris. Elle a fait sa petite réflexion et m'a dit: «Il n'a pas eu de chance, le monsieur, il est tombé dans l'eau.»

Là, de nouveau, comment réagir à une telle remarque? J'ai répliqué: «Tu dis qu'il n'a pas eu de chance, mais tu sais, peut-être – je dis bien peut-être – que c'est une grande chance pour lui que d'être tombé. Admettons qu'il avait un peu oublié le bon Dieu, qu'il était *perdu dans les airs* et qu'il se sentait triste. Alors, le fait de tomber à l'eau lui a donné une grosse peur, mais il a été sauvé et ça lui a redonné sa foi et sa joie de vivre; ça lui a permis de reconnaître cette grande Force Universelle. Qui sait? Il a peut-être retrouvé la joie grâce à cet accident!»

Elle m'a regardée avec ses grands yeux et m'a dit: «Oh! il a de la chance, alors!»

Donc, où est le bien et où est le mal? Il est dans l'intention. Si je m'arrête à cet événement, il est bien évident que ce pilote n'a pas eu de chance. Mais si un événement aussi percutant m'arrive et que je regarde les choses d'un autre point de vue, si je m'élève au-dessus de la forme, de l'événement, alors je peux me rendre compte qu'en fait, j'ai beaucoup de chance.

L'ENSEIGNEMENT DU BAS NIVEAU

Un couple de Rouyn-Noranda nous a invités dans son tout nouveau restaurant, et la dame a parlé à mon époux de ses rêves afin d'en connaître l'interprétation. Elle était très heureuse, car le message de l'un de ses rêves était une belle confirmation du choix qu'elle s'apprêtait à faire.

Cette femme venait de vivre certains événements et la série de rêves qu'elle avait faite l'avait laissée avec des sentiments d'exaltation et d'excitation, mais aussi avec une certaine confusion.

Quelque temps auparavant, cette femme avait occupé un poste dans une entreprise de câblage optique.

Vous allez voir l'importance du choix de métier. On n'occupe pas un poste par hasard: il y a toujours une raison profonde qui fait qu'on choisit tel métier, telle profession, tel type d'emploi. Parfois, on se dit: « Mais je ne l'ai pas choisi: On me l'a imposé! » Non, rien n'est imposé, on se trouve exactement là où l'on doit être afin d'expérimenter certaines choses.

Donc, il y a un certain temps, cette jeune femme avait occupé un poste de gestion du personnel, responsabilité qu'elle n'avait pu assumer car c'était beaucoup trop lourd pour elle, et ça a abouti à un *burn-out*. Elle a donc cessé de travailler pendant quelque temps et elle a commencé à cheminer spirituellement, à faire de grandes transformations, dont des prises de conscience sur elle-même et sur son environnement. Puis, au bout d'un certain temps, elle a pris un nouvel emploi, et je cite ses mots exacts: « C'était un emploi de bas niveau où j'étais dans l'ombre. »

Nous l'avons écoutée sans faire tout de suite des commentaires et elle s'est mise à nous raconter son premier rêve. Un homme sortait de la mer, mais il avait encore les pieds dans l'eau. Tout à coup, il était touché par un éclair; électrocuté, il tombait dans la mer et mourait. Quant à elle, elle se trouvait sur la plage, et la mer lui rendait un bébé: un nouveau-né lui était offert.

Elle avait compris par la symbolique des rêves qu'un nouveau-né représente un projet. En écoutant ses explications, on voyait qu'elle avait associé le symbole du nouveau-né à son projet d'ouverture du restaurant avec son mari.

Elle était tout de même très confuse quant à la signification du rêve, parce que, au cours de la même semaine, on lui avait offert une promotion. Son patron venait de lui proposer un poste à responsabilités où elle allait de nouveau gérer du personnel. Elle était donc très excitée parce que, comme elle disait : « Ah ! Je vais à nouveau être *le boss* » (les mots prononcés sont importants), mais elle lui a dit qu'elle craignait de faire un autre *burn-out*.

Alors, mon mari lui a expliqué son rêve.

Quand on rêve à un homme, ça montre ce qui va se passer durant le jour ; l'homme symbolise le principe solaire, et la femme représente l'intérieur, la lune, la nuit. L'image de l'homme électrocuté lui montrait que, effectivement, dans le jour, elle avait expérimenté un *burn-out* qui l'avait littéralement foudroyée.

Mon mari a ajouté : « Et au lieu de parler de *burn-out*, pourquoi ne pas parler de *burn-in* ? » Le mot *burn-out* procède d'un raisonnement à l'horizontale. En fait, un *burn-out* fait partie d'une initiation : il nous est envoyé parce qu'on a exagéré, qu'on n'a pas compris les Principes Divins, que notre mental s'est emballé et qu'on a pris trop de responsabilités sur notre dos. Cela signifie qu'on doit changer notre façon de voir et de faire les choses.

Cette expérience foudroyante l'avait fait *mourir* pour lui donner l'occasion de renaître, ce que représente le nouveau-né que la mer lui offrait. Le rêve indiquait donc qu'elle allait recommencer à neuf.

On va voir le sens de ce message, la raison pour laquelle l'Intelligence Cosmique lui offrait un emploi similaire à celui qui l'avait menée à un *burn-out*. Vous me direz : « Comment va-t-elle faire pour retourner travailler là ? Ça va la déstabiliser : ce n'est pas spirituel. »

Il est important de fermer les boucles partout où l'on va, de conclure chacune des expériences que l'on n'a pas bien comprises et où on a laissé des traces de peur, où des choses sont restées inachevées. Et, de toute façon, tout est spirituel.

Alors, là, je lui ai présenté mon point de vue. Je lui ai dit: « Tantôt, tu as dit: "J'ai fait un travail de bas niveau". Mais, tu sais, le travail de bas niveau, ça n'existe pas: c'est toi qui es en train de mettre une hiérarchie. Le mental, lui, est attaché à cette notion de pouvoir terrestre – de pouvoir humain –, à ce pouvoir qui n'est pas conforme aux Lois Divines. Peu importe le travail que l'on fait, si on a une pensée et un comportement Divins, ce travail va être Divin. Même si notre emploi consiste à balayer, on peut tout de même être un roi ou une reine. Peu importe ce que l'on fait, c'est le *comment je le fais* qui compte.

« Un emploi de bas niveau, ça n'existe pas dans la Kabbale, dans une conscience Divine. Il n'y a plus de notion de hiérarchie qui s'applique aux métiers ou aux situations. Dans notre société, on a tendance à se dire: "Ah! il y a des postes qui sont mieux rémunérés, plus glorifiants: juste à prononcer le nom des ces métiers, de ces professions, tout le monde fait des courbettes." »

« Si, dans ton subconscient, tu ne modifies pas cette vision qui est bien incrustée – c'est un gros travail que d'éliminer cette notion de hiérarchie dans le travail –, tu te retrouveras dans la même situation que la dernière fois. Il y aura peut-être même des employés qui se sentiront abaissés face à toi, car cette idée de hiérarchie qui n'est pas Céleste est inscrite en toi. Tu auras beau être très aimable avec eux et leur faire des compliments: "Tu es fin, tu es beau, tu es gentil", si, dans ton subconscient, cette notion de hiérarchie humaine subsiste, eux, ce qu'ils vont ressentir, c'est que leur fonction ne se situe pas dans le haut de la hiérarchie, qu'ils font un travail dans l'ombre et qu'ils sont de bas niveau. Ils le sentiront car on ne peut pas tricher avec l'âme des autres. »

Quand nous entrons dans le domaine des plans subtils, au niveau de l'âme, vous savez tout sur moi et je sais tout sur vous; mais, évidemment, au niveau du conscient, on ne sait pas tout.

Si c'était le cas, il y aurait de l'abus de pouvoir et de la curiosité malsaine, et c'est pour ça qu'il y a une censure, un voile dans la perception : parce qu'on n'est pas prêt tout de suite à tout savoir.

Les Sages qui ont le pouvoir de lever ce voile possèdent une grande pureté et la vraie humilité. Ils ont ainsi accès à la Bibliothèque Cosmique qu'on appelle DAATH dans la Kabbale, ce qui leur permet de vérifier n'importe quelle information.

Souvenez-vous de l'histoire du prophète Daniel qui devina avec précision le rêve du roi. Tout cela est véridique, et l'accès à ce pouvoir exige que l'on fasse un grand travail intérieur.

Lorsqu'un Sage en arrive à ces niveaux, il n'a rien à prouver à qui que ce soit et il fait généralement son travail sans avoir à se mettre en évidence. Mais revenons à notre histoire ; nous parlerons un peu plus de la capacité médiumnique lorsqu'il sera question de l'Ange ARIEL (n° 46).

Même si cette connaissance n'est pas directement accessible à tout le monde pour l'instant, reste que nous faisons tous partie intégrante d'un grand Tout et qu'on ne peut tricher avec personne.

Alors, même si un employé n'arrive pas à décoder, à saisir consciemment la situation et à se dire : « Ha ! elle met une hiérarchie », il subsiste tout de même un complexe de supériorité – c'est d'ailleurs la même chose qu'un complexe d'infériorité –, et alors il se sentira inconfortable sans nécessairement comprendre pourquoi. Il ne sera pas très motivé et il ne viendra travailler que pour le salaire, car il n'aura pas d'autre motivation : il n'y aura pas d'amour.

Moi, j'en ai fait l'expérience dans une entreprise où je travaillais à un poste à responsabilités. Parce qu'on s'est rendu compte que je travaillais avec mon cœur, on m'a dit : « Madame, il vous faudra changer d'attitude ; c'est différent maintenant : vous avez un poste à responsabilités. »

Mais je n'ai pas changé mon attitude à ce niveau. J'ai changé beaucoup d'autres choses en moi ; j'ai entre autres amplifié cette attitude de fraternité. J'ai compris que dans une entreprise, c'est normal qu'une autorité soit exercée, mais qu'au niveau du cœur, il n'existe pas de hiérarchie. C'est un intellect mal branché qui impose une hiérarchie; dans le cœur, il n'y a qu'un Amour Universel.

Il existe une Hiérarchie Angélique, mais le genre de hiérarchie qui nous est présenté dans notre société, elle n'existe pas.

Voilà un bel exemple de pédagogie applicable en entreprise; mais nous faisons de la pédagogie partout, avec notre conjoint, avec nos enfants.

Alors, bien sûr, cette femme a compris ce que je lui ai dit, et j'ai ajouté:

– Tu es libre de choisir: la décision t'appartient. Mais moi, je crois qu'il est important que tu retournes y travailler, que ce soit pour une période d'un mois ou de dix ans.

– Oui, mais si ça me fait retourner dans cet état de déséquilibre?

Alors, je lui ai raconté une autre histoire semblable à la sienne qu'une femme qui vient aux cours des Anges a partagée avec nous. Cette femme aussi a occupé un poste à responsabilités, elle s'est retirée après avoir fait un *burn-out*, et par la suite, elle a beaucoup cheminé sur la voie spirituelle en travaillant avec les Énergies Angéliques. Quelque temps plus tard, elle est retournée dans la même entreprise et y a occupé un poste différent.

Un jour, voyant son attitude, le patron lui a redonné le poste à responsabilités. Les mêmes employés étaient encore là – c'était deux ans après son départ – et, avec sa nouvelle conscience et sa nouvelle approche, elle ne s'est pas laissé dominer par les émotions. Elle ne s'est pas laissé prendre à *performer* à tout prix, à vouloir réussir, à rivaliser, à se comparer aux autres et à les critiquer. Non, elle avait acquis une vision Angélique et elle a parfaitement assumé cet emploi pendant un an et demi.

Tout allait donc très bien, et au moment où elle a senti qu'elle avait bien réussi, elle a donné sa démission. Bien sûr, ça ne faisait pas tout à fait l'affaire de son patron, mais il comprenait.

Elle s'était dit : « Maintenant, j'ai autre chose à apprendre. »

Elle ne savait pas encore ce qu'elle ferait, mais elle savait qu'elle devait chercher autre chose : il ne fallait pas qu'elle s'accroche à ce travail bien rémunéré. Elle avait compris, elle avait fermé une boucle et, avec beaucoup de sagesse, elle est partie afin de se rendre disponible à d'autres expérimentations.

Cette femme avait acquis une nouvelle manière de vivre et une autre perspective sur la réalité : elle avait saisi la mission de l'être humain sur la Terre, et cela lui permettait de puiser de grands enseignements dans les événements de sa vie quotidienne et de sa vie professionnelle.

Quelquefois, quand on chemine spirituellement, on se dit : « Ah non ! je ne vais pas retourner là : ça va me faire perdre cette énergie spirituelle, cette belle stabilité que j'avais acquise. »

Lors d'un de nos cours, une femme est venue me voir et m'a dit :

— Moi, c'est la troisième fois qu'on me rappelle au même poste et je n'ai pas le goût d'y aller ; mais pourquoi suis-je toujours rappelée, et surtout, pourquoi est-ce que je me sens quand même attirée ?

— Que s'est-il passé les premières fois ? lui ai-je demandé.

— Je n'étais pas contente parce que le patron me manipulait.

— Alors, je te conseille d'y retourner, parce que cette fois-ci, tu apprendras à cesser de projeter la manipulation à l'extérieur de toi-même. Il y a encore des manipulateurs en toi. Ils sont peut-être tout petits, mais c'est pour cette raison que tu as attiré un patron manipulateur. Alors, dis merci à ce patron : il va t'aider à transformer tes petits manipulateurs.

Elle m'a regardée avec de grands yeux ; elle était contente. Elle est repartie en disant : « Bon, maintenant, je sais ce que je dois faire : je vais y retourner. »

Il est très important de comprendre cette notion, parce que même si on change de patron et que notre situation n'est pas exactement la même, on va attirer un autre patron qui lui aussi va nous manipuler, tout simplement parce qu'il restera encore des manipulateurs à l'intérieur de soi.

C'est extraordinaire de comprendre cela: c'est un enseignement fabuleux qui nous aide à cheminer au jour le jour et à avancer très vite.

Voyons le deuxième rêve qu'a fait la femme de Rouyn-Noranda. Vous allez voir comme le symbolisme est intéressant.

Dans le rêve, elle entrait dans une maison de type arabe. La *teinte* arabe dans les rêves symbolise la matière, la force de la matérialité. En fait, dans un rêve, un symbole est toujours polyvalent, c'est-à-dire qu'il peut avoir des significations différentes selon la culture de la personne qui rêve. Dans le cas de cette personne, le symbole du peuple arabe signifiait la force de la matérialité. Donc, ça veut dire qu'elle visitait la mémoire de ses propres expérimentations avec le monde matériel.

Puis elle montait l'escalier jusqu'au grenier. Le grenier symbolise les souvenirs emmagasinés dans le subconscient, et l'escalier représente les étapes à franchir pour qu'ils émergent. Dans le grenier, il y avait une grande fenêtre et, tout à côté, une jeune femme. La présence de la femme signifiait que là, contrairement au premier rêve, il s'agissait de son monde intérieur. Elle allait vivre des sensations provenant de l'intérieur d'elle-même. Autrement dit, l'expérimentation qui lui était proposée allait la plonger dans toutes sortes de sensations.

De la fenêtre, elle voyait défiler rapidement des images. Ça veut dire qu'elle avait accès à l'inconscient, à la mémoire vive de son ordinateur. Tout à coup elle s'est trouvée devant une surface d'eau et elle a décidé de plonger dedans. Cela lui signifiait que dans sa vie, elle allait oser faire le plongeon, c'est-à-dire expérimenter. Et dans l'eau – qui représente le côté émotionnel –, elle a rencontré un phoque et elle l'a caressé; elle se sentait en harmonie et elle était heureuse.

Le phoque représentait la qualité de son monde instinctuel. Ça veut dire qu'elle était en harmonie avec ses instincts. Puis le phoque s'est transformé en sirène. Cela signifiait que ses instincts avaient pris une dimension humaine, que ces derniers avaient intégré une certaine intelligence, autrement dit, qu'elle était parvenue à sublimer une partie de sa force instinctuelle.

Puis elle a été entraînée vers les profondeurs par la belle sirène. Elle était même capable de respirer dans la mer. La mer représente l'inconscient qui deviendra conscient. C'est aussi l'endroit où se produisent les morts initiatiques et les résurrections inhérentes au cheminement intérieur. Alors, quand on est capable d'y respirer, ça veut dire que le processus est enclenché et qu'on est en train de devenir conscient de ce qui nous arrive sur le plan émotionnel.

Ensuite, la sirène l'a emmenée vers un quai. Notre interlocutrice nous a dit: « J'ai la phobie des quais, et surtout de passer en-dessous. »

On n'a pas une phobie par hasard, et c'est pour ça que ce symbole était utilisé dans son rêve. Une phobie, ça vient de loin dans notre inconscient et c'est pour ça qu'il faut savoir ce qu'elle représente.

Les ponts et les quais représentent toujours un passage. Quand on rêve d'un pont ou d'un quai, c'est un avertissement que de grands changements vont se produire dans notre vie. Ça annonce de grandes transformations et, par conséquent, des initiations qui peuvent nous ébranler, parce que certains aspects de notre comportement et certaines attitudes intérieures devront être modifiés.

Ensuite, la sirène a subitement disparu. Ça veut dire que la maîtrise qu'elle avait stabilisée allait disparaître. Ensuite, elle marchait sur des écailles et des crabes écrasés, et elle se blessait les pieds. Les pieds, c'est le monde de l'action. Ça veut dire que quelque chose en elle allait se blesser quand elle entrerait dans l'action.

Revenons à la disparition de la sirène, soit la disparition de la maîtrise de la force émotionnelle. Quand on a beaucoup travaillé sur soi, sur un certain rayon de notre vie, on acquiert un nouvel équilibre, une certaine maîtrise; mais il ne se passe pas beaucoup de temps avant qu'on nous mette de nouveau à l'épreuve. Au lieu de nous permettre de nous reposer dans le confort de ce rayon-là, l'Intelligence Cosmique nous propose d'aller encore un peu plus loin. Alors, quand on nettoie d'autres parties, d'autres compartiments de notre subconscient, on a le sentiment de perdre la maîtrise qu'on avait acquise. Mais on la retrouvera de plus belle lorsqu'on aura traversé une autre étape.

Les Énergies Angéliques nous ouvrent à la Conscience. Elles sont là pour nous aider et nous guider: «Vas-y! Bien sûr, tu seras un peu ébranlé au début; bien sûr, certaines choses vont se passer. Tu seras chahuté, mais tu développeras la vraie maîtrise.»

Ce qui était proposé à cette femme par l'offre répétée d'emploi – la raison pour laquelle l'Intelligence Cosmique l'y renvoyait – était une invitation à bien comprendre ce qu'est le pouvoir, à apprendre à ne pas en abuser ni à s'en faire une gloriole personnelle, mais à s'appliquer à utiliser ses talents de communicatrice et toutes ses autres vertus et qualités d'une manière spirituelle.

Et quand elle aura dépassé cette étape, On la fera passer à autre chose.

Vous voyez, ça va très loin, l'ouverture de la conscience. La Vie est un processus, et l'Univers est – comme nous tous d'ailleurs – en perpétuelle expansion. On peut penser que lorsqu'on entre dans un cheminement spirituel, on doit s'écarter de tout. Mais il faut faire attention, car il est illusoire de penser qu'on acquiert la maîtrise et qu'on va s'asseoir sur nos lauriers.

L'ENSEIGNEMENT DU DÉPASSEMENT

Nous roulions en voiture, mon époux a dépassé un autre véhicule et notre fille de cinq ans a dit: « Bravo! bravo, papa: tu l'as dépassée. Bravo! Bravo! On applaudit! »

Le papa s'est retourné et lui a dit: « Non, Kasara, on n'applaudit pas quand on dépasse les autres. »

WOW! ça, c'était tout un bel enseignement. On n'a pas à applaudir quand on dépasse quelqu'un. Pourquoi? Parce qu'on est tous *au top du top* et qu'on est tous des frères et des sœurs. Quand on baigne dans l'amour, on ne fait plus de comparaison entre soi et les autres. On a des compétences et des talents personnels. Voilà tout.

Tôt ou tard, on arrivera tous aux mêmes portes, et l'idée de temps est une notion terrestre qui perd toute son importance quand on voit les choses du point de vue Céleste.

Il n'y a donc aucun mérite à dépasser quelqu'un. C'est pourquoi le Sage a dit: « Il est important de s'applaudir quand on se dépasse soi-même. » Autrement dit, chaque petit pas que l'on fait, chaque fois qu'on maîtrise une peur, là, oui, on peut être content et se dire: « C'est bien, continue, ne lâche pas: continue à te dépasser. »

On peut s'applaudir soi-même car on célèbre notre propre dépassement.

LA PLUS GRANDE FORCE : SAVOIR RECONNAÎTRE SES ERREURS

Voici une autre histoire. C'est l'enseignement de la paille et du jus de raisin.

Ce jour-là, notre fille souhaitait boire du jus de raisin, vous savez, un de ces petits *packs* de carton ciré. Alors la personne qui était avec nous a inséré la paille dans le contenant, mais elle l'a fait en forçant un petit peu trop, en étant un petit peu trop émissive. C'était un acte manqué. OUPS ! le jus a débordé. Alors, là, notre fille a dit : « Non, ce n'est pas comme ça qu'on met la paille ; je vais te montrer comment faire. »

Elle était assez contente de faire la démonstration. Vous allez voir qu'elle a été prise à son propre jeu. Quand elle a enfoncé la paille, le jus a débordé encore une fois, mais elle n'a pas été capable de reconnaître son erreur. Non, pour divertir l'attention, elle s'est mise à tournoyer et à raconter des petites histoires. Elle n'était pas très fière d'elle-même : elle avait voulu montrer à l'autre personne comment faire et elle avait commis la même erreur.

Il est important d'enseigner à nos enfants à reconnaître leurs erreurs ; en le faisant, on se l'enseigne également à soi-même.

Alors je me suis agenouillée près de Kasara et lui ai dit : « Tu vois, toi aussi tu as fait déborder le jus. Ce n'est pas grave, mais c'est important d'accepter qu'on fait des erreurs. Même si tu en fais, on va continuer à t'aimer, et on va continuer à reconnaître ton intelligence. »

Puis j'ai ajouté : « Tu sais, il y a beaucoup de qualités, mais une des plus grandes qualités, une des plus grandes forces, c'est de savoir reconnaître ses erreurs. »

Ah ! ça, elle l'a enregistré, parce qu'elle aime bien montrer qu'elle est intelligente – comme tous les enfants. Et quelque chose s'est mis en route dans sa conscience : « C'est extraordinaire, je suis quelqu'un de beau, de bon, quand je sais reconnaître mes erreurs. »

LA ROUTE DE L'INITIÉ

Le monde de la métaphysique – tout comme les langues, la monnaie, les mathématiques, la chimie et la physique, etc. – fonctionne par symboles, par images. Il est important de s'habituer à lire les symboles et à incorporer cette lecture dans notre quotidien.

Les rêves et les événements de la vie reflètent comme un miroir qui on est, et les comprendre procure une réelle autonomie sur le plan spirituel.

Le troisième millénaire est celui de l'ouverture de la conscience, de l'émergence des contenus du subconscient et de l'inconscient, de la connaissance de soi. Et cela se fait par l'étude et la compréhension du langage symbolique.

Une fois qu'on a fait le travail de conscientisation de notre vie personnelle, qu'on a nettoyé tous les résidus qui s'y rattachent, on peut dès lors pénétrer plus profondément. On peut descendre dans l'inconscient familial, dans la mémoire des acquis de nos parents et de nos ancêtres.

On ne choisit pas nos parents de façon aléatoire : On nous les choisit selon nos résonances, tant avec leurs qualités qu'avec leurs faiblesses.

Alors, en retrouvant les contenus bloqués dans notre inconscient familial et en les nettoyant, on parvient à les résoudre. On en prend conscience et on cesse alors de s'identifier à nos parents. On continue de les aimer et de les respecter pour ce qu'ils sont – car On nous les a choisis pour certaines raisons –, mais on dépasse les limitations qu'ils nous ont laissées et on va plus loin.

Ensuite, on va encore plus profondément. On explore l'inconscient ethnique, la mémoire des races et tous les événements vécus par les êtres humains. Il n'est pas nécessaire de lire des livres d'histoire pour pouvoir dire : « Je conscientise. » Ce processus – qui est la route de l'initié – se déroule naturellement, sans qu'on ait besoin de le contrôler, étape par étape, avec des examens, tout comme à l'école.

La vie sur Terre est une école; il ne faut pas oublier cela. Nous sommes ici-bas pour apprendre. Dans l'au-delà, nous n'amenons que notre esprit; le matériel reste ici.

En invoquant les États de Conscience Angéliques et en étudiant les rêves générés par la pratique récitatoire, on accède à la Connaissance, laquelle nous est présentée comme un film – où nous sommes à la fois acteur et spectateur – qui nous fait découvrir les mémoires enregistrées dans notre âme.

Suite à une réflexion profonde, l'information qu'on a reçue et la nouvelle compréhension qu'on a acquise peuvent s'intégrer à notre conscience, et alors, celle-ci s'agrandit de plus en plus, occupant les différentes couches ou zones de l'inconscient. (*voir* FIGURE 1, *Illustration de la constitution de la conscience*)

Dans nos rêves et nos excursions méditatives, toutes sortes d'images qui sont en rapport direct avec nos vies antérieures peuvent survenir. L'important, c'est alors d'observer et d'étudier les sensations qui naissent de ces explorations. Ce sont elles qui nous permettent le plus facilement de savoir où on en est, car l'objectif ultime est de comprendre et de ne plus être dérangé par quoi que ce soit.

Plus on nettoie et plus on conscientise, plus on pénètre profondément dans la couche suivante, soit l'inconscient ethnique et collectif.

La tradition orientale nous parle de la mémoire akashique qui nous donne accès à tout ce qui est inscrit dans l'inconscient collectif, à tout ce qu'a vécu l'humanité. Les kabbalistes, eux, parlent de la mémoire inscrite dans Daath, la Séphira cachée située entre les troisième et deuxième Séphiroth.

Quand on a résolu, purifié tous nos problèmes personnels, familiaux et autres, on pénètre encore plus profondément, et on peut recevoir la clé qui donne accès à Daath, la grande mémoire de l'humanité où, là encore, tout fonctionne par archétypes et par symboles. Seuls les grands Maîtres reçoivent cette clé qui donne accès au Savoir Universel.

Certaines des personnes qui veulent acquérir ces informations ne sont motivées que par la recherche du pouvoir. Cela ne leur sert à rien d'essayer, car pour y avoir accès, il faut avoir acquis une grande pureté. C'est en outre pour cette raison que, dans un premier temps, il faut nettoyer notre inconscient personnel. C'est seulement de cette manière qu'on peut agrandir notre champ de conscience.

Une fois qu'on a nettoyé devant notre porte, on peut aller un peu plus loin : on peut puiser des informations liées à toute l'humanité. Mais pas avant. Il faut avoir acquis une grande pureté de conscience pour faire ce genre de choses. Je le répète, il faut progressivement aller nettoyer toutes nos peurs et limitations.

Puis, une fois qu'on a nettoyé notre propre portail, d'immenses paysages s'ouvrent à notre vue et on peut pénétrer l'inconscient biologique, connaître l'origine de la Vie, savoir comment la Terre a été formée et avoir accès aux grands secrets de l'Univers.

« *PRÉSENTE-MOI TES AMIS ET JE TE DIRAI...* »

J'ai connu un homme très distingué, toujours bien mis, costume et cravate noirs, qui se présentait comme étant très en contrôle et d'une grande amabilité.

Mais certaines choses n'étaient pas réglées en lui, parce que derrière son amabilité, on sentait un besoin compulsif de plaire et une certaine peur de s'affirmer. Cela faisait en sorte que son comportement était nivelé. Il essayait de faire plaisir à tout le monde et il semblait toujours en contrôle.

Un jour, j'ai rencontré sa tendre épouse et je n'ai pas été surprise car elle était tout à fait son opposé : une personne avec des cheveux à la *punk*, très extravertie, bouillonnante, pétillante. Elle manifestait à l'extérieur tout ce que lui ne se permettait pas d'extérioriser.

On découvre la nature cachée des gens en observant les personnes qu'ils côtoient, que ce soit leur conjoint ou conjointe, leurs amis, ou d'autres relations. Cela confirme ce vieux dicton: *Présente-moi tes amis et je te dirai qui tu es.*

LE PLAN DIVIN DE L'HOMME ET DE LA FEMME

Toute la Tradition kabbaliste repose sur les concepts de polarités masculine et féminine, et elle insiste sur la conscience qui devrait habiter les relations homme-femme. Cette tradition enseigne que les relations homme-femme devraient toujours commencer par l'amitié, c'est-à-dire par la découverte d'affinités au niveau des idéaux et de la philosophie, et que ce n'est qu'une fois ces idées partagées que la relation devrait se développer et s'approfondir. Autrement dit, l'amour sur le plan physique ne se présente qu'à la toute dernière étape.

Dans notre société, on fait l'inverse, on vit selon l'Arbre de Vie inversé: on commence nos relations par le plan physique, on vit une passion qui ressemble à l'amour, et puis on perd la tête. L'échange au niveau des idées n'occupe que peu de place, et parfois pas du tout.

Si on commence une relation par sa dimension physique, c'est comme si on signait un contrat sans l'avoir lu. On éprouve une attirance corporelle et on répond à nos désirs instinctuels; mais, après les premiers ébats, les grandes passions, on réalise qu'on n'avait pas lu certaines clauses. Alors on dit à l'autre:

– Tu ne m'avais pas dit que tu allais au ballon-balai quatre soirs par semaine.

– Tu ne me l'as pas demandé, ma chérie! Et toi, tu ne m'avais pas dit que tu allais jouer aux cartes trois soirs par semaine.

Tout ça fait qu'on ne se voit plus et qu'il n'y a plus d'échange. La routine s'installe et la relation tombe graduellement à l'abandon.

Par contre, quand des idéaux ou des aspirations élevées sont partagés, la relation permet aux êtres de fusionner merveilleusement, tant sur le plan physique que sur les autres plans.

L'Ange UMABEL nous aide à comprendre le développement de la relation homme-femme, cette amitié qui commence par l'esprit et qui peut ensuite descendre dans le corps.

La Tradition précise que l'acte physique entre un homme et une femme devrait toujours être la dernière étape.

L'ENSEIGNEMENT DE LA MENTERIE

Une femme qui a travaillé avec l'Ange DAMABIAH (n° 65), une énergie d'eau, de pureté et d'humanisme, est venue me voir et m'a dit: « J'ai bien travaillé avec cette Énergie Angélique. Ma mère – elle vit avec sa mère – a un grand souci d'écologie et d'économie. La lessive doit se faire en commun pour éviter le gaspillage d'énergie.

« Or, un jour, j'avais besoin de mon costume, veste et pantalon. Alors, dès que ma mère est partie, le matin, j'ai fait la lessive en ne lavant que mon costume. Quand elle est revenue, je lui ai raconté une petite menterie: je lui ai dit que j'avais dû laver mon costume tout de suite parce que je venais d'échapper du café dessus. Puis, le soir, au souper, j'ai déposé le costume sur une des chaises de la salle à manger. J'ai hésité trois fois avant de le poser là, mais je l'ai fait quand même. Et pendant le repas, ma mère a renversé du vin dessus! »

Elle a ajouté: « C'est drôle: ni le fauteuil ni le tapis n'ont été tachés. Seulement mon costume. »

Elle a trouvé ça très intéressant et elle m'a dit: « Avant, je n'aurais pas fait de corrélation entre ma petite menterie et cette tache; j'aurais simplement été contrariée. »

Souvent, dans la conscience ordinaire, on se dit: « Bof! ce n'est pas grave », et on se contente d'essayer d'éliminer la tache. Mais, avec sa conscience éveillée, cette femme a laissé ce petit événement aller chercher quelque chose d'important dans son subconscient, un problème concernant sa réaction face à l'autorité de sa mère.

D'abord, pourquoi a-t-elle choisi une mère trop autoritaire, qui exerce son autorité d'une façon qui n'est pas tout à fait juste? Elle doit subir cette autorité parce qu'elle-même a mal exercé son autorité dans d'autres incarnations. Et maintenant, même si elle devrait s'affirmer, elle craint toujours de le faire.

Alors, ce petit événement lui a servi de grand enseignement, parce que toutes les Traditions disent: « Tu ne mentiras point. » Il ne faut pas mentir, mais on ne se rend pas toujours compte qu'on ment, qu'on fuit, qu'on prend des détours pour dire les choses, la plupart du temps pour éviter de s'engager dans de grandes explications.

Il faut comprendre un autre aspect de la question: la vérité doit être dite au bon moment. Il est parfois préférable d'attendre avant de parler, et cela n'a rien à voir avec le mensonge: tout est dans l'intention.

Par exemple, cette femme a menti parce qu'elle avait peur de sa mère. Son intention était d'éviter la réprimande. Mais elle aurait pu faire la même chose – laver son costume – sans rien dire, en comprenant que sa mère n'avait pas suffisamment d'ouverture et de souplesse d'esprit pour entendre la vérité.

Prenons un autre exemple. Quand on parle du Père Noël à un enfant, l'intention n'est pas de le leurrer. Plus tard, quand il sera en âge de comprendre, on lui expliquera que ce personnage est un symbole qui représente la générosité et la bonté dans le cœur des humains, et qu'il amène beaucoup de joie.

Un dicton populaire dit *La vérité d'aujourd'hui n'est pas la vérité de demain*. Pour être plus juste, on devrait dire *La réalité d'aujourd'hui n'est pas celle de demain*.

Les êtres humains vivent dans des réalités différentes, et certains sont très loin de la vérité avec un grand V. Il y en a une, c'est vrai, et c'est l'ensemble des qualités et des vertus ; c'est ça, la Loi Universelle.

Le Créateur est un grand pédagogue et Il a prévu que les êtres humains évoluent étape par étape, à leur propre rythme et Il n'impose rien. D'où l'adage *Dieu propose et l'homme dispose.*

Nous sommes tous des enfants des étoiles. Et la Kabbale (la Sagesse cachée), c'est l'apprentissage de la Vérité.

LA VÉRITÉ, LA RÉCOMPENSE

Ce matin, une personne m'a dit : « Quand on me parlait de matérialiser, j'imaginais des bagues et d'autres objets se matérialiser. »

Il y a autre chose de plus important à matérialiser que des objets : ce sont nos pensées. Dans un premier temps, il est plus important d'apprendre à matérialiser nos pensées et nos émotions, à les manifester dans nos actes, car la matérialisation, c'est la densification de nos émotions et de nos pensées.

Si notre intention n'est pas pure, la matière le reflétera, et si nous focalisons notre attention sur nos désirs personnels et matériels, tôt ou tard, nous devrons en assumer les conséquences. C'est une Loi Universelle.

Nous sommes sur Terre pour transcender la matière, et non pour en faire notre raison de vivre : nous devons l'utiliser pour nous développer intérieurement.

Quand l'ordre sera rétabli à l'intérieur de nous-mêmes, nous pourrons créer des œuvres justes et, à ce moment-là, la Vérité sera notre seule récompense.

L'UNIVERS-CITÉ

Revenons à l'Ange U<small>MABEL</small> juste pour nous rappeler ses qualités.

- Amitié, affinité
- Étude des résonances
- Aide à pénétrer le subconscient afin de connaître ses vraies motivations
- Fait comprendre les analogies entre l'Univers et le monde terrestre
- Dévoile les secrets des règnes animal, végétal et minéral

En découvrant notre monde intérieur, on est en mesure de comprendre ces règnes.

Vous m'entendez souvent dire: « Connais-toi toi-même et tu connaîtras l'Univers. » C'est cela qu' U<small>MABEL</small> manifeste. Tous les Anges nous aident à nous connaître, mais, par son esprit mercurien, et parce qu'il touche notre intellect avec une énergie solaire – une énergie qui illumine notre conscience –, U<small>MABEL</small> est le symbole par excellence du *Connais-toi toi-même*.

L'Ange U<small>MABEL</small> est utile à tous ceux et celles qui font de l'astrologie. Il les aide en effet à comprendre les secrets des astres, des planètes et des autres symboles astrologiques.

Puisque l'interprétation varie d'un astrologue à l'autre, plusieurs personnes ne prennent pas au sérieux cette science. Une bonne lecture astrologique exige que le troisième œil soit ouvert et très pur, que la personne ait développé des dons de clairvoyance, de clairaudience et de clairsentience.

Seuls les grands Sages peuvent donner une évaluation précise des symboles astrologiques, et, pour le faire, ils n'ont même pas besoin de connaître l'astrologie. Par exemple, les enfants des étoiles, les enfants du troisième millénaire, n'en auront pas besoin pour voir.

- Aide à développer la conscience

- Capacité d'enseigner ce qu'on a appris

- Instructeur, enseignant

Cette qualité ne concerne pas seulement les personnes qui enseignent à l'école ou qui donnent des cours comme je le fais. Non ! quand on a intégré quelque chose, on passe à un certain palier, et cela nous permet, juste par nos émanations, de transmettre aux autres ce qu'on a appris. Nous devenons à chaque instant de fins pédagogues parce que notre sagesse est parfaitement intégrée dans chacune de nos cellules.

- Connaître l'inconnu par le connu

Voilà une phrase qui m'a longtemps semblée très abstraite ; mais quand je suis entrée dans l'énergie d'UMABEL, j'ai réalisé que c'est par les petits événements du quotidien qu'on en arrive à connaître l'inconnu.

Par exemple, les histoires que nous vous racontons vous aideront à connaître vos propres mystères intérieurs et ainsi à connaître tous les mystères de l'Univers. Car tout ce qui est en bas est comme ce qui est En Haut et tout ce qui est En Haut est comme ce qui est en bas. Par la compréhension et l'étude de la symbolique Universelle, votre démarche sera plus aisée, plus confortable, parce qu'au bout d'un certain temps, vous réaliserez qu'il n'y a plus rien d'inconnu. Vous connaîtrez la trame de l'Univers, l'essence même des choses, et vous vous sentirez à l'aise dans toutes les situations.

Voici maintenant les distorsions associées à l'Ange UMABEL, c'est-à-dire ce qui se produit quand on n'arrive pas à canaliser et à incorporer cette Énergie :

- *Libertinage*

On ne perçoit les choses que sous leur aspect physique, à l'horizontale, et on multiplie nos relations parce qu'on ne comprend pas.

- *Cœur solitaire*

Quand on n'est pas connecté aux Énergies Angéliques, on se sent isolé. On a le cœur solitaire. Mais quand on entre dans ces dimensions subtiles, on ne se sent plus jamais seul. La solitude n'existe plus puisqu'on est immergé dans la totalité : on vibre en résonance avec le monde entier. Quand on se sent seul, c'est que certaines choses ne sont pas réglées dans notre subconscient et cela fait en sorte qu'on se sent séparé des autres.

- *Problèmes avec la mère*
- *Retour au passé, nostalgie, solitude*

Quand on n'a pas encore compris que tout notre passé est inscrit dans notre subconscient et notre inconscient, et que par conséquent il fait encore partie du présent, on peut nourrir une certaine nostalgie du passé ou encore avoir peur du futur. Ces deux tendances sont très courantes dans notre société.

- *Narcissisme*

Il s'agit d'un amour morbide qui n'est axé que sur soi-même. Cela n'a rien à voir avec le retour à soi qui permet d'agrandir la conscience. Dans le narcissisme, toute l'attention est tournée vers soi parce qu'on a peur. Le Monde Divin n'arrive pas à prendre de l'expansion à l'intérieur de soi-même et à émerger à l'extérieur de soi comme l'étude de la Kabbale nous permet de le faire.

- *Marginalité, agit contre l'ordre naturel*

Souvent, quand on décide d'entrer dans un cheminement, on peut se sentir marginalisé, incompris de la société. On se sent différent à cause de nos idées.

En entrant dans les Énergies Angéliques, on ne se sent plus du tout marginalisé. Au contraire. On comprend encore mieux que cette société n'est pas encore tout à fait consciente, qu'elle est même bien inconsciente. Elle est comme un enfant qui fait ses premiers pas. Alors, on l'aime et on l'encourage à se développer, tout en sachant qu'un jour elle deviendra *adulte*, Angélique, tout à fait intégrée à l'ensemble des nombreux univers parallèles.

On sait aussi que chaque instant nous réserve des enseignements faits sur mesure pour soi, et on porte de plus en plus attention aux signes présents dans notre environnement. En mettant en application cette philosophie, on s'insère encore plus dans le monde, on vit au cœur de la société tout en baignant dans une conscience agrandie, vivante et en processus continu d'évolution. On perçoit alors la société comme une grande école où certaines personnes sont à la maternelle, d'autres au primaire ou au secondaire, et d'autres à l'université.

Les Anges, c'est L'UNIVERS-CITE.

DEMANDER, DEMANDER, DEMANDER

Avant d'entrer dans le monde des Énergies Angéliques, il faut connaître les Lois qui le régissent.

La plupart du temps, on utilise la prière pour demander des avantages personnels, souvent des biens matériels. On l'assombrit par nos besoins, nos désirs et nos ambitions.

Mais attention, il faut bien réfléchir avant de demander quelque chose car, bien sûr, on a le pouvoir de l'obtenir, mais on risque aussi d'obtenir les problèmes qui viennent avec.

Plus on évolue, plus on réalise que la seule raison d'être de la matière, c'est de nous donner l'occasion d'expérimenter des qualités et des vertus. En effet, lorsque nous mourrons, tout ce que nous emporterons avec nous, c'est notre esprit.

L'esprit est éternel; la matière ne l'est pas. Alors à nous d'investir au bon endroit.

« C'EST À TON TOUR ! »

À chaque fois qu'on donne quelque chose à une autre personne en ayant une attente, on crée un blocage dans notre conscience.

Pour illustrer cela, prenons l'exemple d'un chef d'entreprise qui dit à un de ses employés qui était fonctionnel: «On attend un appel. Alors, toi, ton travail, c'est de l'attendre là, sans bouger.» Alors l'employé reste là à ne rien faire, il s'ennuie, ses pensées commencent à tourner en rond et ses fréquences baissent.

À chaque fois qu'on entreprend une action en ayant des attentes, eh bien, on fait exactement la même chose: on monopolise, on immobilise une parcelle de notre conscience qui, dès lors, attend avec les doigts de pied en éventail, et on se dit: «Quand va-t-il rappeler?»

On attend et on n'est plus actif.

Il faut donc apprendre à éliminer les attentes pour que tout circule librement: recevoir, donner, recevoir, donner. C'est un cercle, une roue. Plus tard, quand on est tout En Haut dans la perfection, il n'est même plus question de recevoir et de donner: tout coule de façon naturelle. Mais dans un premier temps, et dans le but d'éliminer ces attentes, il est important d'identifier les lieux de notre conscience qui demandent à être transformés.

Prenons l'exemple des cadeaux. Le Père Noël est vraiment un beau symbole à cet effet. Normalement, quand on fait un cadeau de Noël à un enfant, on ne doit pas lui faire savoir que c'est nous qui l'avons donné. Mais ce qu'on fait généralement – et tout le monde peut s'y reconnaître – c'est qu'on met un petit mot sur l'emballage: «C'est de la part de tante...»

Alors l'enfant, tout étonné, demande: «Mais... ce n'est pas le Père Noël qui nous apporte les cadeaux?» Les parents disent alors: «Il est passé chez tante Jeannette: il a fait un petit détour.»

Il faut en rire parce qu'on n'a pas à se juger. Mais ce comportement dénote des petites distorsions, car on a besoin d'être reconnu. On se dit: «Je donne, mais en retour je veux être reconnu.»

Petit à petit, on apprend que les cadeaux arrivent continuellement et que pour ça, il faut simplement apprendre à recevoir.

La même idée s'applique au niveau du couple. Souvent, on entreprend des choses en se disant par exemple : « Je lui ai fait un massage ; maintenant c'est à son tour de m'en faire un. » Mais on peut le faire avec amour et sans attente, parce qu'on sait qu'on a beaucoup reçu en donnant ce massage ou en préparant un repas ou en faisant le ménage. En faisant le ménage ? Oui, en faisant le ménage.

À chaque fois qu'on entreprend quelque chose, si on le fait en se disant : « Je le fais pour moi, parce que je vais conscientiser, je vais apprendre des choses sur moi-même », alors on le fait par amour, comme si on allait recevoir un enseignement.

Cette attitude change beaucoup de choses et on n'a plus cette petite formule un peu dure : « C'est à ton tour, maintenant. »

Petit à petit, le *À ton tour* disparaît.

L'ENSEIGNEMENT DE LA ROSE

L'autre jour, un ami qui nous est très cher nous a rendu visite.

À un moment donné, il a posé son regard sur une très belle rose de cristal, une rose que nous avons reçue lors de notre mariage et qui nous a été intentionnellement offerte par des amis comme un beau symbole.

La rose de cristal symbolise la perfection : elle représente le cercle, la roue qui manifeste l'Univers indestructible, et l'amour humain capable d'aller chercher les Énergies Cosmiques. Et le cristal, c'est la pureté, l'émerveillement et la Connaissance.

Lorsqu'on nous a offert ce cadeau, c'est un grand symbole que nous avons reçu, car des sensations et des intentions extraordinaires avaient été imprimées dedans. L'objet servait à matérialiser ce qui se trouvait à l'intérieur de nous.

Donc, cet ami a posé un beau regard sur la rose de cristal tout en sachant qu'elle nous avait été offerte lors de notre mariage. Je savais que mon mari avait exactement la même attitude que moi, alors, spontanément, j'ai dit à notre ami :

– Tiens, elle est à toi !

– Non, a-t-il dit, je ne peux pas : c'est un cadeau de mariage.

C'était trop pour lui parce qu'elle représentait beaucoup de choses. Il a alors ajouté : « C'est drôle, cet après-midi je suis allé au magasin, et quand j'ai regardé cette rose, je me suis dit : "Non ! plus tard, plus tard." »

Alors là, la rose se présentait à cette personne parce que sa demande était sincère. Il la méritait, mais il était difficile pour lui de la recevoir. Finalement, il l'a acceptée et s'est émerveillé à nouveau de ce cadeau.

Comment expliquer notre geste ?

Il y a un grand enseignement autour de cette rose de cristal. Ce symbole est imprégné dans notre mémoire cellulaire pour l'éternité. Alors nous n'avons pas d'attache : nous pouvons sans problème le donner à une autre personne.

Cette histoire nous inspire à éviter de nous attacher aux choses physiques. Elles sont nécessaires pour la seule et unique raison que lorsqu'on infuse une énergie ou une intention dans le plan physique, on la matérialise ; toutes nos cellules engramment l'intention qu'on y associe, que ce soit une qualité ou sa distorsion. Il est donc bon d'inscrire dans la matière des sentiments purs et de belles intentions tout en ne s'attachant pas à l'objet physique.

De cette façon, on apprend à recevoir, à aller chercher des énergies très subtiles et à les intérioriser. Ensuite, on est capable de partager avec les autres les fruits de ces échanges.

Était-ce un manque de respect pour les personnes qui nous ont donné la rose ? Non, parce que ça a été un moment extraordinaire de recevoir ce cadeau lors de notre mariage, et qu'il est engrammé pour l'éternité. Nous n'avons donc pas besoin de cet objet pour nous sentir liés à ces personnes.

C'est merveilleux ! La rose, l'objet matériel, aura créé de la joie deux fois. C'est cela, l'enseignement de la rose : apprendre à recevoir et à donner.

LA NOUVELLE RÉUSSITE

Une autre qualité que confère l'Ange ANAUEL (n° 63), c'est d'être un bon publicitaire.

Qu'est-ce que c'est, un bon publicitaire ? C'est une personne qui, en élevant le niveau de ses pensées, obtient l'accès au monde des causes et s'en sert pour présenter des projets Divins et utiles à ses frères et sœurs.

Quand on a des idées originales et des visions, il arrive que nos émotions nous étouffent et que cela nous empêche d'aller présenter nos projets. L'Ange ANAUEL nous libère de ces émotions paralysantes ; il nous aide à bien formuler nos projets et à les présenter de façon attrayante. Au lieu que nos idées restent stockées dans notre être avec des *Je n'ose pas*, on apprend simplement à les libérer.

Je connais des personnes très créatives et pleines d'idées originales qu'elles n'osent pas formuler. L'état de conscience ANAUEL peut aider ces gens en les amenant à passer à l'action.

Dans le mot *publicité*, il y a le mot *public* ; la publicité consiste à rendre public un produit, un projet ou une idée pour qu'ils se matérialisent et se multiplient.

Il est important de toujours essayer de matérialiser nos idées en harmonie avec les Lois Cosmiques, de toujours diriger nos pensées dans le but de s'enrichir intérieurement. Si notre action est en accord avec les Lois Universelles et que cela fait partie de notre destin, nos intentions vont ensuite se manifester sous forme de richesse extérieure.

Lorsque cela se produit, l'être atteint de si hauts sommets d'amour qu'il n'a plus besoin de posséder. Il utilise alors ce qui est nécessaire pour les besoins de ce monde et il consacre les surplus à aider les autres.

Au cours des années qui viennent, nous assisterons à la naissance de grands philanthropes, car, plus la conscience de l'être s'ouvre, plus ce dernier se rend compte que l'argent n'est qu'une énergie et qu'elle ne s'emporte pas dans l'au-delà. Avec cette philosophie, il est possible d'élaborer pour le futur des concepts de société intelligents et bien structurés.

Mais avant de parvenir à la matérialisation de cet état de conscience, il faut expérimenter et voir la vie comme un processus évolutif qui fonctionne par étapes. Il est normal de faire des erreurs par naïveté ou par ignorance, car l'important est de développer nos aptitudes et de rectifier nos comportements au cours du processus. Et le temps que cela prend a peu d'importance, car la nouvelle philosophie de la réussite n'est pas basée sur la quantité mais bien sur la qualité.

C'est cela, le but de la matérialisation : c'est de créer de la beauté et de l'harmonie dans le monde. Mais pour connaître la beauté, il faut connaître la laideur : il faut connaître le Bien et le *Mal*.

LA SAGESSE RETROUVÉE

L'État de Conscience Chavakhiah nous aide à remédier à un phénomène très courant dans notre société: les personnes âgées terminent leurs jours dans des résidences, tandis que les jeunes font leur vie de leur côté.

Si l'on ne s'est pas réconcilié, à l'intérieur de soi, avec les anciennes façons de penser, si l'on n'a pas fait le passage vers la nouvelle façon *consciente* de penser, voilà ce que ça donne: ça crée cette séparation, ce clivage entre les générations.

On va voir que si chaque personne s'habitue à unifier à l'intérieur d'elle-même le nouveau et l'ancien, il n'y aura plus de clivage entre les générations. Une nouvelle circulation d'énergie s'installera et on se retrouvera comme au temps où les Anciens transmettaient la Sagesse ancestrale. Cette circulation d'énergie constituait l'essence même de la famille et créait une vie belle et bénéfique pour tous les enfants.

Dans mon enfance, j'ai eu la chance de vivre sans clivage avec les Anciens grâce à ma grand-tante, mes deux grand-mères – l'une Italienne et l'autre d'origine suisse allemande – et mon grand-père. J'ai reçu d'eux un bagage extraordinaire: ils m'ont transmis toute une Sagesse et beaucoup d'amour. Je trouvais cela très beau d'être unie aux Anciens.

Si chaque personne réconcilie à l'intérieur d'elle-même le présent et le passé, petit à petit, notre société inclura à nouveau les personnes d'un certain âge. Il n'y aura plus de séparation, car celle-ci n'est que la conséquence d'un clivage intérieur.

Le malaise de vieillir, partout présent dans notre société, qui vient du fait que les personnes vieillissantes craignent de n'être plus utiles, ne devrait pas exister. Normalement, la vieillesse devrait être l'une des plus belles époques de la vie. Tout âge est beau, mais normalement, cette étape est l'aboutissement naturel d'un travail de toute une vie, au cours duquel la Sagesse a été retrouvée.

« POMPE ! POMPE ! »

Je vais vous raconter une autre histoire qui illustre bien l'énergie de Chavakhiah (n° 35), la réconciliation, non seulement avec soi-même et avec notre famille, mais aussi avec notre pays. C'est également la réconciliation avec tous les peuples, celle qui consiste à éliminer tous les jugements vis-à-vis des comportements des autres ethnies.

J'ai beaucoup réfléchi à ce sujet, car, alors que je commençais la préparation du cours sur Chavakhiah, j'ai reçu une lettre m'annonçant que j'étais convoquée au Service de l'Immigration pour passer l'examen d'obtention de la citoyenneté canadienne. Il y avait déjà plus d'un an que j'avais déposé ma demande pour acquérir la citoyenneté de ce beau et grand pays, et la lettre est arrivée comme par hasard alors que je travaillais avec l'Ange Chavakhiah.

Le champ de conscience de cet Ange touche tous les sujets laissés en suspens. Alors, voilà qu'On me mettait en contact avec les services de l'immigration. C'est un très bon exemple de la façon dont fonctionnent les Anges, car lorsqu'on travaille avec cet enseignement, ce qu'on a, c'est du concret.

Quand on change de pays – ou d'état de conscience –, on devient un apprenti. Et pour pouvoir réussir l'examen pour la citoyenneté canadienne, il fallait savoir répondre à deux cents questions.

Alors, cette semaine-là, je suis retournée sur les bancs d'école : j'ai appris l'histoire, la géographie, etc. En étudiant, j'ai été amenée à toutes sortes de réflexions, puisque l'énergie de l'Ange Chavakhiah concerne la réconciliation avec toutes les ethnies, avec tous les pays. Si on veut élargir sa conscience, si on veut aller plus loin, il est crucial de devenir universel.

Pendant le cours, nous avons parlé des Premières Nations, et puisque le territoire de Nunavut venait tout juste d'être officiellement reconnu, nous avons parlé des Inuits. À la lumière de l'enseignement de Chavakhiah, j'ai pensé au sort des

Amérindiens parqués dans des réserves, et ça m'a amenée à faire d'intéressantes analogies.

La même notion de réserve se retrouve en nous-mêmes. En effet, si on n'a pas intégré certaines compréhensions, il subsiste à l'intérieur de soi une non intégration, laquelle nourrit toutes sortes d'hostilités. Le *parquage* des Indiens dans les réserves a créé toutes sortes de problèmes, dont ceux qui sont reliés à la consommation d'alcool et de drogues.

On peut faire une analogie : nos parties intérieures non intégrées sont comparables aux réserves indiennes, non intégrées au reste de la population. Or l'Ange CHAVAKHIAH va toucher ces réserves : il nous permet de les intégrer dans notre quotidien afin d'éliminer les frustrations.

Voici l'histoire de mon père, que je vais vous raconter pour vous montrer comment on peut vivre ce genre de choses.

Je viens de la Suisse, un tout petit pays où l'on parle quatre langues officielles (le français, l'italien, l'allemand et le romanche), plus une cinquième, l'anglais, parce que la Suisse est très internationalisée. Et ça se passe relativement bien.

Quand j'ai grandi, nous vivions dans une région francophone de la Suisse, et j'entendais souvent mon père critiquer les Suisses allemands. Je ne comprenais pas cela et ça m'irritait quelque peu, car mon éducation – qui avait été très spirituelle avec ma grand-tante – m'avait rendue consciente qu'il n'est pas normal de critiquer les autres. Puis, en grandissant, j'ai compris pourquoi mon père avait cette attitude.

À l'âge de seize ans, sa mère l'avait envoyé en Suisse allemande pour un apprentissage ; ce n'était pas très loin de sa famille, mais il en avait été séparé. Il était très attaché à sa famille et il a vécu cela comme un choc affectif.

Il est donc allé travailler pendant trois ans chez un homme qui, disait-il toujours, était très dur et très autoritaire. Il devait se lever très tôt le matin, et il a vraiment pris son employeur en grippe, de sorte qu'il s'est un petit peu vengé sur la langue suisse allemande en refusant d'intégrer ce phénomène.

Qu'est-ce que mon cher papa avait à comprendre?

Ce n'est pas par hasard qu'On l'a envoyé à seize ans dans cette région où on parle allemand; chaque langue a ses qualités, et si on ne comprend pas la qualité d'une langue, on verse dans sa distorsion.

L'allemand est une langue très structurée et les Allemands sont aussi des gens très structurés, très ordonnés. Ça donne une langue phonétiquement gutturale.

Mon père est une personne très ordonnée à l'extérieur, mais à l'intérieur – sa femme intérieure – il n'est pas toujours ordonné. On n'a qu'à voir ma mère, une belle personne très aimante – elle est italienne –, mais au niveau de l'ordre, elle est l'opposé de mon père, et à l'extrême: l'ordre, ce n'est pas son point fort. Elle représente donc une partie de la femme intérieure de mon père.

Quand on a un désordre à l'intérieur de soi, on a tendance à aller aux extrêmes, ce qui fait que mon père avait quelquefois une espèce de rigidité. Puisqu'il avait une résonance avec le désordre, il a dû aller faire un apprentissage auprès d'un patron trop rigide. Et cela, il ne l'a pas accepté: ça a créé chez lui des rancœurs par rapport à ce qu'il a vécu avec cette langue.

Alors, maintenant, quand il commence à critiquer – si les gens ne veulent pas changer, ça ne sert à rien d'insister –, je lui dis avec beaucoup d'amour et d'humour: «Papa, fais attention: si tu continues, tu vas t'incarner en Suisse allemande dans ta prochaine vie.»

Alors, là, il rit; comme vous il rit. Ça désamorce son élan et il arrête. Un soir, je l'ai appelé pour lui demander: «Comment ça va avec les Suisses allemands?», et il m'a répondu: «Oh! Un à un, ça va très bien: j'ai même des amis; mais avec tout un groupe, là, je ne suis pas encore très à l'aise.»

Cela nous amène à une autre histoire qui nous est arrivée en famille, puisqu'avec l'Ange CHAVAKHIAH on touche également la famille. Quand j'avais douze ou treize ans, nous sommes allés en voyage en Allemagne et, pour l'occasion, le frère de mon père nous a prêté une tente. C'était une tente ronde et très spéciale : elle tenait en équilibre grâce à des boyaux gonflables et des piquets. Pour la monter, il fallait gonfler les boyaux qui se trouvaient à l'intérieur, et c'est moi qui ai écopé de cette tâche.

Je pompais pour gonfler un boyau, mais rien ne se passait : ça ne montait pas. Mon père me disait : « Pompe ! » et moi, très docile – mon père avait une certaine autorité – j'obéissais et je pompais, je pompais. Mais la tente ne montait toujours pas.

« Mais pompe ! » me répétait-il avec insistance. Mais ça ne montait toujours pas. Bon, je pompais quand même et je pompais, je pompais. Tout à coup, PAF ! une explosion. Le bruit s'est répercuté dans tout le terrain de camping.

Mon pauvre papa était là, avec les boyaux sur la tête et la tête enfarinée parce qu'il y avait un peu de talc dedans. On s'est tous regardés et tous les occupants du camping sont venus nous voir. En allemand, ils nous disaient : « Zu pumpen ! Zu pumpen ! » (Trop pompé ! Trop pompé !)

Il y avait eu trop de pression. Que s'était-il passé ?

Plus tard, j'ai rappelé mon père pour comprendre ce qui était arrivé. Il m'a dit : « Je n'avais pas lu le mode d'emploi et quelque chose était coincé à l'intérieur. »

C'est tout un enseignement, c'est très profond, cette histoire de tente, vous savez. Ça veut dire que quand on n'est pas tout à fait centré, on ne respecte pas le mode d'emploi, on force les choses, on pompe et on fatigue les autres. Et puis ça explose. Tout ça crée beaucoup de stress.

Voilà, c'est ça qui se passe dans les familles, en général, quand on n'a pas intégré l'énergie de CHAVAKHIAH, quand on n'est pas encore réconcilié avec soi-même.

La tente, c'est la rondeur, la douceur : si tu veux retrouver ta douceur, oui, sois émissif, mais à la juste place. Si rien n'avait été coincé à l'intérieur de nous deux – mon père et moi –, nous n'aurions pas eu ce problème.

Cette histoire s'est très bien terminée. Chaque fois qu'on la raconte, on rit de bon cœur.

Mon père m'a dit :

– On voulait aller à l'hôtel, mais ils ont tous été solidaires, les Allemands...

– Tu vois, ils sont gentils, les Allemands.

– Ils nous ont apporté des bouts de tissu pour rapiécer la tente. On avait bonne mine ! On se serait cru dans une cabane de bambou. On a couché là, mais j'avais tellement honte que le lendemain nous sommes partis très tôt en catimini.

Alors, vous voyez, on peut trouver des enseignements très profonds dans des petits incidents comme celui-là. Moi, c'est sûr que j'avais des leçons à apprendre : mon homme intérieur devait avoir des petites choses à régler avec la rigidité, et c'est pour ça que j'ai reçu ce père.

Hier soir, les Anges m'ont fait un cadeau extraordinaire : nous donnions le cours à Québec, et j'étais en train de raconter l'histoire des Allemands quand, tout à coup, mon mari est entré – il était dehors – pour me dire : « Eh ! un autobus d'Allemands vient d'arriver à l'hôtel ! »

Toute la salle a éclaté de rire.

Imaginez ! J'avais récupéré tous mes petits Allemands intérieurs ; ça veut dire que j'avais récupéré une belle rigueur. De cette manière, mon côté vénusien qui me rend parfois un peu débordante ne risquait plus de trop s'exalter et de me faire manquer de précision.

Voilà ce qui se passe quand on retrouve la rigueur, la parfaite rigueur sans rigidité : toutes nos belles qualités de douceur et d'amour peuvent s'exprimer dans l'harmonie car, grâce à la structure que procure la rigueur, il n'y a plus rien qui explose, qui coince et qui empêche la vie d'être fluide.

Le même soir, nous avons eu un autre clin d'œil des Anges – Ils y ont mis le paquet – pour confirmer la belle réconciliation qui venait de s'opérer en moi. Une fois le cours terminé, j'allais entrer dans la camionnette quand, tout à coup, j'ai vu arriver un deuxième autobus d'Allemands.

J'ai tenu la porte pour eux et ils me disaient tous: «Danke! Danke!» (Merci! Merci!) Ils étaient assez contents.

Moi, j'en avais les larmes aux yeux car, pour moi, c'était une confirmation extraordinaire.

Je me sentais à *Surprise sur prise*, l'émission télévisée de style *Caméra cachée* – ils peuvent aller se rhabiller par rapport à ceux d'En Haut. Imaginez! L'équipe de *Surprise sur prise* dispose de budgets extraordinaires pour que les choses corroborent, et là, En Haut, Ils avaient synchronisé deux cars d'Allemands pour me montrer que j'avais réussi mon examen.

C'est comme ça avec les Anges; c'est magique!

«SOYEZ PRÊTS À TOUT!»

Voici l'exemple d'un homme qui travaille avec les Anges et qui, suite à certains événements, a vécu une profonde transformation au niveau affectif. Cette dernière l'a amené à remettre en question son emploi, un poste de cadre qui comporte beaucoup d'avantages et qui est très en vue dans notre société.

Voici ce qui s'est passé. Suite à sa transformation intérieure et à cause de la nouvelle vision que la Connaissance lui a conférée, il a commencé à se sentir dérangé par l'attitude de certains de ses collègues de travail. En discutant, il m'a parlé de son malaise face à l'un de ses supérieurs. Je lui ai demandé:

– Mais qu'est-ce qui te dérange chez cette personne ?

– J'ai eu des problèmes avec lui car il est un peu magouilleur.

– Travaille sur tes petits magouilleurs intérieurs, et il ne te dérangera plus.

Souvent, après avoir vécu une transformation intérieure, on n'a plus le goût de voir ce genre de personnes. Mais attention ! avant de les quitter, il est important de se réconcilier avec tout ce qu'ils représentent et qui nous dérange encore. Il faut poursuivre notre chemin dans le sens de l'intégrité et de l'honnêteté, afin de ne plus se sentir dérangé par ces personnes. Si leur présence nous dérange encore, c'est qu'il reste une résonance à l'intérieur de soi.

Ensuite, quand on est prêt, tout se fait naturellement: on traverse un passage qui nous mène – on est guidé – vers autre chose. Quelquefois, on est transféré à un autre poste, ou encore on reçoit une promotion, ce qui confirme notre transformation intérieure. Tout peut arriver.

Avec les Anges, soyez prêt à tout !

L'ENSEIGNEMENT DE LA CARTE DE CRÉDIT

C'était au tout début, quand je suis arrivée au Canada. La banque m'avait remis des cartes de crédit dont je ne connaissais pas très bien l'usage – quand on change de pays, on doit tout réapprendre et c'est très bien ainsi. Alors, un jour, je suis allée acheter une moquette dans un magasin où on acceptait les cartes de crédit.

J'avais deux cartes et j'ai dit à la propriétaire: « Je pense que celle-ci est une carte de crédit ». Elle m'a rassurée, mais j'avais tout de même un petit doute.

J'ai donc payé avec cette carte. Les semaines ont passé, mais je ne voyais pas apparaître le débit de cet achat sur mon relevé de compte. Ce petit événement était resté dans ma mémoire parce qu'il y avait quelque chose dont je n'étais pas sûre.

Au bout d'un certain temps, je me suis rendue à l'évidence : le montant de l'achat n'avait pas été prélevé dans mon compte. Je suis donc retournée voir la commerçante et lui ai dit : « Je n'ai pas vu passer le paiement de la moquette dans mes relevés ; j'aimerais vous la payer. »

Elle a ouvert grand les yeux et m'a dit : « Ça alors ! vous êtes honnête, vous ! Je suis allée à la banque et, par souci de discrétion, ils n'ont pas voulu me donner vos coordonnées. J'ai donc inscrit ça dans les pertes, pensant ne jamais être payée. »

Alors, ça aussi, c'est quelque chose ! Il s'agit d'une opération dans la matière – une simple opération bancaire –, mais cette histoire va bien plus loin. Moi, je l'ai reçue cette moquette : il y a bel et bien eu un échange. Et puis, me direz-vous : « C'est son affaire si elle s'est trompée ; et en plus, tu lui avais dit dès le départ que tu n'étais pas certaine à propos de ta carte. »

Quand on ne sait pas, on ne peut rien faire ; mais quand on a un doute, il faut faire attention. Un bon conseil : vérifiez toujours vos doutes. Car derrière le doute se cache toujours un acte manqué.

L'ENSEIGNEMENT DE LA MEILLEURE AMIE

Un jour, une dame qui accompagne les personnes malades en phase terminale est venue me voir et m'a dit :

– Je me sens un peu inconfortable dans la situation que je vis en ce moment. J'accompagne une de mes meilleures amies qui est atteinte du cancer, et chaque fois que je la quitte, je me sens vraiment mal à l'aise parce qu'elle est extrêmement négative. Même si elle est malade, elle ne veut rien entendre : elle n'a aucune ouverture à la spiritualité. Chaque fois que j'essaie de lui parler, après ça je me sens mal.

– D'une certaine façon, lui ai-je dit, tu lui imposes quelque chose: tu lui imposes ta manière d'être et elle n'est pas prête. C'est sûr que tout ce que tu fais est beau: tu rayonnes et c'est extraordinaire. Mais elle, elle n'est pas prête à recevoir ce que toi, tu as déjà compris. Respecte son niveau de conscience et parle-lui de ton inconfort; parle-lui de ce que tu ressens. Tu peux aussi espacer tes visites. Le Ciel n'est-il pas en train de te dire: «Pourquoi vas-tu voir cette personne? Elle ne veut rien entendre.» Même quand tu ne parles pas, tout ce que tu dégages la dérange car elle n'est pas prête à s'ouvrir; d'ailleurs, elle ne s'en cache pas. Beaucoup de personnes malades, en phase terminale, attendent dans les hôpitaux; elles ont soif de spiritualité car ce sont leurs derniers instants. Certaines s'éveillent et s'ouvrent, et elles seraient bien contentes que tu ailles leur parler, que tu les accompagnes.

– Oui, mais elle, c'est ma meilleure amie.

Lorsqu'on monte dans la conscience, il n'y a plus de meilleure amie: chaque personne est notre meilleure amie et fait partie de notre famille. C'est la grande famille et il n'y a plus de petite famille. La petite famille est là pour nous aider à saisir ce concept, mais à un moment donné, il faut s'en dégager. Il faut s'ouvrir, et si l'autre personne n'accepte pas de s'ouvrir, même si elle fait partie de notre famille toute proche, même si c'est notre meilleure amie, peu importe, ça ne lui appartient qu'à elle, et ça ne doit pas affecter notre motivation. Au contraire! Il faut s'ouvrir; et alors l'Intelligence Cosmique nous dirige vers ceux qui sont en résonance avec nous.

Nous traversons tous cette étape car elle nous fait grandir: elle nous apprend à nous détacher, à éliminer notre attachement pour les personnes qu'on connaît et qu'on aimerait tellement voir grandir. Mais dans cet attachement, il y a un désir de contrôler. De la même façon, lorsqu'on se paie des maux de dos, c'est qu'on désire être reconnu par les autres, par notre petit entourage. C'est qu'on désire être aimé en retour.

L'objectif consiste à apprendre l'amour inconditionnel, celui par lequel on donne sans attente de reconnaissance, juste pour semer une graine. On ne reverra peut-être jamais la personne qu'on a aidée et ça n'a pas d'importance, car on a la conscience de ce qui a été dégagé. On sait comment fonctionnent les Lois Cosmiques et on n'a donc plus besoin de ce côté visible, de la reconnaissance de notre entourage.

Quand on a compris cela, on rayonne et c'est extraordinaire; à ce moment-là, on prend une grande expansion. Et quelle motivation se déploie! WOW! elle nous donne des ailes.

C'est ça, la grande motivation: c'est quand on apprend à aller au-delà de nos limitations.

Cette femme devait donc accéder à une nouvelle étape. Je lui ai dit: « Peut-être empêches-tu ton amie d'évoluer, parce qu'avec toi elle se nourrit sans même avoir à faire de prises de conscience. Si tu t'écartes pendant un petit moment, peut-être aura-t-elle l'occasion ou sentira-t-elle le besoin de s'ouvrir, si cela fait partie de son plan de vie, si c'est la Volonté du Créateur et si elle, consciemment, elle veut bien s'ouvrir. Dans tous les cas, ça lui appartient entièrement. »

C'est un grand acte d'amour que de comprendre cela.

TOUT VIENT À POINT À QUI SAIT ATTENDRE

Lundi dernier, j'étais en train de préparer le cours sur l'état de conscience SEALIAH (n° 45), la motivation, bien au soleil sur une terrasse, quand je me suis mise à penser à un homme que je connais et qui est dans l'autre extrême; c'est un homme qui a perdu sa motivation.

J'avais appris par des amis qu'il y a quelques mois, il avait dû cesser ses activités car il ne pouvait plus travailler. On m'avait dit qu'il était gravement malade et qu'il souffrait de ce que les médecins appellent la fatigue chronique.

Considérée comme virale, cette maladie touche tout le système immunitaire. C'est le produit de la distorsion de SEALIAH.

La personne ressent une telle lassitude que tout son corps en est affecté et que son âme n'est plus nourrie. Malgré qu'elle ait bénéficié de certaines compréhensions, la personne n'a pas réussi à les mettre en application, à les intégrer à sa vie.

Je me suis levée pour aller porter ma tasse à l'intérieur, et voilà que je tombe sur ce monsieur auquel je venais juste de penser ! Je ne l'avais pas vu depuis au moins un an.

Vous voyez comme ils synchronisent bien les choses, En Haut ! C'était extraordinaire ! J'étais très contente de le voir, et son épouse aussi était là. Je me suis assise à leur table et nous avons parlé pendant un moment de tout ce qu'il était en train de vivre.

Vous allez voir que c'est un cas très intéressant qui nous donne beaucoup d'enseignements.

Cet homme occupe un poste à responsabilités dans une maison d'édition et il a accès à tous les livres sur le développement personnel, la spiritualité et la guérison. Il occupe ce poste depuis environ une quinzaine d'années. Alors, vous pouvez imaginer qu'il en connaît plus que quiconque sur ces sujets. Il a aussi participé à un nombre record d'ateliers de croissance personnelle, mais le problème, c'est qu'il n'est pas allé dans ses profondeurs : il est toujours resté en surface. Chaque fois qu'une méthode était sur le point de lui apporter quelque chose, il passait à une autre. Voilà le danger de passer continuellement d'une chose à l'autre : il peut s'agir d'une fuite.

Moi aussi, j'ai déjà fait ça. J'avais un intérêt pour de nombreuses Traditions. C'est très bien d'avoir cette bonne curiosité, de se laisser attirer par nos résonances, mais il faut aussi en voir le double tranchant. Il faut parfois faire attention.

Cet être était dans cette situation délicate : au moment où une méthode, un moyen de se transformer le faisait descendre vers ses profondeurs et exigeait un effort personnel, CLAC ! il passait à autre chose.

Rien n'est facile dans ce domaine: il n'y a pas de baguette magique. Cela, tous les grands initiés, tous les Sages nous le disent, et c'est écrit partout. C'est pour cette raison qu'on marche parfois à reculons; parce qu'il faut passer par là – par nos profondeurs – pour que s'opèrent de grands changements.

Au fil des ans, cet être a reçu plusieurs avertissements concernant sa santé. Je me souviens, quand je l'ai rencontré l'an dernier, il m'a parlé de ses rêves.

– Pourquoi ne réalises-tu pas tes rêves? lui ai-je alors demandé.

– J'ai un poste important; c'est la sécurité et c'est bien payé. Mais ce que j'aimerais faire, je ne suis pas sûr que ça pourrait marcher, je ne suis pas sûr d'en tirer autant de sécurité.

Il a refoulé, il a inhibé tous ses rêves et n'a pas écouté son cœur. C'est une préoccupation matérielle qui l'en a empêché, mais au fond, sa peur principale, essentielle, c'était celle de se connaître totalement.

Lundi, quand je l'ai rencontré, il m'a dit: «Je sais que ma priorité, c'est d'aller retrouver mes profondeurs. D'ailleurs, je n'ai pas le choix, parce qu'on dit que cette maladie peut durer *ad vitam aeternam*. Si je ne le fais pas, je sais que j'en suis à ma dernière étape: je n'ai plus le choix.»

Il m'a dit qu'il avait rencontré un médecin acupuncteur asiatique, que ce dernier l'avait regardé avec ses yeux et ses lunettes au bas du nez, et – avec cette grande sagesse qu'ont certains Orientaux – il lui avait dit: «Monsieur, vous aviez un ressort dans la tête, mais vous avez tiré, tiré, tiré, et CLAC! il a sauté.»

Alors, vous voyez, il ne lui a pas dit: «Vous aviez un ressort dans tout votre être». Ça, c'est SEALIAH, c'est un ressort dans chacune de nos cellules. Il a dit dans la tête, un ressort dans la tête. Et lui, c'est aussi ça qu'il pensait. Il m'a dit: «J'ai fini de me dire: "Tout va bien" à tout moment, même quand ça ne va pas, même quand mon corps m'envoie des signaux pour que je m'occupe de ce qui se passe au fond de moi-même. C'est une motivation artificielle.»

Mais on ne veut pas voir ce qui se passe vraiment et on compense en se disant: «Ça va bien, ça va bien.»

Il faut bien sûr nourrir une attitude positive, mais en même temps – on le voit, tout le Travail avec les Énergies Angéliques demande une grande motivation –, il ne faut pas oublier de plonger, d'aller dans nos distorsions et se dire: «Oui, je suis encore capable de bien me voir, de m'aimer; je suis capable d'aller chercher mes distorsions, de les connaître et de les transformer. Je suis encore capable de me voir beau, de me retrouver.»

De cette manière, on acquiert une grande humilité, celle que les Sages préconisent et qui consiste à apprendre comme un enfant – on tombe, on se relève, on retombe et on se relève –, et puis on ose aller dans nos profondeurs. On trouve des moyens, des points de repère, et on apprend à se relever. Voilà le but de l'enseignement.

Mais si l'orgueil n'est pas cassé, si la vanité prend toute la place, alors là, c'est beaucoup plus difficile d'avancer: ça prend des épreuves.

Vous voyez, cet homme avait de grandes connaissances livresques dans sa tête, mais elles n'étaient pas intégrées dans tout son corps. C'est lui-même qui m'a dit: «J'ai eu accès à la Connaissance, mais la Connaissance est dangereuse.»

En effet, quand on ne fait pas le Travail, quand on ne se transforme pas, c'est dangereux. C'est pour cette raison que la Tradition nous met en garde: «Le chemin qui mène à la Connaissance passe par la pureté du cœur.» Si on n'y entre qu'avec l'intellect, la quête de Connaissance peut n'être qu'une avidité de pouvoir.

La seule clé, c'est une grande pureté de conscience.

Et après...

tout vient à point à qui sait attendre.

LA MOTIVATION EXCESSIVE

Voici une autre situation que j'ai vécue et qui montre comment on peut exagérer avec nos projections intérieures.

Il y a plus de dix ans, je travaillais dans une entreprise et, vous savez, j'ai toujours eu assez de facilité à changer d'emploi, à partir à l'aventure. Et là, ce n'est certainement pas parce que j'avais un poste à responsabilités et bien payé que j'allais rester là. Non, quand j'avais fait le tour d'un emploi, OUPS! je partais pour aller expérimenter ailleurs, sans égard pour ce qui allait ensuite m'être proposé. Cette esprit de liberté et d'aventure guidait mes pas.

Alors que je travaillais dans cette entreprise, je me suis liée d'amitié avec une dame assez spirituelle. Elle travaillait pour un service juridique et elle trouvait son travail difficile. Elle se sentait contrainte, privée de liberté, mais elle se croyait obligée de travailler dans un système comme celui-là.

Quand j'ai quitté cet emploi, nous avons poursuivi notre relation, et moi, sans comprendre ce que je faisais vraiment, je l'ai poussée à faire de même. Elle m'avait exprimé son désir de quitter son emploi afin de démarrer sa propre entreprise – un commerce – et d'être plus libre. Elle rêvait d'être indépendante et de ne plus avoir de patron. Et moi, avec mon grand cœur, je l'ai poussée et pas à peu près, comme on dit ici au Québec. Je lui ai répété: «Vas-y! Vas-y! T'es capable, tu peux: vas-y!»

Finalement, après quelques semaines, elle a quitté son emploi et elle a mis sur pied son commerce et... ça a été un vrai fiasco.

J'ai maintenu le contact avec elle, et là, j'ai réalisé que nous avions toutes deux quelque chose à comprendre de ce qui s'était passé. Je me suis rendu compte que la raison pour laquelle je l'avais poussée, c'est que j'avais moi-même cette envie, ce goût de l'aventure: je projetais sur elle mes propres limitations et mes propres envies de liberté. J'ai toujours aimé la liberté; pour moi, la liberté, c'est Dieu. Mais elle, elle avait encore besoin de sa sécurité et de son confort; elle n'était pas prête à faire ce pas. Et ça a été très difficile pour elle.

À cette époque, je n'avais pas fait tout ce cheminement; il y avait encore en moi des prisons et des peurs, et comme cette femme était mon amie, une personne que j'aimais, j'ai projeté mes propres envies de liberté sur elle. C'est pour ça que, dans ma motivation, je n'ai pas agi de façon tout à fait juste : je n'ai pas respecté son niveau, son plan de vie. J'aurais dû l'écouter ; je n'aurais pas dû la pousser.

Quand on est dans un excès de motivation, c'est ça que l'on fait : on projette. Maintenant, je suis tout à fait capable d'analyser ce qui est arrivé, de le comprendre et de me pardonner à moi-même.

LA MOTIVATION EN ENTREPRISE

Le phénomène de la motivation se manifeste aussi sur les lieux de travail. En voici quelques clés importantes.

Quand on travaille dans une entreprise, la première grande clé à connaître, c'est de toujours y aller avec cette attitude, cette nouvelle compréhension, qui consiste à ne pas s'attacher à l'objectif physique. Il s'agit de rentrer dans l'expérimentation sans s'attacher à la performance et aux résultats extérieurs du travail. En fait, le but de l'expérimentation sur le plan professionnel consiste à développer des qualités et des vertus et à travailler sur sa propre motivation.

Voici une autre clé importante : il ne faut jamais s'identifier à l'entreprise. Les dirigeants des grosses compagnies sont souvent très forts là-dessus : ils utilisent la manipulation pour amener leurs employés à s'identifier à l'entreprise, pour qu'ils conçoivent la compagnie comme le centre de leur vie.

L'essentiel, quand on est engagé dans une entreprise, c'est d'y aller avec la sagesse et la clarté de vision.

On se dit : « Pourquoi est-ce que je vais sur ce lieu de travail ? C'est pour gagner mon pain quotidien. » Mais si on ne travaille que pour gagner notre pain quotidien, la motivation est très difficile à maintenir parce ça veut dire que notre travail est une corvée.

Dans un premier temps, si on occupe un certain poste, c'est qu'on a un grand enseignement à en tirer. Alors, si on ne considère la chose qu'à l'horizontale, notre motivation nous apparaît comme n'étant que d'ordre matériel. Mais si on regarde à la verticale, on se dit: « Peu importe ce que je fais, peu importe où l'Intelligence Cosmique m'a guidé, je vais y trouver des compréhensions. Chaque acte que je vais poser va faire évoluer ma conscience. »

Avec cette perspective, le travail qui auparavant ne me satisfaisait pas va m'apporter toutes les satisfactions et ce jusqu'à ce que j'aie compris ce que j'ai à comprendre.

Quelle intention colore ma motivation?

Si je vais travailler en me disant: « WOW! j'ai l'impression d'aller à un atelier de croissance personnelle », alors là, c'est le bonheur.

En fait, on devrait toujours aller travailler avec cet état d'esprit. Et en plus, on est payé: c'est vraiment extraordinaire!

Vous voyez à quel point notre manière de penser peut influencer notre motivation. C'est une toute nouvelle façon de voir qui nous donne des ailes, qui nous redonne nos ailes.

Si on a à gérer du personnel – et c'est la même chose pour les employés –, la principale clé, c'est de comprendre que chaque personne a droit à l'erreur: il faut toujours s'accorder à soi-même et aux autres le droit à l'erreur.

L'autre chose à comprendre, c'est que lorsqu'on veut contrôler, c'est qu'on manque d'ouverture au niveau du cœur et qu'on compense. On est alors dans la distorsion de SEALIAH.

Le contrôle disparaît avec l'ouverture du cœur. Un cœur ouvert accepte que l'on fasse des erreurs; celles-ci ne sont d'ailleurs plus considérées comme des erreurs, mais bien comme des expérimentations. Et si on dirige un certain nombre d'employés et qu'on est à l'aise avec l'idée qu'ils puissent faire des erreurs, cela crée une très bonne ambiance dans l'entreprise.

Vous voyez, il y a des clés importantes à connaître. Avec l'Ange SEALIAH, on a la juste motivation, et contrairement à ce qui arrive souvent avec la hiérarchie humaine d'une entreprise, il n'y a ni humiliation ni désir de contrôler les autres.

Quand cette grande ouverture de conscience sera accomplie, les entreprises seront gérées avec cette nouvelle mentalité. D'ici ce temps-là, avant qu'elles ne soient touchées, ça doit commencer par soi-même.

L'ENSEIGNEMENT DU BOUTON

J'aimerais partager avec vous un bel exemple que j'ai vécu dernièrement et qui m'a motivée plus que je ne l'ai jamais été auparavant... à faire quoi ? À coudre un bouton. Alors que moi, il ne fallait pas me demander de coudre un bouton. Oh ! si un bouton tombait, je me disais : « Faut-il vraiment que je le couse ? »

Eh oui ! il faut le coudre. Bon !... Vous allez voir toute l'histoire.

Il y a quelques semaines, une de mes amies qui habite à Saint-Jean-sur-Richelieu est arrivée avec un costume qu'elle venait de confectionner pour moi. Elle m'a dit : « J'ai fait une erreur : j'ai posé des boutons dorés avec un centre bleu, mais le dernier a un centre violet et je ne m'en suis pas aperçu. »

Je me suis mise à rire – j'étais assez contente – et je lui ai dit : « Tu n'as pas fait d'erreur : c'est un beau signe pour moi. »

À ce moment-là, j'ai eu un *flash-back*. Vous voyez, quand on a la conscience éveillée, tout – même un bouton – peut être un déclencheur pour faire remonter des choses du subconscient.

Je me suis souvenue d'une anecdote d'il y a plus de dix ans, alors que je commençais à apprendre une méthode orientale de soins énergétiques avec les mains.

C'était la première fois que j'expérimentais ce genre de technique. Nous travaillions en visualisant l'énergie de ce que les Orientaux appellent les chakras. Ce sont des centres énergétiques dont les principaux sont au nombre de sept. On peut les voir comme des roues tournantes et centrifuges qui sont associées aux couleurs de l'arc-en-ciel. Chaque chakra est associé à une couleur. On part du violet, on va à l'indigo, puis au bleu, au vert, au jaune et à l'orange, pour finalement arriver au rouge qui incarne la terre, le dernier chakra.

Le violet, c'est la couleur de la spiritualité, au-dessus de la tête. Au cours de l'atelier, nous avons reçu la consigne de visualiser nos chakras dans le but de nous faire un traitement chacun à soi-même. Et puis, à la fin de l'exercice, j'étais assez contente – dans mon ignorance – parce que j'avais vu du violet partout, sur tous mes chakras.

– Ah ! me disais-je, j'ai de la spiritualité partout. C'est extraordinaire !

– Eh bien non ! m'a dit l'enseignant, il ne faudrait pas qu'il y ait du violet partout.

Dans la symbolique, il aurait fallu que mes chakras aient chacun leur couleur, que le violet soit dans le chakra du haut, mais pas qu'il déteigne sur tous les autres.

Que s'était-il passé ? J'avais encore une vision des choses qui séparait la spiritualité de la matière et qui était liée à une certaine envie de m'écarter du monde. La spiritualité me faisait goûter à de hauts niveaux de conscience, mais quand je revenais dans la matière, je trouvais ça un peu lourd, et c'est ce retour qui était difficile. C'est ça qui s'était exprimé dans ma façon de voir du violet dans tous mes chakras.

L'enseignant ne me l'a pas expliqué à ce moment-là; il m'a simplement dit: «Non, il ne faudrait pas...», mais quand ça s'est produit, j'ai compris – c'est remonté à la surface – qu'il faut faire descendre l'Esprit jusque dans la matière, dans tout notre corps, dans chacune de nos cellules. Devenir un Ange, c'est incarner, émaner et exprimer les qualités et les vertus, et ce, à chaque instant de notre vie.

Or, quand mon amie est arrivée avec mon nouveau costume, je venais de travailler avec l'Ange VEHUEL (n° 49), l'Ange de l'Illumination. C'était donc un beau cadeau par lequel On me montrait: «Tu ne l'as pas encore, ma petite! Regarde tous tes boutons; il y a encore du violet au mauvais endroit.»

On me montrait que les couleurs de mes chakras avaient repris leur place, mais que le dernier, là, celui le plus près de la matière, du corps physique, celui qui est supposé être rouge, eh bien, il est violet! «Tu ne l'as pas encore; travaille un petit peu plus.»

J'étais contente car c'était un beau signe, et je riais. Je me disais: «Ne t'en fais pas, tu as une résonance, tu as quelque chose à comprendre; il n'y a aucune erreur.»

J'étais heureuse, et mon amie aussi. Elle m'a dit: «J'irai acheter un autre bouton bleu et je te l'apporterai.»

Je ne l'ai revue que deux semaines plus tard, période au cours de laquelle j'ai fait un certain travail sur moi-même, et quand elle est venue me voir à la fin du cours que je donnais à Montréal, elle m'a donné le bouton en me disant: «Tu ne sais pas ce qui m'est arrivé!»

Elle s'était confectionné un petit costume à peu près identique au mien, taillé avec le même patron, mais la couleur était différente et ses boutons étaient verts. En me donnant mon bouton, elle m'a dit: «Regarde mon bouton au même endroit.»

Pendant le cours, le centre de son bouton du bas était tombé. Vous voyez comment fonctionne la loi de la résonance ? Elle aussi avait quelque chose à comprendre; le même genre de message lui était adressé, celui d'incarner ces énergies dans son corps. On a bien ri.

Elle m'a donné mon bouton et, le lendemain, je l'ai cousu en visualisant que le même travail se faisait à l'intérieur de moi-même. Auparavant, ça m'a toujours ennuyée de coudre un bouton, je préférais étudier ou méditer: pour moi, coudre un bouton, c'était une perte de temps. Mais là, j'étais très heureuse et je me disais: « Je suis en train de remettre en ordre mon chakra du bas. »

C'est une manière symbolique de parler. Ce que je fais à l'extérieur, je l'incarne à l'intérieur. Ça y est, les Énergies Angéliques descendent dans mon corps, là, jusque dans mon premier chakra.

En préparant le cours que je donne cette semaine, j'avais prévu cette petite histoire que je viens de vous raconter. Elle devait servir à illustrer, justement, comment la motivation spirituelle peut nous toucher.

Mardi soir, je suis arrivée à Québec pour le premier cours de SEALIAH (n° 45). On doit faire plusieurs heures de route pour s'y rendre; alors, je me suis changée juste avant le cours. Et le costume que j'avais fait nettoyer était encore bien enveloppé dans le plastique. Je l'ai sorti et Oh surprise ! J'en suis restée bouche bée – mon amie Nicole, qui m'accompagne dans les tournées, a été surprise elle aussi, elle me l'a dit après le cours –: le bouton violet était encore là.

Je me suis posé la question: « Comment cela se fait-il? Mon bouton a dû tomber chez le nettoyeur, et ils en ont remis un autre qu'ils avaient sous la main, ou que mon amie avait cousu à l'intérieur comme bouton de rechange. »

Je me suis posé toutes sortes de questions pour en arriver à la conclusion: « J'ai dû recoudre le même bouton. J'ai l'air fine, maintenant, avec mon bouton violet. Et voilà, ce soir j'ai encore mon bouton violet. Que vais-je faire de mon histoire?»

C'est pour ça que j'ai dû me dire: «Bon! l'humilité, Christiane.» Ça m'a quand même pris deux ou trois minutes. Nicole, elle, était surprise. Elle m'a dit: «Normalement, je t'aurais entendue rire: "Regarde mon bouton!"»

Mais non, là, je n'avais pas envie de rire. Pendant quelques minutes, je me suis dit: «Qu'est-ce que je vais leur dire?» Finalement, j'en ai fait une blague et j'ai dit: «Bon, c'est sûr que je vais la raconter.»

J'avais prévu vous raconter cette histoire avec, en finale, que j'avais recousu le bon bouton. Je me suis dit: «C'est un autre signe d'En Haut, un petit clin d'œil: Christiane, reste humble. L'humilité, tu ne l'as pas encore, parce que si c'était descendu dans tout ton corps, tu rayonnerais différemment. Donc, On va te remettre ton petit bouton et tu le recoudras demain. Mais tu ne l'as pas ce soir.»

À la pause, c'était le *fun*: tout le monde a bien ri. Et moi qui croyais que ça ne se voyait pas! Des dames m'ont dit qu'elles s'étaient posé la question.

Une dame est venue me dire: «Je l'ai remarqué, mais je pensais que c'était un design, que vous aviez voulu jouer avec les couleurs en mettant là du violet.» Une autre dame m'a dit: «Moi, j'ai vu ton bouton violet, mais j'ai pensé que tu l'avais perdu et que tu n'en avais pas retrouvé d'autre pareil.»

Il y avait toutes sortes de commentaires, et pour moi, ça été tout un enseignement: tout se remarque. Les gens remarquent tout.

Pour moi, ce n'est pas seulement qu'un petit bouton: ça allait bien au-delà. Si on a des petits boutons disharmonieux dans les plans subtils, tout le monde le remarque. S'il y a des choses non homogènes dans nos énergies, ça ne passera pas inaperçu.

Alors, très souvent, on force sur la forme, on essaie de la rendre artificiellement belle, mais il faut toujours aller simultanément dans les plans subtils pour faire de vraies lectures, car la forme ne reflète pas nécessairement la vérité; il faut aller en profondeur pour la trouver. Quand elle est intégrée dans tout le corps, c'est magnifique, c'est l'objectif ultime de la Kabbale.

LES SIGNES

Un jour, une personne m'a dit: «Et moi, en plus, je Leur demande des signes!»

Mais on reçoit tous des signes. Quand on retourne dans nos anciennes histoires, on réalise qu'il y avait de grosses pancartes partout, mais qu'on n'avait pas su les lire.

Donc, ce n'est pas parce qu'on est évolué qu'On nous envoie plus de signes. Non, non, non! Tous les signes sont là, mais avec le temps et de la pratique, on apprend à les voir et à mieux lire le Livre de la Nature, le Livre qui est écrit en langage symbolique. Alors, bien sûr, quand on ouvre notre conscience, on voit de plus en plus de signes, mais on doit se rappeler qu'ils ont toujours été là.

L'ÉCOLE DE LA VIE

Je voudrais vous parler d'un dessin que notre fille de cinq ans nous a donné, un jour, en revenant de l'école.

Les dessins sont très révélateurs. En nous expliquant son dessin, elle nous a fait part de son état d'âme et de ce qu'elle avait besoin de recevoir de nous à ce moment-là.

Sur son dessin, elle nous a montré une petite fleur grimaçante en nous disant: «Il y a une petite fleur qui est triste.» Ça voulait dire qu'une petite partie d'elle-même était triste. C'était néanmoins une fleur.

Pour expliquer qu'il s'agissait d'une phase qu'elle traversait, elle m'a dit: «Il y a de l'eau. Il a plu et la petite fleur a reçu de l'eau et elle a pu repousser, elle a pu grandir.»

Le message était clair: «Donnez-moi beaucoup d'amour, de cet amour qui vient d'En Haut – l'eau, c'est les émotions, les sentiments –, et si vous m'en donnez, je vais pouvoir grandir; j'en ai besoin en ce moment.»

Elle nous a montré un papillon transformé en cœur. Ça voulait dire qu'elle était dans une phase de transformation émotionnelle profonde. Durant leur période de croissance, les enfants ne grandissent pas uniquement d'une façon corporelle. Ils traversent une multitude d'étapes psychiques qui vont déterminer leurs comportements futurs.

Le papillon représente toujours la transformation: la chenille se transforme en chrysalide puis en papillon. Et par ce dessin, notre fille nous montrait le programme des jours suivants, plus précisément ce dont elle avait besoin.

Vous voyez – c'est très important –, si on sait comment écouter les enfants, on s'aperçoit qu'ils sont vraiment étonnants. Ils sont incroyables!

Notre fille nous a ensuite raconté un rêve qu'elle avait fait, un rêve dans lequel son père l'accompagnait à l'école et l'aidait à résoudre un petit problème.

Elle ne nous avait pas encore parlé de ce petit problème, mais quand il est allé la reconduire à l'école, elle s'est ouverte et lui a dit:

– Papa, je vais à l'école, mais quelque chose me dérange. Une petite fille me dérange.

– En quoi est-ce qu'elle te dérange?

C'était la première fois qu'une situation pareille se produisait dans sa vie. Elle a dit à son père:

– Elle n'arrête pas de me dire que je suis une dinde.

– Es-tu une dinde?

– Non! Je ne suis pas une dinde!

– Alors, tu n'es pas une dinde.

Puis, avec toute cette belle pédagogie, il lui a expliqué: « Cette petite fille a mal dans son cœur. Quand on ne se sent pas bien à l'intérieur de soi, on dit des choses qui ne sont pas tout à fait justes et on blesse les autres. Donc, ne prends pas ça à la lettre, accepte et continue de l'aimer en silence, car l'amour est plus fort que tout. Et tu verras, peut-être un jour sera-t-elle mieux disposée. Mais ne le prends pas personnellement. »

Si on enseigne à nos enfants à ne pas en vouloir aux autres lorsqu'ils leur apportent des désagréments, plus tard, ils n'auront pas de problèmes de refoulement et ils développeront naturellement la compassion et l'Amour Universel.

« JE M'ÉTUDIE CONSTAMMENT »

Jeudi soir dernier, j'ai commencé à préparer le cours sur l'Énergie Angélique S<small>EALIAH</small> (n° 45) et je me suis endormie avec cette énergie.

Pendant la nuit, j'ai pu ressentir cette force. On me faisait sentir l'intérieur d'un moteur, comme si j'avais pu pénétrer dedans. Je sentais une force centrifuge et une autre, centripète, un mouvement qui tournait dans tous les sens de façon très puis-sante, et je ressentais la motivation. J'ai en outre rêvé de motivation toute la nuit.

Dans un autre cours, je vous ai parlé de certaines études faites sur les pinsons. Je vous ai dit que les scientifiques se sont rendu compte que durant la nuit, le pinson fixe son chant dans sa mémoire. Et c'est vraiment la même chose qui se produit chez nous, les êtres humains.

Je peux m'en rendre compte: ça fait déjà deux soirs de suite que les cours m'amènent à parler de l'Ange de la motivation, et ce thème revient constamment dans mes rêves. Ce qu'on pense et ce qu'on sent durant la journée se fixe pendant la nuit: tant mieux si c'est l'énergie d'un Ange qui s'y imprime!

L'Ange me montrait son fonctionnement; c'était très intéressant. Puis, à la fin d'un de ces rêves, On m'a montré une personne qui pour moi symbolise une trop grande émissivité. Le message était: «Fais attention: aujourd'hui, tu auras tendance à être trop émissive. Tu as trop d'ardeur, trop d'énergie non maîtrisée; ça te rendra un peu excessive.»

Il est vrai que cette journée-là, j'ai été un petit peu excessive. Par le Travail avec les Anges – qui est très précis –, on a l'avantage d'être averti; on peut anticiper. On peut entrer dans la compréhension et la conscientisation, et ça nous permet de mieux maîtriser nos énergies. Mais il faut vraiment s'observer dans les petites choses.

Que s'est-il passé? Le lendemain, c'était un vendredi, et normalement, cette journée-là je me repose un peu après ma semaine de cours; je ne fais pas de ménage. Mais là, j'étais remplie d'ardeur et d'enthousiasme. Je me suis dit: «Ah! je vais en profiter.»

Alors j'ai fait du ménage. Quelque chose s'est passé que j'ai trouvé assez drôle: en passant le chiffon sur le réveil – pour moi, SEALIAH, c'est le réveille-matin, car Il réveille les endormis –, j'ai avancé l'heure sans m'en apercevoir. Le plus drôle, c'est que cette fin de semaine-là, on devait avancer l'heure et qu'à mon insu, je l'avais avancé exactement d'une heure. Ce n'est que le soir qu'on s'en est rendu compte, quand mon mari m'a dit: «Mais comment se fait-il que l'heure soit avancée?»

Dans mon entrain, j'ai ensuite *attaqué* le sol. J'avais tellement d'énergie que j'ai décidé de décaper le plancher. J'ai utilisé un produit que je ne connaissais pas encore et j'en ai trop mis. J'en ai tellement mis que ça brillait et que nos pantoufles collaient quand on marchait dessus.

J'ai été excessive.

Vous voyez, dans de petits actes du quotidien comme ceux-là, quand on veut trop, le mieux est l'ennemi du bien. Quand on est excessif, ça ne peut pas être équilibré.

Ensuite, j'ai décidé de faire une brassée de lavage et, dans mon élan, j'ai fait tellement vite que j'ai oublié d'ouvrir le robinet. Ce qui fait que le brasseur a tourné dans le vide, sans eau. C'est un peu la même chose qui se passait à l'intérieur de moi : l'élément air était impliqué ; ça tournait, mais ça tournait dans le vide. Quand on est excessif, nos pensées tournent trop dans le vide, et le travail n'avance pas.

Donc, mal utiliser le surplus d'énergie ne sert à rien.

Ensuite, je suis allée acheter du parfum pour faire un cadeau de Pâques à une personne de la famille. J'achète toujours des parfums naturels dérivés de plantes. Dans ce magasin-là, j'avais le choix entre plusieurs fragrances: lavande, etc. Il y a quelques mois, j'ai essayé un parfum à l'orange et à la tangerine, et il ne m'avait pas plu. Mais cette fois-ci, il m'attirait et j'ai voulu l'essayer à nouveau. Je me suis dit: « Ah ! comme il sent bon ! » et je l'ai acheté. Sur l'étiquette, on pouvait lire: « Énergiseur »; il donnait de l'énergie. Ça résonnait avec l'essence de SEALIAH!

Je vous raconte ces petits exemples juste pour vous montrer que bien qu'ils aient l'air anodin, ce sont de grands enseignements. En travaillant simplement avec une Énergie Angélique, on change d'état de conscience. Je suis bien placée pour en faire l'expérience, car j'étudie constamment l'Énergie des Anges. J'entre dans Leur essence avec tellement d'intensité et de profondeur – c'est ma façon de préparer les cours – que je vois continuellement des synchronicités se produire devant mes yeux : je pense d'une certaine manière, j'attire une certaine énergie, je la réactive et elle se manifeste dans ma vie.

Donc, en revenant du magasin, j'étais pleine d'énergie et des musiques chargées de dynamisme me venaient en tête, dont la musique de *Flash Dance* – vous voyez un peu ce que je veux dire ? À l'époque où j'ai vu ce film, je l'ai trouvé très dynamique, et bien que je ne l'aie pas revu ni entendu sa trame sonore dernièrement, la musique me revenait spontanément en tête.

Puis, en arrivant à la maison, j'ai vu un couple qui sortait de chez eux pour aller faire du *jogging*. Mon regard était attiré par eux, je les regardais et j'avais l'impression d'être à la fois actrice et spectatrice. Je les avais peut-être déjà vus faire du *jogging*, mais je ne m'y étais jamais arrêtée. Là, j'avais une résonance avec eux parce que je ressentais moi-même beaucoup d'énergie.

Vous voyez, cela nous montre qu'on devient ces qualités et ces vertus. Tout notre être, notre regard, notre aura, tout ce qu'on fait possède des résonances avec le type d'énergie avec lequel on travaille.

On va chercher de grands enseignements dans la vie de tous les jours et ça fait en sorte que si on réussit à rectifier ce côté un tout petit peu excessif dans notre quotidien, notre motivation sera à la juste mesure lorsqu'on aura à vivre une situation émotionnellement chargée, que ce soit en rapport avec la maladie ou une relation, avec une amie ou un collègue. On aura pris conscience de l'importance des petits actes soit disant anodins que l'on pose lorsque personne ne nous voit, là où on considère généralement que ce que l'on fait n'est pas important.

On fait des choses par devoir – par exemple, je dois faire ma lessive et mon ménage –; mais là, si on décide de se transformer, on va puiser une grande motivation pour faire ces petites choses qui paraissent banales, car, en fait, elles nous procurent de grands enseignements.

Et chaque petite prise de conscience nous permet d'éclairer une nouvelle zone de notre subconscient. De cette façon, les choses se font plus doucement car, au lieu d'enlever de gros blocages d'un seul coup – ce qui fait mal et qui peut même déclencher un *burn-out* –, on fait le ménage graduellement.

Si, par contre, on accumule constamment la poussière à l'intérieur de soi, un jour, la roue ne tournera tout simplement plus.

MENADEL

L'Ange Menadel (n° 36) est l'Ange du travail. De façon générale, ce champ de conscience nous fait comprendre que tout ce qu'on fait comme travail à l'extérieur a une relation directe avec notre monde intérieur.

En comprenant la nature de cet Ange, il devient possible de dénicher la signification de certains métiers et secteurs d'activité. On en comprend le sens, non plus à l'horizontale comme on le fait dans une conscience ordinaire, mais bien à la verticale. Et à la lumière de cette compréhension, on réalise qu'il n'y a pas de métier qui ne soit pas valorisant, gratifiant.

Si un certain nombre de personnes comprenait l'état de conscience de Menadel, ce serait la révolution sur le marché de l'emploi. On changerait de critères, de normes pour les choix d'orientation professionnelle. Les jeunes s'orienteraient probablement en plus grand nombre vers des métiers qui les attirent vraiment plutôt que vers des professions choisies uniquement parce qu'elles sont prestigieuses et bien rémunérées.

Tous les métiers sont absolument fabuleux, mais il faut en trouver l'essence. Il faut se dire: «Pourquoi ce travail? Que va-t-il m'apporter sur le plan intérieur?»

La Tradition nous dit que Menadel est très sécurisant. Il nous fait distinguer les parties de notre être qui sont actives de celles qui ne le sont pas. De toute façon, Il touche toutes nos émotions, et lorsqu'Il est réactivé, Il les nettoie pour qu'elles retrouvent leur puissance à l'état pur.

L'exemple que nous allons voir illustre le fait que lorsque des parties de notre être ne sont pas actives – lorsqu'elles ne sont pas au travail –, on devient hyperactif dans la matière. Il s'agit d'un processus de compensation. L'hyperactivité se manifeste dans la matière pour compenser les insécurités et les carences intérieures.

Quand on étudie l'énergie de Menadel en profondeur, on voit que c'est un Ange de base, surtout dans des sociétés comme la nôtre. C'est une Énergie qui devrait être enseignée dans les écoles et un peu partout dans les entreprises, car si on comprenait l'essence du travail, on ne ferait plus la différence entre les mots *travail* et *vacances*. Ces deux notions relèvent du même état de conscience. Quand on a compris cela, ça change tout : ça ouvre toute une dimension dans notre vie. C'est quelque chose de vraiment révolutionnaire.

La fable *Le laboureur et ses enfants* de l'auteur et conteur Jean de La Fontaine nous permet de saisir l'essence de la notion de travail. En voici un résumé :

Sur le point de mourir, un riche laboureur convoqua ses enfants et leur parla de leur héritage de la terre ancestrale. Il leur dit qu'il serait souhaitable de ne pas vendre la terre car un précieux trésor y était caché. Et il ajouta : « Je ne sais pas exactement où il se trouve, mais avec un peu de courage, vous le trouverez. Creusez, fouillez, bêchez, ne laissez nulle place où la main ne passe et repasse, et vous trouverez le trésor. »

Une fois le père décédé, les fils se mirent à labourer, à remuer et à bêcher la terre, si bien qu'au bout de l'an, elle en rapporta davantage. Il retournèrent tellement cette terre qu'elle en rapporta de plus en plus à mesure que les années passaient. Puis, au fil du temps, ils finirent par se rendre compte qu'il n'y avait ni trésor ni argent caché sous la terre comme ils l'avaient imaginé, et que leur père était un vieux Sage qui avait voulu leur faire comprendre que le vrai trésor, c'est le travail.

Jean de La Fontaine avait compris – et cela fait partie de l'essence de Menadel – la signification exacte du mot travail.

Voici une autre histoire.

Comme vous le savez, quand je travaille l'Ange, je L'invoque intensément et j'observe ce qui se passe dans mon quotidien.

Un jour où je me promenais dans la rue tout en travaillant Menadel – vous allez voir que ça fait partie des qualités de cet Ange que de libérer les prisonniers intérieurs –, j'ai vu un homme traverser la rue pour s'approcher de moi.

Il m'a dit :

– Madame, êtes-vous la dame des Anges?

– Oui, je suis la dame des Anges.

Il avait un chien au museau renfrogné, genre bull dog; il m'a dit :

– J'aimerais vous parler, mais mon chien vous fait peur.

– Non, votre chien ne me fait pas peur.

J'ai ri à nouveau. Alors, il m'a regardée dans les yeux et m'a dit: « Vous savez, je suis un criminel. » Puis il a commencé à me raconter sa vie.

Cet homme s'était adonné à des activités à caractère criminel qui lui rapportaient beaucoup d'argent – environ deux cent cinquante mille dollars par an –, mais il ne voulait plus faire ce travail. Il m'a dit: « Vous savez, je suis un criminel, mais je n'ai pas tué; ça, je ne l'ai jamais fait. Et j'aimerais faire autre chose. Il y a un mois, j'ai arrêté de prendre de l'héroïne (il a relevé sa manche et m'a montré son bras). J'ai fait toutes sortes de démarches: je suis allé voir un moine bouddhiste et je suis allé à l'église. »

Il était bien évident que cet homme cherchait désespérément une issue. D'habitude, je ne parle pas des Anges dans la rue, mais il m'avait appelée la dame des Anges.

Je lui ai mis la main sur l'épaule et lui ai dit: « Tout peut être réparé. Vous avez été très intense, seulement il y avait des choses que vous ne connaissiez pas. Mais sachez qu'on peut tout réparer. »

J'ai ajouté :

– Vous savez, puisque vous me parlez du travail, il y a un Ange du travail, et cet Ange-là va vous aider à remettre les petits chômeurs du cœur et les chômeurs de la tête sur une nouvelle route; car vous vous étiez perdu. Vous allez voir, ça va vous aider.

– C'est tellement vrai! a-t-il dit. J'ai fait tout ça parce que mon cœur était souffrant: j'avais besoin d'être reconnu et aimé. C'est vrai qu'ils étaient au chômage.

– Dans les Écritures, il est dit que Dieu vomira les tièdes. Vous avez été tiède? Non! vous avez été tout sauf tiède. Vous avez été très intense, mais dans le mauvais sens. Il suffit simplement que vous mettiez la même intensité dans une meilleure orientation, et vous pourrez faire des miracles.

– Oh! m'a-t-il dit, là, si je la transfère dans l'autre sens, je peux être à côté du pape.

J'ai trouvé cela très beau. Mais quand on travaille sur soi, c'est comme ça qu'on voit le monde.

Entre-temps, il avait pris son petit bull dog dans ses bras. Je lui ai demandé le nom de son chien.

– Il s'appelle Tyson.

– C'est un beau nom.

– Non! a-t-il répliqué. (je ne savais pas qui était Tyson) Non, je ne veux plus l'appeler Tyson.

– Pourquoi?

– Parce que c'est le nom d'un boxeur qui a mordu l'oreille de son adversaire dernièrement! Comment s'appelle votre Ange?

– Il s'appelle Menadel.

– Je vais l'appeler Menadel, mon chien! Merci beaucoup! m'a-t-il dit avec tout son cœur d'enfant.

Il l'a embrassé et il est parti, tout content. C'était son MENADEL. Pour lui, c'était une façon de manifester l'amour, car il avait encore de la difficulté à s'ouvrir, à aimer les humains. Mais pour son chien, il avait un amour inconditionnel.

C'était donc une première ouverture.

Quand on travaille sur nos distorsions, on est capable de voir l'autre et de l'aimer tel qu'il est, peu importe ce qu'il a fait dans le passé. Cet échange était tellement beau !

À ce moment-là, j'ai compris ce qu'ont vécu les grands Sages, Jésus, Bouddha. Ils étaient capables d'approcher tout le monde et de dégager l'amour sans peur et sans faire de reproche à quiconque.

Quand on comprend ce qu'est une distorsion et qu'il suffit de la remettre dans l'autre sens, ça fait toute la différence.

AU PAYS DES FORÇATS

J'ai découpé un article de journal qui traite du travail en Birmanie, nation qualifiée par les organisations internationales du travail, de pays du travail forcé. L'article relate l'existence, dans ce pays, de travail forcé dans le portage, dans la construction et dans d'autres secteurs d'activité.

Vous me direz qu'ici on n'est pas concerné par cette problématique, qu'on est choyé, qu'on ne nous force pas à travailler. Mais moi, quand j'ai lu ça, je me suis sentie concernée. Je me suis mise à réfléchir et je me suis demandé s'il n'y avait pas à l'intérieur de moi-même des petits forçats, des petits travailleurs qui avaient un peu forcé. Et je me suis dit: «Oui, c'est vrai, quand on travaille, il arrive souvent qu'on force.»

Souvent, quand on demande à quelqu'un: «Que fais-tu comme travail?», après avoir entendu sa réponse, on peut capter: «Je fais cela pour gagner ma vie; c'est un petit boulot, mais il ne m'intéresse pas du tout.»

Quand on travaille seulement pour ces raisons-là, c'est comme si des petits forçats intérieurs nous fouettaient: «Allez, vas-y, travaille!»

Imaginez quel stress on crée dans nos cellules quand on se force à aller travailler.

Il arrive aussi qu'au niveau du cœur – affectivement – on ait des petits travailleurs intérieurs qui sont forcés, comme par exemple quand on reste dans une relation avec une personne qu'on n'aime plus vraiment, quand on se force à rester avec un conjoint ou une conjointe parce qu'il ou elle nous donne accès à une maison, une voiture ou une certaine sécurité matérielle ou affective.

Pour mille et une raisons on a des petits travailleurs du cœur qui se forcent à aimer. La tâche est assez difficile parce que l'amour ne se force pas.

La même chose se produit au plan intellectuel. Par exemple, dans nos écoles, les enfants peuvent se sentir forcés, intellectuellement, par tout ce qu'on essaie de leur inculquer.

On se force aussi soi-même à apprendre toutes sortes de choses. Lorsqu'on sait pourquoi on lit tel ouvrage ou on étudie tel sujet, tout est parfait, mais la plupart du temps, on se force intellectuellement. Une amie nous tend un livre en nous disant: «Tiens, lis-le, c'est bon», et pour lui faire plaisir ou tout simplement parce que c'est un livre bien en vogue, on le lit parce qu'on se dit: «Il faut que je sois au courant de ce qui se lit.»

On se force sans arrêt. Donc, vous voyez, le travail forcé, ce n'est pas seulement l'affaire des autres, et ça n'existe pas seulement en Birmanie.

Lorsqu'on travaille avec l'Ange MENADEL, chaque fois qu'on force un peu, on en est averti par des signes du quotidien ou bien dans nos rêves: «Là, tu es en train de forcer; modifie ton attitude.»

Ça ne signifie pas nécessairement qu'il faut changer de travail; pas du tout! Ça veut dire qu'il faut changer notre attitude et aimer le travail que l'on fait. Mais pour l'aimer, il faut y infuser une autre dimension: on ne peut pas aimer bêtement.

« *JE DONNE MON 100 %* »

Au travail, chaque semaine, je donne mon 100 % : lundi, 10 % ; mardi, 42 % ; mercredi, 18 % ; jeudi, 25 % ; et vendredi, 5 %. J'ai hâte d'arriver à la fin de la semaine.

Imaginez, ce n'est pas forcé, ça ?

Je m'ennuie ; et qu'est-ce que ça veut dire que je m'ennuie ? Ça signifie que je ne suis pas complètement là : ma tête n'est pas là, mon cœur n'est pas là. Mon corps est là, bien sûr – lui, il doit être là – mais il y a des parties de moi qui sont absentes et ça crée une division, une séparation dans mon être.

Quand une personne vit de telles situations, elle perd son intensité. C'est ce qui fait qu'elle commence à cultiver toutes sortes de pensées négatives, qu'elle développe du laxisme, qu'elle *s'endort* et que ses énergies intérieures commencent à s'anesthésier. Ça donne quelqu'un qui n'a pas de présence, avec un regard triste et une vision limitée de la vie.

Le problème, c'est qu'on ne comprend pas à quoi sert le travail. On devrait se dire : « Peu importe où je suis, je vais devenir intense. Ce n'est pas le métier que je fais ni l'activité ni le lieu dans lequel je me trouve qui fait la différence ; c'est mon état de conscience. Je suis sur la Terre pour une seule et unique raison : développer des qualités et des vertus. »

Quand on n'est pas capable de donner notre 100 % sur les trois plans – la tête, le cœur et le corps –, on est obligé de faire du 300 % à l'horizontale, sur le plan physique.

Dernièrement, un journaliste expliquait qu'une erreur d'application est survenue avec les technologies informatiques : au lieu de libérer les êtres humains d'une surcharge de travail, l'arrivée des ordinateurs personnels a triplé leur charge.

On dit même qu'on est en train de mettre au point des implants de puces – des ordinateurs miniatures – à insérer dans le cerveau pour nous permettre de commander à distance certaines opérations. Par exemple, en arrivant à la maison, une personne qui se sera fait implanter cette puce désirera ouvrir sa porte, et CLAC! les lampes et son poste de télévision s'allumeront automatiquement.

On transpose à l'extérieur de soi-même nos carences intérieures. Pourquoi les êtres humains se mettent-ils à fabriquer ce genre de choses? C'est parce qu'ils n'ont pas complété le travail intérieur et qu'un désir ardent subsiste en eux: que la lumière s'allume – dans leur tête – afin de se brancher au récepteur Cosmique et de pouvoir capter toutes les informations qui arrivent. L'être humain fait cela parce qu'il est en manque, à l'intérieur de lui-même: il n'est plus connecté. Il le fait donc à l'extérieur de manière exagérée.

Ça va encore plus loin. Dans l'article, l'auteur parle d'une puce électronique à implanter dans la tête pour que «quand vous serez en conversation avec quelqu'un, si vous vous ennuyez, cette puce vous permettra de surfer sur Internet.»

Imaginez!

Alors, que cherchent-ils à faire? De nouveau, pour pouvoir comprendre ces gens et ne pas être choqué par leurs idées, il faut aller voir un petit peu plus loin.

Quand on effectue un travail intérieur, et qu'on se retrouve face à un interlocuteur, on est là avec toute notre intensité et, en plus, on reçoit toutes les informations d'En Haut, des plans subtils. Autrement dit, on surfe sur *Intersky*. Voilà ce qu'on fait; et c'est exactement ça qu'ils essaient de faire, mais par des moyens extérieurs.

Et croyez-moi, pour ceux qui travaillent vraiment, l'*Intersky*, ça c'est du surf!

Pour les Sages qui ont atteint de très hauts niveaux énergétiques, le jour et la nuit sont exactement la même chose; leur puissance de pensée agit sur l'action et l'anticipation fait partie intégrante de leur vie. Ils peuvent prévoir le présent, le passé et le futur, et ont même accès à toutes les informations scientifiques si cela est nécessaire.

Les enfants des étoiles – ces futurs Sages – vivront connectés à l'Intelligence Cosmique de façon permanente. Mais sachez bien que vous ne les trouverez pas dans les *marchés spirituels*. Les grands Maîtres sont très discrets et ils ne font pas étalage de leurs pouvoirs; car ils vivent selon un code de loi Universel.

Nous pouvons tous aspirer à ces niveaux, et ça ne nous empêche nullement d'utiliser l'ordinateur. C'est avec lui que nous avons écrit ce livre.

« MON TRAVAIL, C'EST À L'INTÉRIEUR DE MOI-MÊME »

Souvent, quand nos enfants atteignent un certain âge, on leur pose la question: « Quel travail voudrais-tu faire plus tard? »

On exerce souvent une sorte de pression sur les jeunes pour qu'ils choisissent certains métiers reconnus où l'on gagne beaucoup d'argent. Ou alors, on tente de les convaincre: « Fais des études: alors, de cette façon, au moins tu seras assuré d'avoir du travail. »

Tous ces commentaires et ces pressions n'ont aucune valeur dans le cadre de la nouvelle compréhension du monde des causes et des conséquences.

Quand on comprend que notre véritable tâche consiste à travailler sur soi-même, à développer des qualités et des vertus, on réalise qu'il n'existe pas d'activité professionnelle qui soit plus valable ou plus spirituelle qu'une autre.

Quand on est conscient de cela et qu'on aide l'enfant à prendre conscience de son vrai plan de vie – de son vrai travail –, on lui permet de se sentir libre d'aller faire un stage à un endroit, puis ensuite à un autre. On n'est plus du tout porté à le cataloguer comme personne instable, comme beucoup d'employeurs le font.

Lorsqu'une personne passe d'un stage à l'autre et qu'elle le fait avec l'intention de se connaître elle-même et non de se fuir ou de fuir la réalité, la notion d'instabilité ne s'applique plus. Pour une personne, le stage peut durer une semaine ou un jour au même endroit, et pour une autre il durera dix ans. C'est l'âme qui va sentir: « Moi, je veux développer ce rayon-là: c'est cette activité ou ce genre d'études qui va m'aider à me développer et à comprendre ».

Cette façon de voir change tout à fait les critères de réussite. La conscience ordinaire évalue le succès par rapport à la quantité, mais la conscience évoluée le mesure sur la base de critères de qualité.

LES FUTURS ENSEIGNANTS

J'ai eu un bel échange avec une femme qui enseigne à des petits enfants de six ans.

Elle m'a dit que ses vingt-six élèves, ses vingt-six petits bambins, étaient chaque jour des haut-parleurs, des révélateurs de ce qui se passait à l'intérieur d'elle-même. Elle a constaté: « Si un jour je ne suis pas centrée, là, ils lèvent la main; et si j'écoute bien, ils me disent à haute voix ce qui se passe à l'intérieur de moi-même. »

D'ailleurs, pourquoi choisit-on de devenir enseignant?

Quand on choisit d'exercer ce métier, c'est qu'on a un désir d'apprendre, d'apprendre à se connaître. Et quand on comprend vraiment qu'être enseignant, c'est d'être apprenti, le problème majeur de certains enseignants qu'est le désir d'avoir du pouvoir disparaît.

Nous avons eu une belle discussion sur ce sujet et elle m'a raconté certaines situations qu'elle a vécues.

Un jour, un de ses élèves avait fait une petite bêtise; elle a donc exercé son autorité et l'a réprimandé. L'enfant s'est alors mis à pleurer. Elle avait été obligée de lui faire une remarque, car ce qu'il avait fait n'était pas juste; mais dans son énergie, elle avait été un petit peu impatiente avec lui.

Elle s'en est rendu compte et s'est approchée de l'enfant en lui disant: «Je te demande de m'excuser: je t'ai parlé de façon un peu trop impatiente. Tu ne devais pas faire ce que tu as fait, mais j'aurais pu te le dire autrement.»

Alors, moi, je trouve ça assez beau, des enseignants comme ça. Voilà le plus grand enseignement qu'on puisse donner aux enfants: se donner droit à l'erreur. On ne le fait pas assez souvent dans notre société. Imaginez-vous, s'ils apprennent ça quand ils sont petits, ces enfants vont aller très loin.

L'enfant s'est donc calmé. Or, dix minutes plus tard, un autre enfant a commencé à faire des bêtises et elle a encore été obligée de faire preuve d'autorité. Elle lui a dit: «Non! arrête, ne fais pas ça!»

L'enfant s'est alors mis à pleurer; puis au bout d'un moment, il l'a regardée avec de grands yeux, il a arrêté de pleurer et lui a demandé:

– Tu ne t'excuses pas?

– Non, je ne m'excuse pas, parce que là, j'étais juste.

Vous pouvez imaginer comme ces enfants ont de la chance! À cet âge, ce n'est pas leur intellect qui perçoit les choses: c'est leur âme. Ces deux enfants ont vécu des situations en apparence identiques, où on a fait preuve d'autorité – parce qu'il faut de l'autorité: l'autorité est Divine –, mais avec ce qu'ils ont senti, ils ont pu voir la différence entre le vrai et le faux. Non pas intellectuellement, mais de façon vibratoire.

Imaginez ce que cette enseignante est en train de semer dans ces petits êtres. Imaginez comment ils vont grandir.

Elle m'a dit: «En ce moment, beaucoup d'enseignants démissionnent parce qu'ils se disent: "Ça sert à quoi? De toute façon, ils vont retourner dans leur milieu de vie et leurs parents ne les éduquent pas au savoir-vivre."»

Elle m'a raconté toutes sortes de faits vécus. C'est vrai que c'est parfois difficile, mais un enseignant ne devrait jamais démissionner, surtout quand il comprend la nature du travail intérieur.

Je lui ai dit: «Ce qui est beau, c'est ce que tu sèmes pour l'éternité.»

Mais, dans notre société, on a besoin d'être reconnu et on souhaite toujours voir les résultats immédiatement; c'est parce qu'on manque de connaissance au niveau spirituel. C'est sans arrêt qu'on veut vérifier. On devrait simplement se dire: «Une graine est semée; peu importe quand elle va croître, quand elle va fleurir: ça ne m'appartient pas.»

C'est un désir de contrôler que de vouloir constater quand elle va fleurir; quand on agit de la sorte, c'est comme si on se disait: «Moi, je veux voir; j'ai semé une graine, alors je veux voir les résultats.»

Non, on sait que si c'est beau, si c'est juste, si c'est pur, c'est là pour l'éternité. Ce qui est pur ne partira jamais. Par contre, les distorsions devront un jour être transformées. Donc, c'est très gratifiant, une telle conception du travail. Et quand on voit les choses de cette manière, on n'a plus jamais le goût de démissionner.

Elle m'a donné d'autres exemples de commentaires de ses élèves. Elle m'a dit: «Dans ma classe, j'ai vingt-six enseignants en face de moi. (C'est comme ça, on se sent à la fois enseignant et enseigné.) Un jour, j'enseignais je ne sais plus quelle matière et, à un moment donné, un élève a levé la main et m'a demandé: "Madame, à quoi cela va-t-il me servir quand je serai grand?"»

Imaginez! À six ans, il cherche déjà la finalité de ce qu'il est en train de faire!

Quelques jours plus tard, le même enfant a fait une autre remarque très symbolique dans laquelle on peut tous se retrouver: il a levé la main – là encore, ça n'avait rien à voir avec la matière qu'elle enseignait – et il a dit: «Madame, la Ronde va ouvrir le 16 juin.» (La Ronde, c'est un parc d'attractions à Montréal.)

L'enseignante lui a répondu: «Assieds-toi et vis au temps présent.» Mais que voulait dire cet enfant?

Voici le sens de son message: «C'est beau: tu pourrais m'enseigner le français et c'est bien correct, car il faut que j'apprenne à lire et que je sache bien écrire; mais fais-le avec ton cœur. Fais-le en t'amusant pour que ce soit joyeux. Mets-y plus de cœur. Comme ça, moi, je serai plus motivé.»

On peut tous bénéficier de cet enseignement. Souvent, on fait un travail; et on est sérieux car il faut le faire et il faut que ce soit bien fait. Par exemple, chez les enseignants, il y a des programmes qui doivent être terminés avant la fin de l'année; sinon, c'est la catastrophe.

Pour un enfant qui se sent bien, le programme est facile à parcourir: il apprend. Quand on enseigne avec notre cœur, il peut apprendre en un quart d'heure ce qu'autrement il prendrait des mois à assimiler. Et encore!

Mais si on n'arrive pas à éveiller son intérêt, il ne retiendra probablement pas ce qu'on lui enseigne. Par contre, avec la créativité et l'intensité, l'enfant est propulsé: ce qu'il apprend, il le retiendra toute sa vie. Voilà ce qu'est un enseignant.

La même chose s'applique à nous-mêmes. Peu importe qu'on soit ou non un enseignant professionnel, il ne faut pas oublier de jouer; il ne faut pas oublier d'impliquer notre enfant intérieur afin d'être spontané, de ne pas se prendre au sérieux et de ne pas avoir trop de rigidité dans ce qu'on fait.

Cette enseignante m'a fait part d'un autre exemple. Un jour, dans la cour de récréation, un enfant très agité a commencé à se batailler avec un autre élève. Elle est intervenue et lui a dit:

– Mais pourquoi as-tu cette attitude?

– Madame, je n'ai pas pris mon Ritalin, ce matin. (Le Ritalin, c'est un médicament qu'on donne aux enfants pour les calmer.)

Elle m'a dit: «Certains enfants sont hyperactifs et leurs parents leur font prendre ce médicament, parfois même sur la requête des professeurs.» Eh oui! depuis dix ans, on a pris la triste habitude de prescrire ces petites pastilles aux enfants.

On peut faire une analogie avec ce qui se passe chez de nombreux adultes: quelquefois, on fait prendre du Ritalin à nos petits êtres intérieurs. Ce n'est pas du Ritalin au sens propre, mais c'est un film vidéo, une cigarette, un verre d'alcool, etc. Et de cette façon, on anesthésie ces énergies hyperactives. On ne sait plus que faire de cette force parce qu'on n'a pas nettoyé nos distorsions et cela crée des agressivités intérieures. Alors, on développe toutes sortes de compensations et de dépendances, et on se lance dans toutes sortes d'activités afin d'anesthésier ou de calmer nos petites parties intérieures.

Alors, qu'a-t-elle fait avec cet enfant? Elle a posé un genou par terre et a commencé à lui parler en disant:

– Crois-tu en Dieu ou en ton Ange Gardien?

– Non, moi je crois en Jésus!

– Ah! ça tombe bien. On va faire un travail: on va demander à Jésus qu'il t'apporte le calme. On va respirer le calme, puis tu vas aller dans ta petite pharmacie intérieure – tu sais, n'oublie pas, tu en as une en dedans de toi – et on va respirer le calme.

Puis elle a respiré avec lui: «Voilà, tu expires, puis tu inspires. Vas-y, inspire le calme.» Elle a fait tout cela avec lui.

Elle m'a dit: «Moi aussi, j'en avais besoin. Ce jour-là, je n'étais pas très calme et pas très centrée. Alors, On m'a envoyé un beau signe; cet enfant était simplement le reflet d'un hyperactif qui se trouvait à l'intérieur de moi. Après ça, nous nous sommes sentis beaucoup mieux.»

Elle l'a ensuite regardé et lui a dit:

– Sens-tu que ça marche ?

– Ça marche ! a-t-il répondu, tout content, en la regardant avec de grands yeux.

– Tu vois, quand tu en auras besoin, tu n'as qu'à refaire la même chose. Un autre jour, si tu te sens triste, tu n'as qu'à respirer la qualité comme ça ; tu n'as qu'à respirer la joie, et tu verras, ça va faire son effet. »

Imaginez-vous des enseignements comme ceux-là ! Moi, je suis à genoux, ça me rend tellement heureuse d'entendre de telles choses ! C'est pour moi un cadeau : nos enfants grandissent avec d'autres concepts et c'est une vraie bénédiction.

Lundi, à Sherbrooke, alors que je donnais le premier cours sur ce nouveau type de pédagogie, une nouvelle participante a demandé : « Comment voir les métiers ? »

Cette femme avait emmené son bébé de quatre mois. De temps en temps, il balbutiait – il faisait ses petits commentaires –, et au moment précis où elle a posé sa question, le bébé était si content qu'il a exprimé toute sa reconnaissance. Il a émis un gros soupir, et dans ce gros soupir de bébé, on sentait : « Enfin, on va pouvoir faire venir toute l'équipe, parce qu'ils ont vraiment compris ce qu'est le Travail. »

Un jour, tout va changer, vous verrez !

MÉTIER : MAÎTRE NETTOYEUR

L'autre jour, en arrivant chez le nettoyeur, j'ai vu une affiche : *Maître nettoyeur*. Je me suis fait la réflexion : « Maître nettoyeur, ça veut dire entrer dans la maîtrise du nettoyage. Que se passe-t-il pour la personne qui exerce ce métier ? »

Que symbolisent les vêtements ?

Ils représentent notre aura, notre corps subtil, et quand on travaille sur les qualités et les vertus, on a de beaux *vêtements intérieurs*.

Dans les rêves, lorsqu'on voit une tache ou un trou sur un vêtement, ça signifie qu'il faut réparer des carences, des distorsions.

C'est la même chose dans la vie éveillée: quand on se tache, ce n'est pas par hasard: c'est un acte manqué qui signale qu'une énergie n'a pas été bien maîtrisée. Si on y réfléchit bien, lorsque cela se produit, on peut en trouver la cause. On n'a qu'à se demander: «À quoi étais-je en train de penser à ce moment-là? Qu'est-ce qui a fait que je n'étais pas attentif?» Et on trouve la réponse: nervosité, surexcitation, manque d'intensité, fatigue, tracas, etc.

Si on a eu des rêves au cours de la nuit précédente, on les étudie. Sinon, on réfléchit plus en profondeur. On se demande: «Pourquoi étais-je nerveux?» Des images peuvent alors émerger à l'intérieur de soi comme des visions de situations concrètes ou symboliques. Tout est interrelié.

Alors, imaginez, chaque fois qu'un maître nettoyeur prend un vêtement, au lieu de se dire: «Ah! il faut encore laver ces vieux vêtements sales, les vêtements des autres», et se lasser au fil des ans, il se dit plutôt – et c'est une règle d'or –: «Je vais nettoyer un autre de mes vêtements intérieurs pour qu'ils deviennent tous beaux et lumineux, pour qu'ils deviennent comme des tuniques».

On n'a pas besoin d'avoir pignon sur rue pour être maître nettoyeur, pour faire ce geste. À chaque fois qu'on met notre linge dans la lessiveuse, on entre dans la maîtrise du nettoyage intérieur.

Voilà un métier gratifiant que celui de maître nettoyeur! Je vous dis que pour Eux, En Haut, ce métier est important!

Vous voyez, en considérant les métiers selon une dimension spirituelle, nos critères risquent de beaucoup changer.

PROFESSION : COMPTABLE

Pour quelles raisons devient-on comptable ?

C'est pour retrouver la juste rigueur et apprendre à gérer la totalité de nos ressources intérieures.

Quand on parle de comptabilité, on parle de débit, de crédit et d'autofinancement : on cherche à faire circuler librement l'énergie, à maintenir le mouvement par lequel s'établit l'équilibre entre le *recevoir* et le *donner*.

Un comptable devrait tous les jours se poser la question : « Qu'est-ce qui compte le plus pour moi ? » et ça changerait toute sa philosophie.

Un comptable est aussi en contact permanent avec les chiffres. Imaginez ! S'il entre dans les Énergies Angéliques, il reçoit à tout moment des messages extraordinaires. Devant un bilan, il peut se dire : « Le chiffre 50, c'est DANIEL, l'éloquence ! »

Sans cette façon de voir, un comptable peut vite tomber dans la rigidité.

Lors d'un cours où on enseignait l'énergie de l'état de conscience MENADEL, j'ai projeté sur un écran l'image d'une publicité de comptable agréé où on pouvait lire *Il n'y a pas de mal à perdre sa chemise*, et on voyait un bel homme marcher torse nu sur la plage. Après le cours, un comptable est venu me voir. Doté d'un bon sens de l'humour, il m'a dit : « Je suis comptable et je viens de perdre ma chemise. J'en suis très content parce que ça m'a enseigné beaucoup de choses. »

C'était la première fois qu'il venait aux cours ; ce soir-là, il avait eu la bonne idée d'accompagner son épouse qui, elle, venait depuis un certain temps. Pour cet homme, ce qu'on venait de présenter était du concret.

Vous constatez que ces façons de concevoir le travail vont loin. Ce sont des conceptions auxquelles on ne pense pas, mais qui vont vraiment changer le monde du travail, qui vont lui permettre de retrouver son côté spirituel. Et n'oublions pas ceci : il n'y a pas un travail qui soit plus spirituel qu'un autre.

PROFESSION : OPTICIEN

Pourquoi devient-on opticien ?

C'est pour chercher à voir et pour aider les autres à mieux voir.

Alors, si l'opticien connaissait la vraie nature de son travail, s'il comprenait qu'il a besoin de voir quelque chose à l'intérieur de lui-même, voici ce qu'il ferait : bien sûr il examinerait chaque client ou cliente qui arriverait – il ne faut pas négliger tout l'aspect technique –, mais il l'interrogerait : « Que vous arrive-t-il dans votre vie ? »

Chez une personne qui a des troubles de la vue, plusieurs facteurs peuvent agir sur le plan concret, mais la plupart du temps, l'essence de son problème est un développement forcé de l'intellect.

Souvent, on lit trop, on lit des choses qu'on n'a pas vraiment le goût de lire, et on n'accorde pas assez d'importance à la lecture du Livre de la Nature et à certaines choses dans notre vie que l'on préfère ne pas voir.

La semaine dernière, un opticien est venu au cours afin de pouvoir me parler pendant la pause. Il avait une grosse balafre sur le front. Il m'a dit : « Je me suis fait cette entaille cette semaine car j'avais quelque chose à comprendre. »

Je lui ai demandé ce qui lui était arrivé.

– J'avais très soif, m'a-t-il dit, et je voulais aller boire. Je me suis cogné le front sur une pancarte que je n'avais pas vue. Ça a vraiment saigné.

– À quoi étais-tu en train de penser ?

– Je pensais que j'avais soif.

– Là, je suis désolée, mais je ne peux vraiment pas te dire la raison de ton accident.

Il a alors commencé à me parler de sa rancune pour une personne qui avait été injuste envers lui. À ce moment-là, il s'est tapé le front : « Ah ! mais c'est donc ça : j'étais aveuglé par ma rancœur. »

Imaginez ! C'est ça qu'On a voulu lui montrer.

Il allait chercher de l'eau – un symbole d'amour – et, En Haut, On lui a dit : « Si tu veux avoir accès à l'amour, arrête de nourrir des sentiments de rancœur et de vengeance. On l'avait mis face à une grosse pancarte et il ne l'avait pas vue. »

LE BON CHOIX AU BON MOMENT

Parlons d'une autre profession, celle de recruteur.

J'ai pratiqué ce métier pendant un certain temps, et, à un moment donné, beaucoup de personnes de différentes ethnies se sont présentées pour se faire engager. Alors, pour connaître l'avis de mon patron, je lui ai demandé : « Est-ce que ça fait partie de la politique de l'entreprise d'engager différentes ethnies ? »

Il m'a répondu : « Vous avez carte blanche, mais vous n'avez pas le droit de vous tromper. »

Moi, je n'ai pas écouté le *Vous n'avez pas le droit de vous tromper* car j'étais très contente. J'ai seulement entendu : « Vous avez carte blanche. »

Alors, je ne me suis pas gênée pour en engager. Après le recrutement que j'ai fait, il y avait dix-neuf ethnies différentes dans cette entreprise de cent cinquante personnes. L'ambiance était absolument fabuleuse ! Toutes sortes de nationalités se côtoyaient, et c'était très intense.

Je n'avais pas fait d'erreur. Quand on procède avec son cœur, on n'a plus à avoir peur. Par contre, lorsqu'on est mené par la crainte et qu'on n'ose plus – c'est toujours l'intellect qui s'insurge –, on se dit par exemple: « Si j'engage et que je me trompe, je serai congédié. Alors, je n'engage pas ces gens-là, je ferais mieux d'engager d'autres personnes. »

Mais moi, j'étais consciente d'une autre dimension: je savais que si mon cœur me disait de recruter des personnes de tous les pays, c'était pour redevenir universelle, pour éliminer les frontières, les cloisons et les divisions à l'intérieur de moi-même. Et tout a bien fonctionné.

Les quelques occasions où je me suis trompée font partie d'une série de six ou sept recrutements que j'ai faits; je traversais une période durant laquelle je vivais des restructurations et je n'étais pas centrée. Le cœur n'y était pas; l'intuition non plus.

Ça n'avait pas fonctionné du tout, mais ça m'a servi d'expérimentation.

Par contre, le recrutement dont je vous ai parlé avec les différentes ethnies, lui, s'est très bien passé; et les gens que j'ai choisis n'étaient pas parfaits, mais ils l'étaient pour le chef de service. Ces gens étaient parfaits dans leurs imperfections. Le mot *parfait* veut simplement dire *le bon choix au bon moment*.

Voilà comment ça fonctionne. Quand on y va avec le cœur et qu'on n'a pas peur de perdre, ça marche. C'est extraordinaire: on est comme un enfant qui se laisse guider vers la bonne personne.

D'autres recruteurs avaient peur: ils considéraient cinquante dossiers, et ils en repoussaient cent. Moi, je sentais: « Celle-là, c'est la bonne personne ». Au bout d'un certain temps, j'ai fait davantage confiance à mon intuition et ça s'est mis à aller très vite.

C'est pour cette raison qu'après, j'avais 50 % plus de temps libre et que je pouvais faire autre chose; quand on est branché, le travail se fait vite car une grande assurance s'installe à l'intérieur de soi.

Si les gens savaient comme c'est facile de travailler quand on est spirituel, ça changerait beaucoup de choses, et le monde serait moins occupé à faire, à défaire et à refaire les mêmes choses. Et l'humanité évoluerait à pas de géant.

MÉTIER : INGÉNIEUR DE LA SYNCHRONICITÉ

J'aimerais commenter un article qui relate le travail d'un ingénieur dont la fonction consiste à synchroniser les systèmes de feux de circulation à Montréal.

En Angéologie Traditionnelle, on parle beaucoup de la Loi de la synchronicité, celle de l'acte juste au moment juste, qui fait que lorsqu'on est *branché*, tout arrive exactement au bon moment. Là, on voit que cet ingénieur recherche la synchronicité.

L'article nous apprend qu'à Montréal, 94 % des feux de circulation sont synchronisés, et que le travail de synchronisation est très complexe : il faut tenir compte de nombreux paramètres, dont la longueur des pâtés de maisons, la largeur des rues transversales et le nombre de véhicules, afin que les feux rouges ne durent pas trop longtemps et qu'il n'y ait jamais de trop longues files de voitures en attente. Il faut aussi tenir compte du ralentissement de certains types de véhicules, des particularités du transport en commun et des tranches d'heures où le trafic est plus ou moins intense.

Ça exige donc un calcul très élaboré pour en arriver à synchroniser les feux à 94 %.

Alors, j'ai beaucoup apprécié la conclusion de l'article : « Si vous roulez dans le sens inverse du trafic dominant (notez qu'on parle d'inversions), tout vous dessert, vous ne profitez plus de la synchronicité. »

Par analogie, ça signifie que si on n'est pas dans le courant Divin, on est souvent arrêté ; notre mouvement est ralenti car on ne profite pas de la synchronicité. Vous voyez, tout est écrit. On n'a qu'à lire cet article dans *Le Journal de Montréal* ; même là, on y parle des Anges.

Revenons à cet ingénieur de la synchronisation. Pourquoi fait-il ce métier ? Qu'a-t-il à comprendre ? C'est tout à fait clair : il doit retrouver à l'intérieur de lui-même l'essence de la synchronicité.

Donc, vous voyez, si cet ingénieur comprenait la raison pour laquelle il fait ce travail à l'extérieur, imaginez quelle belle synchronicité pourrait s'installer dans sa vie !

LE SPORT DES SAGES

La puissance émotionnelle est le moteur de l'action. Puisque l'état de conscience MENADEL touche à la puissance émotionnelle, Il est directement impliqué dans tous les sports.

Quand je pratique un sport, je dois me poser la question : « Quelle intention est-ce que j'y mets ? » Si je le fais par esprit de compétition, alors il est inévitable que je vive des hauts et des bas et que je passe d'un extrême à l'autre. En effet, il est impossible de toujours gagner ; un jour ou l'autre, quelqu'un de plus jeune ou de plus fort occupera le podium.

Mais si je parviens à injecter dans mon activité une intention à valeur qualitative ou vertueuse, et si je souhaite ardemment que cette Énergie que j'invoque descende dans mon corps, alors là, c'est parfait. Plusieurs sportifs cherchent à développer ces qualités qui leur permettent d'atteindre certains niveaux de conscience.

Un sportif qui n'a pas fait de travail intérieur peut vivre avec beaucoup de tensions corporelles, soit parce que son activité constitue une fuite – cela est typique mais ne s'applique pas à tous les sportifs, bien entendu –, soit parce que le sport lui sert à surdévelopper sa volonté, c'est-à-dire à la développer au détriment de ses autres fonctions.

Ses énergies agressives, qui le maintiennent constamment sous tension, sont tout à coup calmées par les sécrétions naturelles d'endorphines qui se diffusent dans tout son corps. Mais l'effet ne dure pas et c'est toujours à recommencer.

À la manière des consommateurs de drogues, ces sportifs essaient constamment de retrouver ces états élevés de conscience, car ils les font se sentir bien. Or ces états sont permanents chez ceux qui ont nettoyé leur monde intérieur, chez ceux qui ont fait d'intenses purifications.

Lorsqu'on a compris pourquoi nos tensions internes créent des angoisses et des agressions, on les nettoie, petit à petit, chaque jour, et on arrive à maintenir cet état de calme et d'élévation de façon permanente.

C'est ça, le sport des Sages.

LE RÉPARATEUR

Dans notre société, on a un petit peu perdu le sens de la réparation.

Depuis quelques années, on a généralement tendance à jeter. Ça se voit dans les choix de société que l'on fait.

Pire encore, on est en train de désapprendre à réparer, et ça se produit jusque dans le domaine des relations intimes: quand une relation avec un conjoint ou une conjointe ne nous plaît pas ou ne nous convient plus et qu'il y a une résistance, on règle l'affaire en jetant la relation, en la mettant rapidement aux rebuts.

L'état de conscience MITZRAEL (n° 60) nous aide à comprendre l'importance d'apprendre à réparer.

Lorsqu'on met fin à une relation parce qu'elle ne nous convient plus, qu'on se quitte fâché avec l'autre et que quelque chose reste incompris, la réparation ne se fait pas. Et on transpose le même problème – mais avec un peu plus de difficultés – dans une relation future. MITZRAEL nous aide donc à éviter des souffrances et des déceptions supplémentaires.

Quand on n'a pas compris, le même plat nous est resservi sous une autre forme. C'est comme si on traînait sans cesse des boulets. Lorsque quelque chose nous irrite ou nous dérange, au lieu de fuir et de se fâcher, on doit se dire : « J'ai quelque chose à comprendre. » Ainsi, on apprend à réparer et la vie devient beaucoup plus douce. MITZRAEL est une aide précieuse pour en arriver là.

Dès qu'on a un petit problème de santé – même un petit rhume –, c'est que quelque chose ne fonctionne pas bien sur d'autres plans. Notre corps physique nous donne un signe pour nous faire comprendre qu'une réparation est nécessaire, qu'on doit remettre en ordre quelque chose qui est dérangé.

La même logique s'applique aux dépendances, que ce soit la cigarette, l'alcool ou toute autre chose qui est l'objet d'un désir obsessionnel.

MITZRAEL est une clé extraordinaire ; Il nous aide à réparer les désirs qui prennent trop de place, qui nous portent à donner trop de pouvoir à nos instincts. Le Travail est très simple : il suffit d'inspirer cette Énergie ; et alors, le type de pensées qui doit être modifié nous est montré.

Ce qui est crucial pour arriver à réparer, c'est de comprendre la notion d'autorité. Mais, avant de passer à ce sujet, j'aimerais vous parler de ce que je fais habituellement quand je prépare les cours.

J'invoque l'Ange dont je vais traiter, et alors, il se présente dans ma vie toutes sortes de situations qui me donnent des enseignements et me font comprendre la nature, l'essence de l'Ange en question.

La semaine dernière – vous allez constater que cette histoire entre tout à fait dans le cadre de la réparation –, nous avons fait installer une nouvelle ligne téléphonique pour l'Univers/Cité Mikaël afin de pouvoir répondre aux besoins des personnes qui souhaitent avoir des renseignements sur les Anges et sur ce que nous faisons.

La ligne a été installée par un technicien à partir de notre résidence. Vous allez voir ; il faut que je vous informe de tous ces détails afin que vous puissiez comprendre l'enseignement de cette petite histoire.

Donc, un soir, un gentil monsieur de la compagnie de téléphone est venu installer la nouvelle ligne. Il a vérifié certaines prises et, tout en parlant, il a remarqué que nous avions certains livres sur les Anges ; cela a éveillé sa curiosité.

Il nous a dit :

– J'ai vu des livres sur les Anges. Vous intéressez-vous aux Anges ?

– Oui, c'est ça qu'on enseigne.

– Étiez-vous gênés de m'en parler ?

– Non, pas du tout, ai-je répondu, mais on ne les impose à personne.

– Ma femme lit des livres sur les Anges Gardiens.

Nous étions contents car c'était une belle confirmation : le Ciel avait envoyé la bonne personne pour installer la ligne téléphonique des Anges.

Après avoir essayé à plusieurs reprises d'établir la connexion, le technicien a voulu aller vérifier le système par l'extérieur ; mais le responsable du site avait déjà terminé sa journée de travail. Il nous a dit : « Je ne peux pas vous l'installer ce soir ; ça ne marche pas. Je reviendrai demain. »

Alors, puisque je connais la Loi de la résonance, je me suis demandé : « Pourquoi a-t-il de la difficulté à nous installer la ligne des Anges ? »

Sans le savoir, le technicien m'a donné un petit indice en me disant :

– La prise va coûter soixante dollars.

– Ah ! Le 60 !

Parce que c'est ainsi: quand on travaille avec les Anges, tout ce qu'On nous présente peut servir d'enseignement. Surtout les nombres. On n'a qu'à faire la corrélation entre le nombre et l'Ange.

Nous savions déjà que l'Ange avec lequel nous allions travailler la semaine suivante était le n° 60. Alors j'ai dit: «Ah! ça commence! Si on veut que la ligne soit installée demain matin, j'ai intérêt à travailler avec l'énergie n° 60, l'Ange MITZRAEL.»

Et c'est ce que j'ai fait.

Je me suis donc endormie en invoquant le beau MITZRAEL. Et pendant toute la nuit j'ai eu des rêves: On m'a envoyé toutes sortes d'informations concernant ce que je devais travailler avec cette énergie.

Le lendemain matin, au réveil, je me sentais très bien. C'est un autre technicien qui est venu; il était très dynamique. Il a essayé de trouver le problème et, à un moment donné, il a dit: «C'est compliqué. Je crois qu'il faudra même aller à la centrale, car il suffit qu'un tout petit fil soit défectueux pour que ce soit impossible d'installer la ligne.»

Il a cherché encore un peu plus l'origine du problème, mais en vain. Alors, juste avant qu'il ne parte, je lui ai dit: «Monsieur, je ne connais rien aux lignes de téléphone, mais je pense que le problème est là, dans ma chambre, à côté du lit, à gauche.»

Il m'a regardée avec de grands yeux et j'ai ajouté: «C'est une intuition, vous devriez aller voir. Le problème doit être là.»

Il était bien gentil, ce monsieur. Il a suivi mes conseils car il s'est dit: «Tant qu'à faire, plutôt que de tout remuer, je vais écouter la petite dame. On va lui faire plaisir.»

Il est allé là où je lui ai indiqué, il a inspecté la prise, et puis il m'a regardée avec de grands yeux en disant: «Eh oui! c'est bien là!»

C'était la seule prise de téléphone que le technicien de la veille n'avait pas vérifiée. S'il l'avait fait, je n'aurais pas eu l'occasion, durant la nuit – avec l'Ange MITZRAEL –, de savoir ce que j'avais à réparer.

Le technicien était tout content car il a pu terminer son travail. Il m'a dit en souriant: «Je vais vous emmener sur mes chantiers, madame. Vous allez m'éviter des heures de travail!»

Normalement, on aurait dû payer la facture pour la deuxième visite, mais sur le pas de la porte, avant de partir, l'homme a dit: «Vous n'aurez pas besoin de payer; ne vous inquiétez pas, je vais m'arranger.»

Parce qu'il fallait bien que la facture soit de 60 dollars pour que je reçoive l'enseignement.

Les Anges s'étaient probablement dit: «Sinon, elle n'aurait pas compris.»

COMMENT COMPRENDRE L'AUTORITÉ

Que doit-on comprendre concernant l'autorité? Comment intégrer le concept d'autorité naturelle? On va passer en revue les principales façons dont l'autorité se présente dans notre vie.

Quand on comprend le concept d'autorité, on comprend également la nature du Père Céleste, du Créateur, et là, vraiment, c'est un grand champ de conscience qui s'ouvre. Mais si on veut réellement saisir cette immensité qu'est l'autorité Divine, il faut commencer par comprendre les autorités terrestres, celles qui nous sont présentées dans notre vie.

L'autorité des parents est très importante à comprendre, car c'est généralement la première qu'on rencontre dans le plan physique. Quand on arrive à transcender cette autorité, on intègre l'énergie de MITZRAEL. Alors on devient UN, c'est-à-dire qu'on entre dans l'Unité Divine et dans la compréhension de l'autorité du Père Céleste. Et cela, on le voit dans les chiffres: MITZRAEL est l'Ange numéro 60, et ce n'est pas le hasard, car soixante secondes, ça donne une minute. Vous voyez, tout est tellement bien synchronisé! Il n'y a pas de hasard. Les chiffres utilisés pour chaque Énergie Angélique ont été conçus selon les Lois de la symbolique Universelle.

Afin de saisir la notion d'autorité parentale, on doit tout d'abord comprendre la Loi de la résonance. En effet, nos parents, c'est en appliquant cette Loi qu'On les a choisis.

Peu importe qui sont nos parents, il est certain qu'On nous les a choisis pour de bonnes raisons; car lorsqu'on arrive à dépasser ce qu'ils – eux ou les autorités qui les ont remplacés – nous ont présenté, on accède à l'unité intérieure. C'est la clé d'un grand secret.

Tout ce que nos parents nous ont enseigné comme qualités et vertus, cela, bien sûr, on n'a pas à le dépasser; on n'a pas à le transcender. Mais si on veut évoluer, il faut dépasser tout ce qui, dans leur attitude ou leur comportement, nous a dérangé ou nous a paru injuste. Nos parents avaient le droit d'être dans l'ignorance, ils n'étaient pas parfaits, et nous non plus d'ailleurs. Une fois qu'on a dépassé cela, on entre dans une nouvelle phase d'apprentissage: celle de la maîtrise.

Il est possible que les parents qu'On a choisis aient exercé une autorité distorsionnée. Quand une autorité n'est pas bien exercée, elle a un caractère de domination; elle est écrasante. Si on choisit un ou des parents qui exercent leur autorité de cette façon, c'est qu'on a quelque chose à comprendre: c'est qu'on a soi-même mal exercé notre autorité dans d'autres vies et qu'on doit récolter ce qu'on a semé afin de rétablir l'équilibre à ce niveau.

Face à l'autorité mal exercée, on peut avoir deux types de réactions possibles. La première, c'est qu'on subit cette domination et qu'on refoule toutes sortes de sentiments; dans quel cas on se replie sur soi-même car on craint l'autorité et on se sent exclu.

Une autorité mal exercée engendre toujours un sentiment d'exclusion chez l'autre. Et qui dit sentiment d'exclusion dit sentiment de séparation du Grand Tout – de la Conscience Universelle – et incompréhension des Lois rigoureuses d'équilibre.

L'autre réaction possible, c'est la révolte extérieure: on se rebelle et on devient un délinquant parce qu'on se sent persécuté. C'est une inversion de l'état de conscience MITZRAEL. On se rebelle contre toute autorité qui se présente dans notre vie, et on fait constamment le contraire de ce qui nous est prescrit.

Dans un premier temps, la personne qui subit une autorité mal exercée peut penser qu'elle n'a pas de problème, que c'est l'autre qui exerce mal son autorité. Elle se dit: «Mes parents ne sont pas gentils, ils sont trop autoritaires avec moi. Moi, je suis tout gentil, j'ai peur, je suis délicat.»

Qu'est-ce que ça signifie?

Ça veut dire qu'on a le même type d'autorité mal dimensionnée, mal conçue, à l'intérieur de soi. On a des petits rebelles, des petits révoltés à l'intérieur. Et pourquoi nous a-t-On choisi des parents qui nous ont imposé leur domination?

C'est parce que, dans des temps passés, on n'a pas tout à fait bien exercé l'autorité et qu'on garde de ces expériences une certaine rigidité: on l'a encore à l'intérieur de soi. C'est pour cette raison qu'On nous a choisi des parents qui peuvent nous permettre de dépasser cette distorsion – car elle habite encore notre inconscient. Il s'agit donc d'un cadeau.

Je vais citer mon cas en exemple.

J'ai eu un père extraordinaire, mais un tantinet autoritaire. Maintenant, je bénis ce père et je me dis: «Mon Dieu, que Tu me l'as bien choisi!»

Quand j'étais enfant, je trouvais que son autorité n'était pas juste et je voyais bien qu'il avait cette attitude vis-à-vis d'autres personnes aussi. Ce qui fait que tout au long de ma vie – ce jusqu'à ce que je comprenne que c'était moi qui avais le problème –, j'ai dû faire face à des personnes qui faisaient preuve d'autoritarisme, qui avaient une envie de dominer les autres.

Hier soir, une personne m'a dit que ses parents n'avaient aucune autorité mais que, pourtant, dans sa vie, elle avait toujours des problèmes avec l'autorité. On va voir que des parents qui sont trop autoritaires et des parents laxistes – qui n'ont pas d'autorité –, ça donne parfois les mêmes problèmes.

Maintenant, avec la nouvelle pédagogie, on a tendance à adopter une attitude non directive avec les jeunes: on les laisse faire un peu tout ce qu'ils veulent sous prétexte qu'ils doivent vivre leur liberté. Cela vient du fait qu'on a subi une autorité trop marquée, et qu'on a tendance à aller à l'extrême opposé, surtout avec nos propres enfants.

En allant d'un excès à l'autre, voici ce qui se passe: on transmet la même problématique à l'autre génération. De façon générale, si on a subi de la domination, on a tendance soit à être trop laxiste, soit à reproduire le même schéma, c'est-à-dire à être trop autoritaire.

Si on a laissé un enfant faire tout ce qu'il voulait, s'il n'a pas été guidé par l'autorité, et si on ne lui a pas inculqué la Connaissance, il deviendra marginal et égocentrique, et il versera dans la révolte lorsqu'on ne satisfera pas ses désirs. Et, vous savez, le monde des désirs peut aller très loin; il peut même engendrer beaucoup de violence.

Dans la Tradition kabbaliste on dit au père: «De la naissance à dix ans, sois son maître.» Cela signifie que jusqu'à ce qu'un enfant ait dix ans, on ne peut pas tout lui expliquer; il ne va pas tout comprendre. On peut commencer à lui expliquer des choses, mais on doit être directif, et ce avec amour.

La Tradition dit encore: «De dix ans à vingt-et-un ans, sois son père», c'est-à-dire qu'on doit expliquer au jeune les raisons de nos directives. Et puis: «À partir de vingt-et-un ans, sois son ami.»

« *PARLE-MOI DE TA VIE, JE TE DIRAI QUI TU ES* »

J'ai parlé avec un homme qui approche de sa retraite, et il m'a confié que son père était très autoritaire et que ça lui avait causé beaucoup de problèmes.

Il m'a aussi parlé de ses deux fils. L'un est très intellectuel – quand l'intellect est trop marqué, ça donne parfois un esprit vindicatif avec une autorité quelque peu agressive – et il occupe un poste élevé.

Il m'a dit: « Il y a toujours eu de la rivalité entre lui et moi, et c'est très difficile à vivre, mais je le considère encore comme mon fils. »

Puis, parlant de son second fils, il m'a dit: « Lui, il est plutôt attiré par les arts; c'est un artiste qui se situe plus dans le ressenti, dans le cœur. Et lui, c'est mon frère, c'est mon ami. »

Le cas de cet homme – et particulièrement sa relation à ses fils – illustre bien ce nouvel aphorisme: *Parle-moi de ta vie et je te dirai qui tu es.* Ce monsieur avait appelé dans sa vie deux âmes complètement différentes qui représentaient son être fragmenté, car il n'avait pas transcendé sa réaction face à l'autoritarisme de son propre père.

Si, en plus, on considère que le métier qu'il a choisi d'exercer se situe dans le secteur juridique, et que son hobby favori est de chanter dans une chorale, la fragmentation cœur-autorité qu'il entretient est encore plus évidente. L'exemple de cet homme illustre bien le fonctionnement de la Vie.

LA PERFORMANCE: LE MAL DU SIÈCLE

Dans notre société, quand on est un enfant, on apprend la compétition: on est poussé à *performer* à l'école; et si nos notes ne sont pas excellentes, le système nous fait sentir fautif.

Mitzrael est très bon pour les examens. Il nous aide à réussir non seulement les examens de la vie, mais aussi les examens scolaires; parce qu'Il nous aide à éliminer le surplus de stress. Une des façons de vivre la distorsion de Mitzrael, c'est de créer beaucoup de stress dans notre vie.

Vous pouvez donc voir que dans notre société, on est en pleine inversion de cette Énergie Angélique.

On en voit un extrême au Japon, où l'injonction d'être performant – omniprésente dans la culture – pousse les étudiants à l'extrême de leurs capacités et en porte même plusieurs à aller jusqu'à se suicider.

Avec la nouvelle mentalité Angélique, plutôt que de pousser les élèves à se faire compétition, on leur enseigne à développer à l'intérieur d'eux-mêmes les qualités et les vertus. C'est un nouveau mode d'enseignement, celui du prochain millénaire.

L'AUTORITÉ PROFESSIONNELLE

Le milieu de travail est vraiment un lieu de prédilection pour apprendre le sens de l'autorité.

Puisqu'on est alors adulte, on est normalement en pleine possession de nos moyens pour reconnaître et modifier – réparer – ce qui doit être rectifié. Le type d'employeur qu'on attire et le type de travail que l'on fait sont alors chargés de significations. Et si on a un problème intérieur concernant l'autorité, il va nécessairement ressortir.

Notre milieu de travail – et tout ce qui concerne l'exercice de notre métier – est un endroit idéal pour se connaître soi-même. Et, en plus, on est payé pour apprendre.

J'ai beaucoup appris sur l'autorité. En continuité avec l'attitude dominatrice de mon père, j'ai souvent attiré des patrons trop autoritaires. Mon premier patron était colonel dans l'armée; il y en a qui sont charmants, mais lui, c'était un vrai dictateur.

Moi, j'arrivais avec toute mon innocence, je m'exprimais naturellement et lui, il me disait : « Mais vous êtes bien insolente ! »

Il n'avait pas l'habitude de cela. Moi, j'y allais avec ma franchise mais je ne me confrontais pas à lui – du moins, je n'en avais pas l'impression. Tout de même, à l'intérieur de moi-même, des énergies se confrontaient. On ne se rend pas toujours compte de ce que l'on émane, des vibrations que l'on émet. Même si on a l'air tout gentil, tout souriant, tout simple, on peut attirer des gens très durs.

J'ai eu plusieurs patrons comme celui-là, et chaque fois que je sentais que l'autorité était mal exercée, j'étais franche et je disais ce que je pensais. Mais je croyais que c'était seulement les autres qui avaient tort.

Et un jour, j'ai changé : j'ai réalisé que ce problème était enraciné à l'intérieur de moi-même. J'ai alors cessé d'attiser mes petits rebelles intérieurs et, tout à coup, j'ai vu le même patron changer totalement d'attitude. C'est pour cette raison que maintenant c'est devenu une règle absolue pour moi d'aller regarder à l'intérieur.

On peut avoir l'air tellement gentil, tout simple et tout sourires, mais souvent, à l'intérieur, ça fait : TIC ! TIC ! TIC !

Après avoir fait un important travail de conscientisation sur ce sujet, je n'ai plus jamais eu de problèmes avec ce patron. Mais lui, il continuait à en avoir avec les autres. Il continuait d'être tyrannique, sauf avec moi.

Pour moi, c'était vraiment une confirmation extraordinaire du fait que si on change à l'intérieur, on n'attire plus le même genre de situations.

L'AUTORITÉ SPIRITUELLE

La Vérité est l'autorité. Cette Vérité se manifeste à chaque instant et est inscrite dans toute la Création ; elle est le principe fondamental qui régit l'Univers tout entier. C'est une compréhension parfaite, un Amour absolu; c'est l'Innommable, le Créateur, le Dieu suprême.

Lorsqu'on s'approche de cette Lumière, il n'y a plus aucun mot, aucun son qui puisse être exprimé.

LA NATURE INSTINCTUELLE

Lorsque l'Intelligence Cosmique nous incite à corriger certains aspects de notre partie instinctuelle, Elle se sert pour cela d'animaux qu'elle fait apparaître dans nos rêves.

Pour approfondir cette compréhension, j'aimerais partager avec vous un beau rêve qu'un jeune garçon de huit ans plein d'énergie a raconté à mon époux.

Dans ce rêve – qui l'avait profondément bouleversé –, le petit garçon portait un mouton blanc très doux dans ses bras. Il y avait aussi un loup qui les suivait.

Le garçon a dit: «Le loup n'était pas méchant, il était assez cool, là, il marchait comme ça, tout cool, pas du tout agressif. Mais je le surveillais quand même parce que j'avais un peu peur pour le mouton. Tout à coup, j'ai trébuché sur une roche, je suis tombé et le mouton s'est échappé. Mais le loup n'est pas allé mordre le mouton; il est venu me mordre, moi, dans le dos. J'ai eu tellement mal! Quand je me suis réveillé, je criais: "AAAH!" et j'avais vraiment mal au dos. Toutes les sensations étaient là, sauf qu'à mon réveil, le loup n'était plus là. C'était très puissant.»

Alors mon mari a interprété ce rêve. Pour bien capter l'attention des enfants, surtout dans le domaine de l'Esprit, il faut avoir de la pédagogie: il faut savoir leur expliquer les choses afin qu'ils comprennent.

En fin pédagogue, il a su aller toucher chez lui un point sensible pour attirer son attention. Il lui a dit: «Tu vois, je vais te donner un exemple. C'est comme si tu étais à l'école et qu'il y avait une jolie petite fille (Ah! là il a ouvert grands les yeux) toute douce, toute gentille, qui est représentée par le mouton blanc de ton rêve, et qu'il y avait aussi un autre ami qui était toujours là en train de l'embêter, d'être agressif avec elle, de la pincer et de la bousculer. Eh bien, c'est ça qu'il y a en toi. On te montre qu'il y a de la douceur, une belle douceur, et qu'il y a aussi de la force. Mais, quelquefois, cette force est tournée en agressivité, et c'est cela que ça fait dans ton énergie: le petit loup fait fuir ta douceur. »

Ah! là, il était content de l'interprétation. Et les parents aussi; parce que, ce jour-là, ils avaient observé que leur enfant était agressif et très agité. C'est normal: c'était dans toutes ses cellules.

La meilleure image que l'on puisse utiliser pour aider à comprendre la complexité d'un être humain, c'est celle d'un ordinateur. Nous sommes un ordinateur vivant, et lorsque nous dormons, nous recevons de nos guides et des entités Célestes toute une gamme d'instructions subconscientes qui déterminent le programme que nous aurons à suivre durant la journée. Pendant la nuit, à notre programme global qui nous sert à travailler à notre évolution, l'Intelligence Cosmique ajoute des instructions plus précises se rapportant à l'immédiat. Il en est ainsi pour tous les êtres humains.

C'est pour cette raison que d'une journée à l'autre nos humeurs changent; car tout ce qui doit être vécu dans la journée est déjà réalisé sur d'autres plans. Ici, c'est la dernière étape de matérialisation. Et puis, notre façon de réagir aux événements engendre certaines pensées qui, elles, préparent la suite.

Il y a une multitude de Guides et d'entités qui travaillent jour et nuit dans les autres dimensions et qui se dévouent totalement à l'évolution de l'Univers.

Voilà toute l'importance des rêves et du langage Universel de la symbolique. C'est en les étudiant que nous pouvons anticiper notre programme et participer d'une façon consciente à notre évolution. Même si on ne se souvient pas de nos rêves, on a tout de même des programmes. C'est comme cela que ça fonctionne.

En comprenant les rêves, on est plus à la hauteur pour prendre des décisions. Par exemple, en comprenant le rêve du loup et du mouton, les parents du jeune garçon étaient en mesure de décider d'orienter l'enfant vers une activité physique ou sportive afin que son agressivité puisse s'exprimer autrement que dans la distorsion et par des actes manqués.

Concernant les animaux, plusieurs textes sacrés relatent des épisodes où certains martyrs étaient exposés à des bêtes féroces – par exemple dans l'arène – mais ne se faisaient pas dévorer.

On peut bien sûr qualifier cela de miracle, mais la raison pour laquelle ils ne se faisaient pas dévorer, c'est qu'ils avaient fait tout un travail intérieur: ils avaient réussi à épouser leur nature instinctuelle qui correspondait, selon le cas, au tigre, au lion ou à n'importe lequel des animaux auxquels ils étaient exposés. Ils avaient réussi à épouser, à intégrer ces énergies à l'intérieur d'eux-mêmes, puis à les transmuter, les transformer, et il ne restait plus rien de dévorant ou d'agressif dans leur énergie personnelle.

Les animaux féroces pouvaient sentir chez eux le parfum de la force intérieure, celle des êtres qui n'ont plus peur, qui ont acquis une foi totale et immuable.

Un lion n'attaque pas un lion s'ils ne sont pas en conflit. Ils se respectent mutuellement. Ces martyrs ne faisaient pas un travail énergétique comme s'ils disaient à l'animal: «Aïe! tiens-toi tranquille, je t'envoie de l'énergie.» Non, ce n'est pas de cette façon que l'état de conscience s'installe dans un être glorieux. Ça exige plutôt l'obéissance absolue et l'absence totale de peur ou de doute. La nature instinctuelle doit être tout à fait transmutée, transformée.

On parle souvent de Saint François d'Assise et de son compagnon, le loup, et d'un autre saint, Saint Isaac avec le tigre. Ce que les puissants symboles que sont ces noms signifient, c'est que ces hommes avaient vraiment intégré le loup et le tigre intérieurs. Ça signifie qu'ils n'étaient plus du tout agressifs, parce que même si un symbole représente une énergie agressive, il représente aussi la même énergie transmutée, transformée, qui, elle, est une grande force.

Saint Isaac avait réussi à intégrer le tigre intérieur. Le tigre, c'est un symbole d'agressivité, mais aussi de rivalité, de jalousie. Ça veut dire que ces distorsions n'existaient plus du tout en lui.

Mais sachez bien que d'en arriver là ne se fait pas comme ça, en une seconde; ça nécessite un grand travail intérieur.

Ce Travail, par contre, est vraiment à la portée de tous. En effet, on n'a plus besoin d'aller dans les arènes pour voir si nos instincts ont été transmutés. On n'a qu'à vivre notre vie dans le quotidien, et on rencontre parfois des tigres et des loups, des énergies agressives dans notre environnement. Et quand ça vient nous perturber, nous chercher, alors là, on parle à notre tigre intérieur; on lui dit: «Doux! calme-toi, mon beau. Tu es encore un peu agressif; on va faire une petite séance de relaxation.»

LES ENFANTS DES ÉTOILES

Voici maintenant une petite anecdote qui s'insère bien dans ce type d'idée.

Un jour, alors que j'étais en train de faire ma pratique récitatoire avec l'Ange LEHAHIAH (n° 34) – dont la qualité principale est l'obéissance –, notre fille Karasa m'a dit: «On pourrait aller jouer dehors.» Je lui ai répondu que c'était une excellente idée, et puis elle m'a demandé d'aller mettre ma combinaison de ski car «comme ça, on va pouvoir se rouler dans la neige.» Elle était très contente que j'accepte son idée.

En enfilant ma combinaison de ski, j'ai examiné pendant quelques secondes la boucle de la ceinture qui forme un médaillon, et le symbole qui y est imprimé. Ça fait des années que je porte cette combinaison, et j'ai toujours pensé que c'était l'image d'un lion qui était gravée sur la boucle.

C'était la semaine où je préparais mon cours sur LEHAHIAH, et je savais que j'allais parler de la force instinctuelle représentée par les animaux; alors mon attention a été attirée par ce médaillon.

J'étais contente, car le lion, pour moi, c'est un beau symbole de force. Par contre, le tigre était associé dans ma conscience à l'agressivité et la rivalité, car on venait de me raconter plusieurs rêves qui mettaient en scène des tigres et qui avaient un caractère assez négatif.

J'ai regardé attentivement et je me suis dit à moi-même: «Tiens, ce n'est peut-être pas un lion», mais j'ai continué à y penser: «Ce n'est peut-être pas un lion, c'est peut-être un tigre. Bof! Non, ce n'est pas un tigre, c'est un lion!» C'est tout comme s'il y avait là quelque chose que je ne voulais pas voir. Et puis je suis arrivée devant la belle Kasara.

Les nouveaux enfants sont très médiumniques, ils sentent beaucoup de choses, et puis elle, Kasara, je ne lui en passe pas une! Elle n'arrête pas de me surprendre et elle m'apprend tellement de choses, cette belle princesse des étoiles!

Elle a regardé ma ceinture – même si ça fait longtemps que je la mets, elle ne l'avait jamais regardée auparavant – et là, comme par hasard, elle m'en a parlé. Elle m'a dit:

– C'est un tigre que tu as là?

– Non, ce n'est pas un tigre, c'est un lion. (Là, PFITT! c'est directement sorti de mon subconscient.)

– Mais non, a-t-elle répliqué, c'est un tigre.

– Je ne crois pas; je pense que c'est un lion.

Elle m'a regardée et m'a dit: «Je pense que c'est une autruche.»

Ah! Imaginez-vous! Elle n'a jamais entendu cette expression de sa vie – ça j'en suis sûre –, elle n'a jamais entendu *la politique de l'autruche*.

Et elle venait de me dire carrément que je faisais la politique de l'autruche. J'étais ébahie! Puis je me suis dit: «Tiens, peut-être qu'En Haut, Ils m'envoient un message. J'ai peut-être mal entendu ce qu'elle a dit.» Alors j'ai tâché d'en avoir le cœur net.

– Mais, Kasara, une autruche, c'est un oiseau.

– Mais oui, c'est un oiseau.

Et puis, quand j'ai voulu être trop rationnelle, elle a simplement changé de sujet puis elle est partie. Je ne m'en suis pas encore remise: elle n'a que six ans et elle agit comme un maître! OUF!

En Haut, Ils avaient appuyé sur le bouton et: «Dis-lui qu'elle fait la politique de l'autruche, qu'il faut qu'elle travaille un peu avec son tigre intérieur, qu'elle n'a pas encore la force du lion.»

Le message était clair. J'avais une petite distorsion à aller travailler.

Vous voyez, c'est pour ça que tous les Sages disent qu'il faut redevenir comme des enfants. L'enfant ne se dit pas: «Je ne peux pas dire telle ou telle chose car ça n'a pas de sens.» Non! ils sont traversés par la vérité. Nous, on n'aurait pas osé dire: «C'est une autruche.» L'Intelligence Cosmique n'aurait pas pu me faire parvenir ce message par une autre personne qu'un enfant, parce qu'On n'aurait pas pu faire dire à un adulte: «C'est une autruche que tu as sur ta boucle de ceinture», car le symbole imprimé ne ressemble en rien à celui d'une autruche.

Donc, vous voyez, notre côté enfant se trouve normalement dans une attitude d'obéissance à l'Énergie Cosmique; il nous permet de recevoir beaucoup plus facilement les messages, car le mental n'est pas là qui bloque l'information. CLAC! voilà, c'est en direct, les informations!

Très souvent, la grande Intelligence doit prendre des détours pour nous faire comprendre des choses. Mais là, avec notre enfant intérieur, c'est plus direct. Plus on écoute, plus on est réceptif, et moins on a de besoins qui nous font aller à gauche et à droite, car on apprend à être obéissant à ces Forces Divines qui ne veulent que notre bien. Et puis là, on peut vraiment tout recevoir.

Alors, dans ma préparation du cours sur l'état de conscience LEHAHIAH (n° 34), On m'a bien sûr donné des exemples d'enfants, d'obéissance et d'autorité, et j'aimerais les partager avec vous.

Un jour, au cours d'une tournée, dès que je suis entrée dans l'hôtel où je devais donner ma conférence, j'ai immédiatement compris la raison pour laquelle la responsable de l'établissement nous avait avertis que, ce soir-là, il nous serait impossible de coucher à l'hôtel: il y avait quatre cents jeunes ados qui y séjournaient dans le cadre d'une semaine de ski organisée pour eux.

Dans le hall d'entrée, j'ai aperçu une grande affiche: interdiction de faire ceci, interdiction de faire cela. Que d'interdictions! Oh! c'était salé! C'était même écrit: *Interdiction de boire de l'alcool dans les couloirs.* Ça impliquait qu'il n'était pas interdit d'en boire dans les chambres. C'est évident qu'ils ne pouvaient pas en être empêchés.

Il y avait toutes sortes d'interdictions. Et la dernière ligne de l'affiche se lisait: «Si vous ne respectez pas ces règles, vous serez expulsés. Il y aura éviction.»

C'était très autoritaire. Je me disais: «Oh! c'est dur, la façon dont ils traitent ces jeunes ados.»

J'ai continué ma pratique récitatoire avec LEHAHIAH et j'ai observé la scène, un peu comme si j'étais à la fois actrice et spectatrice: j'étais en train de recevoir de l'enseignement vivant; je lisais le Livre de la Nature, le Livre des symboles. Mais je dois vous avouer que je trouvais ça très dur comme pédagogie.

Finalement, la soirée s'est bien déroulée. Nous n'avons pas été dérangés pendant le cours; nous les avons un peu entendus dehors, mais nous n'avons pas subi de dérangement majeur. Puis, une fois la conférence terminée, nous avons démonté et rangé notre matériel comme de coutume, et, en descendant l'escalier avec les caisses d'équipement, j'ai observé les jeunes ados qui étaient là, en bas.

Il y avait toute une nuée de jeunes qui attendaient dans le couloir. Imaginez! quatre cents jeunes qui se préparaient à sortir dans les boîtes de nuit!

J'avais l'impression qu'on avait retardé leur départ, qu'on avait attendu que le cours soit fini.

En descendant avec mes caisses, j'ai aperçu tout en bas un agent de sécurité avec son *walkie-talkie*. Une fois arrivée au pied de l'escalier, j'ai déposé mes caisses comme j'ai l'habitude de le faire, mais, OUPS! rapidement, il me les a prises et me les a cachées.

Alors je lui ai dit:

— Mais que se passe-t-il, monsieur? Est-ce que ces jeunes sont si difficiles que ça?

— Oh! pas pour l'instant, mais ça peut venir: ils sont très durs. Pour l'instant ils n'ont rien fait, mais attendez qu'ils rentrent, ce soir.

Alors je l'ai écouté. J'aime bien ça, moi, parler avec les gens. Et puis je me disais: «J'invoque l'énergie de l'obéissance. Eh bien voilà! il est évident que je suis en plein dedans. On me donne des enseignements à ce niveau-là.»

Puis le gardien m'a dit: «On est vraiment sur nos gardes parce que, maintenant, ils sont beaux (et puis moi, je les ai vus, ces jeunes, il y en avait qui étaient vraiment beaux, qui avaient de beaux regards profonds; il y en avait aussi qui avaient des yeux un peu perdus, mais la plupart étaient très beaux), mais quand ils ont bu et qu'ils rentrent, alors là, c'est épouvantable. Savez-vous ce qui s'est passé lors du stage de l'an dernier? Eh bien, ils ont tout saccagé. Ils ont même fait un trou entre deux étages, ici, dans l'hôtel, parce qu'ils voulaient créer une suite, et puis ils ont jeté des meubles par les fenêtres. L'hôtel a été ravagé, et c'est pour ça que j'ai été engagé cette année: pour que ça ne se reproduise pas. »

Et en plus, le stage s'appelait *Break Tour* – Imaginez-vous ! *Break*, ça veut dire pause, mais ça signifie aussi casser. Enfin !

Il a ajouté: « On est obligés de très bien les surveiller parce qu'il y en a un qui est mort l'an dernier. »

On pouvait déceler une grande inquiétude chez cet homme. Il m'a dit: « Mais moi, je les comprends, ces jeunes, car à cet âge-là, moi aussi il m'arrivait de boire. Sauf que nous, quand on buvait, on ne cassait pas tout. On s'amusait, bien sûr, mais on avait certaines valeurs, et quand on avait bu, on trouvait un coin pour dormir et on s'endormait sans rien casser. Aujourd'hui, les jeunes sont violents et ils cassent tout. »

Alors, bien sûr, j'avais beaucoup de compassion pour cet homme, mais lui aussi, il aurait dû comprendre – quoique le moment n'était pas approprié pour le lui dire – que c'étaient ses petits rebelles intérieurs qu'il surveillait.

Ce n'est pas par hasard que cet homme pratique ce métier, n'est-ce pas? Il ne faut pas se surprendre qu'il n'ait pas compris cela, car il faut passer dans une autre dimension pour comprendre que le métier que l'on fait est relié à notre développement intérieur. Cet homme avait toute une résonance avec les jeunes qu'il surveillait.

Les adolescents ont beaucoup de difficultés parce que la société d'aujourd'hui est en pleine transition. Elle encourage fortement la consommation matérielle sans toutefois laisser la première place aux valeurs morales. On fait croire aux jeunes que c'est l'argent qui est garant du bonheur. En ce moment, tout est inversé, et on approche de plus en plus l'extrême de cette attitude.

Plus tard, des changements qui toucheront toute la collectivité se produiront naturellement, par exemple des catastrophes et des revirements qui auront des conséquences à l'échelle mondiale. Ça viendra, et la phase que nous traversons présentement est nécessaire, car pour connaître la lumière, il faut connaître la noirceur. Sinon, on manque de balises qui puissent nous indiquer ce qui est bien et ce qui est mal.

Donc, il est normal que des orientations déséquilibrées soient présentées aux jeunes, qu'on les soumette à une autorité qui n'est pas toujours bien exercée, ou encore qu'on les laisse faire tout ce qu'ils veulent. L'équilibre n'existe pas encore dans le domaine de l'éducation car on n'a pas donné la première place à la spiritualité. Comprenez bien que lorsque je dis ça, je ne parle pas des religions existantes. Non, je parle simplement de la connaissance de l'Esprit. C'est très différent.

Donc, les jeunes sont un peu perdus. À cause de l'autorité mal exercée, ils refoulent beaucoup de choses dans leur subconscient, et puis, lorsqu'ils se trouvent en groupe et laissés à eux-mêmes, il se produit un phénomène de déresponsabilisation: ce n'est plus une personne – un individu – mais bien tout le groupe qui agit. Chacun se dit: « Ce n'est pas moi qui ai fait ça, c'est le groupe. » Et puis, quand on ajoute à cela la consommation excessive d'alcool et de drogue, il est bien évident que le mal – entendons par là les distorsions – fait la fête et prend toute l'avant-scène.

En ce moment, nous assistons à une importante période de transition, celle de l'ouverture de la conscience à des contenus subconscients, et ça engendre et fait se multiplier ce genre de phénomènes.

Il y a aussi de beaux enfants qui s'en viennent. Mon mari et moi les appelons les enfants des étoiles. Ce sont des jeunes qui sont comme les autres, en ce sens qu'ils vont goûter à différentes choses – ils peuvent par exemple toucher à l'alcool et aux drogues –, mais ils s'en sortiront très facilement et ça ne leur collera pas à la peau. Ils possèdent en eux-mêmes une autre dimension qui est altruiste et très élevée.

Et en quoi sont-ils différents des autres? Eh bien, ils ont une profondeur de compréhension et de grands pouvoirs de clairvoyance, de clairaudience et de clairsentience: ils perçoivent encore plus de choses que les autres. Et cela peut être parfois très difficile pour eux, car ils sentent que ce qu'on leur propose n'est pas juste et ils sont mêlés, ce, jusqu'à ce qu'ils comprennent le *comment* et le *pourquoi* de la Création.

C'est pour cette raison qu'il est tellement important que leurs parents sachent comment ils fonctionnent: pour qu'ils puissent les aider à comprendre et à saisir la Sagesse cachée de toutes choses.

De toute façon, pendant l'adolescence, on est dans un état de conscience dans lequel on teste et on ne sait pas trop où on en est, surtout quand on n'a pas encore atteint ces hauts niveaux de conscience et de transcendance Divines. Notre force instinctuelle n'est pas encore maîtrisée et nous ne savons pas ce que c'est que l'obéissance Divine, ni à quoi elle sert.

L'Univers fonctionne selon des lois qui sont essentielles au maintien de l'équilibre de la nature. Il faut les respecter, à défaut de quoi il n'y aurait ni structure ni justice possible. Dieu, la Conscience Universelle ou l'Intelligence Cosmique – peu importe comment on L'appelle – est *qualités* et *vertus* à l'état pur. Pur Amour, pure Force, pur Discernement, pure Justice, etc.

Notre voyage ici sur Terre n'est qu'une page de notre histoire qui nous amène à expérimenter et à connaître la lumière et la noirceur, afin qu'un jour nous puissions décider, de notre propre chef, de vivre pour et dans la Lumière Divine.

Au cours de la même semaine où je travaillais avec l'Ange LEHAHIAH, j'ai rencontré une belle jeune femme qui fait des études en dessin industriel; et laissez-moi vous dire qu'avec tout ce que j'avais vécu avec les ados deux jours auparavant, je l'écoutais parler avec beaucoup d'intérêt. J'avais l'impression qu'elle subissait beaucoup de pression à l'intérieur de ses études et que cela la vidait de son énergie vitale.

En parlant avec elle, j'ai compris pourquoi tant de jeunes font des *burn-out*. Les enseignants les instruisent qu'en ce qui concerne leur futur métier, c'est le consommateur qui est roi. Et derrière le consommateur, qu'y a-t-il? C'est le dieu dollar.

On leur inculque ces valeurs et ces critères de réussite, et les jeunes qui ont une nature Divine plus développée se vident de leur énergie; ils se font vampiriser par ces concepts qui vont à l'encontre des Lois Universelles.

Il fut une époque – et cela existe encore en France quoique de façon plus limitée – où les jeunes étaient formés à toutes sortes de professions et de métiers manuels par des maîtres d'apprentissage qu'on appelait compagnons et qui leur inculquaient la science initiatique, soit des qualités et des vertus. C'était l'apprentissage à ces belles valeurs qui constituait l'aspect le plus important de l'enseignement qu'ils recevaient. Cela a permis de réaliser de belles et grandes choses comme les cathédrales et toutes sortes d'autres grandes œuvres.

Maintenant, il n'est plus possible de construire de si grandes œuvres, des réalisations aussi inspirées. Pourquoi? Parce que, dit-on, ça coûte trop cher. Nous vivons à l'ère de la quantité et nous avons oublié la qualité.

Cette jeune femme m'a parlé de ce qu'elle faisait; c'est très beau parce que son travail lui permet de développer la patience, la précision et la persévérance, enfin toutes ces qualités qu'on retrouve, là, dans les soixante-douze Anges.

Mais lorsque ces qualités ne sont pas mises de l'avant et qu'on leur propose comme priorité et comme objectif de plaire au consommateur et de rapporter le plus d'argent possible, alors les jeunes sont déséquilibrés et perdus, car l'intention de base n'est pas juste.

Voilà l'importance de préparer nos jeunes dès leur tout jeune âge à cette philosophie.

Il faut également leur apprendre à respecter le degré d'évolution des autres, y compris chez leur professeur qui est là, en face d'eux. Même si leur enseignant n'a pas développé les qualités du cœur, ils doivent tout de même être capables d'accepter son autorité, du moins en ce qui concerne le contenu du programme, c'est-à-dire le matériel qui leur est enseigné.

Dans les sociétés futures, les enfants des étoiles infuseront dans le monde matériel une toute autre dimension, car ce n'est pas nécessairement le contenu – ce qui est enseigné – qui doit être changé: c'est plutôt la façon d'enseigner, de même que l'intention qu'on y infuse. C'est cela qui fera toute la différence.

Lorsque l'éducation jouira de la mise en application des principes spirituels, la nouvelle Cité Céleste se bâtira ici sur Terre, et elle réunira des gens de toutes les nations dans une fraternité où la paix, la non-violence et l'amour seront rois et maîtres.

Récemment, j'ai parlé des concepts de société du futur avec une enseignante. J'écoutais cette femme qui a quitté le système éducatif parce qu'elle trouvait que ça n'avait aucun sens, et je me suis rendu compte qu'elle se rebellait contre le système d'enseignement.

Alors je lui ai dit:

– Si le système éducatif t'a dérangée, c'est signe qu'il faut que tu y retournes: tu as encore une boucle qui n'est pas bouclée. C'est un acte manqué que d'avoir tout laissé tomber pour les raisons qui t'ont poussée à le faire. Nous vivons dans un monde en transition et il faut laisser la planète faire ses expériences comme on le fait nous-mêmes avec nos enfants. Mais surtout, il ne faut pas décrocher et perdre espoir. Si tu as toutes ces belles idées concernant les sociétés du futur, tu dois participer et faire ta part.

– Si j'y retourne, m'a-t-elle répondu, j'irai à l'encontre de mes principes. Il y a des choses qui ne sont pas justes. Je ne veux pas être infidèle à mes convictions.

– Oui, bien sûr, mais l'important, c'est qu'on aide tous ces enfants qui arrivent car, en bout de ligne, tout le monde vient des étoiles, et ces enfants qui arrivent, ce sont eux qui vont rebâtir la société. Crois-tu qu'eux se disent: "Aïe! ça ne me tente pas, le système n'est pas juste"? Non, à leur âge, ils ne le savent même pas. Mais, par contre, ils ont besoin de personnes qui leur apportent du soutien. Bien sûr, le programme les pousse à donner beaucoup de rendement et il comporte bien des lacunes, mais n'oublie pas que c'est l'intention qui fera tout basculer du bon côté.

C'est ça, la Kabbale: la connaissance du bien et du mal. Même si on a des convictions, même si on croit en toutes ces belles choses, il ne faut pas leur monter la tête contre le système. Il faut simplement le leur faire comprendre. Il faut qu'ils s'habituent au système, parce qu'on ne peut pas les isoler dans un cocon. Ce serait les surprotéger et les empêcher de développer un *système immunitaire*.

La Sagesse s'acquiert avec l'expérience. Il faudra qu'ils vivent leurs échecs et leurs succès. Donc, vaut mieux les laisser s'habituer pour ne pas qu'ils développent la peur du mal.

Il ne faut pas se dire: « Oh, qu'est-ce qu'on leur fait, à nos chéris? » Non, il faut leur expliquer la réalité telle qu'elle est, et ce graduellement, sans sauter d'étapes.

À chaque fois que mon mari et moi abordons le sujet des enfants des étoiles, nous nous sentons émus, car cet enseignement leur est destiné et il constituera un jour une grande philosophie universelle.

« ELLE EST BELLE, TA MUSIQUE! »

Même si certains enfants vivent dans des lieux de noirceur, ils peuvent tout de même être touchés par certaines forces qui vont les aider.

Dernièrement, sous sommes allés donner des cours à Baie-Comeau et à Sept-Îles, dans une région qui compte de nombreuses réserves d'Amérindiens – d'autochtones –, et plusieurs d'entre eux sont venus.

Habituellement – c'est ce qu'on m'a dit, moi je ne le savais pas –, ces gens ne se mêlent pas beaucoup aux autres communautés; ils restent généralement à l'intérieur de leur clan. Mais là, plusieurs étaient venus. Les Anges avaient fait en sorte qu'il y ait une unification. Mon mari et moi étions bien sûr très heureux de partager avec eux.

Lors de cette occasion, une femme autochtone est venue me parler de ce qu'elle vivait. On sait que la vie est très difficile dans les réserves: il n'est pas rare que les enfants soient violés, l'alcool et la drogue causent toutes sortes de problèmes, et des conditions extrêmement difficiles se vivent au quotidien. Cette très belle femme m'a dit que jusqu'à l'âge de six ans, elle avait vécu toutes ces épreuves.

Elle m'a confié: «Je ne riais jamais, mais une nuit, On m'a envoyé un Ange. Il avait l'apparence d'un enfant d'une grande beauté. Il m'a touchée et m'a dit: "Maintenant, tu vas recevoir le don du rire." À partir de cette nuit-là, tout a changé dans ma vie, tout, absolument tout.»

À la lumière de l'enseignement, on comprend que cet être a été placé dans ce milieu afin de pouvoir aider les autres. Depuis quelques années, elle travaille auprès des prisonniers et des enfants qui sont en difficulté; elle accomplit une tâche très utile et bénéfique à sa communauté.

Il est certain qu'elle avait des résonances et que les épreuves qu'elle a vécues devaient lui enseigner des choses, mais elles lui ont aussi permis de régler des karmas qu'elle avait engendrés dans des vies passées, probablement en rapport avec les Amérindiens.

Un enfant ne se fait pas violer et abuser par hasard. Si on ne comprend pas la notion de la réincarnation, on a toutes les raisons du monde de se rebeller et de crier à l'injustice. La Justice Divine est une réalité et on ne peut nier qu'elle soit rigoureuse, mais une chose est certaine: elle est précise et équitable, et ce, pour chaque personne, sans exception.

Voici un autre exemple qui m'a été confié par une femme qui travaille en milieu carcéral auprès d'enfants de six à douze ans considérés comme des criminels. C'est un milieu extrêmement éprouvant où la violence se conjugue au quotidien et où les enfants sont la plupart du temps complètement refermés sur eux-mêmes.

Un jour, après son travail, elle nous a téléphoné, toute émue, pour partager avec nous ce qu'elle venait de vivre. Elle m'a dit : « Il y a un de ces enfants de six ans qui est vraiment très difficile. C'est le plus violent. Or, la nuit dernière, je travaillais comme surveillante et je me demandais : "Si je leur mettais la musique des Anges, est-ce que ce serait bien ?" J'ai demandé un signe parce que je ne voulais pas faire un geste qui n'était pas juste. Alors, avant le lever des enfants, j'ai fait jouer la musique, et quand le jeune garçon de six ans s'est réveillé, il était calme comme je ne l'avais jamais vu auparavant. Il était serein, il était beau ; il s'est approché de moi à demi réveillé et m'a dit : "Elle est belle ta musique !" »

Ce garçon avait été rejoint dans son sommeil par l'Énergie des Anges. Mon mari et moi avons été très touchés par son témoignage.

« IL ÉTAIT UNE FOIS... »

Dans notre famille, le moment d'aller au lit et de raconter des histoires est très important. On devrait toujours utiliser ce moment magique pour approfondir l'éducation de nos enfants.

Nous utilisons généralement ce que nous avons entendu pendant la journée comme matière première pour créer des histoires qui vont servir d'enseignements pour notre fille. C'est simple : on modifie le nom et l'endroit de l'événement vécu et on crée un récit autour en utilisant la symbolique. Cela permet à l'enfant de se transposer dans le récit, car il cherche naturellement à incarner le héros ou l'héroïne de l'histoire. Ce phénomène d'identification est très puissant car il déclenche un travail profond aux niveaux conscient et subconscient.

De la même façon, il faut être vigilant avec les livres, les émissions télévisées et les films afin d'éviter que les enfants soient exposés à forte dose à des éléments nuisibles à leur développement. À la lumière de cet enseignement, on sait que rien n'est vraiment nuisible car tout est expérimentation ; mais il faut faire attention, car, en bas âge, ils prennent pour des vérités tout ce qu'on leur dit.

Nos sociétés ont brisé le cycle naturel de l'évolution psychologique des enfants. On a qu'à considérer la forte proportion des enfants qui passent leurs journées dans les garderies. Il y a à peine quelques années, ce phénomène n'était pas coutume ; aujourd'hui, il n'y a presque plus de femmes au foyer parce que les parents sont devenus esclaves du système de consommation et que cela se fait au détriment des valeurs familiales.

Il en est ainsi pour le moment, et c'est une conséquence, une résultante de phénomènes collectifs dans lesquels un grand nombre d'individus acceptent certaines idées et un certain mode de vie. Or, pour changer tout système, il faut retourner à la base, à la fondation du système de croyances de chaque personne, et cela passe évidemment par l'éducation. Dans cette perspective, chacune de nos paroles, chacun des gestes que l'on pose et chacune des histoires que l'on raconte à notre enfant participent de façon active à ce qu'il deviendra.

Dans notre famille, nous ne lisons que très peu d'histoires dans les livres ; nous préférons les inventer au gré du jour. On appelle ça tricoter des histoires, ce qui veut dire qu'on prépare l'histoire dans notre tête avant de la raconter. Notre fille trouve cette expression très drôle.

Nous accordons une attention particulière à ces précieux moments passés avec notre fille de six ans. Son père est un grand conteur. Nous nous installons tous ensemble au lit et l'écoutons raconter. Notre fille ouvre ses grands yeux et cherche à comprendre chacune de ses paroles. Le *Il était une fois* déclenche un état de conscience qui crée un espace sacré dans la maison et au cœur de ce moment de la soirée.

Un soir, mon époux nous a raconté l'histoire de deux petites filles dont l'une parlait très bien et l'autre jurait sans arrêt.

Et puis, à un moment donné, notre fille nous a dit: «Moi, je connais un mot, mais je ne le dirais jamais, je ne veux pas le dire, ce mot: il n'est pas beau.»

Mon mari avait compris qu'il fallait la laisser s'exprimer. C'est ça, la pédagogie. Avec cette histoire, il voulait lui enseigner à ne pas cultiver les interdits. Quelquefois, on est obligé d'en mettre, des interdits, comme on a vu dans l'histoire des ados, mais petit à petit, à mesure qu'ils grandissent, il faut graduellement relâcher les consignes. L'objectif consiste à leur faire connaître le mal sans qu'ils aient à le mettre en pratique.

Alors, son père lui a dit:

– Tu peux le dire, ce mot, si tu veux.

– Ah non! je ne peux pas! Je ne suis pas capable de le dire. J'ai peur de le dire.

Et là, tout doucement, il a insisté: «Si! tu es autorisée: je te permets de le dire en ce moment.»

L'histoire des deux petites filles qu'il était en train de lui raconter servait à lui permettre d'entendre une autre personne prononcer des *vilains* mots tout en comprenant que ça n'est pas juste et en continuant de l'aimer; parce que, comme il lui racontait dans l'histoire, «elle est un petit peu malade dans son cœur et un jour viendra où elle guérira».

Ah! elle a bien tourné sa langue pendant cinq minutes avant de le dire, ce mot. Et puis il n'était pas si terrible; c'était le mot *merde*. Imaginez-vous, ce n'était pas si grave que ça!

Mais elle ne voulait pas le prononcer parce qu'elle se disait: «Si je le dis, le bon Dieu va écrire dans mon livre des choses pas très belles sur moi.»

Quelle mémoire ont les enfants! C'est extraordinaire! Un jour, on lui avait expliqué que le bon Dieu écrivait tout ce qu'on faisait et pensait dans notre livre. Naturellement, elle a fait l'association. Elle est si jeune; que c'est beau!

Parfois, ses commentaires me dépassent car, dans le fond, elle a déjà tout compris et elle n'a que six ans.

Alors, pour la rassurer, son père lui a dit: «Mais non, ce n'est pas exactement comme cela que ça fonctionne. C'est bon que tu saches que ces mots existent, et de toute façon, tu vas les entendre partout. Mais si tu les dis, c'est ton intention qui fera la différence, car tous les mots sont beaux.»

LE LANGAGE SYMBOLIQUE

Voici un autre exemple qui montre comment fonctionnent les enfants.

En faisant lire notre fille Kasara, mon époux a remarqué que lorsqu'elle rencontrait dans le texte un mot qu'elle n'arrivait pas à lire, elle le remplaçait spontanément par un synonyme. Par exemple, si elle n'arrivait pas à lire le mot *extraordinaire* parce qu'elle ne l'avait jamais rencontré en lecture, alors elle prononçait *formidable* à la place. Et elle faisait ça assez souvent.

Mon mari l'a observée en prenant soin de ne pas trop attirer son attention afin d'éviter qu'elle n'invente des mots simplement pour lui plaire, et il a pu étudier ce phénomène.

Kasara est un cas typique d'enfant des étoiles; elle a un côté médiumnique très avancé. Mais beaucoup d'autres enfants ont cette approche intuitive. On en remarque de plus en plus, surtout si on est conscient du phénomène et qu'on les laisse s'exprimer. Parfois, ce qu'ils disent ne semble pas cohérent, mais si on les écoute en tentant de comprendre le langage symbolique – comme s'il s'agissait d'un rêve –, il arrive très souvent qu'on puisse relier ce qu'ils disent à ce qu'on était en train de penser.

Kasara nous répond parfois par une phrase qui ne semble avoir aucun sens, et parfois par une réponse très précise et très sensée. Mais dans les deux cas, on obtient une réponse exacte à la question qu'on a posée.

Tout est symbole dans l'Univers. Et il suffit de s'étudier soi-même pour connaître le code de ce langage, celui qui nous donne accès au passeport qu'est la Connaissance.

LES ANNÉES FUTURES

Dans le futur, les entreprises devront changer de philosophie, parce que ces enfants qui arrivent auront de nouveaux critères pour le choix des produits qu'ils achèteront.

Quand ils verront un produit, ils entreront dans sa vibration, ils pourront remonter jusqu'au fabricant et ils sentiront par exemple que: «Non, là, ce n'est pas intègre; ce n'est pas juste.» Même présenté sous le plus bel emballage, si un produit n'est pas en accord avec une intention juste, ils le sentiront et ne l'achèteront pas. Vous verrez, c'est ça qui s'en vient dans les années futures.

LA LECTURE DES SIGNES

Voici un autre bel exemple qui touche à l'enfance, et qui nous incite à lire les signes et à devenir obéissant aux indications qu'ils nous donnent.

Un jour, Kasara et moi remettions en ordre le jeu de cartes des soixante-douze Anges. J'ai mélangé les cartes et j'ai dit à ma fille: «On va le mettre en ordre, du n° 1 au n° 72.» Alors on a brassé les cartes, et, de temps en temps, elle me disait: «Et Celui-là, qu'est-ce qu'Il fait? Et le n° 22, qu'est-ce qu'Il fait?»

Au bout d'un moment – nous en étions au n° 18, CALIEL, qui est l'Ange des grandes vérités, et j'ai probablement trop voulu lui en parler – elle m'a dit: «Il faut qu'on descende le store: il y a trop de soleil.»

C'était là un signe qui m'indiquait: «Aïe! c'est assez, il y a trop de lumière, là. Ç'en est trop; je ne peux pas en prendre plus. Arrête!»

OUPS ! j'ai compris le message et j'ai passé à autre chose. Là, je lui en avais un petit peu imposé.

On est très souvent comme ça, même entre adultes. Parfois, quand on expose une idée, on parle, on parle, et tout à coup, un objet tombe ou bien la personne est distraite par quelque chose, et on continue tout de même à parler en ignorant ce qui vient d'arriver. Pourtant, la symbolique des signes est un langage et elle nous dit : « Arrête ! n'en dis pas plus ! Elle a sa dose. »

Nous vivons dans une réalité interactive avec le Livre de la Nature, et il nous suffit de mettre en pratique la lecture des signes pour en vérifier par soi-même la puissance.

LE CHEMIN DE LA COMPASSION

Dimanche dernier, c'était une belle journée ensoleillée et nous sommes allés nous promener dans un quartier résidentiel. En marchant, nous avons remarqué des enfants qui jouaient à la corde à danser, et puis une fois rendu un peu plus loin, mon mari a perçu chez notre fille un changement d'attitude. Alors, il lui a demandé :

– Que se passe-t-il, Kasara ?

– Une petite fille m'a fait une grimace.

– Est-ce que ça t'a fait de la peine ?

– Oui, un petit peu. Je n'ai rien fait, je l'ai juste regardée.

– Sais-tu pourquoi elle a fait ça ?

– Non.

– Elle est probablement un petit peu malade dans son cœur, lui a répondu son père. Parfois, le bon Dieu nous envoie des tests pour que l'on développe une grande force d'amour. Veux-tu que je te donne mon truc ?

Elle l'a regardé avec ses beaux grands yeux, et son père lui a dit : « On va rebrousser chemin, on va repasser au même endroit et toi, tu vas faire comme s'il ne s'était rien passé ; mais à l'intérieur de toi, tu vas respirer l'Ange HAZIEL, l'Ange du pardon et de l'amour. Veux-tu qu'on essaie ? »

Alors, toute contente, elle nous a pris chacun la main et elle a marché en respirant l'Ange. C'était tellement beau de la voir ! Nous sentions ses petites mains qui vibraient d'amour, et avec sa petite veste orientale de satin vert, elle avait l'air d'un vrai petit maître en formation.

Après avoir repassé devant les enfants, à un moment donné elle a ouvert les yeux en disant : « J'ai respiré l'Ange HAZIEL en répétant dans ma tête : "Je l'aime quand même. Je l'aime quand même. Je l'aime quand même." »

Et quand son père lui a demandé : « Ça va mieux ? », elle a acquiescé avec un grand sourire.

Environ trente secondes plus tard, un phénomène s'est produit qui nous a montré que le Travail avec l'Ange avait eu un effet. Une petite fille a traversé la rue à bicyclette en obligeant une voiture rouge à s'arrêter pour l'éviter, et, en passant près de nous, elle nous a dit : « Je m'excuse. » Puis, elle a simplement poursuivi son chemin.

Tout souriant, papa Kaya a regardé sa fille Kasara : « Tu vois, ça fonctionne ! »

À six ans seulement, elle marche déjà sur le chemin de la compassion.

DE QUI EST LA VIE ?

Afin de vous donner une idée de ce que seront les années futures, j'aimerais vous parler d'un autre enfant qui fait partie de ces enfants des étoiles. Il s'agit de Jérôme, un beau petit garçon de huit ans.

Son père nous a dit que chaque fois qu'il a un nouveau professeur, c'est important pour lui de fusionner avec. Il n'a pas le besoin de se faire apprécier du professeur, mais bien de fusionner avec lui, et tant et aussi longtemps que ça n'est pas fait, il en ressent un certain malaise.

Son père nous a dit qu'au début de l'année scolaire, le garçon n'avait pas réussi tout de suite à fusionner avec son enseignante. Alors il a attendu qu'un moment propice se présente – il n'avait pas pu aller se baigner à la piscine – et il est allé parler avec elle, les yeux dans les yeux. Puis, quand il est revenu à la maison, il a dit à son père: «C'est réglé. Maintenant, elle sait qui je suis.»

Par la suite, l'enseignante a dit au père du garçon qu'elle avait été assez impressionnée par cet enfant. Il est tout simple et tout naturel. Il est véridique.

Pour vous montrer quel genre de réflexion fait cet enfant, son père nous a raconté qu'un soir, alors qu'ils se baignaient ensemble, le garçon lui a dit: «Papa, quelles sont les trois choses les plus graves que tu as faites?»

Imaginez-vous! Normalement, ce sont les psychologues et les psychanalystes qui s'intéressent à ce genre de questions. Lui, il n'a que huit ans!

Son père s'est demandé s'il devait le lui dire. Il n'avait jamais rien fait de vraiment grave; seulement des petites expériences d'adolescent. Mais tout de même!

Il y avait une telle pureté, une telle intégrité dans le regard de son fils qu'il s'est dit à lui-même: «Je ne peux pas le lui cacher. Il faut que je lui dise. De toute façon, il le sent; je dois le lui dire.»

Alors il lui a décrit les pires choses qu'il avait faites dans sa vie. Et puis, après l'avoir écouté, le garçon s'est confié à son tour: «Eh bien moi, il y a une chose que j'ai faite et que je regrette.»

Il lui a dit: «Un jour, pendant la récréation, il y avait une petite amie et un petit ami qui étaient ensemble, et puis les autres amis riaient d'eux en disant: "Aïe! C'est ton amoureux! C'est ton amoureuse!" Les enfants riaient et se moquaient. Imagine-toi! Moi j'ai ri avec eux. Je le regrette beaucoup.»

Son père était ébahi de le voir se remettre en question comme ça, simplement parce qu'il avait cautionné les moqueries de ses camarades en riant avec eux.

Voyez-vous la profondeur de cet enfant? Son père nous a dit: «Moi, à son âge, je n'étais pas du tout comme çà. Je n'avais pas ce genre de réflexion. On jouait et c'est tout. Mais lui, il est toujours comme ça!»

Comme de nombreux autres enfants des étoiles, Jérôme possède déjà la connaissance de la Sagesse cachée des actes. Ils arrivent de partout, ces enfants; ils sont déjà là.

Ce sont eux qui formeront les générations futures.

La vie est belle
La vie, la vie
Tu es très belle
Je suis un homme
Et je te vois comme un Dieu.

Jérôme, 8 ans

De qui est la vie?
La vie est un être qui est
Fait de Dieu
Tout le monde a une partie de lui
C'est lui le roi
Qui joue dans le ciel.

Jérôme, 8 ans

LISTE DE SITUATIONS ET PROBLÈMES COURANTS ET LES ANGES À INVOQUER

A

Abaisse les autres	56 Poyel
Abaissé, diminué, sentiment d'être a.	16 Hekamiah
Abaissement, asservissement aux impulsions matérielles	49 Vehuel
Abandon, sentiment d'a.	9 Haziel, 56 Poyel
Abattement, découragement	20 Pahaliah, 40 Ieiazel, 45 Sealiah, 58 Yeialel
Abondance	10 Aladiah, 30 Omael, 31 Lecabel, 43 Veuliah, 48 Mihael
Abstrait, aller du concret à l'a.	21 Nelkhael
Abstrait, se perdre dans l'a.	17 Lauviah, 21 Nelkhael
Abus d'autorité et de pouvoir	4 Elemiah, 20 Pahaliah, 26 Haaiah, 42 Mikael, 43 Veuliah, 58 Yeialel
Abus de confiance	12 Hahaiah, 27 Yerathel
Abus sexuel	5 Mahasiah, 20 Pahaliah, 47 Asaliah
Accident	28 Seheiah, 42 Mikael, 54 Nithael
Accouchement	8 Cahetel, 30 Omael, 72 Mumiah
Accueil, hospitalité	54 Nithael
Accusation	11 Lauviah, 18 Caliel, 19 Leuviah, 32 Vasariah
Acharnement	1 Vehuiah, 22 Yeiayel, 33 Yehuiah
Acné	30 Omael, 66 Manakel, 68 Habuhiah
Acquis, prendre pour a.	6 Lelahel, 54 Nithael
Acte manqué	5 Mahasiah, 24 Haheuiah, 52 Imamiah
Actif, s'activer, sens de l'action	1 Vehuiah, 4 Elemiah, 57 Nemamiah
Action irréfléchie	1 Vehuiah, 28 Seheiah
Activité inutile	8 Cahetel, 46 Ariel
Adaptation, capacité d'a.	23 Melahel, 26 Haaiah, 36 Menadel
Administration, administrateur	3 Sitael, 26 Haaiah, 31 Lecabel, 63 Anauel, 69 Rochel
Adultère	13 Iezalel, 16 Hekamiah
Affaiblissement	*Voir* Faiblesse
Affinités	13 Iezalel, 22 Yeiayel, 61 Umabel
Agir contre le Destin et les Lois Cosmiques	4 Elemiah, 8 Cahetel, 25 Nith-Haiah
Agitation intérieure	4 Elemiah, 12 Hahaiah, 17 Lauviah, 25 Nith-Haiah, 28 Seheiah, 39 Rehael, 62 Iahhel
Agitation, vie tumultueuse	4 Elemiah, 12 Hahaiah, 17 Lauviah, 28 Seheiah, 39 Rehael, 52 Imamiah, 62 Iahhel
Agoraphobie	12 Hahaiah
Agression	8 Cahetel, 38 Haamiah
Agressivité	1 Vehuiah, 3 Sitael, 12 Hahaiah, 20 Pahaliah, 24 Haheuiah, 33 Yehuiah, 34 Lehahiah, 38 Haamiah, 39 Rehael, 44 Yelahiah, 62 Iahhel, 65 Damabiah, 71 Haiaiel

Agressivité, dissoudre l'a.	12 Hahaiah, 38 Haamiah
Agriculture	8 Cahetel, 23 Melahel, 30 Omael, 31 Lecabel, 68 Habuhiah
Agronome	31 Lecabel
Aide humanitaire, aide accordée à ceux qui en ont besoin	10 Aladiah, 14 Mebahel, 19 Leuviah, 49 Vehuel
Air	8 Cahetel, 45 Sealiah, 58 Yeialel
Alchimie	51 Hahasiah, 67 Eyael, 70 Jabamiah
Alcoolisme	15 Hariel, 33 Yehuiah, 40 Ieiazel
Alimentation, nourriture saine	23 Melahel
Alliance, contrat	2 Jeliel, 14 Mebahel, 33 Yehuiah, 48 Mihael, 63 Anauel, 71 Haiaiel
Altruisme	9 Haziel, 11 Lauviah, 14 Mebahel, 22 Yeiayel, 36 Menadel, 49 Vehuel, 56 Poyel, 63 Anauel, 65 Damabiah
Alzheimer	19 Leuviah
Amabilité	9 Haziel, 38 Haamiah, 56 Poyel, 65 Damabiah, 66 Manakel
Ambassadeur	16 Hekamiah, 26 Haaiah, 42 Mikael
Ambiance, créateur d'a.	26 Haaiah, 27 Yerathel
Ambigüité, situation ambigüe	26 Haaiah, 34 Lehahiah, 68 Habuhiah
Ambition	6 Lelahel, 11 Lauviah, 26 Haaiah, 51 Hahasiah, 54 Nithael, 56 Poyel, 62 Iahhel
Amertume	19 Leuviah
Amitié ; amitiés dangereuses	9 Haziel, 13 Iezalel, 16 Hekamiah, 61 Umabel, 66 Manakel
Amnésie	19 Leuviah, 69 Rochel
Amour de la nature	68 Habuhiah
Amour inconditionnel, altruiste	9 Haziel, 14 Mebahel, 25 Nith-Haiah, 65 Damabiah
Amour paternel	39 Rehael
Amour Universel, Amour Suprême	1 Vehuiah, 2 Jeliel, 6 Lelahel, 9 Haziel, 11 Lauviah, 16 Hekamiah, 25 Nith-Haiah, 38 Haamiah, 62 Iahhel
Analyse	2 Jeliel, 31 Lecabel, 47 Asaliah, 55 Mebahiah, 57 Nemamiah, 58 Yeialel, 59 Harahel
Anarchie	26 Haaiah, 42 Mikael, 44 Yelahiah, 71 Haiaiel
Androgynie (réunification des polarités féminine et masculine)	2 Jeliel, 13 Iezalel, 48 Mihael, 62 Iahhel, 69 Rochel
Angoisse, peur	12 Hahaiah, 17 Lauviah, 39 Rehael
Animal, Patron du règne a.	30 Omael
Animaux nuisibles, se protéger des…	24 Haheuiah, 68 Habuhiah
Anorexie	8 Cahetel, 10 Aladiah, 54 Nithael, 68 Habuhiah
Anticipation, prévoyance	21 Nelkhael, 28 Seheiah, 46 Ariel, 57 Nemamiah
Anxiété	28 Seheiah, 39 Rehael

Apprentissage	5 MAHASIAH, 7 ACHAIAH, 21 NELKHAEL, 53 NANAEL, 59 HARAHEL
Approbation, besoin d'a.	62 IAHHEL
Appropriation	69 ROCHEL
Architecte, architecture	3 SITAEL, 31 LECABEL, 63 ANAUEL
Argent	6 LELAHEL, 43 VEULIAH, 56 POYEL, 69 ROCHEL
Arrivisme	1 VEHUIAH, 6 LELAHEL, 66 MANAKEL
Arrogance, prétention	5 MAHASIAH, 32 VASARIAH
Art culinaire	*Voir* Cuisiner
Art, artiste	6 LELAHEL, 15 HARIEL, 22 YEIAYEL, 27 YERATHEL, 40 IEIAZEL, 54 NITHAEL
Arthrite, arthrose	1 VEHUIAH, 3 SITAEL, 37 ANIEL, 43 VEULIAH, 66 MANAKEL, 68 HABUHIAH
Assujettissement, asservissement	16 HEKAMIAH, 33 YEHUIAH, 37 ANIEL, 39 REHAEL
Astrologie	21 NELKHAEL, 51 HAHASIAH, 61 UMABEL
Astronomie	21 NELKHAEL, 51 HAHASIAH, 61 UMABEL
Athéisme	17 LAUVIAH, 25 NITH-HAIAH, 38 HAAMIAH, 49 VEHUEL, 70 JABAMIAH
Attachement	13 IEZALEL, 35 CHAVAKHIAH, 37 ANIEL
Attendre, bonne utilisation des périodes d'attente	7 ACHAIAH
Attitude négative, a. destructrice	9 HAZIEL, 12 HAHAIAH, 64 MEHIEL, 66 MANAKEL
Attitude positive	11 LAUVIAH, 12 HAHAIAH
Audace	1 VEHUIAH, 44 YELAHIAH, 71 HAIAIEL
Aura	71 HAIAIEL
Authenticité, authentique	3 SITAEL, 64 MEHIEL
Autonomie	15 HARIEL, 37 ANIEL, 41 HAHAHEL
Autoritarisme	1 VEHUIAH, 5 MAHASIAH, 26 HAAIAH, 33 YEHUIAH, 34 LEHAHIAH, 39 REHAEL
Autorité juste, appropriée ; compréhension de l'autorité	4 ELEMIAH, 34 LEHAHIAH, 39 REHAEL, 42 MIKAEL, 43 VEULIAH, 60 MITZRAEL
Avant-gardiste	1 VEHUIAH
Avarice	6 LELAHEL, 31 LECABEL, 43 VEULIAH
Avertissement d'un danger	*Voir* Danger
Avidité	3 SITAEL, 4 ELEMIAH, 11 LAUVIAH, 22 YEIAYEL
Avocat	18 CALIEL, 32 VASARIAH

B

Bactéries	23 MELAHEL, 30 OMAEL, 68 HABUHIAH
Béatitude	49 VEHUEL, 54 NITHAEL
Beauté	6 LELAHEL, 38 HAAMIAH, 50 DANIEL, 54 NITHAEL, 59 HARAHEL
Bégaiement	32 VASARIAH, 50 DANIEL, 56 POYEL
Bénédiction	8 CAHETEL
Besoin de plaisirs	62 IAHHEL

Besoins personnels, satisfaction égoïste des...	4 ELEMIAH, 66 MANAKEL
Bibliothèque Universelle	19 LEUVIAH, 59 HARAHEL, 69 ROCHEL
Bienveillance	32 VASARIAH, 55 MEBAHIAH, 66 MANAKEL
Blasphème	8 CAHETEL, 25 NITH-HAIAH
Blessures, guérison des b.	10 ALADIAH, 23 MELAHEL, 51 HAHASIAH, 68 HABUHIAH
Blocages	45 SEALIAH, 70 JABAMIAH
Bonheur	6 LELAHEL, 56 POYEL
Bonne foi	9 HAZIEL, 51 HAHASIAH, 65 DAMABIAH
Bonté	9 HAZIEL, 11 LAUVIAH, 22 YEIAYEL, 32 VASARIAH, 50 DANIEL, 51 HAHASIAH, 55 MEBAHIAH, 56 POYEL, 65 DAMABIAH
Borné	*Voir* Esprit borné
Bouche	50 DANIEL
Boulimie	10 ALADIAH, 23 MELAHEL, 54 NITHAEL, 68 HABUHIAH, 70 JABAMIAH
Bravoure, courage	1 VEHUIAH, 20 PAHALIAH, 44 YELAHIAH, 52 IMAMIAH, 58 YEIALEL, 71 HAIAIEL
Bronches	23 MELAHEL, 51 HAHASIAH, 66 MANAKEL, 68 HABUHIAH
Brûlures	1 VEHUIAH, 23 MELAHEL, 59 HARAHEL, 68 HABUHIAH
Brutalité	44 YELAHIAH, 52 IMAMIAH

C

Calme	2 JELIEL, 28 SEHEIAH, 62 IAHHEL
Calomnie	11 LAUVIAH, 14 MEBAHEL, 21 NELKHAEL, 27 YERATHEL, 42 MIKAEL
Cambriolages	24 HAHEUIAH
Cancer	12 HAHAIAH, 30 OMAEL, 33 YEHUIAH, 68 HABUHIAH, 70 JABAMIAH
Capricieux	55 MEBAHIAH, 56 POYEL
Caractère : mauvais caractère ; amélioration du caractère	5 MAHASIAH, 8 CAHETEL
Catalyseur	26 HAAIAH
Catastrophes	8 CAHETEL, 28 SEHEIAH, 45 SEALIAH
Catastrophes naturelles	8 CAHETEL, 28 SEHEIAH, 45 SEALIAH
Cause, découvrir la c.	31 LECABEL, 51 HAHASIAH, 57 NEMAMIAH, 67 EYAEL
Célébrité, renommée	6 LELAHEL, 11 LAUVIAH, 22 YEIAYEL, 54 NITHAEL, 56 POYEL
Célibat égoïste	2 JELIEL, 53 NANAEL
Cercle vicieux des dépendances	37 ANIEL
Chaleur humaine	9 HAZIEL, 19 LEUVIAH, 65 DAMABIAH
Chance, deuxième ch.	10 ALADIAH
Changement (en général)	37 ANIEL, 67 EYAEL, 70 JABAMIAH
Changement de mode de vie	8 CAHETEL
Chant, chanter	40 IEIAZEL, 50 DANIEL, 53 NANAEL

Charisme	10 Aladiah, 25 Nith-Haiah
Charlatan	10 Aladiah, 37 Aniel, 47 Asaliah, 51 Hahasiah
Charmer, essayer de ch.	6 Lelahel
Chef	16 Hekamiah, 34 Lehahiah, 42 Mikael
Chemin, découvrir un nouveau ch.	4 Elemiah, 65 Damabiah, 72 Mumiah
Chirurgie	51 Hahasiah, 68 Habuhiah
Choix, faire un mauvais ch.	5 Mahasiah
Chômage	36 Menadel, 72 Mumiah
Chute (en général)	28 Seheiah
Civiliser	26 Haaiah, 27 Yerathel
Clairvoyance, clairaudience, clairsentience, télépathie	12 Hahaiah, 46 Ariel, 48 Mihael, 58 Yeialel, 62 Iahhel
Clarté	6 Lelahel, 18 Caliel
Claustrophobie	12 Hahaiah
Clémence	3 Sitael, 32 Vasariah
Climat catastrophique	8 Cahetel
Coeur	1 Vehuiah, 45 Sealiah, 55 Mebahiah
Cohabitation	26 Haaiah, 53 Nanael
Colère, rage	1 Vehuiah, 34 Lehahiah, 58 Yeialel, 65 Damabiah, 66 Manakel
Colérique, caractère c.	28 Seheiah
Colonne vertébrale	*Voir* Vertèbres
Combat intérieur	14 Mebahel
Commerce	22 Yeiayel, 63 Anauel
Communicatif, état d'âme c.	19 Leuviah
Communication	15 Hariel, 50 Daniel, 53 Nanael, 55 Mebahiah, 63 Anauel
Compagnie ; mauvaise c.	2 Jeliel
Compétition, esprit de c.	1 Vehuiah, 11 Lauviah, 22 Yeiayel, 26 Haaiah, 48 Mihael, 52 Imamiah
Compliqué, caractère c.	19 Leuviah, 60 Mitzrael
Complot, manigance	16 Hekamiah, 31 Lecabel, 50 Daniel
Comportement erroné	17 Lauviah, 38 Haamiah, 44 Yelahiah, 46 Ariel
Comportement exemplaire	20 Pahaliah, 38 Haamiah
Compréhension (en général)	6 Lelahel, 21 Nelkhael, 51 Hahasiah, 55 Mebahiah, 57 Nemamiah, 58 Yeialel, 59 Harahel, 60 Mitzrael, 62 Iahhel
Compréhension intuitive	*Voir* Intuition
Comptabilité	43 Veuliah, 63 Anauel, 69 Rochel
Concentration, capacité de c.	1 Vehuiah, 21 Nelkhael, 45 Sealiah, 58 Yeialel, 59 Harahel
Concret, aller de l'abstrait au c.	67 Eyael
Concrétisation, réalisation	2 Jeliel, 36 Menadel, 67 Eyael, 72 Mumiah
Condamnation	18 Caliel, 32 Vasariah
Confiance, manque de c.	1 Vehuiah, 9 Haziel, 11 Lauviah, 17 Lauviah, 27 Yerathel, 29 Reiyel, 33 Yehuiah, 40 Ieiazel, 45 Sealiah, 66 Manakel

Conflit	2 Jeliel, 26 Haaiah, 33 Yehuiah, 35 Chavakhiah, 42 Mikael, 44 Yelahiah, 70 Jabamiah, 71 Haiaiel
Confrontation	33 Yehuiah, 42 Mikael, 44 Yelahiah, 70 Jabamiah
Confusion (en général)	1 Vehuiah, 7 Achaiah, 15 Hariel, 18 Caliel, 27 Yerathel, 66 Manakel
Confusion entre les rêves et la réalité	12 Hahaiah
Conjugale, vie c.	*Voir* Mariage
Connaissance (en général)	15 Hariel, 21 Nelkhael, 53 Nanael, 62 Iahhel
Connaissance de soi	29 Reiyel, 61 Umabel
Connaissance du bien et du mal	18 Caliel, 20 Pahaliah, 32 Vasariah, 66 Manakel, 70 Jabamiah
Conscience	18 Caliel, 45 Sealiah, 61 Umabel, 62 Iahhel
Conscience, manque de c.	17 Lauviah
Consolation	40 Ieiazel, 55 Mebahiah
Conspiration	26 Haaiah, 33 Yehuiah, 42 Mikael, 54 Nithael
Construction, c. mentale	3 Sitael, 21 Nelkhael
Contagion, contamination	30 Omael, 68 Habuhiah
Contemplation	26 Haaiah, 47 Asaliah, 53 Nanael, 62 Iahhel
Contradictions, c. intérieures	22 Yeiayel, 34 Lehahiah, 64 Mehiel, 71 Haiaiel
Contrat	14 Mebahel, 33 Yehuiah, 48 Mihael, 71 Haiaiel
Convertir, chercher à c.	20 Pahaliah
Convivialité	2 Jeliel
Coordination	16 Hekamiah, 31 Lecabel, 63 Anauel
Corriger	*Voir* Rectifier
Corruption	2 Jeliel, 8 Cahetel, 18 Caliel, 23 Melahel, 24 Haheuiah, 42 Mikael, 71 Haiaiel
Cou, maux de c.	55 Mebahiah, 63 Anauel
Couple	2 Jeliel, 13 Iezalel, 48 Mihael, 52 Imamiah, 69 Rochel
Courage, bravoure	1 Vehuiah, 20 Pahaliah, 44 Yelahiah, 52 Imamiah, 58 Yeialel, 71 Haiaiel
Craintes, inquiétudes	17 Lauviah, 20 Pahaliah
Crampes	23 Melahel, 70 Jabamiah
Création	1 Vehuiah, 31 Lecabel, 40 Ieiazel, 47 Asaliah
Crime, crimes cachés	10 Aladiah, 24 Haheuiah, 58 Yeialel
Criminel, acte criminel, idées criminelles	24 Haheuiah, 33 Yehuiah, 34 Lehahiah, 39 Rehael, 44 Yelahiah, 71 Haiaiel
Critique	5 Mahasiah, 56 Poyel, 60 Mitzrael, 63 Anauel, 64 Mehiel, 71 Haiaiel
Croissance	48 Mihael

Cruauté	19 Leuviah, 30 Omael, 39 Rehael, 44 Yelahiah, 71 Haiaiel
Cuisiner, faire à manger	67 Eyael
Cul-de-sac	*Voir* Impasse
Culpabilité, sentiment de c.	19 Leuviah, 32 Vasariah
Culture	30 Omael

D

Danger	24 Haheuiah, 28 Seheiah
Débordements	11 Lauviah, 40 Ieiazel, 70 Jabamiah
Débuter, commencer, entreprendre, démarrer, capacité de…	1 Vehuiah, 45 Sealiah
Décadence morale	10 Aladiah, 20 Pahaliah, 30 Omael, 66 Manakel
Décalage entre corps et esprit	17 Lauviah, 68 Habuhiah
Décalage entre pensées et émotions	68 Habuhiah
Décès	*Voir* Mort
Déchirement, écartèlement	16 Hekamiah
Décider, capacité de d.	4 Elemiah, 26 Haaiah, 57 Nemamiah
Décision, prendre la bonne d.	50 Daniel, 71 Haiaiel
Décodage des signes	5 Mahasiah
Découragement, abattement	20 Pahaliah, 40 Ieiazel, 45 Sealiah, 58 Yeialel
Découverte, d. des secrets et mystères	7 Achaiah, 22 Yeiayel, 25 Nith-Haiah, 29 Reiyel, 42 Mikael, 46 Ariel
Découvrir ce qui est caché, occulté	7 Achaiah, 17 Lauviah, 46 Ariel
Défier, provoquer	1 Vehuiah, 27 Yerathel, 44 Yelahiah, 71 Haiaiel
Déformation de la réalité, désinformation	12 Hahaiah, 64 Mehiel
Délinquance	24 Haheuiah, 33 Yehuiah, 34 Lehahiah
Délivrance	20 Pahaliah, 71 Haiaiel
Démesure	*Voir* Excès, comportements excessifs
Démoniaque, forces démoniaques	*Voir* Forces obscures
Démunis, aide aux d.	10 Aladiah
Dents	3 Sitael, 20 pahaliah, 68 Habuhiah
Départ, nouveau d.	1 Vehuiah, 10 Aladiah
Dépendances	12 Hahaiah, 15 Hariel, 27 Yerathel, 37 Aniel, 40 Ieiazel
Dépression	1 Vehuiah, 12 Hahaiah, 17 Lauviah, 30 Omael, 39 Rehael, 72 Mumiah
Désaccord	16 Hekamiah, 48 Mihael, 57 Nemamiah
Désarroi face aux situations nouvelles	7 Achaiah, 37 Aniel
Déséquilibré, vie déséquilibrée	22 Yeiayel
Désespoir	14 Mebahel, 19 Leuviah, 25 Nith-Haiah, 72 Mumiah
Déshériter	35 Chavakhiah, 69 Rochel
Désinformation, déformation de la réalité	12 Hahaiah, 64 Mehiel
Désintéressement	9 Haziel, 36 Menadel, 65 Damabiah

Désir compulsif de plaire	27 Yerathel
Désirs : ajuster et réglementer les d.	19 Leuviah, 20 Pahaliah, 26 Haaiah, 27 Yerathel, 33 Yehuiah, 49 Vehuel, 52 Imamiah, 55 Mebahiah, 63 Anauel, 68 Habuhiah
Désirs exaltés	20 Pahaliah
Désobéissance	26 Haaiah, 34 Lehahiah, 39 Rehael, 42 Mikael, 60 Mitzrael
Désordres sociaux	35 Chavakhiah, 42 Mikael
Despote	45 Sealiah, 8 Cahetel
Destin difficile, aller à l'encontre du Destin	20 Pahaliah, 25 Nith-Haiah
Destin : forcer le D.	1 Vehuiah, 31 Lecabel, 36 Menadel, 45 Sealiah, 64 Mehiel
Destin : participer à la création du D.	4 Elemiah
Destruction	1 Vehuiah, 4 Elemiah, 23 Melahel, 43 Veuliah, 44 Yelahiah, 64 Mehiel
Détachement	9 Haziel, 29 Reiyel, 33 Yehuiah, 37 Aniel, 49 Vehuel, 50 Daniel, 65 Damabiah, 72 Mumiah
Devoir, sens du d.	20 Pahaliah, 33 Yehuiah, 34 Lehahiah, 55 Mebahiah
Dévouement, dévotion	11 Lauviah, 36 Menadel, 49 Vehuel, 57 Nemamiah, 65 Damabiah
Dictature	26 Haaiah, 34 Lehahiah, 42 Mikael, 71 Haiaiel
Diffusion par les médias	7 Achaiah, 59 Harahel, 64 Mehiel
Digestion	23 Melahel, 28 Seheiah, 70 Jabamiah
Dignité	3 Sitael, 16 Hekamiah
Diminué, sentiment d'être d.	16 Hekamiah
Diplomate, diplomatie	22 Yeiayel, 26 Haaiah, 49 Vehuel
Directeur, président	16 Hekamiah, 34 Lehahiah, 42 Mikael, 63 Anauel
Dirigeant, leader, guide	1 Vehuiah, 16 Hekamiah, 22 Yeiayel, 26 Haaiah, 71 Haiaiel
Discernement, difficulté à discerner le bien du mal	7 Achaiah, 15 Hariel, 18 Caliel, 31 Lecabel, 32 Vasariah, 42 Mikael, 47 Asaliah, 50 Daniel, 55 Mebahiah, 57 Nemamiah, 58 Yeialel, 59 Harahel, 60 Mitzrael, 64 Mehiel, 71 Haiaiel
Discipline	34 Lehahiah
Discorde	35 Chavakhiah, 48 Mihael, 62 Iahhel, 71 Haiaiel
Discours, don oratoire	32 Vasariah, 50 Daniel, 53 Nanael, 56 Poyel, 64 Mehiel
Discrétion, subtilité	12 Hahaiah, 26 Haaiah, 46 Ariel
Dispute	*Voir* Conflit
Disséquer, tendance à d.	15 Hariel, 47 Asaliah

Dissidence, provoquer la d.	16 HEKAMIAH
Divergence d'opinion	*Voir* Désaccord
Divorce	2 JELIEL, 13 IEZAZEL, 48 MIHAEL, 62 IAHHEL, 71 HAIAIEL
Domination, dominer les autres, être dominé par les autres	4 ELEMIAH, 68 HABUHIAH
Don inconditionnel	41 HAHAHEL, 43 VEULIAH
Don oratoire	*Voir* Discours
Dons	*Voir* Talents
Dos	1 VEHUIAH, 3 SITAEL, 19 LEUVIAH, 45 SEALIAH
Double vie, vie décalée	68 HABUHIAH
Douceur	25 NITH-HAIAH, 56 POYEL, 62 IAHHEL, 65 DAMABIAH
Douleur	23 MELAHEL, 51 HAHASIAH, 68 HABUHIAH
Doute	18 CALIEL
Drainage lymphatique	15 HARIEL, 23 MELAHEL, 65 DAMABIAH
Dynamisme	1 VEHUIAH, 20 PAHALIAH, 27 YERATHEL, 45 SEALIAH, 71 HAIAIEL
Dyslexie	60 MITZRAEL, 68 HABUHIAH

E

Eau	8 CAHETEL, 45 SEALIAH, 65 DAMABIAH
Écartèlement, déchirement	16 HEKAMIAH
Écervelé	*Voir* Irréfléchi
Échec	4 ELEMIAH, 7 ACHAIAH, 8 CAHETEL, 15 HARIEL, 53 NANAEL, 55 MEBAHIAH
Écouter, écoute	26 HAAIAH, 39 REHAEL, 46 ARIEL
Écrase les autres	1 VEHUIAH, 8 CAHETEL
Écriture, écrivain	40 IEIAZEL, 49 VEHUEL, 59 HARAHEL, 64 MEHIEL
Écroulement des structures	3 SITAEL
Écroulement, effondrement intérieurs	15 HARIEL
Édition	7 ACHAIAH, 40 IEIAZEL, 59 HARAHEL, 64 MEHIEL
Éducation	21 NELKHAEL, 42 MIKAEL, 47 ASALIAH, 61 UMABEL
Effacer	5 MAHASIAH
Efficacité	3 SITAEL, 31 LECABEL, 38 HAAMIAH
Effort	1 VEHUIAH, 45 SEALIAH
Égard, avoir de l'é.	26 HAAIAH
Égarement	24 HAHEUIAH
Égocentrisme, égoïsme	2 JELIEL, 16 HEKAMIAH, 25 NITH-HAIAH, 26 HAAIAH, 27 YERATHEL, 35 CHAVAKHIAH, 49 VEHUEL
Éléments, les quatre é.	8 CAHETEL, 45 SEALIAH
Élévation, sublimation	14 MEBAHEL, 20 PAHALIAH, 49 VEHUEL, 67 EYAEL
Élocution, problèmes d'é.	50 DANIEL, 53 NANAEL, 56 POYEL
Éloignement des êtres aimés	13 IEZAZEL

Éloquence, art de bien s'exprimer	2 Jeliel, 6 Lelahel, 32 Vasariah, 50 Daniel, 56 Poyel, 64 Mehiel
Embellir	6 Lelahel, 54 Nithael
Embonpoint	10 Aladiah, 68 Habuhiah, 70 Jabamiah
Émigration	24 Haheuiah, 36 Menadel
Émissivité	44 Yelahiah, 69 Rochel
Émotionnel : débordement é.	11 Lauviah, 40 Ieiazel, 70 Jabamiah
Émotions contradictoires	22 Yeiayel
Émotions : incapacité d'exprimer ses é.	19 Leuviah, 23 Melahel
Émotions : maîtrise des é.	19 Leuviah, 23 Melahel, 31 Lecabel, 58 Yeialel, 63 Anauel
Émotivité	31 Lecabel, 36 Menadel, 52 Imamiah, 65 Damabiah
Emploi	*Voir* Travail
Emploi : perte d'e.	*Voir* Chômage
Employeur	36 Menadel, 43 Veuliah
Empoisonnement	23 Melahel
Emprisonnement, prisonniers	10 Aladiah, 14 Mebahel, 24 Haheuiah, 29 Reiyel, 36 Menadel, 44 Yelahiah, 52 Imamiah, 57 Nemamiah
Endoctrinement	29 Reiyel
Énergie qui transforme tout négativisme	9 Haziel, 70 Jabamiah
Énergie vitale, source d'énergie inépuisable	1 Vehuiah, 20 Pahaliah, 27 Yerathel, 45 Sealiah, 71 Haiaiel
Enfants	8 Cahetel, 9 Haziel, 30 Omael, 54 Nithael, 59 Harahel
Engagement	4 Elemiah, 9 Haziel, 14 Mebahel, 16 Hekamiah, 55 Mebahiah, 71 Haiaiel
Engagements : non-respect des e.	14 Mebahel
Énigmes de la vie : trouver des solutions aux é.	31 Lecabel
Ennemi, réconciliation avec l'e.	52 Imamiah
Enregistrer	7 Achaiah, 64 Mehiel
Enseignant, enseigner	21 Nelkhael, 42 Mikael, 47 Asaliah, 53 Nanael, 61 Umabel
Enseignements, recevoir des e.	21 Nelkhael, 42 Mikael, 46 Ariel, 47 Asaliah, 61 Umabel, 62 Iahhel
Ensorcellement, possession	25 Nith-Haiah, 27 Yerathel, 38 Haamiah
Entêtement	*Voir* Obstination
Enthousiasme, manque d'e.	3 Sitael, 11 Lauviah, 17 Lauviah, 45 Sealiah
Entorse	1 Vehuiah, 3 Sitael, 23 Melahel, 45 Sealiah
Entreprendre	*Voir* Débuter, capacité de
Entrepreneur, enterprise	43 Veuliah, 63 Anauel
Entreprises utiles pour l'humanité	11 Lauviah, 63 Anauel, 65 Damabiah
Environnement, protection de l'e.	14 Mebahel, 23 Melahel, 24 Haheuiah
Envoûtement	21 Nelkhael

Épreuve	20 Pahaliah, 24 Haheuiah, 32 Vasariah, 40 Ieiazel, 45 Sealiah
Épuisement	4 Elemiah, 28 Seheiah, 36 Menadel, 72 Mumiah
Équilibre intérieur	47 Asaliah
Équité	14 Mebahel
Erreur (en général)	3 Sitael, 5 Mahasiah, 13 Iezalel, 38 Haamiah, 47 Asaliah, 52 Imamiah, 60 Mitzrael, 67 Eyael
Esclavage	22 Yeiayel, 27 Yerathel, 33 Yehuiah, 36 Menadel, 39 Rehael
Espoir	14 Mebahel, 45 Sealiah, 56 Poyel
Esprit borné	13 Iezalel, 15 Hariel, 19 Leuviah
Esprit de groupe	26 Haaiah
Esprit destructeur	23 Melahel, 44 Yelahiah, 64 Mehiel, 66 Manakel
Esprit limité	13 Iezalel, 15 Hariel, 63 Anauel
Esprit malveillant	*Voir* Malveillance
Esthétique	6 Lelahel, 54 Nithael
Estomac	15 Hariel, 70 Jabamiah
Études, examens	5 Mahasiah, 7 Achaiah, 21 Nelkhael, 31 Lecabel, 60 Mitzrael, 67 Eyael
Euthanasie	30 Omael, 72 Mumiah
Éveil	1 Vehuiah, 45 Sealiah, 49 Vehuel
Exactitude	*Voir* Précision
Exagération	11 Lauviah
Examens, études	5 Mahasiah, 7 Achaiah, 21 Nelkhael, 31 Lecabel, 60 Mitzrael, 67 Eyael
Excellence	31 Lecabel
Excès sexuels	10 Aladiah, 20 Pahaliah, 43 Veuliah, 62 Iahhel
Excès : comportements excessifs, personne excessive, excès de rationalité	3 Sitael, 45 Sealiah, 56 Poyel, 63 Anauel, 64 Mehiel, 65 Damabiah, 71 Haiaiel
Exemple, donner l'e.	1 Vehuiah, 55 Mebahiah
Exil	24 Haheuiah, 36 Menadel
Exorcisme	14 Mebahel, 21 Nelkhael, 25 Nith-Haiah, 27 Yerathel, 38 Haamiah
Expansion	3 Sitael, 30 Omael
Expériences, ne pas apprendre les leçons de ses e.	13 Iezalel, 52 Imamiah, 67 Eyael, 72 Mumiah
Expertise	11 Lauviah, 68 Habuhiah
Exploration intérieure et extérieure	7 Achaiah, 12 Hahaiah
Expression, facilité d'e.	2 Jeliel, 6 Lelahel, 32 Vasariah, 50 Daniel, 56 Poyel, 64 Mehiel
Extravagance	11 Lauviah
Extrémisme	15 Hariel, 41 Hahahel, 44 Yelahiah, 71 Haiaiel

F

Facilité d'apprentissage	21 Nelkhael
Faiblesse	1 Vehuiah, 45 Sealiah
Faillite	4 Elemiah, 31 Lecabel, 63 Anauel
Famille	26 Haaiah, 35 Chavakhiah, 69 Rochel
Fanatisme	15 Hariel, 20 Pahaliah, 27 Yerathel, 29 Reiyel
Fatigue, f. chronique	1 Vehuiah, 45 Sealiah, 57 Nemamiah, 60 Mitzrael, 64 Mehiel, 72 Mumiah
Fausseté, faux raisonnement	41 Hahahel, 47 Asaliah, 64 Mehiel
Faux témoin, fausse preuve	18 Caliel
Faux, hypocrite	3 Sitael, 64 Mehiel
Fécondité	2 Jeliel, 8 Cahetel, 30 Omael, 48 Mihael, 64 Mehiel
Féminité	9 Haziel, 48 Mihael, 54 Nithael
Feu	8 Cahetel, 45 Sealiah, 59 Harahel
Fiabilité	2 Jeliel
Fibromyalgie	17 Lauviah, 23 Melahel, 51 Hahasiah, 68 Habuhiah
Fidélité	2 Jeliel, 3 Sitael, 13 Iezalel, 16 Hekamiah, 33 Yehuiah, 35 Chavakhiah, 41 Hahahel, 48 Mihael, 52 Imamiah
Fièvre	23 Melahel, 45 Sealiah, 68 Habuhiah
Finir, terminer	72 Mumiah
Flatterie	18 Caliel, 27 Yerathel
Foi, manque de foi	17 Lauviah, 23 Melahel, 41 Hahahel
Foie	15 Hariel, 70 Jabamiah
Force mentale, facultés mentales	57 Nemamiah, 58 Yeialel, 64 Mehiel
Force spirituelle	4 Elemiah, 25 Nith-Haiah
Force sur tous les plans	4 Elemiah, 44 Yelahiah, 52 Imamiah, 71 Haiaiel
Forcer le Destin	1 Vehuiah, 31 Lecabel, 36 Menadel, 45 Sealiah, 64 Mehiel
Forces de la nature	23 Melahel, 45 Sealiah
Forces obscures, f. démoniaques	4 Elemiah, 14 Mebahel, 15 Hariel, 19 Leuviah, 24 Haheuiah, 25 Nith-Haiah, 38 Haamiah, 44 Yelahiah, 64 Mehiel
Fortune	6 Lelahel, 22 Yeiayel, 56 Poyel, 59 Harahel
Foudre	11 Lauviah, 28 Seheiah
Franchise	16 Hekamiah, 18 Caliel, 44 Yelahiah, 58 Yeialel
Fraternité, fraterniser	49 Vehuel, 61 Umabel
Fraude	*Voir* Tromperie, tricherie
Froideur émotionnelle	24 Haheuiah, 36 Menadel, 58 Yeialel
Fuite de la réalité, fuite face aux responsabilités	5 Mahasiah, 24 Haheuiah, 32 Vasariah, 36 Menadel, 49 Vehuel, 57 Nemamiah, 64 Mehiel

G

Gaspillage (en général)	6 Lelahel, 10 Aladiah, 27 Yerathel, 43 Veuliah, 56 Poyel, 63 Anauel
Gaspillage d'argent	6 Lelahel, 27 Yerathel, 43 Veuliah, 63 Anauel
Gaspillage d'énergie	20 Pahaliah, 43 Veuliah, 47 Asaliah
Gencives	3 Sitael, 24 Haheuiah, 68 Habuhiah
Générosité	3 Sitael, 22 Yeiayel, 32 Vasariah, 49 Vehuel, 56 Poyel, 63 Anauel, 65 Damabiah
Génocide	30 Omael
Genoux	17 Lauviah, 39 Rehael
Gentillesse	*Voir* Amabilité
Géométrie	21 Nelkhael
Germe	30 Omael, 68 Habuhiah
Globalité, perspective globale, vision globale	47 Asaliah, 63 Anauel
Gloire, recherche de g. personnelle	6 Lelahel, 7 Achaiah, 22 Yeiayel, 26 Haaiah, 36 Menadel
Glorifier	11 Lauviah, 49 Vehuel
Gorge	50 Daniel, 53 Nanael
Gourou, faux g.	10 Aladiah
Grâce	10 Aladiah
Gratitude	3 Sitael, 8 Cahetel, 46 Ariel
Grossesse	8 Cahetel, 30 Omael, 48 Mihael
Groupe	*Voir* Esprit de groupe
Guérison	1 Vehuiah, 6 Lelahel, 10 Aladiah, 23 Melahel, 28 Seheiah, 30 Omael, 39 Rehael, 45 Sealiah, 51 Hahasiah, 54 Nithael, 60 Mitzrael, 66 Manakel, 68 Habuhiah, 70 Jabamiah
Guérison miraculeuse	28 Seheiah
Guérisseur	23 Melahel, 51 Hahasiah
Guerre	9 Haziel, 16 Hekamiah, 34 Lehahiah, 43 Veuliah, 44 Yelahiah, 71 Haiaiel
Guerrier de Lumière	43 Veuliah, 44 Yelahiah, 71 Haiaiel
Guide spirituel	4 Elemiah, 29 Reiyel, 67 Eyael
Guide, leader, dirigeant	1 Vehuiah, 16 Hekamiah, 22 Yeiayel, 26 Haaiah, 42 Mikael, 63 Anauel, 71 Haiaiel
Gynécologie	30 Omael

H

Habitation, bénédiction de l'h	8 Cahetel, 12 Hahaiah, 25 Nith-Haiah
Haine	9 Haziel, 39 Rehael, 41 Hahahel, 49 Vehuel

Hallucinations	12 Hahaiah, 17 Lauviah
Hanches	3 Sitael, 28 Seheiah
Handicap	72 Mumiah
Harmonie	2 Jeliel, 8 Cahetel, 12 Hahaiah, 13 Iezalel, 20 Pahaliah, 25 Nith-Haiah, 35 Chavakhiah, 38 Haamiah, 48 Mihael, 50 Daniel, 52 Imamiah, 55 Mebahiah, 70 Jabamiah
Hémorragie	65 Damabiah, 68 Habuhiah
Hémorroïdes	68 Habuhiah
Héritage	35 Chavakhiah, 54 Nithael, 69 Rochel
Hernies	3 Sitael, 33 Yehuiah, 39 Rehael, 45 Sealiah
Herpès	20 Pahaliah, 30 Omael, 68 Habuhiah
Hiérarchie	33 Yehuiah, 34 Lehahiah, 39 Rehael, 60 Mitzrael
Histoire de l'Univers	67 Eyael
Homéopathie	23 Melahel
Honnêteté	16 Hekamiah, 18 Caliel, 32 Vasariah
Hospitalité, accueil	54 Nithael
Humilité	52 Imamiah, 56 Poyel, 65 Damabiah
Humour	56 Poyel
Hyperactivité	12 Hahaiah, 17 Lauviah, 27 Yerathel, 28 Seheiah, 36 Menadel
Hypocrisie	3 Sitael, 9 Haziel, 29 Reiyel, 49 Vehuel, 64 Mehiel

I

Idées claires, manque d'idées	36 Menadel, 55 Mebahiah
Idolâtrie	16 Hekamiah, 54 Nithael
Ignorance	5 Mahasiah, 7 Achaiah, 13 Iezalel, 21 Nelkhael, 27 Yerathel, 47 Asaliah, 53 Nanael, 58 Yeiayel, 62 Iahhel
Illégal, action illégale	18 Caliel, 24 Haheuiah, 42 Mikael
Illicite, moyens illicites	6 Lelahel, 24 Haheuiah, 31 Lecabel, 43 Veuliah, 50 Daniel
Illumination	6 Lelahel, 49 Vehuel, 62 Iahhel
Illusions	12 Hahaiah, 17 Lauviah, 25 Nith-Haiah, 43 Veuliah, 51 Hahasiah, 64 Mehiel
Imagination	64 Mehiel
Immiscion, s'immiscer	*Voir* Intervenir
Immobilisme	1 Vehuiah, 22 Yeiayel
Impasse	29 Reiyel
Impatience	7 Achaiah, 25 Nith-Haiah, 30 Omael
Imposant, autoritaire	1 Vehuiah, 5 Mahasiah, 26 Haaiah, 34 Lehahiah, 39 Rehael
Imposer	1 Vehuiah, 15 Hariel, 26 Haaiah, 34 Lehahiah, 39 Rehael
Impressionner, vouloir i.	16 Hekamiah, 19 Leuviah

Imprimerie	*Voir* Édition
Improvisation	15 Hariel, 23 Melahel, 50 Daniel, 64 Mehiel
Imprudence	*Voir* Prudence
Impuissance	20 Pahaliah, 33 Yehuiah, 48 Mihael
Impulsivité	12 Hahaiah, 37 Aniel, 58 Yeialel, 66 Manakel
Incendie	8 Cahetel, 28 Seheiah, 59 Harahel
Incohérence	24 Haheuiah, 25 Nith-Haiah, 28 Seheiah, 46 Ariel
Inconscient	17 Lauviah
Incorruptibilité	18 Caliel, 24 Haheuiah, 34 Lehahiah
Indécision	4 Elemiah, 46 Ariel, 57 Nemamiah
Indifférence	10 Aladiah, 24 Haheuiah
Indiscrétion	*Voir* Discrétion, subtilité
Indispensable, se penser i.	6 Lelahel
Individualité, harmonie entre la personnalité et l'i.	15 Hariel, 68 Habuhiah
Inertie	1 Vehuiah, 4 Elemiah, 67 Eyael
Infection, inflammation	23 Melahel, 68 Habuhiah
Infériorité, complexe d'i.	4 Elemiah, 6 Lelahel, 26 Haaiah, 33 Yehuiah, 54 Nithael, 56 Poyel
Infertilité, stérilité	48 Mihael, 59 Harahel, 68 Habuhiah
Infidélité	2 Jeliel, 13 Iezalel, 16 Hekamiah, 35 Chavakhiah, 48 Mihael
Influence négative	13 Iezalel, 32 Vasariah, 59 Harahel
Informatique	7 Achaiah, 19 Leuviah, 58 Yeialel, 59 Harahel, 64 Mehiel
Ingénieur	3 Sitael, 31 Lecabel
Ingratitude	3 Sitael, 8 Cahetel, 46 Ariel
Inhibition	20 Pahaliah, 56 Poyel
Initiation	5 Mahasiah, 11 Lauviah, 33 Yehuiah, 38 Haamiah, 44 Yelahiah, 66 Manakel
Initiative, esprit d'i.	4 Elemiah
Innocence	10 Aladiah, 15 Hariel, 18 Caliel
Innovation	4 Elemiah, 7 Cahetel, 15 Hariel, 22 Yeiayel, 25 Nith-Haiah, 30 Omael, 33 Yehuiah, 46 Ariel
Inondations	8 Cahetel, 45 Sealiah, 65 Damabiah
Inquiétude	17 Lauviah, 28 Seheiah
Insatiable	22 Yeiayel
Insectes, invasion par les i.	68 Habuhiah
Insécurité	6 Lelahel, 43 Veuliah, 69 Rochel
Insomnie	12 Hahaiah, 17 Lauviah
Insouciance	7 Achaiah, 28 Seheiah
Inspiration	14 Mebahel, 49 Vehuel, 53 Nanael, 64 Mehiel
Instabilité, i. affective	2 Jeliel, 20 Pahaliah, 24 Haheuiah, 48 Mihael, 52 Imamiah, 54 Nithael, 65 Damabiah

Instincts, maîtrise des i.	20 Pahaliah, 38 Haamiah, 42 Mikael, 49 Vehuel, 70 Jabamiah
Instruction	21 Nelkhael, 42 Mikael, 62 Iahhel
Insubordination	33 Yehuiah, 60 Mitzrael
Insulte	*Voir* Offense
Intégrité	14 Mebahel, 18 Caliel, 47 Asaliah
Intellectuel, activité intellectuelle	1 Vehuiah, 19 Leuviah, 58 Yeialel, 59 Harahel, 60 Mitzrael, 64 Mehiel
Intelligence	19 Leuviah, 31 Lecabel, 58 Yeialel, 59 Harahel, 63 Anauel
Intelligence pratique	3 Sitael, 31 Lecabel, 59 Harahel, 63 Anauel
Intentions, connaître, démasquer les i.	18 Caliel
Intériorisation	12 Hahaiah, 62 Iahhel
Intervenir, s'immiscer	1 Vehuiah
Intestins	15 Hariel, 70 Jabamiah, 72 Mumiah
Intolérance	15 Hariel, 27 Yerathel, 41 Hahahel
Intuition	17 Lauviah, 21 Nelkhael, 28 Seheiah, 47 Asaliah, 69 Rochel
Inventions	7 Achaiah, 15 Hariel, 31 Lecabel, 46 Ariel, 63 Anauel
Irréconciliable	9 Haziel, 35 Chavakhiah
Irréfléchi	28 Seheiah
Irresponsable	16 Hekamiah, 24 Haheuiah, 26 Haaiah, 36 Menadel
Isolement, isoler, s'isoler, être isolé	12 Hahaiah, 36 Menadel, 40 Ieiazel, 53 Nanael, 62 Iahhel, 67 Eyael
Isoler les tendances négatives	12 Hahaiah
Issue, situation sans i.	29 Reiyel, 65 Damabiah

J

Jalousie	9 Haziel, 11 Lauviah, 13 Iezalel, 16 Hekamiah, 26 Haaiah, 48 Mihael, 69 Rochel
Jambes	1 Vehuiah, 27 Yerathel, 33 Yehuiah, 36 Menadel
Jardinage	23 Melahel, 30 Omael, 68 Habuhiah
Jeunesse	54 Nithael
Joie	11 Lauviah, 17 Lauviah, 30 Omael, 43 Veuliah, 67 Eyael
Joueur compulsif	15 Hariel, 27 Yerathel, 37 Aniel
Journalisme	7 Achaiah, 59 Harahel
Juge, magistrat	18 Caliel, 32 Vasariah, 69 Rochel
Jugement : capacité de j.	55 Mebahiah, 57 Nemamiah, 58 Yeialel, 71 Haiaiel
Jugement, juger, condamner	18 Caliel, 32 Vasariah
Jungle, loi de la j.	26 Haaiah, 27 Yerathel
Juré, jury	18 Caliel, 32 Vasariah

Justice	14 Mebahel, 18 Caliel, 24 Haheuiah, 32 Vasariah, 39 Rehael, 44 Yelahiah, 58 Yeialel, 69 Rochel

K

Kabbale, étude de la K.	25 Nith-Haiah, 51 Hahasiah
Karma, résolution du k.	3 Sitael, 10 Aladiah, 44 Yelahiah, 52 Imamiah, 62 Iahhel, 69 Rochel
Kundalini, éveil de la k.	20 Pahaliah
Kystes	30 Omael, 68 Habuhiah

L

Lâcher prise	*Voir* Détachement
Lâcheté	57 Nemamiah
Laisser-aller	7 Achaiah, 10 Aladiah, 31 Lecabel, 42 Mikael
Langage symbolique	5 Mahasiah, 53 Nanael, 61 Umabel
Langage, problèmes de l.	50 Daniel, 56 Poyel
Langues, apprentissage des l.	5 Mahasiah, 60 Mitzrael
Leader, guide, dirigeant	1 Vehuiah, 16 Hekamiah, 22 Yeiayel, 26 Haaiah, 71 Haiaiel
Liaison passagère	2 Jeliel, 20 Pahaliah, 48 Mihael
Libération	8 Cahetel, 16 Hekamiah, 20 Pahaliah, 27 Yerathel, 29 Reiyel, 36 Menadel, 37 Aniel, 40 Ieiazel, 43 Veuliah, 52 Imamiah, 57 Nemamiah, 66 Manakel, 71 Haiaiel
Liberté	14 Mebahel, 27 Yerathel, 29 Reiyel, 36 Menadel
Librairie	40 Ieiazel, 64 Mehiel
Lien, union	2 Jeliel, 26 Haaiah, 35 Chavakhiah, 61 Umabel
Litige	14 Mebahel, 18 Caliel, 32 Vasariah, 35 Chavakhiah, 69 Rochel
Littérature	*Voir* Écriture, écrivain
Logique excessive	55 Mebahiah, 58 Yeialel
Lois Cosmiques, Lois Divines, Lois Universelles	8 Cahetel, 17 Lauviah, 20 Pahaliah, 25 Nith-Haiah, 42 Mikael
Lois : respect des L.	18 Caliel, 20 Pahaliah, 32 Vasariah, 34 Lehahiah, 42 Mikael, 68 Habuhiah
Lombaires, vertèbres l.	3 Sitael, 20 Pahaliah
Longévité	28 Seheiah
Lourdeur	67 Eyael, 70 Jabamiah
Loyauté	13 Iezalel, 16 Hekamiah, 35 Chavakhiah, 44 Yelahiah
Lucidité	2 Jeliel, 15 Hariel, 42 Mikael, 55 Mebahiah, 58 Yeialel

Lumière	6 Lelahel, 7 Achaiah, 27 Yerathel
Luxure	10 Aladiah, 20 Pahaliah, 43 Veuliah, 54 Nithael, 62 Iahhel

M

Machisme	48 Mihael
Magie	25 Nith-Haiah, 38 Haamiah
Magie noire	25 Nith-Haiah, 38 Haamiah
Magnanimité	*Voir* Générosité
Mains	3 Sitael, 43 Veuliah, 63 Anauel
Maison	12 Hahaiah, 25 Nith-Haiah
Maître bâtisseur	*Voir* Construction
Maîtrise des pouvoirs, des passions	19 Leuviah, 23 Melahel, 25 Nith-Haiah, 31 Lecabel, 37 Aniel, 45 Sealiah, 58 Yeialel, 63 Anauel
Maladie incurable	70 Jabamiah
Maladies (en général)	20 Pahaliah, 23 Melahel, 28 Seheiah, 32 Vasariah, 35 Chavakhiah, 51 Hahasiah, 54 Nithael, 66 Manakel, 68 Habuhiah
Maladies mentales (folie, schizophrénie, etc.), opacité mentale	57 Nemamiah, 58 Yeialel, 59 Harahel, 60 Mitzrael
Malfaisant, pernicieux	5 Mahasiah, 32 Vasariah
Malfaiteur	10 Aladiah, 14 Mebahel, 24 Haheuiah, 44 Yelahiah
Malheur	3 Sitael, 7 Achaiah, 14 Mebahel, 17 Lauviah, 18 Caliel, 19 Leuviah, 25 Nith-Haiah
Malhonnêteté	18 Caliel, 31 Lecabel, 47 Asaliah
Malveillance	8 Cahetel, 9 Haziel, 25 Nith-Haiah, 38 Haamiah, 66 Manakel
Manigance	*Voir* Complot
Manipulation	7 Achaiah, 9 Haziel, 22 Yeiayel, 31 Lecabel, 50 Daniel, 51 Hahasiah, 58 Yeialel, 66 Manakel
Manipulation par les médias	7 Achaiah, 59 Harahel
Manque de maîtrise	1 Vehuiah, 45 Sealiah
Marginal, marginalité	17 Lauviah, 33 Yehuiah, 61 Umabel
Mariage	2 Jeliel, 48 Mihael, 62 Iahhel
Martyr, martyre	41 Hahahel
Masque	6 Lelahel
Massacre	44 Yelahiah, 71 Haiaiel
Matérialisation	8 Cahetel, 30 Omael, 48 Mihael, 72 Mumiah
Matérialiste, absorbé par la matière	6 Lelahel, 20 Pahaliah, 25 Nith-Haiah, 29 Reiyel, 30 Omael, 32 Vasariah, 36 Menadel, 43 Veuliah, 55 Mebahiah, 62 Iahhel, 66 Manakel, 67 Eyael

Mathématiques	21 Nelkhael
Mauvaise humeur	55 Mebahiah, 56 Poyel
Mécène, mécénat	*Voir* Philanthropie, philanthrope
Méchanceté	27 Yerathel, 52 Imamiah
Médecin	23 Melahel, 30 Omael, 51 Hahasiah, 72 Mumiah
Médiation	2 Jeliel, 14 Mebahel, 35 Chavakhiah
Médiocrité, vie médiocre	11 Lauviah
Méditation	12 Hahaiah, 25 Nith-Haiah, 29 Reiyel, 53 Nanael
Médium, médiumnité	12 Hahaiah, 46 Ariel
Méfiance	19 Leuviah, 29 Reiyel, 55 Mebahiah
Mégalomanie	6 Lelahel, 16 Hekamiah, 22 Yeiayel, 64 Mehiel
Mélancolie	19 Leuviah, 32 Vasariah, 53 Nanael
Mélanges, art des m.	67 Eyael
Mémoire	19 Leuviah, 32 Vasariah, 69 Rochel
Mémoire Cosmique	19 Leuviah
Mémoires, souvenirs, mémoriser, se souvenir d'événements heureux	13 Iezalel, 19 Leuviah
Méningite	39 Rehael, 60 Mitzrael
Mensonge	12 Hahaiah, 13 Iezalel, 14 Mebahel, 38 Haamiah, 42 Mikael, 47 Asaliah, 55 Mebahiah, 58 Yeialel
Menstruations	15 Hariel, 17 Lauviah, 65 Damabiah, 68 Habuhiah
Mental, problèmes mentaux	39 Rehael, 58 Yeialel, 59 Harahel, 60 Mitzrael, 64 Mehiel
Mental, construction mentale	*Voir* Construction
Mental, force mentale	*Voir* Force mentale
Mépris	33 Yehuiah, 41 Hahahel
Mère	9 Haziel, 48 Mihael, 61 Umabel, 70 Jabamiah
Messager	16 Hekamiah, 26 Haaiah, 42 Mikael
Métamorphose	*Voir* Changement
Métaphysique, étude de la m.	25 Nith-Haiah, 51 Hahasiah
Méthodes, découverte de nouvelles m.	4 Elemiah, 7 Achaiah, 15 Hariel, 22 Yeiayel, 25 Nith-Haiah, 30 Omael, 33 Yehuiah, 46 Ariel
Métier	31 Lecabel, 36 Menadel, 63 Anauel
Meurtre, meurtrier	24 Haheuiah
Microbes	30 Omael, 68 Habuhiah
Migraine	60 Mitzrael, 68 Habuhiah
Miséricorde	9 Haziel
Mission, sens de la m.	36 Menadel, 41 Hahahel, 57 Nemamiah, 64 Mehiel
Modestie	19 Leuviah, 32 Vasariah, 56 Poyel, 62 Iahhel
Moi Supérieur	16 Hekamiah, 20 Pahaliah, 29 Reiyel, 49 Vehuel

Mollesse	10 Aladiah
Mondanité, besoin de plaisirs mondains	29 Reiyel, 33 Yehuiah, 56 Poyel, 62 Iahhel
Monnayer la justice	18 Caliel
Moquerie, moqueur	41 Hahahel, 56 Poyel
Morale, déchéance m.	10 Aladiah
Morale, valeurs morales	20 Pahaliah, 55 Mebahiah, 66 Manakel, 67 Eyael
Morosité	19 Leuviah, 58 Yeialel
Mort	70 Jabamiah, 72 Mumiah
Motivation, connaître les vraies motivations	45 Sealiah, 61 Umabel
Mourants, accompagnement des m.	*Voir* Mort
Multiplication	30 Omael
Muqueuses	68 Habuhiah
Muscles	45 Sealiah
Musique	17 Lauviah, 25 Nith-Haiah, 40 Ieiazel, 50 Daniel, 59 Harahel, 67 Eyael
Myopie	58 Yeialel
Mystères, accès aux m.	12 Hahaiah, 17 Lauviah, 25 Nith-Haiah, 42 Mikael
Mystique, expérience m.	47 Asaliah, 53 Nanael, 55 Mebahiah, 62 Iahhel

N

Naissance	*Voir* Accouchement
Narcissme	11 Lauviah, 54 Nithael, 61 Umabel
Nationalisme	15 Hariel, 29 Reiyel, 35 Chavakhiah
Nature, respect de la n.	14 Mebahel, 23 Melahel
Nature, secrets de la n.	23 Melahel, 46 Ariel, 61 Umabel
Naturopathie	23 Melahel
Naufrages	65 Damabiah
Négativisme, attitudes négatives	12 Hahaiah
Négligence	*Voir* Laisser-aller
Négociations	3 Sitael, 26 Haaiah, 63 Anauel
Nervosité	1 Vehuiah, 62 Iahhel
Noblesse	16 Hekamiah, 32 Vasariah
Non-attachement	65 Damabiah
Nostalgie	61 Umabel
Notaire	18 Caliel, 69 Rochel
Nourriture artificielle	23 Melahel, 67 Eyael
Nourriture pour l'âme	8 Cahetel
Nourriture saine	23 Melahel
Nuque	15 Hariel, 68 Habuhiah
Nutrition	*Voir* Alimentation

O

Obéissance	34 Lehahiah, 39 Rehael, 42 Mikael, 60 Mitzrael
Obésité	10 Aladiah, 68 Habuhiah
Objectif trop bas ou trop élevé, incapacité à se déterminer un objectif	11 Lauviah, 70 Jabamiah
Objets, perte d'o.	69 Rochel
Obscurité, ténèbres	6 Lelahel, 18 Caliel, 25 Nith-Haiah
Obstination	1 Vehuiah, 37 Aniel, 58 Yeialel
Offense, insulte	32 Vasariah, 35 Chavakhiah, 52 Imamiah
Omniscience	21 Nelkhael
Opérations chirurgicales	*Voir* Chirurgie
Oppression	2 Jeliel, 14 Mebahel, 22 Yeiayel, 64 Mehiel, 71 Haiaiel
Optimisme	4 Elemiah, 11 Lauviah, 27 Yerathel, 45 Sealiah, 56 Poyel
Orateur	50 Daniel, 53 Nanael, 56 Poyel, 64 Mehiel
Ordinateur	7 Achaiah, 58 Yeialel, 64 Mehiel
Ordre (en général)	5 Mahasiah, 13 Iezalel, 14 Mebahel, 15 Hariel, 20 Pahaliah, 24 Haheuiah, 26 Haaiah, 31 Lecabel, 33 Yehuiah, 34 Lehahiah, 42 Mikael, 72 Mumiah
Ordre naturel	14 Mebahel, 72 Mumiah
Ordre social	16 Hekamiah, 26 Haaiah, 27 Yerathel, 42 Mikael, 52 Imamiah
Oreilles	39 Rehael, 53 Nanael
Organisation	16 Hekamiah, 31 Lecabel, 42 Mikael, 63 Anauel
Organisation Cosmique	11 Lauviah, 21 Nelkhael, 47 Asaliah
Orgueil	6 Lelahel, 8 Cahetel, 11 Lauviah, 22 Yeiayel, 32 Vasariah, 45 Sealiah, 52 Imamiah, 56 Poyel
Orientation, manque d'o.	1 Vehuiah, 4 Elemiah
Orientation, nouvelle o.	4 Elemiah, 46 Ariel
Os	3 Sitael, 28 Seheiah
Oubli, oublier	19 Leuviah, 69 Rochel
Ouragan	8 Cahetel, 45 Sealiah
Ouverture de la conscience	17 Lauviah, 43 Veuliah, 72 Mumiah

P

Pacifier	23 Melahel, 65 Damabiah
Pacifisme, pacifiste	16 Hekamiah, 23 Melahel, 25 Nith-Haiah, 62 Iahhel
Pacte satanique	*Voir* Satanique

Paix	3 Sitael, 4 Elemiah, 5 Mahasiah, 12 Hahaiah, 25 Nith-Haiah, 28 Seheiah, 35 Chavakhiah, 38 Haamiah, 43 Veuliah, 44 Yelahiah, 63 Anauel, 66 Manakel
Paraître, emphase mise sur le p.	3 Sitael, 6 Lelahel, 27 Yerathel, 54 Nithael
Paralysie	7 Achaiah, 15 Hariel, 28 Seheiah
Parasite	23 Melahel, 30 Omael, 68 Habuhiah
Pardon	9 Haziel, 10 Aladiah, 32 Vasariah
Parents	26 Haaiah, 35 Chavakhiah, 39 Rehael, 59 Harahel
Paresse	1 Vehuiah, 7 Achaiah, 36 Menadel, 45 Sealiah
Paroles	50 Daniel, 53 Nanael
Passion	1 Vehuiah, 9 Haziel, 13 Iezalel, 16 Hekamiah, 26 Haaiah, 40 Ieiazel, 48 Mihael, 49 Vehuel, 52 Imamiah
Patience	7 Achaiah, 19 Leuviah, 30 Omael, 52 Imamiah, 58 Yeialel
Pauvreté	30 Omael, 43 Veuliah, 56 Poyel
Peau	23 Melahel, 30 Omael, 65 Damabiah, 68 Habuhiah
Pédagogie	*Voir* Enseignant, enseigner
Peinture	40 Ieiazel, 67 Eyael
Pensées malsaines, pessimistes	23 Melahel, 40 Ieiazel
Perception	17 Lauviah, 46 Ariel
Père	9 Haziel, 33 Yehuiah, 39 Rehael, 60 Mitzrael
Perfectionniste insatisfait	31 Lecabel, 55 Mebahiah
Persécution	24 Haheuiah, 41 Hahahel, 60 Mitzrael
Persévérance	*Voir* Ténacité
Personnalisme	8 Cahetel
Personnalités multiples	6 Lelahel, 64 Mehiel
Perspicacité	47 Asaliah
Persuasion, capacité de p.	2 Jeliel
Perte	22 Yeiayel, 72 Mumiah
Perte d'objets, de sentiments, de pensées, d'emploi, de conjoint, d'amis…	69 Rochel, 72 Mumiah
Perversion, pervers	2 Jeliel, 11 Lauviah, 27 Yerathel, 33 Yehuiah, 37 Aniel, 52 Imamiah
Pessimisme	1 Vehuiah, 4 Elemiah, 17 Lauviah, 30 Omael, 45 Sealiah, 58 Yeialel
Peur	12 Hahaiah, 17 Lauviah, 39 Rehael
Peur d'aimer et d'être aimé	9 Haziel
Peur de l'avenir	28 Seheiah, 43 Veuliah
Peur de la matière	49 Vehuel
Peur de vieillir	54 Nithael
Peur de vivre	53 Nanael

Peur du changement	37 Aniel, 67 Eyael, 70 Jabamiah
Philanthropie, philanthrope	22 Yeiayel
Philosophie	17 Lauviah, 21 Nelkhael, 46 Ariel, 51 Hahasiah, 53 Nanael, 62 Iahhel
Phobies (en général)	12 Hahaiah
Physiques, sciences ph.	21 Nelkhael, 31 Lecabel, 51 Hahasiah, 61 Umabel, 67 Eyael, 69 Rochel
Phytothérapie	23 Melahel
Pieds	1 Vehuiah, 27 Yerathel
Piège	21 Nelkhael
Pierre philosophale	51 Hahasiah
Pionnier	*Voir* Avant-gardiste
Plaies, guérison des p.	10 Aladiah, 23 Melahel, 68 Habuhiah
Plaindre, se plaindre	19 Leuviah, 32 Vasariah
Plaire à tout prix, vouloir…	27 Yerathel, 28 Seheiah
Plan de vie	4 Elemiah, 26 Haaiah, 57 Nemamiah, 64 Mehiel
Planification	3 Sitael, 30 Omael, 31 Lecabel, 47 Asaliah, 63 Anauel
Plantes (en général)	23 Melahel, 30 Omael, 68 Habuhiah
Plantes médicinales	23 Melahel
Plénitude	43 Veuliah
Pluie	8 Cahetel
Poésie	17 Lauviah, 21 Nelkhael
Polarités masculine et féminine, harmonisation, réunification des…	2 Jeliel, 13 Iezalel, 48 Mihael, 69 Rochel
Politesse	38 Haamiah
Politique	26 Haaiah, 42 Mikael
Pollution	8 Cahetel, 23 Melahel, 68 Habuhiah
Possession, ensorcellement	25 Nith-Haiah, 27 Yerathel, 38 Haamiah
Possessivité	9 Haziel, 31 Lecabel, 48 Mihael, 69 Rochel
Poste de commande	22 Yeiayel
Poumons	68 Habuhiah
Pouvoir Divin	4 Elemiah
Pouvoir, abus de p.	4 Elemiah, 20 Pahaliah, 26 Haaiah, 43 Veuliah, 58 Yeialel
Pouvoir, avidité de p.	4 Elemiah, 11 Lauviah, 51 Hahasiah
Pouvoir, s'emparer du p.	14 Mebahel
Précision	31 Lecabel, 58 Yeialel
Préjugé	5 Mahasiah, 21 Nelkhael, 67 Eyael
Prémonition, pressentiment	*Voir* Intuition
Préparation (sur tous les plans)	3 Sitael, 38 Haamiah, 63 Anauel
Pressentiment	*Voir* Compréhension intuitive
Prétention, arrogance	5 Mahasiah, 32 Vasariah
Prévoyance, anticipation	21 Nelkhael, 28 Seheiah, 46 Ariel, 57 Nemamiah
Principes masculin et féminin	2 Jeliel, 13 Iezalel, 48 Mihael, 68 Habuhiah, 69 Rochel

Prisonnier, emprisonnement	10 Aladiah, 14 Mebahel, 24 Haheuiah, 29 Reiyel, 36 Menadel, 44 Yelahiah 52 Imamiah, 57 Nemamiah
Problèmes matériels	8 Cahetel, 17 Lauviah, 43 Veuliah
Procès	*Voir* Litige
Profession	*Voir* Métier
Profit, avide de p.	22 Yeiayel
Programmation, programmer	7 Achaiah, 58 Yeialel, 64 Mehiel
Progrès	8 Cahetel
Promesse	3 Sitael, 7 Achaiah, 10 Aladiah, 14 Mebahel, 17 Lauviah, 51 Hahasiah, 66 Manakel
Propagateur de la Lumière, de la Connaissance	7 Achaiah, 27 Yerathel
Prophète de malheur	17 Lauviah
Prosélytisme	*Voir* Convertir, chercher à c.
Prospérité (sur tous les plans)	3 Sitael, 6 Lelahel, 8 Cahetel, 10 Aladiah, 14 Mebahel, 30 Omael, 43 Veuliah, 48 Mihael, 56 Poyel
Prostate	20 Pahaliah, 33 Yehuiah, 39 Rehael
Prostitution	20 Pahaliah, 48 Mihael
Protection (en général)	12 Hahaiah, 24 Haheuiah, 28 Seheiah, 42 Mikael, 44 Yelahiah, 48 Mihael, 71 Haiaiel
Providence	2 Jeliel, 10 Aladiah, 28 Seheiah, 48 Mihael, 56 Poyel
Provoquer, défier	1 Vehuiah, 27 Yerathel, 44 Yelahiah, 71 Haiaiel
Prudence	28 Seheiah
Psychiatrie	39 Rehael, 60 Mitzrael, 66 Manakel
Psychologie	17 Lauviah, 47 Asaliah, 60 Mitzrael
Publicité	59 Harahel, 64 Mehiel
Punition	24 Haheuiah, 33 Yehuiah, 39 Rehael
Pureté	15 Hariel, 20 Pahaliah, 65 Damabiah
Purification	15 Hariel
Puritanisme	15 Hariel, 32 Vasariah, 65 Damabiah

Q

Querelle	*Voir* Conflit

R

Racisme	35 Chavakhiah, 63 Anauel
Radio	7 Achaiah, 59 Harahel, 64 Mehiel
Rage	*Voir* Colère
Raison, intellect	1 Vehuiah, 58 Yeialel, 59 Harahel, 60 Mitzrael, 64 Mehiel

Rancoeur, sentiment de vengeance	5 Mahasiah, 9 Haziel, 24 Haheuiah, 32 Vasariah, 35 Chavakhiah
Rancune	5 Mahasiah, 9 Haziel, 32 Vasariah
Rapatriement	24 Haheuiah, 35 Chavakhiah, 36 Menadel, 69 Rochel
Rassemblement	13 Iezalel
Rate	15 Hariel, 23 Melahel, 68 Habuhiah
Rationalisme excessif	63 Anauel, 64 Mehiel, 71 Haiaiel
Rayonnement	*Voir* Émissivité
Réalisation, concrétisation	2 Jeliel, 30 Omael, 36 Menadel, 67 Eyael, 72 Mumiah
Rébellion, attitude rebelle	33 Yehuiah, 34 Lehahiah, 39 Rehael, 52 Imamiah, 59 Harahel, 60 Mitzrael
Réceptivité	11 Lauviah, 34 Lehahiah, 39 Rehael, 65 Damabiah, 69 Rochel
Récolte	8 Cahetel, 30 Omael, 68 Habuhiah
Réconciliation	9 Haziel, 13 Iezalel, 35 Chavakhiah, 48 Mihael
Réconfort	*Voir* Consolation
Reconnaissance	46 Ariel
Reconnu, sentiment de ne pas être r.	22 Yeiayel
Rectifier	5 Mahasiah, 20 Pahaliah, 60 Mitzrael
Redémarrage	10 Aladiah, 45 Sealiah
Redressement	4 Elemiah
Réfléchi, avisé	58 Yeialel
Refroidissement, rhume	66 Manakel, 68 Habuhiah
Refuge, trouver r.	12 Hahaiah, 25 Nith-Haiah
Régénérer, revivifier	1 Vehuiah, 10 Aladiah, 30 Omael, 64 Mehiel, 70 Jabamiah
Réhabilitation	28 Seheiah
Réincarnation	19 Leuviah, 52 Imamiah, 72 Mumiah
Reins	15 Hariel, 68 Habuhiah, 70 Jabamiah
Réinsertion sociale	10 Aladiah, 24 Haheuiah
Rejet, sentiment de r.	14 Mebahel
Relation	*Voir* Lien, union
Relation de couple	*Voir* Couple
Relations humaines	2 Jeliel, 26 Haaiah, 35 Chavakhiah, 61 Umabel, 63 Anauel
Remettre en question, se…	12 Hahaiah
Renaissance	72 Mumiah
Rencontre de l'homme et de la femme	13 Iezalel, 38 Haamiah, 62 Iahhel
Renommée	*Voir* Célébrité
Réparation, réparer	4 Elemiah, 60 Mitzrael
Repolarisation masculine et féminine	2 Jeliel, 13 Iezalel, 48 Mihael, 68 Habuhiah, 69 Rochel
Résignation	7 Achaiah
Résister à évoluer	32 Vasariah, 33 Yehuiah
Résistance aux nouveaux courants	37 Aniel

Résonances, étude des r.	61 UMABEL
Respect	18 CALIEL, 39 REHAEL, 59 HARAHEL
Responsabilités, fuite des r.	24 HAHEUIAH, 26 HAAIAH, 32 VASARIAH, 36 MENADEL
Responsabilités, sens des r.	3 SITAEL, 16 HEKAMIAH, 30 OMAEL, 34 LEHAHIAH, 36 MENADEL, 55 MEBAHIAH, 62 IAHHEL
Restitution	69 ROCHEL
Rétablissement, régénération	1 VEHUIAH, 10 ALADIAH, 30 OMAEL, 40 IEIAZEL, 64 MEHIEL, 70 JABAMIAH
Rétention	68 HABUHIAH, 70 JABAMIAH
Réunification des qualités du corps et de l'esprit	66 MANAKEL, 68 HABUHIAH
Réussite (en général)	1 VEHUIAH, 8 CAHETEL, 11 LAUVIAH, 27 YERATHEL, 44 YELAHIAH
Révélation	17 LAUVIAH, 25 NITH-HAIAH, 31 LECABEL, 46 ARIEL
Rêves, interprétation des r.	5 MAHASIAH, 12 HAHAIAH, 17 LAUVIAH, 46 ARIEL, 66 MANAKEL
Révolte	7 ACHAIAH, 16 HEKAMIAH, 28 SEHEIAH, 34 LEHAHIAH, 60 MITZRAEL, 66 MANAKEL
Révolution	26 HAAIAH, 42 MIKAEL, 43 VEULIAH, 71 HAIAIEL
Rhumatisme	*Voir* Arthrite, arthrose
Rhume, refroidissement	23 MELAHEL, 51 HAHASIAH, 66 MANAKEL, 68 HABUHIAH
Richesse (sur tous les plans)	*Voir* Prospérité
Rigidité	8 CAHETEL, 15 HARIEL, 20 PAHALIAH, 34 LEHAHIAH, 58 YEIALEL
Rigueur	18 CALIEL, 20 PAHALIAH, 42 MIKAEL, 58 YEIALEL
Rire	11 LAUVIAH, 54 NITHAEL, 56 POYEL
Rituel, sens des rituels	38 HAAMIAH
Rivaliser	18 CALIEL, 52 IMAMIAH
Routine, enlisé dans la r.	57 NEMAMIAH
Ruine	3 SITAEL, 8 CAHETEL, 28 SEHEIAH, 34 LEHAHIAH, 35 CHAVAKHIAH, 54 NITHAEL, 63 ANAUEL, 69 ROCHEL, 72 MUMIAH
Ruse	11 LAUVIAH, 58 YEIALEL, 69 ROCHEL

S

Sagesse	2 JELIEL, 25 NITH-HAIAH, 44 YELAHIAH, 62 IAHHEL, 65 DAMABIAH
Santé	5 MAHASIAH, 10 ALADIAH, 23 MELAHEL, 28 SEHEIAH, 30 OMAEL, 45 SEALIAH, 51 HAHASIAH, 56 POYEL, 68 HABUHIAH, 72 MUMIAH
Satanique, pacte s.	25 NITH-HAIAH, 38 HAAMIAH
Scandale	18 CALIEL, 47 ASALIAH, 62 IAHHEL

Scénario	64 Mehiel
Schémas, défaire les s.	37 Aniel
Schizophrénie	29 Reiyel, 33 Yehuiah, 60 Mitzrael
Sciatique	27 Yerathel, 28 Seheiah
Science des comportements	29 Reiyel, 38 Haamiah
Science des mélanges et des échanges	*Voir* Mélanges, art des m.
Science, scientifique	5 Mahasiah, 15 Hariel, 17 Lauviah, 21 Nelkhael, 22 Yeiayel, 23 Melahel, 26 Haaiah, 27 Yerathel, 31 Lecabel, 33 Yehuiah, 37 Aniel, 51 Hahasiah, 53 Nanael, 61 Umabel, 67 Eyael, 69 Rochel
Sciences humaines	29 Reiyel, 35 Chavakhiah, 38 Haamiah, 67 Eyael
Sciences naturelles	23 Melahel
Sciences sociales	26 Haaiah, 35 Chavakhiah
Sécheresse	8 Cahetel, 45 Sealiah, 65 Damabiah
Secrétariat	31 Lecabel, 69 Rochel
Sectarisme	15 Hariel, 29 Reiyel, 35 Chavakhiah, 37 Aniel
Sécurité	24 Haheuiah, 28 Seheiah, 42 Mikael
Séduction	54 Nithael
Sens subtils, développement des...	46 Ariel, 62 Iahhel
Sens, élévation des s.	14 Mebahel, 49 Vehuel, 62 Iahhel
Sensibilité	*Voir* Émotivité
Sentiments d'infériorité et de supériorité	4 Elemiah, 6 Lelahel, 16 Hekamiah, 33 Yehuiah, 54 Nithael, 56 Poyel
Sentiments contradictoires	22 Yeiayel
Sentiments corrompus	2 Jeliel, 8 Cahetel, 18 Caliel, 23 Melahel, 24 Haheuiah
Sentiments refoulés	52 Imamiah, 55 Mebahiah, 68 Habuhiah
Sentiments troubles	8 Cahetel, 65 Damabiah
Sentiments, incapacité à exprimer ses s.	*Voir* Émotions, incapacité à exprimer ses é.
Séparation	2 Jeliel, 13 Iezalel, 48 Mihael, 62 Iahhel, 71 Haiaiel
Séparatisme	15 Hariel, 29 Reiyel, 43 Veuliah
Serviabilité, service inconditionnel	19 Leuviah, 36 Menadel, 51 Hahasiah, 65 Damabiah
Serviteur fidèle	13 Iezalel, 34 Lehahiah, 41 Hahahel, 52 Imamiah
Sexualité	2 Jeliel, 20 Pahaliah, 48 Mihael, 62 Iahhel, 69 Rochel
Sexuel, excès sexuels	*Voir* Luxure
Signes, lecture des s.	5 Mahasiah, 17 Lauviah, 46 Ariel, 67 Eyael
Silence	25 Nith-Haiah
Simplicité	52 Imamiah, 56 Poyel, 60 Mitzrael
Sincérité	*Voir* Honnêteté

Sinusite	15 Hariel, 58 Yeialel, 60 Mitzrael, 68 Habuhiah
Situation ambiguë	26 Haaiah, 34 Lehahiah, 68 Habuhiah
Situation confuse	15 Hariel, 18 Caliel
Situation instable	6 Lelahel, 24 Haheuiah, 42 Mikael, 52 Imamiah, 54 Nithael, 65 Damabiah
Sociabilité	26 Haaiah, 27 Yerathel
Social, vie sociale	26 Haaiah
Société, réintégration dans la s.	*Voir* Réinsertion sociale
Solitude	12 Hahaiah, 25 Nith-Haiah, 53 Nanael, 62 Iahhel, 67 Eyael
Solutions inédites, trouver des…	7 Achaiah
Sommeil	12 Hahaiah, 17 Lauviah
Sorcellerie, ensorcellement, protection contre la s.	21 Nelkhael, 24 Haheuiah, 38 Haamiah
Soucis	*Voir* Inquiétude
Souhait	25 Nith-Haiah
Soumission aux Lois Divines, à l'Autorité Divine	33 Yehuiah, 34 Lehahiah, 39 Rehael
Soutien	9 Haziel, 11 Lauviah, 40 Ieiazel, 52 Imamiah, 56 Poyel
Spiritualité	15 Hariel, 20 Pahaliah, 25 Nith-Haiah, 41 Hahahel, 53 Nanael
Stabilité	54 Nithael, 66 Manakel
Stagnation	1 Vehuiah, 45 Sealiah, 70 Jabamiah
Stérilité, infertilité	30 Omael, 48 Mihael, 59 Harahel, 68 Habuhiah
Stimulation	1 Vehuiah, 45 Sealiah
Stratégie	3 Sitael, 31 Lecabel, 43 Veuliah, 47 Asaliah, 57 Nemamiah
Structures, écroulement des s., briser les s.	3 Sitael, 37 Aniel
Sublimation, élévation	14 Mebahel, 20 Pahaliah, 49 Vehuel, 67 Eyael
Subordination	33 Yehuiah, 60 Mitzrael
Subtilité, discrétion	12 Hahaiah, 26 Haaiah, 46 Ariel
Succès	*Voir* Réussite
Succès aux examens	5 Mahasiah, 21 Nelkhael
Succession	*Voir* Héritage
Suicide	30 Omael, 39 Rehael, 72 Mumiah
Supériorité, sentiment de s.	4 Elemiah, 6 Lelahel, 33 Yehuiah, 54 Nithael, 56 Poyel
Surmenage	1 Vehuiah, 36 Menadel, 44 Yelahiah
Synchronisme, synchronicité	45 Sealiah, 54 Nithael, 68 Habuhiah
Synthèse	47 Asaliah

T

Talent militaire	44 YELAHIAH
Talents	31 LECABEL, 44 YELAHIAH, 54 NITHAEL, 56 POYEL, 57 NEMAMIAH
Technologie	7 ACHAIAH, 21 NELKHAEL, 58 YEIALEL, 64 MEHIEL
Télépathie	17 LAUVIAH, 46 ARIEL, 58 YEIALEL
Télévision	7 ACHAIAH, 59 HARAHEL, 64 MEHIEL
Témoignage, faux t.	14 MEBAHEL, 18 CALIEL
Temps, compréhension du t.	7 ACHAIAH, 25 NITH-HAIAH, 31 LECABEL
Ténacité	1 VEHUIAH, 45 SEALIAH
Ténèbres	*Voir* Obscurité
Ténèbres, forces des t.	3 SITAEL, 4 ELEMIAH, 14 MEBAHEL, 15 HARIEL, 19 LEUVIAH, 24 HAHEUIAH, 25 NITH-HAIAH, 38 HAAMIAH, 44 YELAHIAH, 64 MEHIEL
Tentation	10 ALADIAH, 66 MANAKEL
Terminer, bien t.	72 MUMIAH
Terre	8 CAHETEL, 45 SEALIAH, 68 HABUHIAH
Terrorisme	*Voir* Extrémisme
Thymus	64 MEHIEL, 68 HABUHIAH
Timidité	46 ARIEL, 56 POYEL
Tornade	*Voir* Ouragan
Tourments	4 ELEMIAH, 17 LAUVIAH
Traditionalisme	37 ANIEL
Trahison	4 ELEMIAH, 12 HAHAIAH, 13 IEZALEL, 16 HEKAMIAH, 25 NITH-HAIAH, 33 YEHUIAH, 34 LEHAHIAH, 42 MIKAEL, 57 NEMAMIAH, 58 YEIALEL, 71 HAIAIEL
Tranquilité	*Voir* Calme
Transcendance (en général)	20 PAHALIAH, 38 HAAMIAH
Transcendance de la sexualité	20 PAHALIAH
Transformation, transformation du mal en bien	67 EYAEL, 70 JABAMIAH
Transsubstantiation	67 EYAEL
Travail	36 MENADEL
Travail : grande capacité de t.	8 CAHETEL, 36 MENADEL
Travail difficile, aide pour les travaux difficile	7 ACHAIAH, 36 MENADEL, 52 IMAMIAH
Tremblement de terre	8 CAHETEL, 45 SEALIAH
Tristesse	17 LAUVIAH, 19 LEUVIAH, 30 OMAEL, 40 IEIAZEL, 58 YEIALEL, 67 EYAEL
Tromperie, tricherie	13 IEZALEL, 24 HAHEUIAH, 37 ANIEL, 50 DANIEL, 51 HAHASIAH, 59 HARAHEL
Tumulte	*Voir* Agitation, vie tumultueuse
Turbulence, énergie tourbillonnante	28 SEHEIAH
Tyran, tyranie	2 JELIEL, 4 ELEMIAH, 14 MEBAHEL, 22 YEIAYEL, 44 YELAHIAH, 64 MEHIEL, 71 HAIAIEL

U

Ulcères	51 Hahasiah
Union, lien	2 Jeliel, 26 Haaiah, 35 Chavakhiah, 61 Umabel
Unité	63 Anauel
Univers, Archives de l'U.	*Voir* Bibliothèque Universelle
Univers, citoyen de l'U.	63 Anauel
Universel, vision globale, universelle	29 Reiyel, 41 Hahahel, 63 Anauel
Utérus	30 Omael

V

Vampiriser l'énergie	14 Mebahel, 25 Nith-Haiah, 69 Rochel
Vanité	26 Haaiah, 27 Yerathel, 45 Sealiah, 62 Iahhel
Vantardise	3 Sitael, 56 Poyel
Varices	23 Melahel
Vengeance	5 Mahasiah, 9 Haziel, 24 Haheuiah, 32 Vasariah, 35 Chavakhiah, 58 Yeialel
Vérité	7 Achaiah, 14 Mebahel, 18 Caliel, 24 Haheuiah, 26 Haaiah, 29 Reiyel, 36 Menadel, 47 Asaliah, 50 Daniel, 51 Hahasiah, 59 Harahel, 67 Eyael
Vertèbres	3 Sitael, 19 Leuviah, 20 Pahaliah, 51 Hahasiah
Victime	14 Mebahel, 24 Haheuiah, 51 Hahasiah
Victoire	11 Lauviah, 44 Yelahiah, 71 Haiaiel
Vindicatif	21 Nelkhael, 44 Yelahiah, 58 yeialel, 60 Mitzrael, 71 Haiaiel
Violence	1 Vehuiah, 20 Pahaliah, 24 Haheuiah, 34 Yelahiah, 38 Haamiah, 39 Rehael, 44 Lehahiah, 71 Haiaiel
Vision d'ensemble	*Voir* Global, perspective globale
Vision, visionnaire	3 Sitael, 25 Nith-Haiah, 63 Anauel, 67 Eyael
Vivre au-dessus de ses moyens	6 Lelahel, 63 Anauel
Vocation	*Voir* Mission
Voie, découvrir une nouvelle v.	4 Elemiah, 7 Achaiah, 42 Mikael, 65 Damabiah
Voix	50 Daniel
Volcan	45 Sealiah
Vol, voleur, voler, être volé	8 Cahetel, 24 Haheuiah, 43 Veuliah, 69 Rochel
Volonté, excès de v.	1 Vehuiah, 8 Cahetel, 28 Seheiah, 52 Imamiah
Volonté, force de v.	1 Vehuiah, 36 Menadel, 45 Sealiah, 52 Imamiah
Volonté, manque de v.	1 Vehuiah, 36 Menadel
Voyages, protection lors des v.	22 Yeiayel, 42 Mikael
Vue	*Voir* Yeux

X

Xénophobie   12 Hahaiah, 63 Anauel

Y

Yeux   46 Ariel, 58 Yeialel

TABLE DES MATIÈRES

PRÉFACE	v
AVANT-PROPOS	1
INTRODUCTION PAR KAYA	5
LES 72 ANGES – ANGÉOLOGIE TRADITIONNELLE	33
L'INTUITION (Ange 46)	107
HAPPY BIRTHDAY (Ange 53)	108
LA MATÉRIALISATION : ATTENTION ! BÉBÉ ARRIVE (Ange 53)	108
L'ENSEIGNEMENT DES TOILETTES (Ange 53)	109
LA SYNCHRONICITÉ (Ange 53)	112
LA VOISINE (Ange 54)	112
LA POINTE DE L'ICEBERG (Ange 54)	113
« MON ACCIDENT, MA DESTINÉE ! » (Ange 54)	114
UN PETIT PEU B.C.B.G. (Anges 54, 69)	115
MA CARTE À DEUX AILES (Ange 54)	117
« TU N'EST PLUS CHEZ TOI, MON VIEUX ! » (Ange 54)	118
POUF ! LE DÉMÉNAGEMENT (Ange 54)	119
L'HISTOIRE DE CENDRILLON (Ange 54)	119
LE PAPA FOURRURE (Ange 54)	121
LA PERCEPTION DIRECTE (Ange 54)	122
L'ENSEIGENEMENT DU *LIGHTER* (Ange 50)	124
L'HISTOIRE DU CHOCOLAT CHAUD (Ange 50)	126
« ON NE JOUE PLUS ! » (Ange 50)	129
« DEMANDEZ ET VOUS RECEVREZ » (Ange 50)	130
LA PAROLE (Ange 50)	132
LA VIE-VIDÉO (Ange 50)	133
L'HISTOIRE DE LA PHOTO (Ange 49)	134
L'ENSEIGNEMENT DE LA CASSEROLE (Ange 49)	135
« JE TE L'AI DÉJÀ DIT ! » (Ange 49)	136
L'ENSEIGNEMENT DE LA ROBE BRÛLÉE (Ange 49)	137
L'ILLUMINATION À LA VANILLE (Ange 49)	138
LA RÉINCARNATION (Ange 49)	140
LES RÉGRESSIONS (Ange 19)	140
RAMBO ET TINTIN (Ange 61)	141

GANDHI (Ange 52)	142
« L'AAAMOUR » (Ange 52)	143
LA CHAÎNE DU KARMA (Ange 52)	146
« JE SUIS UN ANGE » (Ange 53)	147
« LE CHAUFFAGE EST EN PANNE ! » (Ange 53)	151
ENSEIGNANT ET ENSEIGNÉ (Ange 53)	153
LE MONDE DES CAUSES (Ange 53)	154
LA MÉDECINE UNIVERSELLE (Ange 51)	154
L'ENSEIGNEMENT DE L'AMPOULE (Ange 51)	156
LES SOINS ÉNERGÉTIQUES (Ange 51)	157
L'ENSEIGNEMENT DE LA PEAU DE BANANE (Ange 51)	160
L'ENSEIGNEMENT DE LA TISANE (Ange 51)	163
LA PETITE CHIENNE (Ange 16)	164
LA DÉPENDANCE (Ange 16)	165
LA DÉPENDANCE À L'ALCOOL (Ange 16)	166
LA CIGARETTE (Ange 16)	167
LA DROGUE (Ange 16)	168
LA SUPRACONSCIENCE (Ange 51)	169
« JE T'AIME ; VIS TON RÊVE ! » (Ange 16)	170
« LÂCHE PAS ! LES ANGES T'ACCOMPAGNENT TOUJOURS » (Ange 9)	172
LA PROSPÉRITÉ (Ange 43)	176
LA NOURRITURE (Ange 43)	178
L'AGRICULTEUR (Ange 43)	178
COMMENT CHERCHER UN EMPLOI (Anges 36, 43)	181
L'ENSEIGNEMENT DE JOB (Anges 7, 43)	182
LE BUT SUPRÊME (Ange 43, 48)	185
LE DÉCALAGE (Ange 43)	186
« MON DIPLÔME, C'EST MA VIE » (Ange 43)	188
LE FUTUR ENTREPRENEUR (Ange 43)	192
LES PARADIS ARTIFICIELS (Ange 43)	193
L'ENSEIGNEMENT DU BLÉ D'OR (Anges 8, 35)	195
LA DISTORSION (Anges 43, 68)	199
LA LOI DE LA RÉSONANCE (Ange 61)	199
LE CACTUS (Ange 71)	200
KUNDUN (Ange 71)	200

« JE GAGNE LA JOIE ! » (Ange 11)	202
L'ENSEIGNEMENT DES BARREAUX (Ange 71)	203
LE REGARD (Ange 71)	205
L'ENSEIGNEMENT DU TAPIS (Ange 71)	206
LES IDÉES CRIMINELLES (Ange 71)	209
POURQUOI AI-JE MAL AU VENTRE ? (Anges 44, 68)	209
« CE N'EST PAS LA BAGUETTE MAGIQUE ! » (Ange 25)	211
LA VIE D'ANGE (Anges 15, 58)	212
LE HÉROS (Ange 44)	213
L'HOMME ET LA FEMME : « OH ! DIS-MOI, MIROIR… » (Anges 44, 48)	218
LE PETIT SECRET (Ange 44)	225
ÊTRE, L'OBJECTIF ULTIME (Anges 9, 44)	225
L'ENSEIGNEMENT DE LA SUPERSTITION (Anges 5, 44)	226
L'HISTOIRE DU SAC À MAIN (Anges 24, 44)	228
« LA BOURSE OU LA VIE ! » (Ange 44)	229
LA SOLUTION : UN *CHECK-UP* ANGÉLIQUE (Anges 23, 44)	231
LA COMPRÉHENSION : CLÉ DE LA PAIX (Ange 44)	232
À DOUBLE TRANCHANT (Ange 44)	233
« LE CERF, C'EST MOI ! » (Ange 44)	235
QU'EST-CE QU'UN ÉGRÉGORE ? (Ange 19)	236
LES ÂMES JUMELLES (Ange 48)	237
LES FEMMES BATTUES (Ange 39)	240
LA PETITE BOÎTE (Anges 39, 60)	242
GUÉRIR L'ORIGINE (Ange 39)	244
L'ENSEIGNEMENT DE LA COIFFEUSE (Ange 39)	246
« ON ME CRACHE AU VISAGE ! » (Ange 39)	248
L'ENSEIGNEMENT DU BONJOUR (Ange 39)	250
LA LEÇON DE L'ENSEIGNANTE (Ange 39)	251
IL FAUT DEVENIR L'ANGE (Ange 39)	252
« QUE TA VOLONTÉ SOIT FAITE » (Ange 39)	253
« J'AI RETROUVÉ MON PÈRE » (Ange 39)	253
LE PASSÉ DEMEURE LE PASSÉ (Ange 40)	255
« VIENS, MON ANGE : ON VA MÉDITER » (Ange 40)	256
LA VIE EST BELLE (Anges 9, 40)	258

« LES ANGES, CE N'EST PAS LA CHAISE LONGUE » (Anges 1, 45)	261
LE CONDITIONNEMENT (Ange 40)	262
LES ENFANTS INDIGO (Ange 40)	263
L'ALCHIMIE CLIMATIQUE (Ange 11)	269
IL NE FAUT PAS INTERPRÉTER À LA LETTRE (Ange 11)	271
« NE TOUCHE PAS ! » (Ange 47)	273
LE FAUCONNIER (Ange 47)	274
L'ENSEIGNEMENT DE LA QUESTION (Ange 46)	275
L'ENSEIGNEMENT DU BAS NIVEAU (Ange 11)	278
L'ENSEIGNEMENT DU DÉPASSEMENT (Ange 11)	287
LA PLUS GRANDE FORCE : SAVOIR RECONNAÎTRE SES ERREURS (Ange 52)	288
LA ROUTE DE L'INITIÉ (Ange 61)	289
« PRÉSENTE-MOI TES AMIS ET JE TE DIRAI… » (Ange 61)	291
LE PLAN DIVIN DE L'HOMME ET DE LA FEMME (Ange 61)	292
L'ENSEIGNEMENT DE LA MENTERIE (Ange 65)	293
LA VÉRITÉ, LA RÉCOMPENSE (Ange 18)	295
L'UNIVERS-CITÉ (Ange 61)	296
DEMANDER, DEMANDER, DEMANDER (Ange 43)	299
« C'EST À TON TOUR ! » (Ange 63)	299
L'ENSEIGNEMENT DE LA ROSE (Ange 56)	301
LA NOUVELLE RÉUSSITE (Ange 63)	303
LA SAGESSE RETROUVÉE (Ange 35)	305
« POMPE ! POMPE ! » (Ange 35)	306
« SOYEZ PRÊTS À TOUT ! » (Anges 36, 66)	311
L'ENSEIGNEMENT DE LA CARTE DE CRÉDIT (Ange 63)	312
L'ENSEIGNEMENT DE LA MEILLEURE AMIE (Ange 45)	313
« TOUT VIENT À POINT À QUI SAIT ATTENDRE » (Anges 7, 45)	315
LA MOTIVATION EXCESSIVE (Ange 45)	319
LA MOTIVATION EN ENTREPRISE (Ange 45)	320
L'ENSEIGNEMENT DU BOUTON (Anges 45, 49)	322
LES SIGNES (Ange 5)	327
L'ÉCOLE DE LA VIE (Ange 21)	327
« JE M'ÉTUDIE CONSTAMMENT » (Ange 45)	329

MENADEL (Ange 36)	333
AU PAYS DES FORÇATS (Ange 36)	337
« JE DONNE MON 100% » (Ange 36)	339
« MON TRAVAIL, C'EST À L'INTÉRIEUR DE MOI-MÊME » (Ange 36)	341
LES FUTURS ENSEIGNANTS (Ange 36)	342
MÉTIER : MAÎTRE NETTOYEUR (Ange 36)	347
PROFESSION : COMPTABLE (Ange 36)	349
PROFESSION : OPTICIEN (Anges 36, 50)	350
LE BON CHOIX AU BON MOMENT (Ange 36)	351
MÉTIER : INGÉNIEUR DE LA SYNCHRONICITÉ (Ange 36)	353
LE SPORT DES SAGES (Anges 1, 36, 45)	354
LE RÉPARATEUR (Ange 60)	355
COMMENT COMPRENDRE L'AUTORITÉ (Ange 60)	359
« PARLE-MOI DE TA VIE, JE TE DIRAI QUI TU ES » (Ange 60)	363
LA PERFORMANCE : LE MAL DU SIÈCLE (Ange 60)	363
L'AUTORITÉ PROFESSIONNELLE (Ange 60)	364
L'AUTORITÉ SPIRITUELLE (Ange 60)	365
LA NATURE INSTINCTUELLE (Ange 60)	366
LES ENFANTS DES ÉTOILES (Anges 34, 46)	369
« ELLE EST BELLE, TA MUSIQUE ! » (Ange 34)	379
IL ÉTAIT UNE FOIS… (Ange 50, 53)	381
LE LANGAGE SYMBOLIQUE (Anges 5, 21, 63)	384
LES ANNÉES FUTURES (Anges 4, 8, 30, 63)	385
LA LECTURE DES SIGNES (Ange 5)	385
LE CHEMIN DE LA COMPASSION (Ange 9)	386
DE QUI EST LA VIE ? (Anges 18, 46, 61)	387
LISTE DE SITUATIONS ET PROBLÈMES COURANTS ET LES ANGES À INVOQUER	391

Remerciements

Merci de tout coeur à tous les bénévoles qui nous aident et qui participent à faire connaître l'interprétation des rêves et des signes, le langage symbolique, l'Angéologie Traditionnelle et l'Angelica Yoga de par le monde. Par votre implication et votre engagement altruiste, vous inspirez des millions de personnes à appliquer cette Connaissance et à développer une conscience angélique... une conscience multidimensionnelle. Nous souhaitons à tous de pouvoir comprendre un jour que la vie se vit et se décode comme un rêve, qu'elle est une réelle source d'expérimentation et d'évolution permettant d'atteindre les plus hauts niveaux d'Amour et de Sagesse.

Pour nous contacter

Le Centre d'Enseignement & de Recherche offre des ateliers, des stages, des séminaires web et des formations sur le langage symbolique et l'interprétation des rêves, signes et symboles, des conférences sur l'Angéologie Traditionnelle et des cours d'Angelica Yoga.

Dans le cadre de la Clinique UCM, nous proposons des soins spirituels ainsi que des services d'aide et de soutien dans le développement personnel. Les consultations peuvent se faire en ligne via Google Meet.

Toute personne qui souhaite participer à l'organisation de la Formation IRSS et/ou des différentes activités dans son pays ou qui aimerait se joindre à l'équipe des bénévoles est de tout coeur la bienvenue et peut nous contacter via notre site.

UNIVERS/CITÉ MIKAËL (UCM)

Centre d'Enseignement & de Recherche
Organisme sans but lucratif
36, rue Principale est,
C.P. 161, BP Bureau-Chef,
Sainte-Agathe-des-Monts,
QC, J8C 3A3
Canada

Courriel : info@ucm.center
Sites : www.ucm.center

FORMATION IRSS
INTERPRÉTATION DES RÊVES, SIGNES ET SYMBOLES

Le Centre d'Enseignement & de Recherche UCM est heureux de vous proposer une Formation complète sur l'Interprétation des Rêves, Signes et Symboles (IRSS). Elle permet à tous ceux et celles qui le souhaitent d'acquérir une connaissance approfondie du sujet, de devenir thérapeute accrédité et même expert, auteur, enseignant dans ce domaine, ou tout simplement de mieux se connaître et comprendre les mécanismes de la conscience humaine.

Places limitées : inscription possible avant le 15 décembre de chaque année

INFORMATION ET INSCRIPTION
formation@ucm.center / www.ucm.center

*Tous les profits sont remis à l'organisme sans but lucratif
UCM et réinvestis dans des projets humanitaires*

Dans le cadre de notre vision et de notre éthique, il est fondamental pour nous de former des spécialistes compétents qui ont intégré dans leur propre vie les principes du langage symbolique et qui, par conséquent, ne sont pas uniquement des théoriciens de la relation d'aide, mais de réels thérapeutes dont la qualité d'intervention aide à l'amélioration de l'équilibre personnel, de la vie spirituelle, affective et professionnelle de ceux qui les consulteront.

À QUI S'ADRESSE CETTE FORMATION ?

La Formation IRSS s'adresse à toute personne qui, dans son travail ou dans sa vie, reçoit l'appel profond de se comprendre et de s'améliorer. Elle s'adresse également à tous ceux et celles qui veulent se connaître davantage et qui veulent améliorer leurs relations avec leur conjoint, leur conjointe, leurs enfants, leur famille, leur patron, leurs collègues et leurs amis. Il est donc important d'aborder cette formation dans une optique tout d'abord personnelle, pouvant mener par la suite à un niveau professionnel.

Suivre cette Formation activera de profondes transformations intérieures qui vous apporteront une nouvelle compréhension du monde. Elle vous permettra d'atteindre et de mettre en pratique des niveaux avancés de sagesse et de compassion, car plus un être entre au coeur de cette connaissance des symboles, plus il incarne une réelle humilité et comprend que la vie est une continuelle école d'évolution et de transformation. Comprendre sa vie à l'aide des rêves, signes et symboles représente les plus hauts niveaux de savoir et de psychologie humaine.

LA FORMATION IRSS...

La Formation IRSS c'est : un programme unique au monde, innovant et d'avant-garde, pour apprendre le langage symbolique de manière autonome et approfondie, dans une dynamique de cheminement spirituel très concrète et logique à la fois.

La Formation, c'est aussi…

- 428 heures de cours en ligne, pour le programme complet de 5 ans (C1, C2, C3, L1, L2)
- 360 heures de stage, pour le programme complet de 5 ans (C1, C2, C3, L1, L2)
- Depuis 2014, plus de 475 étudiants provenant de plusieurs pays à travers le monde: Canada, USA, France, Suisse, Italie, Allemagne, Belgique, Luxembourg, Pologne, Inde, Vietnam, Singapour, Indonésie, Nouvelle-Calédonie, etc…
- Depuis 2014, plus de 36 000 rêves analysés par les étudiants eux-mêmes et révisés par les professeurs et assistants-professeurs…
- Depuis 2018, plus de 20 thérapeutes diplômés et hautement qualifiés en décodage du langage symbolique (5 années d'études), avec de futurs diplômés dans les prochaines années…
- Depuis 2019, de nouveaux professeurs en formation…
- Et tellement plus encore…

LA FORMATION IRSS À TRAVERS LE MONDE

Tous les cours et programmes de la Formation IRSS peuvent être suivis en ligne en français ou en anglais, partout dans le monde. En ce qui concerne les stages inclus dans la formation, ils sont offerts en français au Canada et en Suisse, et en anglais en Inde et au Vietnam.

La Formation IRSS est assurée par des professeurs accrédités par UCM dont la réputation est établie dans plus de 43 pays à travers le monde. Elle est donnée et/ou supervisée dans son ensemble par Kaya & Christiane Muller ainsi que par d'autres professeurs et assistants-professeurs UCM.

Découvrez le programme complet dans l'onglet
Formation du site www.ucm.center

AUTRES RÉALISATIONS UCM
www.ucm.center

DICTIONNAIRE RÊVES-SIGNES-SYMBOLES
Le Code Source
Kaya, 920 p.
ISBN : 978-2-923654-02-7

RÊVES ET SYMBOLES, Tome 1
EXTRAITS D'ATELIERS ET INTERPRÉTATIONS
Kaya, 552 p.
ISBN : 978-2-923097-07-7

RÊVES ET SYMBOLES, Tome 2
EXTRAITS D'ATELIERS ET INTERPRÉTATIONS
La Matérialisation de la vie
Kaya, 368 p.
ISBN : 978-2-923097-14-5

COMMENT LIRE LES SIGNES
PSYCHOLOGIE INITIATIQUE
Kaya et Christiane Muller, 410 p.
ISBN : 978-2-923097-04-6

LE LIVRE DES ANGES, Tome 1
RÊVES – SIGNES – MÉDITATION
Les Secrets retrouvés
Kaya et Christiane Muller, 461 p.
ISBN : 978-2-923097-00-8

LE LIVRE DES ANGES, Tome 2
RÊVES – SIGNES – MÉDITATION
La guérison des mémoires
Kaya et Christiane Muller, 646 p.
ISBN : 978-2-923097-05-3

LE LIVRE DES ANGES, Tome 3
RÊVES – SIGNES – MÉDITATION
La Source de la Connaissance
Kaya et Christiane Muller, 429 p.
ISBN : 978-2-923097-25-1

LE LIVRE DES ANGES, Tome 4
RÊVES – SIGNES – MÉDITATION
Le Chemin du Destin
Kaya et Christiane Muller, 508 p.
ISBN : 978-2-923097-12-1

LE LIVRE DES ANGES, Tome 5
RÊVES – SIGNES – MÉDITATION
A fleur de peau
Kaya et Christiane Muller, 708 p.
ISBN : 978-2-923654-94-2

LE LIVRE DES ANGES, Tome 6
RÊVES – SIGNES – MÉDITATION
Un monde qui déboussole
Kaya et Christiane Muller, 660 p.
ISBN : 978-2-923654-99-7

DEVENIR UN ANGE
Le Chemin de l'Illumination
Kaya, 240 p.
ISBN : 978-2-923654-68-3

LES CARTES 72 ANGES
RÊVES – SIGNES – MÉDITATION
Kaya et Christiane Muller
74 cartes et 1 livret accompagnateur de 44 p.
ISBN : 978-2-923097-08-4

ANGELICA YOGA POUR LES JEUNES,
Kéther, Anges 1 à 8
Patrick et Régine Thomas, 39 p.
ISBN : 978-2-923654-69-0

LE POUVOIR DES ANGES
La Légende de Gérone
Illustrations : Dominique Grelot, Texte : Kaya
Bande dessinée, 45 p.
ISBN : 978-2-923097-98-5

AU PAYS DU CIEL BLEU
(CONTE)
Kaya et Christiane Muller
Illustrations : Gabriell
38 p. avec illustrations couleurs
ISBN : 978-2-922467-20-8

**LE JOURNAL SPIRITUEL
D'UNE ENFANT DE NEUF ANS**
Kasara, 162 p.
ISBN : 978-2-923097-03-9

**LE JOURNAL SPIRITUEL
D'UNE ADOLESCENTE**
Kasara, 184 p.
ISBN : 978-2-922467-22-2

ANGELICA YOGA, Introduction
Kaya et Christiane Muller, 144 p.
ISBN : 978-2-923097-01-5

ANGELICA YOGA, Tome 1
Œuvre collective, 500 p.
ISBN : 978-2-923097-06-0

ANGELICA YOGA, Tome 2
Œuvre collective, 668 p.
ISBN : 978-2-923097-24-4

COLLECTION CD ANGELICA MANTRA, VOL. 1 À 6
Mantras chantés par Kasara

CD Vol. 1	(Anges 1 à 12)	ISBN : 9782923654355
CD Vol. 2	(Anges 13 à 24)	ISBN : 9782923654362
CD Vol. 3	(Anges 25 à 36)	ISBN : 9782923654379
CD Vol. 4	(Anges 37 à 48)	ISBN : 9782923654386
CD Vol. 5	(Anges 49 à 60)	ISBN : 9782923654393
CD Vol. 6	(Anges 61 à 72)	ISBN : 9782923654409

BORN UNDER THE STAR OF CHANGE

Produit à New York, Los Angeles et Nashville par Russ DeSalvo
13 chansons inspirantes qui touchent l'âme et l'esprit

Inclus, un livret de 32 pages expliquant les inspirations
que Kaya a reçues pour composer ces magnifiques chansons
CD disponible en magasin et en format digital MP3
ISBN : 6-27843-15930-8

COLLECTION CD ANGELICA MEDITATION, VOL. 1 À 12

Méditations guidées par Christiane Muller

CD Vol. 1	(Anges 72 à 67)	ISBN : 9787793600129
CD Vol. 2	(Anges 66 à 61)	ISBN : 9787793600136
CD Vol. 3	(Anges 60 à 55)	ISBN : 9787793600143
CD Vol. 4	(Anges 54 à 49)	ISBN : 9787793600150
CD Vol. 5	(Anges 48 à 43)	ISBN : 9787793600167
CD Vol. 6	(Anges 42 à 37)	ISBN : 9787793600174
CD Vol. 7	(Anges 36 à 31)	ISBN : 9787793600181
CD Vol. 8	(Anges 30 à 25)	ISBN : 9787793600198
CD Vol. 9	(Anges 24 à 19)	ISBN : 9787793600204
CD Vol. 10	(Anges 18 à 13)	ISBN : 9787793600211
CD Vol. 11	(Anges 12 à 7)	ISBN : 9787793600228
CD Vol. 12	(Anges 6 à 1)	ISBN : 9787793600235

COLLECTION CD ANGELICA MUSICA, VOL. 1 À 12

Musique instrumentale par André Leclair et Kaya

CD Vol. 1	(Anges 72 à 67)	ISBN : 9787793600242
CD Vol. 2	(Anges 66 à 61)	ISBN : 9787793600259
CD Vol. 3	(Anges 60 à 55)	ISBN : 9787793600266
CD Vol. 4	(Anges 54 à 49)	ISBN : 9787793600273
CD Vol. 5	(Anges 48 à 43)	ISBN : 9787793600280
CD Vol. 6	(Anges 42 à 37)	ISBN : 9787793600297
CD Vol. 7	(Anges 36 à 31)	ISBN : 9787793600303
CD Vol. 8	(Anges 30 à 25)	ISBN : 9787793600310
CD Vol. 9	(Anges 24 à 19)	ISBN : 9787793600327
CD Vol. 10	(Anges 18 à 13)	ISBN : 9787793600334
CD Vol. 11	(Anges 12 à 7)	ISBN : 9787793600341
CD Vol. 12	(Anges 6 à 1)	ISBN : 9787793600358

LES 72 PRONONCIATIONS
Kaya et Christiane Muller
CD pour l'apprentissage de la prononciation
des Noms des 72 Anges
ISBN : 978-2-923097-56-5

ET D'AUTRES MANTRAS ET CONFÉRENCES AUDIO
DISPONIBLES EN VERSION MP3
À LA BOUTIQUE DU SITE WWW.UCM.CENTER

EXPOSITION ANGELICA
Gabriell
Peintures originales et reproductions,
cartes de souhaits, calendriers et affiches
www. expositionangelica.ca

Plus d'info sur : www.ucm.center
 UCMFR / KAYA (OFFICIAL)
KAYA & CHRISTIANE MULLER (OFFICIAL)

Notes

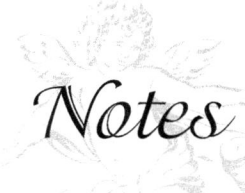

www.ingramcontent.com/pod-product-compliance
Lightning Source LLC
Chambersburg PA
CBHW071434300426
44114CB00013B/1433